上海城市发展与社会生活丛书

丛书主编：忻平　丰箫　吴静

变俗与变政

——上海民俗变革研究(1927—1937)

艾　萍　著

上海大学出版社
·上海·

图书在版编目(CIP)数据

变俗与变政：上海民俗变革研究：1927—1937 / 艾萍著.—上海：上海大学出版社，2022.11
(上海城市发展与社会生活丛书)
ISBN 978-7-5671-4571-9

Ⅰ.①变… Ⅱ.①艾… Ⅲ.①风俗习惯史－研究－上海－1927-1937 Ⅳ.①K892.451

中国版本图书馆 CIP 数据核字(2022)第 215088 号

责任编辑　王　聪
封面设计　倪天辰
技术编辑　金　鑫　钱宇坤

变 俗 与 变 政
——上海民俗变革研究(1927—1937)

艾　萍　著

上海大学出版社出版发行
(上海市上大路 99 号　邮政编码 200444)
(https://www.shupress.cn　发行热线 021-66135112)
出版人　戴骏豪

*

南京展望文化发展有限公司排版
上海华业装潢印刷厂有限公司印刷　各地新华书店经销
开本 787mm×960mm　1/16　印张 19.75　字数 320 千
2023 年 1 月第 1 版　2023 年 1 月第 1 次印刷
ISBN 978-7-5671-4571-9/K·265　定价　78.00 元

版权所有　侵权必究
如发现本书有印装质量问题请与印刷厂质量科联系
联系电话：021-39978673

课题致谢

  本书为上海市哲学社会科学规划中青班专项课题"变俗与变政——上海民俗变革研究(1927—1937)"成果,特此致谢!

总　　序

城市发展在人类历史中占有重要地位,城市塑造了与乡村生活迥异的社会生活。斯本格勒这样描述:"在一座城市从一个原始的埃及的、中国的或德国的村落——广阔土地上的一个小点——中产生的时候,到底意味着什么。在外貌上,或许没什么区别,但在精神上,它是如此的一个地方,此后,乡村便被它看成是、感到是、体验为其'四郊',成为一种不同的及从属的东西。从此时起便有了两种生活,即城内的与城外的生活,农民与市民同样清楚地知道这一点。"①当然,在城市化发展过程中,城市与农村既有巨大差异,也有某些相似特征。从小渔村发展而来的上海,更为典型。

从近代开埠到中华人民共和国成立前夕的上海历史,是一部上海现代化发展史,也是一部社会转型的历史。中华人民共和国成立前,上海的现代化进程已达到一个历史的顶峰时期。但传统社会仍未消失,从而使社会生活凸显出一种多元势差结构②。

本丛书的主要特点是:以多视角、多资料、多专题来展现少有人研究的上海城市发展过程中上海人的多样社会生活。此次几位年轻学者的书稿都是在其博士论文基础上经过多年修改而成,以多元史料和深刻分析见长。

茶馆是透视城市发展、社会变迁的窗口,茶馆是反映社会百态、世俗风情的空间,茶馆是国家权力与日常文化此消彼长的场域。学界相关研究较多,但缺乏对近代上海这个大城市的茶馆全面而翔实的考察。

---

① [德]斯本格勒著,张兰平译:《西方的没落》,陕西师范大学出版社2008年版,第106页。
② 忻平:《从上海发现历史——现代化进程中的上海人及其社会生活1927—1937(修订版)》,上海大学出版社2009年版,第18—19页。

包树芳博士的《上海茶馆与都市社会(1843—1949)》一书,聚焦近代上海茶馆,运用报刊、笔记、指南书、竹枝词、图像、小说等多样资料,呈现茶馆在都市化进程最快、中西交汇最激烈的城市中所拥有的丰富而独特的面貌,展示了茶馆空间与都市社会、文化之间的交织互动,以及茶馆空间与政治、权力之间的复杂关系。其研究指出,茶馆及其空间是城市文化和区域人性特点的映射,不同城市的茶馆在拥有共性的同时呈现出鲜明的个性;国家权力在基层社会的渗透及改变日常生活的尝试,是有限的干预,同时在茶馆并没有产生严格意义上的公共领域。

十里不同风,百里不同俗。民俗是民间流行的风尚、习俗,一般指的是一个民族或一个社会群体在长期的生产实践和社会生活中逐渐形成并世代相传、较为稳定的民间文化现象。以往的民俗研究多将研究对象投注在边远地区的奇风异俗,很少关注大都市的民风习俗。民俗同时也是作为一种资源,自古以来就受到统治阶级的关注,并被作为一种社会控制的重要手段加以利用。

艾萍博士的《变俗与变政——上海民俗变革研究(1927—1937)》一书,从社会控制角度出发,立足于国家和社会两种视野,考察1927—1937年间上海民俗变迁的缘起、历程和结果,探寻民国时期中央政府、上海地方政府和上海民众的相互关系,并对变俗变政的效果和制约因素进行评价和分析。其研究指出,变俗以变政的关键核心,就是以权威构建和维系为导向的秩序与进步,其实质就是要顺应时代潮流,维持社会秩序、改革传统陋俗,推动社会进步,从而夯实政府执政的合法性基础。秩序与进步的偕同与纠葛正是民俗变革成败的决定性因素。

近代以来的中日关系,日本对华侵略成为主流。上海日本居留民团是民国时期上海日侨的重要组织,对其展开研究不仅具有学术价值,也有现实意义。吕佳航博士以《上海日本居留民团研究(1907—1945)》为研究题目,其亲至日本东京六本木的外务省外交史料馆和东京的国立国会图书馆、东京大学东洋文化研究所、京都大学人文研究所和大阪府立图书馆、大阪市立大学图书馆等机构搜集资料,将日方档案、调查报告、时人记述与中方史料相结合,通过对上海日本居留民团的成立背景、发展阶段、结构体系、公共职能、关系网络和根本性质等方面的阐释,揭示了在近代日本对华侵略的本质。

非单位人群是中华人民共和国成立后城市社会中的一个客观存在。作为社会结构的一个类型,一般多从社会学角度来看,但是往往少了历史感。由历史学者来做这个课题是比较少的。长期以来,"非单位人"现象似乎并未引起政府部门和学界的足够重视。近年来,基层社会的再组织问题成为社区研究的重要议题,尤其是随着现代化的发展,强化大城市事实存在大量的非单位人群的研究就显得更为迫切。

杨丽萍博士的《从非单位到单位——上海非单位人群组织化研究(1949—1962)》一书,就1949年后的上海非单位人群的组织化做了详尽的考察。按照历史脉络,将1949—1962年间的基层社会组织化历程划分为组织建构、组织强化、组织的非常态三个阶段。研究指出,通过以街居组织为代表的基层群众组织,中共重构了城市基层社会,将国家权力渗透到基层,造就了具有高度动员和整合力的社会调控体系。上海非单位人群的组织化不是政府的单向调控,其书通过案例分析游民、摊贩、家庭妇女和失业者等非单位人群被纳入组织化框架的过程,生动展示了调控者与被调控者之间互动的详情。

住房是一种物理空间,大城市的住房更是一种社会空间。上海的住房困难问题世界闻名。1949年5月,上海解放,中国共产党和上海市人民政府立即着手进行棚户改造工作,棚户的空间环境和社会结构两个维度均发生了不同程度的改变。

潘婷博士的《空间改造与社会重构——上海棚户区改造研究(1949—1966)》一书,从国家与社会视角、城市更新的视角,从人与空间两方面探求上海棚户区改造的历史过程,梳理1949—1966年间棚户区的发展和改造历程、采取的政策、遇到的问题及同时期其他重要事项对棚户改造的影响等。研究指出,1949—1966年间的上海棚户区改造,呈现出三大历史特点:一是改造与工业发展错峰进行;二是对棚户区的两大基本要素——社会与空间并重改造;三是政府主导与民众广泛参与相结合。有别于棚户空间外部环境的简单改善,棚户区内部社会结构的变化更为深刻。棚户区的劳动人口随着工业城市的建设,普遍实现了就业,"工人阶级当家作主"的意识渗透进棚户居民的工作与生活,棚户身份淡化,工人身份凸显,棚户居民的身份认同和社会地位得到显著提升。

本丛书既关注不同人群,也关注不同空间和载体。鉴于1949年中华人民共和国成立后,上海城市的发展既有新的特征,也有旧的延续,因而本丛书包含了1949

年中华人民共和国成立前后两个时段的研究。本丛书皆是在博士论文基础上修改而成的专著,在"上海城市发展与社会生活"这一专题下进行深入研究,有较强的学术价值和现实意义。希望本丛书可以加强与学术界的交流和对话,共同促进对近现代史和上海史的研究。

当然,丛书还存在不足之处,还请各位专家学者批评指正。

最后,感谢本丛书各位作者的辛苦努力,感谢上海大学出版社各位领导对丛书出版的支持,以及编辑老师对丛书的认真编辑、校对和设计。

课 题 资 助

本丛书得到
1. 教育部哲学社会科学重大课题攻关项目"伟大建党精神研究"(21JZD005)
2. 上海市哲社项目"上海红色基因百年传承与时代价值研究"(2021BDS003)
3. 上海市教委项目"建党百年品牌课程建设"
4. 上海大学历史系课程思政"领航计划"

的资助,谨致谢意!

丛书主编:忻平

2022 年 6 月

序

艾萍博士的《变俗与变政——上海民俗变革研究(1927—1937)》即将出版，本人颇感欣慰，时隔多年，再次读到她的书稿，亦颇有感触。

民俗是一种社会文化样式，是一种关系社会发展与稳定的重要社会文化资源。自古以来，我国就有化民成俗、移风易俗、敦厚民风的传统。城市民俗是反映城市社会发展的一种重要历史记忆，是无形的社会规范和文化资源，它对构建现代民族国家，建设现代城市社会，增进现代都市文明至关重要。

艾萍博士以上海城市民俗变革为选题，在写作过程中面临着诸多挑战：其一，近些年来，关于民俗、民俗文化、城市民俗的研究日益受到学界的关注，与市面上常见的民俗、风俗读物相比，如何做到谈"俗"而免"俗"，将现实关怀和理论创新有机融合，这是学术专著必须要跨越的一道障碍；其二，众所周知，"上海学"早已成为学术界的显学，民国上海史研究更是热度不减。在众多的上海史著作中，如何出新而不猎奇，是本书得以成文的关键；其三，社会文化史、社会生活史、城市社会生活史是一个层层深入的研究方向。选择都市民俗生活为研究对象，这种目光下移的研究方法固然可取，却要避免结构主义的倾向，落入单纯强调社会经济与结构的窠臼，或者仅仅流于民俗事项、细微末节的具象化简单描述。如何做到既有丛林又见树木，这是研究者面对的另一个挑战；其四，中国的现代化进程面对的问题甚多，以民俗变革为主题，必须关注社会变迁中的社会进步趋势，必须关注现代社会的多样性与复杂性，必须关注民众的参与度，尤其必须关注一个现代化的大都市的影响、民俗变迁的要素、民俗变迁的特点规律和多重结果。在史料的搜集过程中，学者们发现，普通人的日常生活由于"日常"往往被忽视。结果是，相关史料浩如烟海，核心史料星星点点。如何选择一个恰当的研究视角切入，做到既以一斑窥一豹，又不失偏颇，这是研究过程中的又一挑战。

针对上述挑战,本书一一进行了有效的尝试与突破。以"变俗与变政——上海民俗变革研究(1927—1937)"为题,从社会控制视角,对南京国民政府统治十年间,上海城市的民俗变革进行全景式扫描并择其重点进行探讨。社会控制,指社会组织利用社会规范对其成员的社会行为实施约束的过程。从政治统治的角度来看,作为一种权力资源的民俗,也是一种重要的社会控制手段。全书以社会控制作为基本的理论支撑点,解构政府的民俗变革行为,不仅是一种新的理论视角,也避免了落入罗列民俗事项的俗套。随着现代化不断推进,"上海史"的研究早已成为中外学者的研究焦点,与此形成强烈对比的是,"变"与"不变"中,学界多关心"变",那些上海底层民众生活体现出"不变"的都市民俗研究并未引起广泛关注,虽然已经有部分学者将研究触角伸展至这一领域,但我们不得不承认"中国的都市民俗学起步较晚,发展还处于初级阶段"①。所以,史学工作者放下身段,深入都市民俗社会生活史研究是十分必要的,这样不仅可以拓展历史研究的视野,更是践行了"以人为本""有温度的史学"的理念,体现了研究者的历史责任感和人文情怀。

在研究方法上,作者引入了政府权威理论,运用了政治学、民俗学、社会学、心理学等多学科的理论和方法。对于依靠军事力量和政治强权建立的南京国民政府来说,进行社会改革,将权力迅速转化为权威,是其构筑政权统治合法性基础的必由之路,也正因为如此,失去民意是其最大的败笔所在。本书以南京国民政府的民俗变革行为为切入点,从两个向度进行探讨,即旨在清除旧的权威体系之"破旧"与重建新的社会秩序之"立新"。这种理论和方法的引入,一方面将史学、民俗学、政治学的研究领域融会贯通,拓展了都市民俗学和城市社会生活史的研究视野;另一方面,在史料的搜集、挖掘与主体结构的搭建、把握过程中,以一条主线贯彻始终,删繁就简,有的放矢,具有一定的学术睿智。主题、主线和主要观点都是作者自己的,毫无疑问,中国问题用中国理论是最为合适的。

在具体的行文过程中,作者既有对空间和时间维度的整体性分析,如文中对民俗变革运作的客体、场景、必然性、历程的分层分类,条分缕析,将1927—1937年间的民俗变革历程,分为1927—1934年的秩序重建和1934—1937年的社会进步两个阶段进行考察,从共时性和历时性两个层面,对民俗变革的结果和制约因素进行剖

---

① 乌丙安等:《都市民俗学研究的意义、内容及方法探讨》,载《民间文化论坛》2014年第4期。

析,有张有弛,逻辑分析与历史叙述紧密结合,"横看成岭侧成峰";同时,又有机结合了丰富、具体、生动的民俗变革案例,实证实论,有动有静,历史记忆和历史想象交相辉映。最终得出结论:在移风易俗的过程中,现代国家更应该立足于民俗的"民"性,以"民"为本,因势利导,正确处理传统与现代两者之间的关系,使传统民俗化为构建现代民族国家的重要力量。全书立意精湛,以微知著。

现代化,从社会史的视角去观察,表现为城市化、人的现代化。城市不仅是作为城市生活主体——人的活动空间和场景,更是与人密切互动的重要客体。历史学研究过去,历史学者面对的是现实和未来。在时间的维度里,一切传统的事物如何在现代社会中变化、流转?这是值得历史学者思考的永恒话题。20世纪二三十年代,在现代化刚刚起步的上海,传统社会民俗与现代政治威权不可避免地发生或断裂、或调适的碰撞,核心是时代潮流和社会进步,在这个背景下,民俗变革中国家、社会、民众三者的互动以及政府权力与民俗变异的关系,值得探究。

本书中,作者运用了大量的馆藏档案资源、旧有年鉴、方志、相关研究资料汇编和报刊等资料,资料翔实,佐以几十幅图表,基础厚实,章节明晰,论述有序,言之有理。这项研究对于当前的民俗研究和民俗变革无疑是有益的,具有积极的意义。同时,今天的现代化潮流发展迅猛,都市民俗文化演化很快,如何在原有基础上进行历史和现实的比较研究,这也是个很重要的课题。

城市化不断推进和城市社会生活持续丰富的现实,推动着我们历史学者进一步加强中国城市史,特别是城市社会生活史的研究。我们在为艾萍博士这部学术专著面世祝贺的同时,也希望更多的学者关注大历史中"人"的丰富生动的、充满生活气息的日常生活,这将会给历史研究带来更大的人文情怀与现实关照。祝愿艾萍博士不忘初心,继续前行,不断有新的成果与领悟。

是为序。

忻 平

2022年6月

目 录

导 言 ··· 1
  一、选题旨趣 ·· 1
  二、学术回顾 ·· 5
  三、资料概况 ··· 12
  四、研究取向 ··· 13
  五、基本框架 ··· 15

第一章 上海变革民俗的缘起 ·· 17
  第一节 城市化与上海都市民俗 ······································· 18
    一、城市化与都市上海 ·· 18
    二、上海都市民俗特征 ·· 23
  第二节 政由俗革：民俗变革的背景分析 ··························· 31
    一、变俗与转型期秩序稳定 ·· 32
    二、变俗与城市经济发展 ··· 34
    三、变俗与现代文明进步 ··· 38
    四、租界的刺激与示范 ·· 44
  第三节 革故鼎新：南京临时政府时期 ······························ 46
    一、以巩固统治为变俗根本 ·· 47
    二、以南京临时政府法令为蓝本的上海特色 ··················· 52
    三、变俗结果的不彻底性 ··· 55
  第四节 继承与异动：北洋政府时期 ································· 58
    一、继承辛亥革命遗产，新俗初立 ································ 58

二、尊孔复古,陋习重现 …………………………………………… 66

第二章　破旧立新与秩序重建(1927—1934) ………………………… 73

第一节　破旧立新:民俗变革的全面展开 ……………………………… 73
  一、变俗背景与历程 ……………………………………………… 74
  二、特点 …………………………………………………………… 81

第二节　旧俗涤荡的波折——以破除"迷信"为例 …………………… 92
  一、取缔迷信营业与民生经济 …………………………………… 94
  二、禁止迎神赛会与地方秩序 …………………………………… 103

第三节　新俗铸模的困境——以推行革命纪念日为例 ……………… 114
  一、革命纪念日的确立 …………………………………………… 115
  二、纪念日的推行 ………………………………………………… 120
  三、纪念日的现实操演 …………………………………………… 130

第三章　化民成俗与社会进步(1934—1937) …………………………… 138

第一节　变俗变政的系统建构 ………………………………………… 139
  一、第一阶段(1934.2—1934.7):系统初建,宣传为主 ………… 140
  二、第二阶段(1934.7—1937.8):组织加强,逐步推进 ………… 145

第二节　组织化的社会动员 …………………………………………… 150
  一、识字运动 ……………………………………………………… 152
  二、卫生运动 ……………………………………………………… 156
  三、社会动员及其效果 …………………………………………… 159

第三节　政治整合与社会整合——以集团结婚为个案 ……………… 166
  一、政府引领与集团结婚的出现 ………………………………… 166
  二、政府管理与集团结婚发展 …………………………………… 170
  三、集团婚礼的特点 ……………………………………………… 174
  四、集团结婚的社会效应 ………………………………………… 178

第四节　双轨制下的整合效应——丧葬礼俗的演变 ………………… 182
  一、中西冲突与冢舍问题 ………………………………………… 183
  二、租界与公墓制引入 …………………………………………… 188

  三、学习西方：市政府的殡葬管理 …………………………… 191
  四、现代性与丧葬礼俗 …………………………………………… 202
第四章 进步与秩序：民俗变革效果与制约因素分析 ………… 208
 第一节 变俗变政的效果 …………………………………………… 208
  一、变俗：现代性增长的动力 …………………………………… 208
  二、以俗变政：任重而道远 ……………………………………… 212
 第二节 上海地方性：一种共时性的考察 ………………………… 213
  一、"破坏摩登"：取缔"奇装异服"禁令的出台 …………… 214
  二、"摩登无罪"：禁令推行中的上海特色 …………………… 221
  三、摩登化：上海地方性探究 …………………………………… 229
 第三节 民俗的传承性：一种历时性的考察 ……………………… 236
  一、民间信仰长期留存 …………………………………………… 237
  二、宗法观念影响深远 …………………………………………… 243

结 语 …………………………………………………………………… 254
 一、移风易俗是政府不可推卸的历史责任 ………………………… 256
 二、辨俗应立足于民俗的"民"性，以"民"为本，以"民"为主 …… 256
 三、易俗应基于民俗的"俗"性，随俗而动，因势利导 ………… 257
 四、移风易俗应正确处理传统与现代两者的关系 ………………… 257

图表目录 ……………………………………………………………………… 259
附 录 …………………………………………………………………… 261
参考资料 ……………………………………………………………………… 278
后 记 …………………………………………………………………… 296

导　　言

> 倘不深入民众的大层中,于他们的风俗习惯,加以研究,解剖,分别好坏,立存废的标准,而于存于废,都慎选施行的方法,则无论怎样的改革,都将为习惯的岩石所压碎,或者只在表面上浮游一些时。①
>
> ——鲁迅

本书选取上海一地为个案,主要研究 1927—1937 年间,南京国民政府为实现政治统治目标而进行的民俗变革的努力以及结果。

一、选题旨趣

本书以"变俗与变政——上海民俗变革研究(1927—1937)"为题,主要基于以下几方面的考虑:

(一) 选取南京国民政府统治的十年中上海的民俗变革,兼具时空范围上特殊性与普遍性的双重意义

从时间上看,南京国民政府统治的十年既普遍又特殊。1927—1937 年,既是国民党政权肇建、巩固时期,又是南京国民政府统治期间唯一的一段相对稳定期。因此,这一时期的民俗变革既具有任何政权初建时革故鼎新的特点,又具有政权稳定时期独有的特色。而以往对于民国时期社会风俗的研究,更多的集中于"清末民初"这一社会大变革时期,因为这一时期的社会风俗变革在政治、经济、思想领域急剧变迁的大背景下更加凸显,所以更容易成为学者的研究焦点。正因为如此,对于

---

① 鲁迅:《二心集·习惯与改革》,载《鲁迅全集》(四),人民文学出版社 1981 年版,第 224 页。

南京国民政府统治时期风俗变革的研究在不知不觉中往往被"民国时期""民初"这样的时间段所淹没。因此,有必要将这短短十年内南京国民政府变俗的努力及结果进行细致化、系统化的研究,选取一地作个案研究不失为一种可以尝试的途径。

从空间上看,上海民俗可以视为民国时期中国都市民俗的典型代表。一方面,与近代中国许多城市一样,上海也是因外国资本主义的入侵而开始城市化历程,具有这一时代诸多中国近代城市的典型特征;另一方面,上海在中国近代史上具备一般城市所没有的独特韵味,无论经济、政治、社会、文化诸方面都有着自己独特的个性,"两千年看西安,五百年看北京,一百年看上海"①,尽管上海成为现代意义上的大都市仅一百多年,但经过一百多年的发展,上海已经成为现代化中国城市的象征。自1843年开埠以来,华洋杂居、五方杂处,在时空交汇中,上海都市民俗逐渐形成,并折射出急剧现代化、都市化对人及其原生态的社会生活留下的斑驳印记。基于此,选取上海都市民俗演变、发展进程中的一段重要记忆进行研究,探寻其中政府的作为,是十分必要的。

(二)民俗作为一种权力资源,自古以来就受到统治阶级的关注,并被作为一种社会控制的重要手段加以利用。历代政府都不曾放弃以俗变政的努力,直至今日,移风易俗仍是现代精神文明不可或缺的重要内容

国家不仅是阶级统治的工具,而且是具有一定社会控制目标的社会控制系统。为了实现这一目标,就必须采用一定的方法,即实施一定的社会控制。民俗是在人们的日常生活中靠口头和行为传承的文化模式②,具有调节和规范人们思想和行为的功能。因此,从政治统治的角度来看,民俗是一种权力资源,一旦被政府部门所利用,即成为一种社会控制的重要手段。它对人们行为的控制作用,不像法律和道德那样是在强力和舆论的威慑下发生作用,而是靠内化于人们的心理,在没有外在压力的情况下,形成人们的习惯性行为,常常起到法律、道德起不到的作用。任何社会的权力机构都不会放弃利用,甚至调控和管辖民俗礼仪的努力,力图规范它,使之为自己的政治统治服务。

自人类社会出现以来,就有民俗与之相伴随。在我国,移风易俗③由来已久。

---

① 熊月之:《上海通史·总序》,上海人民出版社1999年版。
② 陶立璠:《民俗学》,学苑出版社2003年版,第2—3页。
③ 语出《荀子·乐论》:"移风易俗,天下皆宁。"

自先秦时期就有"采风"之说,当时对民俗的关注主要是统治者为检验他们的施政效果而进行的,即"观风俗,知得失"①。随着时间的推移,特别是儒家学说成为中国社会的正统思想后,统治者更为重视民俗,汉代即提出"为政之要,辨风正俗最其上也"②。以俗变政成为历代政府施政的既定方针。

以政治力量介入民俗变革是南京国民政府维护统治的必然策略。经过清末民初社会的激烈震荡与变迁,冲突与融合,到20世纪20年代,新建的南京国民政府要实现政治统治的目标,必须完成秩序重建和社会进步的双重任务。社会风俗的变革很快被纳入构建和维系政府权威的政治建设体系中。一方面,政府介入民俗变革中,以刚性的标准划分良陋美恶,通过对旧俗的涤荡、新俗的铸模,试图重建社会秩序、推动文明进步,进一步获取执政的合法性资源;另一方面,在现代民族国家政治权力的介入下,民俗演变历程呈现出不同以往的面相与轨迹。

时至今日,化民成俗、移风易俗、以俗变政依然是政府、社会共同关注的时代命题。1986年,党的十二届六中全会通过《中共中央关于社会主义精神文明建设指导方针的决议》,指出:"在广大城乡要积极开展移风易俗的活动,提倡文明健康科学的生活方式,克服社会风俗习惯中还存在的愚昧落后的东西。"③现代国家从社会发展、文明进步等意识出发,不仅要改革民俗中不合理的、不符合现代文明和进步潮流的部分,更要善于从传统民俗中汲取精华,加以改造、利用,使之成为推动社会发展的重要力量。因此,对南京国民政府时期变革民俗的努力及成效得失进行研究兼具历史与现实两重意义。

(三) 从城市史和民俗史的角度来看,本书选取了城市社会变迁进程中一个重要面相——政府主导下的民俗变革为考察对象,可以进一步深化城市史的纵向研究,拓展民俗史的横向研究

首先,城市民俗及其变革是城市史研究中的重要内容。自"城市学"崛起以来,即吸引经济学、社会学、地理学、历史学、政治学、管理学等多学科向其靠拢,城市史学的产生势为必然。自改革开放以来,中国近代城市史研究异军突起,取得了丰硕

---

① 《汉书·艺文志》。
② 应劭:《风俗通义》。
③ 《中共中央关于社会主义精神文明建设指导方针的决议》(1986年9月28日),载《十二大以来重要文献选编》(下),人民出版社1988年版。

的成果,但仍存在一些问题和不足,在研究领域和选题方面,有学者评论道:"从城市结构的各层面看,经济方面的研究较多,而城市文化、城市社会、城市管理的研究相对较少,并多停留在表面的描述上。"①城市民俗变革研究涉及城市文化、城市社会、城市管理各个层面,正是我们深化城市史研究的一个切入口。同时,民俗变革具有不同于其他社会变革的独特之处。其一,民俗的"民"性决定了民俗变革必须从民众出发,以"民"为本,以"民"为主,具有最大的广泛性;其二,民俗的"俗"性,即"民"的行为模式化,决定了民俗变革具有其他社会变革难以企及的深远性。因此,以城市民俗变革这一视角出发,研究近代城市变迁不仅是可能的,也是必要的。

其次,都市民俗学是民俗学的重要组成部分。一般认为,中国民俗研究起步阶段多在边远山区,多关注奇风异俗。20世纪60年代,美国宾夕法尼亚大学的罗杰·亚伯拉汉斯和英国的唐纳德·麦克尔维开创了都市民俗研究这一研究领域,都市民俗学开始兴起。中国都市民俗学起步较晚,研究方法多以乡村民俗学常用的田野作业和文献相结合的社会历史综合研究法为主,使得以城市特别是以近代城市为主的都市民俗学的研究相对薄弱。从目前已有的研究成果来看,有关民俗、风俗的研究多集中在城市民俗形成、民俗特点、民俗事项的演变等方面②。有的学者指出,都市民俗学的研究有学术指向:一种是将都市民俗学作为区域民俗学的一类而成立,对应于乡村民俗学;另一种则是将都市民俗学与现代化的诉求相联系,对应于传统民俗学③。也有学者认为,中国都市民俗学在空间上呈现出"从乡村走向都市",在时间上表现为"从传统走向现代"两大整体性特征④。

上海是中国最早进入现代都市的城市,对于上海都市民俗学的研究,更具典型性和必要性。1982年11月,钟敬文先生在上海提出:上海可以把都市民俗研究作为重点。时隔半年,1983年5月,在中国民俗学会成立大会上,钟敬文先生又提出:

---

① 何一民:《城市史》,载曾业英主编:《五十年来的中国近代史研究》,上海书店出版社2000年版,第340页。

② 参见方川:《中国城市民俗研究述论》,载《民俗研究》2000年第4期;方川:《20年来城市民俗研究的开拓、精进与前瞻》,载《淮南师范学院学报》2005年第1期;苏全有、景东升:《近十年来的中国近代风俗史研究综述》,载《安阳大学学报》2004年第2期;张爱红:《五年来中国近代风俗史研究综述》,载《南华大学学报》2004年第2期;陶思炎:《都市民俗探论》,载《东南大学学报》2005年第7期;乌丙安等:《都市民俗学研究的意义、内容及方法探讨》,载《民间文化论坛》2014年第4期;邢莉、刘丰禄:《城市民俗的中国渊源与城市民俗学的兴起》,载《云南师范大学学报》(哲学社会科学版)2018年第1期。

③ 程鹏:《都市民俗学与民俗学的现代化指向》,载《民间文化论坛》2014年第4期。

④ 刘垚、沈东:《回顾与反思:中国都市民俗学研究述评》,载《民间文化论坛》2015年第6期。

"搞民俗当然着重在广大农村",但是,"我们也不能排斥对现代都市民俗材料的搜集和研究"。中国民俗学会成立后,城市民俗研究正式进入理论层面的探讨,我国城市民俗研究由此翻开新一页①。基于上海都市民俗的典型性,钟敬文先生指出研究近百年来上海的文化风俗活动是"很重要的问题"②。

近二十余年来,上海的都市民俗研究虽取得了较为瞩目的成果,为后来更为深入、细致的研究提供了广阔的空间③。但从社会控制角度,关注民俗变革中政府的职能与行为、变革主体(政府)与客体(民俗)的关系,并以这一视角审视社会变革中"国家—社会"关系的成果尚不多见。

中国现代化始终是政府主导型的,中国民俗变革与政府始终密切相关。因此,本书从社会控制这一视角出发,选取南京国民政府统治十年间,上海市政府的民俗变革历程为考察对象,探讨政府权威构建和维系的场景。其一,在时空界定上,兼具普遍性与特殊性之双重意义;其二,从政治统治目标来看,本书聚焦于地方政府的行为,考察地方政府在城市变迁中的角色定位与实际功能,在"国家—社会"关系的二元定位中,将地方政府作为变革的主体进行研究,探讨中央政府、地方政府与民众三者的关系;其三,从城市史和民俗史的视角出发,本书对城市民俗在政府强力作用下的演变过程及结果进行了讨论,力图突破以往城市民俗研究中停留于民俗事项的描述,进行更为深入的实证化研究。同时,城市民俗是一个涉及城市社会、城市文化、城市管理等多层面的领域,以此为考察对象,可以从细微处见城市发展历程。由此,力图实现纵向深化城市史的研究、横向拓展民俗史的研究初衷。

二、学术回顾

由于本选题涉及在"国家—社会"关系框架下进行的中国近现代社会风俗研究以及有关上海地方风俗的研究,因此,笔者根据前人学者探讨的角度不同,主要对

---

① 方川:《20年来城市民俗研究的开拓、精进与前瞻》,载《淮南师范学院学报》2005年第1期。
② 钟敬文先生认为上海的都市文化同农村的文化大不一样,同中国固有的、资本主义进来以前存在的城市文化也不一样,研究上海的过去近百年的社会出现了什么新的变化,它同旧有的文化风俗有哪些不同等,是很重要的问题。钟敬文:《民俗学的历史、问题和今后的工作(撮要)》,载张紫晨编:《民俗学讲演集》,书目文献出版社1996年版。
③ 见后文关于上海民俗研究成果的回顾。

这两个领域的相关研究进行了梳理。

(一) 中国近现代社会风俗变迁的研究

严昌洪的《西俗东渐记——中国近代社会风俗的演变》①《中国近代社会风俗史》②借鉴历史学和民俗学的研究方法,系统勾勒了近代以来的社会风俗演变,其至今仍是研究这一问题的必读书目。李少兵的《民国时期的西式风俗文化》③对民国时期的西式风俗文化进行了系统考察。王跃年、孙青的《百年风俗流变:1900—2000》④、仲富兰的《图说中国百年社会生活变迁:1840—1949》⑤,以及聚焦某一民俗事项的"中国社会民俗史丛书"⑥,这些著作面向普通读者,对近代风俗的研究不无借鉴。2008年,钟敬文先生主编的六卷本《中国民俗史》出版,可谓历史民俗学的奠基之作⑦。

由于本书重点关注移风易俗中的政府行为,因此,对于这一方面的研究成果更为关注。贾爱清的《太平天国时期的民俗变革》重点考察了太平天国时期民俗变革的成就与不足⑧;孙国雁的《清末新政与移风易俗》,重点考察清末新政时期政府在移风易俗中所发挥的作用⑨;夏海平认为蒋经国在赣南推行的移风易俗活动形成了一次普遍的群众运动,影响甚巨⑩;黄国斌从移风易俗的角度,对南京国民政府文化导向进行了研究⑪;廉潇对政治在民间祭祀巡游活动中的作用进行了研究⑫;邓阳阳以国民党的新生活运动与建国前后共产党的移风易俗为例,对国共两党民俗变革进行了比较研究⑬;另有敖文蔚、万建中、伍野春、董国礼等人的论文从社会政治

---

① 严昌洪:《西俗东渐记——中国近代社会风俗的演变》,湖南出版社1991年版。
② 严昌洪:《中国近代社会风俗史》,浙江人民出版社1992年版。
③ 李少兵:《民国时期的西式风俗文化》,北京师范大学出版社1994年版。
④ 王跃年、孙青:《百年风俗流变:1900—2000》,江苏美术出版社2000年版。
⑤ 仲富兰:《图说中国百年社会生活变迁:1840—1949》,学林出版社2001年版。
⑥ "中国社会民俗史丛书"包括:《商贾史》(田兆元、田亮著,上海文艺出版社1997年版)、《中国典当史》(曲彦斌著,上海文艺出版社1993年版)、《游戏史》(蔡丰明著,上海文艺出版社2007年版)、《丧葬史》(陈华文著,上海文艺出版社2007年版)、《缠足史》(高洪兴著,上海文艺出版社2007年版)。
⑦ 钟敬文主编:《中国民俗史》,人民出版社2008年版。
⑧ 贾爱清:《太平天国时期的民俗变革》,硕士学位论文,内蒙古大学,2004年。
⑨ 孙国雁:《清末新政与移风易俗》,硕士学位论文,东北师范大学,2006年。
⑩ 夏海平:《蒋经国在赣南推行移风易俗活动的研究》,硕士学位论文,江西师范大学,2012年。
⑪ 黄国斌:《移风易俗:南京国民政府文化导向研究(1927—1937)》,硕士学位论文,江西师范大学,2014年。
⑫ 廉潇:《政治在民间祭祀巡游活动中的作用研究》,硕士学位论文,重庆大学,2015年。
⑬ 邓阳阳:《国共两党民俗变革比较研究——以国民党的新生活运动与建国前后共产党的移风易俗为例》,硕士学位论文,山东大学,2015年。

变革的角度探讨清末以来的民俗演变①。

(二) 上海都市民俗研究

近年来,随着"上海学"日益成为学术界的"显学",近代上海民俗的研究也被纳入研究视野。较早关注上海都市民俗的是民俗学学者。1991年上海民间文艺家协会主办的《民间文艺季刊》改名为《中国民间文化》,并于12月份的第三辑出版了"上海民俗研究"专号。这距钟敬文先生提出"上海以都市民俗研究为重点"的倡议有近十年的光阴,可见城市民俗研究发展之不易。该辑共发表上海民俗研究论文9篇,内容涉及上海民俗是怎样形成的、有何特点;上海初民的古俗;上海人的择偶习俗、生日习俗、年节习俗;上海旧帮会习俗以及民间文艺、工艺民俗等,颇具规模。其中郑土有先生的《冲突·并存·交融·创新:上海民俗的形成与特点》最具功力,文章将上海民俗分成三个阶段、两大构成基础、六个方面的特征,产生了一定的影响。1993年,作为这一辑刊物的后续,蔡丰明又在《民间文学论坛》上发表了《上海现代民俗特征初探》,进一步研究了上海都市民俗的特征,并主编了《上海近代社会风俗论集》②,在这本论集中,学者们对上海的居住、饮食、生产、交易、节庆、游艺等诸多民俗事项进行了描述。2001年,蔡丰明的《上海都市民俗》③正式出版,这是一部专门研究近代上海都市民俗的著作。作者对上海都市民俗的形成和特征予以宏观的把握,同时运用更多感性材料加以分析探讨。

2009年,仲富兰的《上海民俗——民俗文化视野下的上海日常生活》④从新的视角评说上海民俗如何影响了上海人的日常生活和品性。刘迎曦、霍靖杰从都市民俗学的角度考察了民国时期的上海月份牌,以及月份牌中的娱乐民俗,别具一格⑤。徐佳仪认为,"务实而进取、宽容、快速"的风气,在20世纪30年代全方位蔓

---

① 伍野春、阮荣:《民国时期的移风易俗》,载《民俗研究》2000年第2期;敖文蔚:《清末民初社会行政管理的重大改革》,载《江汉论坛》2000年6月;万建中:《民国的风俗变革与变革风俗》,载《西北民族研究》2002年第2期;万建中:《民俗的力量与政府权力》,载《北京行政学院学报》2003年第5期;董国礼:《民国初年社会风俗演变的社会学阐释》,载《民俗研究》2000年第2期。
② 蔡丰明:《上海近代社会风俗论集》,中国三峡出版社1998年版。
③ 蔡丰明:《上海都市民俗》,学林出版社2001年版。
④ 仲富兰:《上海民俗——民俗文化视野下的上海日常生活》,文汇出版社2009年版。
⑤ 刘迎曦:《都市民俗学视野下的上海月份牌研究——以民国至抗战全面爆发前夕为例》,博士学位论文,华东师范大学,2009年;霍靖杰:《民国时期上海月份牌中的娱乐民俗研究》,硕士学位论文,上海师范大学,2019年。

延,慢慢变成上海都市新风俗①。2013年,在华东师范大学召开了以"都市民俗学"为主题的学术会议,乌丙安、蔡丰明、耿敬、田兆元、仲富兰等民俗学学者就都市民俗学研究的意义、内容及方法进行了深入的交流。2020年,蔡丰明、程洁、毕旭玲的《上海城市民俗史》出版②,该书以历史发展为线索,将上海的城市民俗分为古代上海城市民俗、近代上海城市民俗、现当代时期上海城市民俗三个阶段,对上海城市民俗进行了全面、系统、整体的梳理,是都市民俗研究的最新成果。

历史学界很快也对这一领域发生了浓厚的兴趣。1993年,忻平在《近代上海变异民俗文化初探》③一文中就指出,上海变异民俗文化的总特点是旧俗淡化、衰亡,西俗异化,变异新俗产生并被认同接受。唐振常主编的《上海史》④、张仲礼主编的《近代上海城市研究》⑤、施宣圆主编的《上海700年》⑥、熊月之主编的《上海通史》第5卷《晚清社会》⑦、李长莉的《晚清上海社会的变迁——生活与伦理的近代化》⑧、忻平的《从上海发现历史——现代化进程中的上海人及其社会生活1927—1937(修订版)》⑨等著作都对上海都市民俗的特点、表现等诸多方面有所涉及。另外,徐笑运从上海竹枝词的角度,考察了近代上海都市商业习俗⑩。而熊月之的《异质文化交织下的上海都市生活》⑪与本书关系密切,视野宏阔,自成一格。

随着上海史和风俗史研究的深入,更多的学者开始尝试综合运用历史学、民俗学、人类学和社会学的理论和研究方法透视现代化进程中的民俗事项。如:郭于华的《仪式与社会变迁》⑫,薛君度、刘志琴的《近代中国社会生活与观念变迁》⑬,赵世

---

① 徐佳仪:《上海三十年代都市新民俗研究》,硕士学位论文,上海师范大学,2012年。
② 蔡丰明、程洁、毕旭玲:《上海城市民俗史》,上海文艺出版社2020年版。
③ 忻平:《近代上海变异民俗文化初探》,载《华东师范大学学报》1993年第2期。
④ 唐振常:《上海史》,上海人民出版社1989年版。
⑤ 张仲礼:《近代上海城市研究》,上海人民出版社1990年版。
⑥ 施宣圆:《上海700年》,上海人民出版社1991年版。
⑦ 熊月之主编:《上海通史》,上海人民出版社1999年版。
⑧ 李长莉:《晚清上海社会的变迁——生活与伦理的近代化》,天津人民出版社2002年版。
⑨ 忻平:《从上海发现历史——现代化进程中的上海人及其社会生活1927—1937(修订版)》,上海大学出版社2009年版。
⑩ 徐笑运:《近代上海都市商业习俗研究——以上海竹枝词为考察中心》,硕士学位论文,安徽师范大学,2016年。
⑪ 熊月之:《异质文化交织下的上海都市生活》,上海辞书出版社2008年版。
⑫ 郭于华:《仪式与社会变迁》,社会科学文献出版社2000年版。
⑬ 薛君度、刘志琴:《近代中国社会生活与观念变迁》,中国社会科学出版社2001年版。

瑜的《狂欢与日常——明清以来的庙会与民间社会》①，萧放的《岁时——中国传统民众的时间生活》②，郑振满、陈春声的《民间信仰与社会空间》③，范荧的《上海民间信仰研究》④，刘晓峰的《东亚的时间——岁时文化的比较研究》⑤。李恭忠的《中山陵：一个现代政治符号的诞生》⑥，陈蕴茜的《崇拜与记忆——孙中山符号的建构与传播》⑦和《纪念空间与辛亥革命百年记忆》⑧，对孙中山这一政治符号进行了深入解读。杨兴梅的《身体之争：近代中国反缠足的历程》⑨将近代中国的缠足及反缠足运动的双方，统一纳入当时的历史环境中平等看待，重建了近代中国的缠足与反缠足运动进程。

另外，左玉河、刘力、任笑等对民国时期的"二元历法"进行了研究⑩；严昌洪、谢世诚、李彬彬、王琳、沈宏格等对上海公墓及丧葬礼俗进行了研究⑪；伍野春、经莉莉、王欣等对民国时期的集团结婚加以考察⑫；李学智对民国纪念日开展研究⑬；梁

---

① 赵世瑜：《狂欢与日常——明清以来的庙会与民间社会》，生活·读书·新知三联书店 2002 年版。
② 萧放：《岁时——中国传统民众的时间生活》，中华书局 2002 年版。
③ 郑振满、陈春声：《民间信仰与社会空间》，福建人民出版社 2003 年版。
④ 范荧：《上海民间信仰研究》，上海人民出版社 2006 年版。
⑤ 刘晓峰：《东亚的时间——岁时文化的比较研究》，中华书局 2007 年版。
⑥ 李恭忠：《中山陵：一个现代政治符号的诞生》，社会科学文献出版社 2009 年版。
⑦ 陈蕴茜：《崇拜与记忆——孙中山符号的建构与传播》，南京大学出版社 2009 年版。
⑧ 陈蕴茜：《纪念空间与辛亥革命百年记忆》，华中师范大学出版社 2011 年版。
⑨ 杨兴梅：《身体之争：近代中国反缠足的历程》，社会科学文献出版社 2012 年版。
⑩ 左玉河：《评民初历法上的"二元社会"》，载《近代史研究》2002 年第 3 期；《从"改正朔"到"废旧历"——阳历及其节日在民国时期的演变》，载《民间文化论坛》2005 年第 2 期；刘力：《政令与民俗——以民国年间废除阴历为中心的考察》，载《西南大学学报》（社会科学版）2006 年第 6 期；刘力、李禹阶：《官派与民俗：民国年间废除阴历运动》，载《宁夏社会科学》2009 年第 1 期；任笑：《民国"双历法结构"形成研究》，硕士学位论文，河南大学，2012 年。
⑪ 严昌洪：《民国时期丧葬礼俗的变革与演变》，载《近代史研究》1998 年第 5 期；谢世诚等：《民国时期公墓制的创建与演变》，载《民国档案》1995 年第 2 期；李彬彬：《近代上海华人公墓研究》，博士学位论文，中国社会科学院研究生院，2012 年；王琳：《上海万国公墓变迁研究（1909—1949）》，硕士学位论文，华东师范大学，2014 年；沈宏格：《社会变迁视角下的民国丧葬礼俗变革》，载《江西社会科学》2015 年第 10 期。
⑫ 伍野春等：《民国时期的集团结婚》，载《民国档案》1996 年第 2 期；陆茂清：《近代中国第一次集体婚礼》，载《文史精华》1996 年第 3 期；李凯鸿：《"集团结婚"的由来》，载《民国春秋》1994 年第 3 期；经莉莉：《民国集团结婚探微》，硕士学位论文，安徽师范大学，2006 年；王欣：《移风易俗中的政府作用——以民国时期上海集团结婚为例》，硕士学位论文，上海师范大学，2014 年。
⑬ 李学智：《政治节日与节日政治——民国北京政府时期的国庆活动》，载《南京大学学报》2006 年第 5 期。

雯雯、张凯月对民国岁时节日民俗变迁进行研究①等。

另外,国外民俗学、文化人类学、社会学对于民俗变革也作了诸多思考和阐释,为本书的研究奠定了丰厚的理论基础。

在民俗学界,学者们对民俗的概念有很大的分歧,英美学者在不同时期或不同派别中都有不同的着重点(见表0-1)。但是其中的脉络都是朝着将民俗的研究对象的"民"和"俗"一步步的扩大、一步步的从古代走向现代、一步步的从抽象的文化现象走向具象的生活世界,在定义上也由外延的探究走向内涵的完备,为民俗学的研究提供了更稳固的基石。而本书所涉及的城市民俗,一般认为,兴起于20世纪60年代初的英国和美国,英美学者的城市民俗学研究方法和概念界定也给我们一定的启示②。

表0-1 英美学者对民俗的定义表

	民	俗
汤姆斯	以乡民为主的国民	民众的知识
比较神话学派	种族	—
人类学派民俗学者	乡民和原始人类	古代遗留物
从纳特到弗斯特	农民	—
美国文化人类学家	—	口头文学
多尔逊	乡下人和部分城市人	传统民间文化
邓迪斯	任何人组成的任何"民群"	传统民俗形式

资料来源:高丙中:《民俗文化与民俗生活》,中国社会科学出版社1994年版,第10—59页

---

① 梁雯雯:《近代南京岁时节日民俗变迁研究》,硕士学位论文,南京师范大学,2010年;张凯月:《晚清至民国初期都市岁时节日生活变迁研究——以〈申报〉为考察中心(1895—1919)》,硕士学位论文,南京师范大学,2018年。

② 关于国外城市民俗学的介绍,可参见程鹏:《都市民俗学与民俗学的现代化指向》,载《民间文化论坛》2014年第4期;邢莉、刘丰禄:《城市民俗的中国渊源与城市民俗学的兴起》,载《云南师范大学学学报》(哲学社会科学版)2018年第1期。

在文化人类学中,由于社会的接触而产生的社会与文化的变化,被称为"文化潜移"。罗伯特·F. 墨菲认为在"文化潜移"的过程中,政府官员和传教士扮演了作为"文化经纪人"的重要的"边界角色"①。文化人类学家雷德菲尔德将社会传统区分为大传统和小传统。两个传统并非是相互独立的,大传统和小传统一直相互影响及连续互动。

在社会学界,当代著名社会学家安东尼·吉登斯认为现代民族—国家对基层社会的控制大大加强,并直接由行政力量实现②。美国的社会学家 E. A. 罗斯把人和社会的关系分为社会优势和个人优势两个部分,指出风俗作为社会优势中社会影响的重要组成部分,其束缚产生约束和调节两种后果,因此,任何社会对于风俗的调整方针在很大程度上是为了使它能够提供社会的效用并得到充分的发挥③。露丝·本尼迪克特在那本颇受争议的著作《文化模式》中强调了文化模式对于个体的影响,指出:"说到底,我们必然是生活在由我们自己的文化所制度化了的那种你我之间泾渭分明的构架中。"④帕克把城市看作"各种礼俗和传统构成的整体"。时尚常以习俗的形式表现并会成为社会控制的支配性力量⑤。

通过以上梳理,可以看出:民国时期社会风俗研究,特别是上海这一时期的风俗变迁研究已经引起了民俗学、历史学、人类学等多学科学者的广泛兴趣,学术界已经不再满足于对近现代社会风俗作鸟瞰式的考察,研究触角已逐步深入到在社会政治变革的大背景下衣食住行、婚丧节庆、民间信仰、道德礼仪等民俗事项各个方面的面相,涉及物质民俗、社会民俗、精神民俗、心理民俗各个领域,为以后更深入的研究提供了广泛的研究角度。但从社会控制视角,关注民国时期上海地区的民俗变革并对其进行全景式扫描和分析仍有待拓展和深入,这也正是本书写作的初衷与努力方向。

---

① [美]罗伯特·F. 墨菲:《文化与社会人类学引论》,王卓君、吕廼基译,商务印书馆1994年版。
② [英]安东尼·吉登斯:《民族—国家与暴力》,胡宗泽、赵力涛、王铭铭译,生活·读书·新知三联书店1998年版。
③ [美] E. A. 罗斯:《社会控制》,秦志勇、毛永政译,华夏出版社1989年版。
④ [美]露丝·本尼迪克特:《文化模式》,王炜等译,生活·读书·新知三联书店1998年版。
⑤ [美]罗伯特·E. 帕克等:《城市社会学》,宋俊岭、吴建华、王登斌译,华夏出版社1987年版。

三、资料概况

由于近代以来,上海已成为中国早期现代化发展速度最快的国际都市,无论是时人著述还是后人的研究都异常丰富,留存至今的历史资料也较同时期中国其他城市为多。仔细梳理,与本书主题相关的资料主要有以下几种:

(一)档案及档案汇编

社会控制是政府自上而下的一个权力介入过程,因而政府及相关职能机构、各种社会团体构成民俗变革的重要主体,政府的政策、条文、法令的颁布和实施以及与各种社会团体的合作对民俗的演变轨迹产生重要影响,档案必然是进行研究的重要史料。因此,笔者查阅了上海市档案馆保存的民国时期市政府、市公用局、社会局、公安局、善堂善会、同业会所、旅沪同乡会、学校等档案资料,主要集中于1927年至1937年这十年间。

(二)方志与统计年鉴

经过专家、学者初步整理的方志和年鉴也是论文写作过程中的重要资料。方志主要有晚清和民国时期修纂的《嘉定县志》《上海县志》《金山县志》《南汇县志》《青浦县志》《奉贤县志》《宝山县志》《崇明县志》《川沙县志》及各县续志。本书还采用了20世纪90年代后期由上海社会科学院出版社相继出版的各种行业志和上海各区志。另有全国性的民俗志和资料汇编,如:胡朴安的《中华全国风俗志》、丁世良编的《中国地方志民俗资料汇编·华东卷》等。地方志中关于民俗事项表现、沿革的描述可以弥补档案资料的不足之处。所用年鉴包括民国时期的1934—1937年《上海市年鉴》《申报年鉴》《内政年鉴》等。

(三)各种资料汇编

各种资料汇编也汇集了大量的原始资料:① 各种法律法规、报告汇编。主要有上海特别市政府:《上海特别市市政法规汇编》,立法院编译处:《中华民国法规汇编》,许友春等编:《国民政府公报》,上海市政府秘书处:《上海市政府公报》;② 时人所作的调查、笔记。例如,上海通社编:《上海研究资料》及《上海研究资料续集》等;③ 后人编辑的档案、碑刻等各种资料汇编。例如,上海市文物保管委员会辑:《上海地方志物产资料汇辑》,胡祖德编:《沪谚》及《沪谚外编》,中国第二历史档案馆编:《中华民国档案资料汇编》,李文海主编:《民国时期社会调查丛编·宗教民俗卷》,上海博物馆图书资料室编:《上海碑刻资料选辑》,上海市文史馆编:《上海地方史资料》,上海市政协文史资料委员会编:《上海文史资料存稿汇编》等。

(四) 时人著述

时人著述一般为当时人的调查、感受,其中不乏感性材料,却是20世纪二三十年代上海社会状况与政府运行态势的最真实反映,可以让法令条文和数字的论据更加生动、形象。如胡祥翰的《上海小志》、李维清的《上海乡土志》、葛元熙的《沪游杂记》、姚公鹤的《上海闲话》、徐国桢的《上海的研究》和《上海生活》、上海信托股份有限公司编辑部编的《上海风土杂记》以及商务印书馆出版的《上海指南》等。

(五) 报刊资料

报刊资料具有即时性的特征,并涵盖各种观点、言论,其中对于当时社会现状的描述、跟踪报道以及各专家、学者的论述更是论文写作中不可或缺的重要资料来源。本书主要采用的报刊有《复大社会学系半年刊》《妇女》《妇女杂志》《教育与民众》《科学世界》《女声》《清华周刊》《人言》《上海市通志馆期刊》《申报月刊》《社会半月刊》《生活周刊》《新中华》《现代妇女》《新人周刊》《银行周报》《中学生》等。报纸方面则主要使用当时在上海发行量最大的《申报》。兼采其他报刊的言论,包括《大公报》《时报》及解放后的《文汇报》等。

四、研究取向

(一) 研究思路

本书将从社会控制这一视角出发,在研究方法上引入政府权威理论。政府是公共权威机构,权威的维系是政府首要的任务。从权威的一般意义来说,权威是指某一个主体把自己的意志强加于对象欲使之服从的能力①。在政治学意义上,权威是一种精神力量,其作用主要是一种社会心理过程,它主要借助掌权者的威信在公

---

① 王沪宁:《政治的逻辑——马克思主义政治学原理》,上海人民出版社1994年版,第249页。

众情感、信任等方面的影响而发挥作用,它是以自觉自愿的服从为前提的,权威是建立在合法性基础上的影响力①。可见,政府权威是权力、威严与能力、威望的和谐统一。20世纪20年代,中国社会正经历着一场前所未有的变革,在各种矛盾和冲突日益尖锐的社会转型时期,尤其需要政府有合理而有效的权威。"一个缺乏权威的弱政府是不能履行其职能的,"亨廷顿认为,"同时它还是一个不道德的政府,就像一个腐败的法官,一个怯懦的士兵,或一个无知的教师是不道德的一样"②。南京国民政府依靠军事力量和政治强权建立,成立后面临的主要任务是将权力迅速转化为权威,构筑政权统治的合法性基础③。

对于法理性政府权威来说,在获得宪法和法律授予的权力后,政府权威的维系取决于政府在维持社会稳定和推动社会发展两个方面的作用。十年中,南京国民政府的各项社会变革也都是围绕这两方面的目标展开,民俗变革概莫能外。在维持社会稳定方面,南京国民政府面临的任务是双重的:其一,清除旧的权威体系;其二,重建新的社会秩序。换言之,秩序化的历程将从"破旧"和"立新"两个向度同时展开。在推动社会发展方面,政府要解决的亦是两个问题:一是社会动员,获取最广泛的社会支持;二是社会整合,消除社会变革过程中不可避免的异趋。最后,对政府权威维系的评价也是从这两方面任务的实施效果分别阐述,民俗变革中鲜明的人本主义和科学主义倾向取得了一定的成效,现代性的增长和社会趋向文明进步即是明证;但秩序重建和权威维系的终极目标没有实现也是无法回避的事实。究其根本原因,即民俗变革的制约因素,必须要考虑到两个主要影响因素,即:从共时性角度出发,要考虑到上海的地方性;从历时性角度出发,要考虑到民俗的传承

---

① 廖扬丽:《论法理型政府权威的一般理论》,载《齐齐哈尔大学学报》(哲学社会科学版)2003年9月。

② [美]塞缪尔·亨廷顿:《变化社会中的政治秩序》,王华等译,生活·读书·新知三联书店1989年版,第26页。

③ 政治学意义上的合法性(Legitimacy)是指一种政治统治或政治权力能够让被统治的客体认为是正当的、合乎道义的,从而自愿服从或认可的能力与属性。马克斯·韦伯认为:"一种统治的合法性,也只能被看作是在相当程度上为此保持和得到实际对待的机会。"([德]马克斯·韦伯:《经济与社会》(上册),林荣远译,商务印书馆1997年版,第240页。);尤尔根·哈贝马斯认为:"合法性就是承认一个政治制度的尊严。"([德]尤尔根·哈贝马斯:《重建历史唯物主义》,郭官义译,社会科学文献出版社2000年版,第262页。);让·马克·夸克认为:"合法性就是对统治权利的承认。"([法]让·马克·夸克:《合法性与政治》,佟心平译,中央编译出版社2002年版,第12页。);李普塞特认为:"合法性涉及该制度产生并保持现存政治机构最符合社会需要的这种信念的能力。"([美]西摩·马丁·李普赛特:《政治人——政治的社会基础》,张绍宗译,上海人民出版社1997年版,第53页。)

性。1927—1937年,上海的民俗变革历程,是现代民族国家构建和维系权威的努力,亦是民俗在政治权力介入下的演变过程。

(二) 方法运用

本书从南京国民政府十年肇建、巩固统治的历史背景出发,以上海变革民俗的努力为主线,探寻在政府权力介入下的城市民俗发展历程,进而对政府变俗以变政的结果和制约因素进行客观评价与分析。因此,在写作中,将会以社会史的实证研究为基础,通过政治学、民俗学、社会学、心理学等多学科理论和方法的运用,探讨民俗变革中国家、社会、民众三者的互动以及政府权力与民俗变异的关系。

五、基本框架

本书的基本框架由三部分组成:

第一部分即第一章,对上海民俗变革的缘起进行分析:首先,阐述南京国民政府民俗变革运作的客体和场景,即城市化造就的上海都市及其都市民俗的特点;其次,从社会控制的角度分析近代以来民俗变革的必然性;再次,回顾辛亥革命以后,南京临时政府时期和北洋军阀政府时期的民俗变革历程。

第二部分即第二、三章,主要考察南京国民政府统治时期,上海以俗变政,构建和维系政府权威的历程,兼论中央政府、地方政府、民众的关系。其中,第二章着重论述政府破旧立新、重建秩序的历程。在对破旧立新背景、历程、特点阐释的基础上,分别以破除迷信和推行革命纪念日为例,展示政府涤荡旧俗和铸模新俗的努力、民众的反应及最终的结果,指出政府权威的构建尚需进一步的措施;第三章论述南京国民政府如何通过化民成俗,推动社会进步。在这一阶段,南京国民政府建立了一个高效能的组织系统,进行强制性社会动员,以推动民俗变革走向系统化,取得了一定的效果。强制性社会动员缺乏应有的广度和深度,其间不可避免地出现异趋,由此产生了整合的需要。对此,南京国民政府采取了如下措施:一是在社会整合力尚未崛起时,运用政治整合力试图唤醒市民现代意识的群体觉醒,引导民间力量积极参与社会革新,促使社会整合力的养成;二是在双轨制制度环境下,向租界学习,积极引入新的社会管理机制,充分发挥政治治理职能。最后,本章分别以集团结婚和丧葬礼俗为例,展示特殊时代背景下,政治整合力运作的场景。

第三部分即第四章,通过对变俗变政的结果及制约因素的分析,探讨南京国民政府权威维系过程中中央与地方、国家权力与社会民俗的关系。从这一时期民俗变革的效果来看,无可否认,民俗变革促进了现代性的增长和社会文明进步,但无法达成藉此巩固统治、维系权威的梦想。本书最后对其中的两大制约因素进行了分析:一是从共时性角度,探讨上海地方性对变俗措施具体实施的牵制;二是从历时性角度,考察民俗传承性对民俗演变的制约。

　　最后是结语部分,主要是对南京国民政府变俗变政的历程进行概述,指出变俗变政的关键问题就是以权威构建和维系为导向的秩序与进步,秩序与进步的偕同与纠葛正是政府行为成败的决定性因素。

第一章 上海变革民俗的缘起

民俗(folklore)一词由撒克逊语 folk 和 lore 合成,意思是"民众的知识"(the lore of the people),是源于社会生活的积淀而作用于实际生活的一种文化模式。人类创造了民俗,又自觉或不自觉地受到民俗的制约与规范。正如恩格斯所说:"在大多数情况下,历来的习俗就把一切调整好了。"①换言之,民俗具有控制和调节社会生活和社会秩序的功能。

通过变俗来达到变政的目的,在中国绵长的历史中比比皆是。早在春秋时期,我国先人就提出"移风易俗"这一重要命题,《礼记·乐记》和《荀子·乐论》都提出"移风易俗,天下皆宁"之说,意为:移风易俗有助于建构健康、美好的社会风尚,从而为社会改革和文明进步提供一个稳定、良好的社会秩序。历来民俗变革的出发点正在于此,即:从民俗自身发生、发展与传承乃至消亡的机制出发,对其中的优良劣陋加以引导和规范,发挥民俗在社会生活秩序中的制衡、调控、导向功能,使之化为促进社会进步的一种能动因素。

近代以来,生产力的发展、城市化的步步推进,在古老的东方造就了一座国际化的都市——上海,上海的民俗从此贴上了鲜明的"都市"标签。上海传统民俗体系、中国各地民俗体系、西方民俗体系以及由这三大民俗体系相交融汇而成的变异民俗体系,共同汇聚成上海都市民俗体系,展示出中西交汇、南北兼容、新旧杂陈的独特魅力。民俗变革与秩序稳定、经济发展、文明进步息息相关,在上海特殊的政治、社会环境下,国家权力介入其中,不仅是政府维护政治统治的传统手段,亦是特定的社会背景和历史规定性的产物。民国以来,南京临时政府和北洋政府都对社会风俗实施了一系列的改革措施,为南京国民政府统治时期上海的民俗变革奠定了基础。

---

① 恩格斯:《家庭、私有制和国家的起源》,载《马克思恩格斯选集》第 1 卷,人民出版社 1972 年版,第 92 页。

第一节　城市化与上海都市民俗

城市化为各种民俗的交融汇通提供了契机。城市化,主要是指随着生产力的发展,人口、非农产业向城市集聚,传统的生产、生活、行为方式从农耕型向城市型转化。现代意义的城市化兴起于英国工业革命,工业化与城市化相互推动与发展。恩格斯对城市化进程曾有一个形象的描述:"大工业需要许多工人在一个建筑物里共同劳动;这些工人必须住在近处,甚至在不大的工厂近旁,他们也会形成一个完整的村镇。他们都有一定的需要。为了满足这些需要还要有其他的人,如裁缝、鞋匠、面包师、泥瓦匠、木匠都搬到这里来了……于是村镇就变成了小城市,而小城市又变成了大城市。"①

然而,作为一个历史范畴,城市化又必然受到社会政治、经济、文化等多种因素的制约,正如不同的民族和国家具有不同的历史发展道路一样,城市化也会在不同的国家和民族呈现出不同的模式②。近代中国城市化的发展模式与西方模式相去甚远,西方资本主义的入侵拉开了近代中国城市化的序幕,并对其产生深远的影响,近代中国城市化的外源性和明显的殖民色彩为人们所周知。中国近代的城市化始终与被动的开埠通商联系在一起,条约口岸城市首先开始了近代城市化历程,并成为第一批成果展示场。其中,发展速度最快、地位最为显赫的是上海。城市化伴随着上海的国际化、商业化、现代化,使其成为现代化中国城市的象征,在这样的经济社会环境中,孕育出与传统迥然不同、与其他城市相异的上海都市民俗,成为民俗变革藉以运作的客体和场景。

一、城市化与都市上海③

早就有学者总结出上海城市兴起的轨迹是:"以港兴商,以商兴市,开埠以前奠

---

① 《马克思恩格斯全集》第 2 卷,人民出版社 1974 年版,第 300—301 页。
② 行龙:《近代中国城市化特征》,载《清史研究》1999 年第 4 期。
③ 此部分内容经修改后已刊,参见艾萍:《近代上海城市化特征初探》,载《安阳师范学院学报》2021 年第 1 期。

基,开埠以后崛起。地理位置是基础,开放是前提,开埠通商是其迅速发展的契机。"①可以说,以开埠为先导的城市化成就了上海都市与都市上海。

(一)"国际都市":上海日益融入世界

上海开埠以后,外国商人首先利用上海优越的自然地理条件和不平等条约规定的特权,经营对外通商贸易,仅经过十余年的发展,上海的进出口贸易值就从占全国总值不足10%,发展到占全国的50%左右,并取代广州成为全国的对外贸易的中心。对外贸易的发展,使上海经济同外部世界有了联系②。与此相伴随的是,城市人口的大量增长,特别是来源国籍众多、异域风情浓郁的外国人充斥城市之中,真正让人们直观地意识到上海已经一步步融入世界。

鸦片战争后,外国列强利用不平等条约的规定,在通商口岸辟设外商居留地基础上,通过不断侵夺中国政府的主权,建立独立于中国政权体系之外的租界和租界制度。租界成为近代上海城市的发端。其设立之初,由于"中外民情扞格,以风俗习惯等种种不同"③,"华洋分居"成为既定的制度。上海租界开辟后最初十年,外侨数量和增长速度都极为有限。英租界内的外国侨民仅从1844年的50人增加到1851年的265人④。法租界内的外侨只有10人左右。1853年小刀会攻陷上海县城,大批华人涌入租界,打破了"华洋分居"的禁例,形成"华洋杂居"格局。在对外贸易和以房地产为首的诸多投机事业的刺激下,19世纪70年代以后,租界的外国人数量稳步增长。其中,妇女和儿童的数量增长速度远远快于成年男性增长的速度。这表明,公共租界外国人的投机色彩逐渐消退,取而代之的是从事较为固定职业并将长期侨居于此的外国侨民开始成为公共租界外国人的主体部分⑤。19世纪末20世纪初,在沪各国侨民总数已达1.5万余人,其中有英、美、法、德、日、俄等国侨民近万人,还有印、葡、奥、意、丹麦、荷兰等国侨民。1936年外侨人口数达6.2万人,1942年达到最高峰8.6万人。在沪外国侨民国籍,最多时曾达到58个国家,大

---

① 熊月之主编:《上海通史·总序》,上海人民出版社1999年版。
② 张仲礼主编:《近代上海城市研究》,上海人民出版社1990年版,第59页。
③ 徐公肃、丘瑾璋:《上海公共租界制度》,上海人民出版社1980年版,第17页。
④ 唐振常主编:《上海史》,上海人民出版社1989年版,第148页。
⑤ 参见丘国盛:《现代化与中国大城市外来人口管理研究——以上海市为例(1840—2000)》,博士后研究工作报告,华东师范大学历史系,2005年,第17页。

多数侨民从事工商业等经济活动①。上海城市化的启动使得上海成为外国人口在中国的重要聚集地,国际化成为上海城市的发展趋势,上海民俗由此渗入大量国际因素。

道路是城市的动脉,受经济利益的驱动,越界筑路成为上海租界扩张的重要方式。租界当局"以之为先声,继之以扩界,相辅而行"②。19世纪60年代初,太平天国军队进攻上海时,法国殖民者以保护租界为由,筑成由西门外直通徐家汇的军路,为法租界第一条越界筑路。到20世纪20年代,法租界所筑界外道路共达20余条。从1900年起到1925年,工部局所筑越界道路达39条,总长度约75千米。经过这一系列的拓展,上海租界总面积达48 653亩,是其最初面积的24倍,是老县城面积的10余倍③。随着道路的开拓和城市交通的发展,各项城市建设快速展开,殖民者在上海正"按照自己的面貌",从母国引入先进的市政管理模式和方法,"为自己创造出一个世界"④。越界筑路客观上成为上海城市化的先导,近代化都市首先在县城北部崛起,城市格局发生了根本变化,华洋两界截然不同的城市面貌使得租界成为华界效仿的对象。在租界扩张及城市化的刺激和示范下,华界也迈出了艰难的近代化步履,城市功能全面提升,逐步融入世界现代化进程中,城市中的民俗也呈现出新的面相。

(二)"移民都市":城市化进程中的人口集聚

城市化发展的必要历史前提是农村人口向城市的流动。"工业化和城市化,这两个过程互为因果的联系是显而易见的,但其中的关系却又十分复杂。城市化和工业化都离不开人口的增加。"⑤上海的城市化也同样表现为人口集中、城市人口的比重不断增加。只是与西方独立发展、以工业化为主的城市化不同之处有以下三点:

首先,中国早期的城市化更多的是在外力推动下、以商业化为主要动力。在经济因素推动的人口聚集过程中,商业贸易成为其中更重要、更突出的一大环节。对

---

① 《上海租界志》编纂委员会编:《上海租界志》,上海社会科学院出版社2001年版,第113页。
② 张仲礼主编:《近代上海城市研究》,上海人民出版社1990年版,第228页。
③ 费成康:《中国租界史》,上海社会科学院出版社1991年版,第63页。
④ 《马克思恩格斯选集》第1卷,人民出版社1972年版,第255页。
⑤ [澳] 约翰·R.拉瓦蒂:《城市革命》,载北京市社会科学研究所城市研究室选编:《国外城市科学文选》,宋俊岭、陈占祥译,贵州人民出版社1984年版,第36页。

此,早就有人认识到:"这个城市不靠皇帝,也不靠官吏,而只靠它的商业力量逐渐发展起来。"①随商业贸易而移民上海的商人成为上海都市移民中重要的一部分。

其次,中国近代城市化的动力更多的来自农村的推力,而非城市的拉力。一方面,随着中国经济逐渐被纳入世界资本主义市场,农村经济已面临崩溃的边缘,西方列强对中国进行经济侵略的主要方式之一是向中国大量倾销农产品与工业产品,名目繁多的赋税和高利贷的盘剥使农民愈益贫困,还有无法躲避的天灾、兵祸使农民的生活雪上加霜,他们只好背井离乡,走上形同"难民"的移民之路;另一方面,上海在开埠以后,商业繁荣,在商业贸易的推动下,随着对外贸易和与之息息相关的金融业的发展,上海近代工业也在中外资本投资之下蹒跚起步,工商业的发展对农村人口进入上海都市有莫大的拉力。

再次,乐正在《近代上海人社会心态(1860—1910)》一书中根据移民动因的不同,把上海移民分为主动移民和被动移民,并指出,这种分类"不是严格意义上的分类,因为一个移民身上往往可能兼有两种动机类型"②。正因为如此,上海不仅有路途较近的来自江苏、浙江、安徽、山东的移民,也不乏远道而来的广东、云南、贵州的移民,移民籍贯的多源性是显而易见的。

"移民都市"成为上海的一个别称。据邹依仁研究,1852年上海总人口为54万余人,到抗战全面爆发前的1936年增长到380余万人,80余年间,上海地区的人口增长了6倍以上③。剔除其中的人口自然增长因素,有学者估计,这380余万人中至少有255万人都属于由外地迁入带来的机械增长④。从1885年到1935年间,公共租界非沪籍人口所占比重始终在78%—85%之间徘徊,平均为82%。而华界中1929—1936年非沪籍人口所占比重则在72%—76%之间波动,平均占74.2%⑤。取其平均数,则两界沪籍人口与非沪籍人口分别为21.9%和78.1%,客籍和土著人口比例达到了4∶1。"客籍多于土著"⑥是一个可以认定的事实。城市化导致上海成为一个多元异质的都市社会,这也成为上海都市的一个特征。

---

① [美]霍塞:《出卖上海滩》,上海书店出版社1962年版,第4页。
② 乐正:《近代上海人社会心态(1860—1910)》,上海人民出版社1991年版,第172页。
③ 邹依仁:《旧上海人口变迁的研究》,上海人民出版社1980年版,第91页。
④ 彭南生:《近代农民离村与城市社会问题》,载《史学月刊》1999年第6期。
⑤ 邹依仁:《旧上海人口变迁的研究》,上海人民出版社1980年版,第112页。
⑥ 黄苇等编:《近代上海地区方志经济史料选辑》,上海人民出版社1984年版,第304页。

(三)"现代都市":生活方式的转化

城市化首先是人的城市化,对于上海移民来说,进行的不仅仅是从乡民变为现代市民的社会化过程,更是经过多次社会化,直至成为近代上海人的过程①。城市化的内涵不仅在于城乡人口结构的转化,而且意味着传统生产方式、生活方式和行为方式向现代生产方式、生活方式和行为方式的转化。

其一,城市化标志着机器大工业时代的来临,传统生产方式转化为现代生产方式。大工业时代,机器力代替了自然力和人力,人类的生产方式发生了质变。与传统分散经营相比,为了配合以聚集为主的城市生产方式,必须建造公共设施,特别是公共交通设施。上海的现代交通建设发端于租界,自1845年《上海土地章程》颁布后,英租界开始了最初的道路建设。到1911年,由公共租界工部局管理下的界内外道路总长度已达110英里,形成了纵横交错的道路网络。法租界对于道路建设也相当重视,自1857年成立"道路管理委员会"后,到1900年,法租界"已有一个宽阔的、铺设得很好的道路系统"②。在租界道路建设形成的强烈刺激下,华界也开始了艰难的路政建设,至1927年,南市、闸北新建马路百余条,上海市境大为扩展,北到虹口公园,东到军工路,西到曹家渡,南到龙华路,基本形成市区的范围③。

其二,现代市政建设直接改变了衣食住行等物质生活方式。与传统乡村的自然性相比,现代城市更多地考虑到人的生活需要,建设相应的人工生活环境。也就是说,主要是通过人的思维规划建造的。这样的设计可以更大程度地满足人的需求。以出行和服饰生活为例,随着现代道路建设的开展,上海市民改变了"水行则船,陆行则轿"的传统出行方式,逐渐由轿子、马车、人力车,过渡到电车、汽车和出租车。现代交通工具与传统步行的交通手段之间的区别,不仅仅在于速度的极大提升,还在于个体行为与集体行为的差异。步行更多的是个体行为,而现代交通工具是集体的位置移动。与相对悠闲、个体的步行相适应的长袍马褂在现代交通设施所营造的快节奏社会生活映衬下,尤其显得格格不入,西装以其简明、快捷的设计风格更加符合乘坐现代交通工具的需要,上海的西服店林立也就不足为怪。到

---

① 关于上海人社会化的过程,具体参见乐正:《近代上海人社会心态(1860—1910)》,上海人民出版社1992年版,第188—189页;忻平:《从上海发现历史——现代化进程中的上海人及其社会生活1927—1937(修订版)》,上海大学出版社2009年版,第159—165页。
② 杨文渊等:《上海公路运输史(近代部分)》第1册,上海社会科学院出版社1988年版,第43页。
③ 杨文渊等:《上海公路运输史(近代部分)》第1册,上海社会科学院出版社1988年版,第44页。

1930年,仅加入西服业公会的商号就有四百二十余家①。穿西装已不仅仅是一种社会时尚,也是都市生活的一种现实需要。

其三,现代都市生活伴生着传统行为方式的现代转化。行为方式是指一定的社会角色在社会生活中形成的程序化、规范化、模式化的活动。现代生产、生活方式的出现,打破了人们亘古以来受自然规律限制的"日出而作,日入而息"的行为方式。现代工厂凭借现代机器和电力技术等,可以不分昼夜地进行生产,从乡村走入都市、进入现代化机器生产线的工人不得不适应现代生产而改变作息时间,养成新的行为方式,人们的日常活动被纳入随西方机器生产一起引入的星期制度。同时,"市民"失去由季节变化而带来的闲暇时间,现代科技彻底改变了娱乐时间和娱乐内容,休闲成为城市生活的一种新的行为方式。

城市化使上海成为"国际都市""移民都市"和"现代都市",在这一进程中孕育出的上海都市民俗,既具备现代都市共有的民俗特征,又呈现出上海一地独有的民俗面相。

二、上海都市民俗特征②

上海民俗主要由四大民俗体系构成,即上海传统民俗体系、中国各地民俗体系、西方民俗体系以及由这三大民俗体系交相融汇而成的变异民俗体系③。具体表现为中西交汇、南北兼容、新旧杂陈。

(一) 中西交汇

在上海都市民俗形成、演变的过程中,"洋俗"的东渐所起的作用不可忽视。相对于民国时期的中国农业社会来说,自18世纪60年代即开始工业化的西方诸国,其现代化进程远远走在上海之前,从西方传来的各种饱含现代科技的新式用品都对上海人产生了莫大的吸引力。而经过早期城市化冲击的上海极具开放意识,通

---

① 屠诗聘:《上海市大观》(下),中国图书杂志公司1948年版,第24页。
② 此部分内容已修改出版,参见忻平主编:《城市化与近代上海社会生活》,广西师范大学出版社2011年版,第297—304页。
③ 郑土有:《冲突·并存·交融·创新:上海民俗的形成与特点》,载上海民间文艺家协会编:《中国民间文化·上海民俗研究》第三集,学林出版社1991年版。

过洋货带入、传教灌输、租界展示、出洋考察与大众传播,西俗逐渐进入中国人生活的方方面面,这一点在上海表现得至为明显。因为,"上海者,外人首先来华之根据地,亦西方文化输入之导火线也"①。举凡外洋事物、价值观念、生活方式、婚丧礼俗、岁时节令等都从上海转销内地。"一切西方文化,其总进口即上海是也"②。到了民国时期,中俗与西俗的交汇已成为一种趋势,上海人对于异域的"洋俗"从疑惧、排斥到欣赏、接受直至推崇、追求。这种交汇可以分为以下几种不同的方式。

1. 直接移植西洋民俗

西方民俗本是根植在西方社会的土壤中,但到了民国时期的上海,许多只有在西方国家可以看见的民俗现象已经被照搬进上海人的社会生活中。一是因为西方的科技文明造就的产品确实优于本土制造,"居民争购用之"③,"洋货"自然代替"国货",所以"有轮船而沙船淘汰,有洋布而土布淘汰,有洋针而本针淘汰,有皮鞋、线袜而钉鞋、布袜淘汰,有火柴而火石淘汰,有纸烟、雪茄而水烟、旱烟淘汰"④。二是因为上海人所具有的"趋时"特性,对于"洋化""摩登"由好奇到尝试、效仿。较为"摩登"的人士已将洋化的思想贯彻到生活的方方面面,"不但对于衣、食、住、行都崇尚欧化,即如起居一切,语言动作,也都仿效西式。如衣非西装不着,食非大菜不快,住非洋房不乐,行非汽车不走,还有屋里的装饰、身上的穿戴,都统统西式是求。叫起人来,满口'密斯忒''密斯';写中国字,必喜横写;吃食水果,也要吃外国货;生病吃药,也要购外国药;连断了气直了脚,也要困一口外国的玻璃棺材,才觉心满意足。在他们心目中,中国的东西样样是不好,中国的习惯又样样是腐败,要做时髦人,非式式学步欧化,不能算头等漂亮人物"⑤。西洋的各种娱乐设施也广受青睐,看电影、跳舞、赛马等都成为上海人都市休闲的重要选择。

2. 改良西俗,洋为中用

无论上海人如何"趋时""崇洋",西俗毕竟生成于完全不同的经济、社会环境中,与中国传统民俗存在极大的差异。时人评价"吾国之所谓风纪与彼方之所谓风

---

① 姚公鹤:《上海闲话》,上海古籍出版社 1989 年版,第 103 页。
② 《八十年前后之上海》,《东方杂志》第 20 卷第 24 号。
③ 胡祥翰、李维清、曹晟:《上海小志・上海乡土志・夷患备尝记》,吴健熙、施扣柱标点,上海古籍出版社 1989 年版,第 100 页。
④ 胡祥翰、李维清、曹晟:《上海小志・上海乡土志・夷患备尝记》,吴健熙、施扣柱标点,上海古籍出版社 1989 年版,第 44 页。
⑤ 郁慕侠:《上海鳞爪》,上海书店出版社 1998 年版,第 57 页。

纪,原则虽无差异,以进化迟速先后之不同,遂不无同源异流之现象。我之所谓忠君,彼则忠国;我之所谓父慈子孝,彼则家庭各守分际;我之所谓贞节,彼则一方保护人之自由,一方禁止侵犯人之稀有,如是而止已"①。西俗与中俗不仅仅是字面的差异,更非"进化迟速""同源异流"可以解释。因此,更多的情况下,上海人对西俗加以改良,使"洋为中用"、中西结合。这一点在婚丧礼俗、节庆习俗中表现得极为明显。

民国时期,旧式婚礼已颇受针砭,虽然在乡村中仍行之如仪,在城市,特别在知识分子和上层人士中,"文明结婚"更受欢迎。在婚姻程序上,既有旧式媒妁之言、父母主婚的影子,但主要采用男女自由订婚的形式;在婚礼仪式上,男子一般着中式长袍马褂,女子有着中式旗袍的,也有着西式婚纱的,男女均行鞠躬礼;旧式婚礼一般以轿作为亲迎工具,到民国时期,多采用汽车迎亲,而且"有好多要装阔的新郎,也一定要请新娘坐顶慢顶慢的汽车"②。迎娶时采用清音班或军乐队奏乐,新郎新娘相互赠送约指以为誓言,婚礼后筵宴改为茶点。由此造成中西结合、不中不西的新式文明结婚,这种婚礼也只有在社会急速变革的民国初年才能见到,却与变革的时代相得益彰,没有丝毫不和谐之处。

葬礼虽以中式为主,但西方的丧仪也被部分采用,为中国式丧礼增添了"场面",满足上海人借出丧展示实力,死后仍不忘"风头"的心理。中式的滩簧、唢呐,西式军乐齐奏;传统僧道、印度巡捕一起送葬。1930年5月,上海闻人虞洽卿之母方太夫人逝世,择于五月九日在龙山原籍成主领帖,十日举殡,整个葬礼包括:"(一)设立登记处,由委员会具名登报公告,以便招待各界来宾;(二)指定轮只,编列舱位号码;(三)卫生设备由会函致红十字会酌派医士二人,随带药品,定期赴龙;(四)担任剧务……分头与各票房接洽;(五)摄取影片,由明星影片公司承办;(六)庆祝游艺,分京剧、电影、烟火、音乐、杂耍等。闻近日各界赴该会登记者,军政各机关及各团体代表等已有五百余人。"③西式的登报公告、卫生设施、汽车、轮只、电影、烟火、音乐等被充分运用,与中式葬礼相结合,"洋为中用",使都市的丧礼少了几许沉闷、忧郁,更像一场盛大的演出活动。

---

① 姚公鹤:《上海闲话》,上海古籍出版社1989年版,第104页。
② 俞子夷:《奢侈》,载《生活周刊》第1卷第26期(1926年4月)。
③ 《丧事呢? 还是喜事呢?》,载《生活周刊》第5卷第23期(1930年5月)。

在传统节庆中,上海人也学会使用现代科技,使传统节日更加吸引人的眼球。中秋时节,月饼为特殊的应时食品,于是商家"竟有以电气灯盘作'中秋月饼'四字,高挂门首,以代市招者。入夜则光明灿烂,颇夺游人之目。而稻香村糕饼铺尤遍地皆是。某君诗云:'稻香村畔晚来行,节序关心记得清。一色电灯盘作字,中秋月饼放光明'"①。

(二) 南北兼容

如果说上海都市民俗中的"中西交汇"体现的是现代文明与中国传统时间上错位结合的话,那么上海都市民俗中各地民俗空间上的集聚亦可以用"南北并蓄"来形容了。

首先,外来人口在数量上的优势和分布上"大杂居,小聚居"的特点,对于各地方民俗在上海的传承起到了一定的作用。上海为典型的移民都市,五方杂处,"各省均有寄寓之人,首指者为广帮,次则宁、绍,次则苏帮,最次则本帮"②。在文化传播中往往有一种特别现象,即一种文化越是处于异质文化包围中,其维护自身传统的意识、能力越强。如,上海居民"一旦有婚丧事故,各以其本乡俗例行之"③。春节时期,居住在上海的各地居民仍然保持本地的饮食特色,北方人吃饺子,南方人仍以米饭为主食。在沪的有些苏北人有做元宝饭的习俗,年卅夜煮一大铁锅饭,饭后把剩饭装入拔秧盆或木桶,饭上插满柏树白果,象征四季常青,果实累累。正月初一同样烧一大锅饭,将剩饭和年卅饭剩饭和在一起,表示除陈接新,这顿和在一起吃的饭,称元宝饭,寓意年年有余、食之不尽④。不仅饮食上大相径庭,甚至日期上也有差异。众所周知,中秋佳节为每年农历八月十五,但有些原籍宁波的上海人有十六日过中秋的习俗⑤,并爱吃芋艿炖鸭子。

其次,同乡团体对于本地民俗的传承功不可没。据郭绪印统计,1931年上海有

---

① 胡朴安:《中华全国风俗志》,河北人民出版社1986年版,第212—213页。
② 姚公鹤:《上海闲话》,上海古籍出版社1989年版,第108页。
③ 柳培潜:《大上海指南》,中华书局1936年版,第198页。
④ 施宣圆主编:《上海700年》,上海人民出版社2000年版,第233页。
⑤ 据说,一次某农民起义军的小首领到宁波送藏有密信的月饼被官府抓获,他伪称是厨师。正逢衙门一官吏之子结婚,被押去帮厨,他竟然也烧出一手好菜,其中有芋艿炖鸭子一菜。次日他逃脱后找到宁波起义军,送上月饼,当按照所藏密信中所书行动时,已是八月十六日了,从此宁波人有八月十六过中秋之俗。施宣圆主编:《上海700年》,上海人民出版社2000年版,第234—235页。

各类会馆、公所68个,到抗战胜利后在上海市社会局登记的同乡会已119个①。这些同乡团体在沪的重要功能之一,即"联络商情发挥合作互助精神保障桑梓福利及办理公益慈善事业"②。共同的神灵信仰不仅是旅沪商帮的精神寄托,也是加强团体凝聚力的需要。在沪会馆、公所除共同奉祀关羽、观音之外,各奉祀其故乡的乡土神,如:山东会馆(又称齐鲁会馆)奉祀乡土神孔子;江西会馆奉祀乡土神许真君许逊;徽宁会馆奉祀乡土神朱子(朱熹);湖南会馆奉祀乡土神瞿真人,民国期间又奉祀"三公"即同乡名人黄兴、宋教仁、蔡锷;浙江会馆奉祀伍员、钱镠为列圣;潮州会馆奉祀乡土神韩文公即韩愈③。每逢重要的节令,各同乡团体亦会组织庆祝活动,借机联络乡谊,放松身心。三月二十三日天后圣诞,各会馆都会开筵演剧。七月十五盂兰盆节④,寓沪广帮客商会在新闸路广肇山庄内举行"打醮","遍处悬灯结彩,而陈设之古玩珍品、名人书画,尤极繁富,并有粤中名手巧制之活动人物灯彩,栩栩如生,以资点缀"⑤。这样的活动不仅增添了沪上节令气氛,也是在沪商帮参与上海经济、社会生活的重要契机。

再次,上海人的宽容与开放让异域风俗得以充分展示。无论是西洋的民俗节日,还是东洋的庆典活动,上海人都坦然面对。经过都市化洗礼的上海人对于这些异域风格的民俗活动,少了几分排斥、隔阂,更多的是好奇,甚至艳羡。4月29日为日本传统的天长节。⑥ 每到这一日,侨居上海的日本人即停业并举行各种庆祝活动。时人描述道:整个庆典活动从下午一时开始,由全体日侨参加,并有公使参与、总领事致词,典礼结束后举行角力、运动竞技以及各种游艺活动,晚间燃放烟火并在日侨俱乐部举行盛大的宴会⑦。这一切都让国人大开眼界。上海人关注的不仅是白天的庆典和夜间的烟火,更重要的是在典礼中采用运动竞技的庆祝方式让国

---

① 郭绪印:《老上海的同乡团体》,文汇出版社2003年版,第91页。
② 《上海潮州会馆章程》(民国35年6月改订),上海市档案馆藏,卷宗号:Q118-9-2。
③ 郭绪印:《老上海的同乡团体》,文汇出版社2003年版,第26页。
④ 依据西晋竺法护译的《佛说盂兰盆经》,中国传统旧俗为每年七月十五日举行超度历代祖先的一种佛教仪式,称盂兰盆会,俗称"打醮"。
⑤ 胡祥翰、李维清、曹晟:《上海小志·上海乡土志·夷患备尝记》,吴健熙、施扣柱标点,上海古籍出版社1989年版,第43页。
⑥ 天长节,日本庆祝天皇诞辰的节日,公元775年设立。
⑦ 《日侨昨日庆祝天长节》,载《申报》1929年4月30日。

人倍感新鲜,心向往之,称赞其"备极一时之盛"①。

如果说一衣带水的日本有很多民俗与中国传统相似②,上海人易于接受的话,那么对于远隔重洋的西俗,上海人还是一样的好奇、接受,甚至在不知不觉中参与其中,我们就不得不再次认可上海都市民俗中南北并蓄的特色了。在基督教中,复活节是西方国家仅次于圣诞节的重大节日③,沪上各洋行"均循例休假三日"④。外籍人士、教民、"洋派"绅商、各洋行职员都受其影响。待到圣诞节,上海更是全民动员,经受西式教育的学生、知识分子,甚至普通百姓纷纷热衷于此,互赠礼物,饮宴游乐,正如竹枝词中所记:"外侨佳节纪耶稣,圣诞老人孰辩诬。怪底中华诸士女,醉心宗教竟时趋。"⑤

（三）新旧杂陈

都市民俗并不意味着完全经过都市化的民俗,在近代上海这样一个畸形发展的国际都市,传统和现代两种生活方式并存,民俗的新与旧并非截然对立,同一都市,不同地域、不同阶层,甚至同一民俗事项中即有新与旧的杂陈、融合,"一个种族内部的民俗文化变迁是一个兼容着新与旧的总体选择过程"⑥。这种现象在世界很多都市都有表现,只是因为上海急剧的都市化背景下,这一特征更加凸显。因此,有学者将其称为"趋时与守旧同在"⑦。上海都市民俗的新旧杂陈主要表现在:

1. 地域差别

上海是当时中国现代化程度最高的城市,并具国际化背景。从世界范围来看,上海的现代化仍属于后发外生型现代化,与西方国家城市相比,其现代化程度仍然浅而慢,再加上上海独特的统治格局,民俗在地域上的新旧杂陈也表现得至为

---

① 雪林女士:《回忆》,载《生活周刊》第3卷第26期(1928年5月)。
② 729年起,唐玄宗把自己生辰列为国家庆祝的节日,称千秋节。775年,日本也设置天长节,作为庆祝天皇诞辰的节日。
③ 按《圣经·马太福音》的说法,耶稣基督在十字架上受刑死后三天复活,因而设立此节。根据西方教会的传统,在春分节(3月21日)当日见到满月或过了春分见到第一个满月之后,遇到的第一个星期日即为复活节。东方教会则规定,如果满月恰好出现在这第一个星期日,则复活节再推迟一周。因此,节期大致在3月22至4月25日之间。
④ 《昨日耶稣复活节之热闹》,载《申报》1929年4月1日。
⑤ 顾炳权编:《上海洋场竹枝词》,上海书店出版社1996年版,第271页。
⑥ [英] R. R. 马雷特:《心理学与民俗学》,张颖凡等译,山东人民出版社1988年版,第2页。
⑦ 忻平:《从上海发现历史——现代化进程中的上海人及其社会生活1927—1937(修订版)》,上海大学出版社2009年版,第388页。

明显。

从地区来看,租界地区由于接受西方统治,公共租界、法租界俨然西方社会的翻版,举凡经济、社会、政治各项制度都以自己的母国作为范例,现代化程度较高,其民俗也受西俗影响更多,以新俗为主。南京国民政府统治范围内的松江、嘉定、上海设县较早,杨浦地处南京国民政府统治中心,这些地区在政府强有力的统治推动下,以及租界的示范、影响下,新俗的进入、流传也较为容易。而离工业化中心区域较远的浦东、南汇、宝山、金山等地区,由于社会生活的变化并不大,传统旧俗的成长土壤依然浓厚,造成同一城市、不同地区风俗各异、新旧多元势差的结构。

以婚俗为例,从择偶观来看,上海市中心地区由于受欧风美雨和现代工商业的侵洗,人们已经认识到现代教育与科学知识的重要,这一点也反映到对婚姻配偶的选择上。"从前的配亲,大家都讲门第,门第是要相当。相当,实在就是平等的意思。现在用学位,毕业来替代门第了,但是却不讲相当,而要男子比女子高些了"①。浦东高桥、青浦等地,由于地处偏远,商业和工业都仍处于落后状态,风气尚未十分开通,其择偶观仍逃不出"郎才女貌"的窠臼。浦东高桥地区仍以门第、面貌、财产为主要择偶标准②;青浦地区流传的歌谣是:"天上乌云薄薄飘,仙童仙女遇仙桥,七岁官官八岁才,九岁官官做出文章来;你家有个玲珑女,配他年轻小秀才。"③

从上述对比可以看出,由于上海市中心地区比其他地区都市化的进程更加迅速,某些较传统而先赋性的身份标准随之丧失,以职业、教育程度等为特征、与都市化紧密相连的非先赋性身份更受青睐,婚配时更多的是考虑后者;而对于都市化程度不高、处于前现代化的地区来说,与地缘、血缘相关的先赋性身份也许更加有利。这种新旧的势差同样体现在婚俗典礼上,租界及其周边地区,西式婚礼或中西结合的婚礼随处可见;在郊区乡镇,传统的婚礼仍是人们的主要选择,这一点从当时的地方志中可以得到确实的佐证。

---

① 俞子夷:《男子心目中的女德》,载《生活周刊》第1卷第19期(1926年2月)。
② "在富有之家,男家择女,要探明女家是否书家?女家的财产怎样?新人的面貌如何?……至于女家选择男家,更加严厉了;新郎的面貌、财产、性情、职业,都要打听得明明白白,方肯许字。并且对于新郎的兄弟有多少,也要调查个正确;因为弟兄多了,一则妯娌之间,未免要有倾轧;一则家产也要分受得少些的缘故。假使男家财产很多,即新郎没有职业也就无妨了"。昕集:《江苏浦东高桥的婚丧风俗谈(一)》,载《生活周刊》第1卷第42期(1926年8月)。
③ 林家礼:《江苏歌谣中所表现的婚姻风俗》,载《教育与民众》第4卷第1号(1932年9月)。

2. 阶层差别

由于年龄、经历、受教育程度、社会、经济地位等诸多因素的影响,不同阶层、集团、群体对于新事物的接受程度各异,对于新俗的感受、反应也不相同。

从年龄层次来看,年轻者往往比年长者更容易接受新俗。中国传统女子以高盘云髻为美,清末已有新式知识分子提出女子剪发,但尚未形成风潮。到 20 世纪 20 年代,中国出现女子剪发新潮,上海更为普遍。以电影演员、戏剧演员为首,陆续影响社会各个阶层的妇女。但是直到南京国民政府统治时期,时人对于女子剪发仍然态度各异。对于同一个女教员剪发,其父亲为此要"不再认她做女儿,不准她再回来",以断绝父女亲情表示反对。而在日本留学的未婚夫则大力赞成,并特地回国与其举行婚礼以示支持①。同样的剪发,不同年龄和阅历的人对此的反应截然不同。

从受教育程度来看,接受过较高层次教育者往往对新俗更能认同,并付诸实践。饱受针砭的缠足由知识阶层发起,从知识妇女或接受新式教育的家庭开始实行;放乳运动由一部分大学女生以及少数已嫁女子最先践行,但"其余中学女生以及普通妇女百分之九十五依旧缩乳,不肯解放"②。有的妇女不明了其对健康的重要作用,更多的是迫于礼教或传统惯例、审美观念等因素,不肯接受新俗。同样是男女恋爱,在当时人们看来,学生之间的被称为"自由恋爱",工人间的则被称为"轧姘头","上海人对于第一阶级的恋爱,甚至歌颂,而对于第二阶级的恋爱,神色之间,就未免要露出鄙薄之意"。其实学生与工人的恋爱没有本质上的差别,但人们"以为工人们是无智识的,即使是正当的恋爱,也不肯加以一些美评,似乎这些人不配承受自由恋爱四个字,必须称之曰姘头,绕是适当"③。感受到由于教育程度的差异所造成的俗尚不同的,不仅仅是当事者,也是旁观者。可见,新质因素要注入已经成为惯性的旧质平衡态中,需要的也许不仅仅是时间,更要教育的普及和民智的开发。

3. 同一民俗中新旧交错

都市新俗虽已显出十足的气势,但传统旧俗却并未有太多的日暮气息。在新

---

① 韬奋:《一位女友的剪发风潮》,载《生活周刊》第 3 卷第 43 期(1928 年 9 月)。
② 上海信托股份有限公司编辑部编:《上海风土杂记》,上海信托股份有限公司 1932 年版,第 53 页。
③ 徐国桢:《上海的研究》,世界书局 1929 年版,第 61—62 页。

潮涌动的现代都市中,旧俗并不仅仅以遗存的形式存在,而是成为都市生活中舍不去的部分。在衣食住行、婚丧嫁娶各个方面处处可见新旧杂陈的现象。服饰上,同一所新式大学中,"穿长袍,马褂的有,穿西装,短服的也有;皮鞋,布鞋的有;礼帽,瓜皮帽的也有。各种颜色,各种式样"①。出行时,既有新式汽车、电车,也不乏旧式马车、人力车,工业革命的成果——汽车在上海很自然地被富翁们用于"兜喜神方"②。出丧时,用的是新式的外国棺材,奏的是西洋乐,但仍少不了"捐旗打伞的人","在20世纪的柏油马路上,排列着几千年前的仪仗,"称之为"大出丧",上海人并没有觉出一丝不调和。时人评论:"上海人新了一世,直到死后才露出旧的狐狸尾巴来。"③这旧俗又何止是"狐狸尾巴"那么简单,民俗作为一种文化现象,常常在社会发生变革若干年后,依然在人们头脑中发生作用,并且支配人们的行为。旧的经济、社会环境虽然发生变化,旧俗却不会轻易抹去在人们心理上的长久印记。

社会发展是民俗形成、变异的动力,上海都市民俗在世界都市化的浪潮中发生时空交汇,形成兼具中西、南北、新旧的多元面相。与此同时,民俗的两重性特征不会改变,良俗推动社会进步,是国际都市里一道别样的风景;陋俗阻碍社会发展,成为都市化进程中不可逾越的障碍。一方面,源于社会生活的民俗事项必须进行自我调适,才能继续成为社会生活的一部分;另一方面,为了维持统治秩序,政府必须充分利用民俗的规范、调节功能,对其进行改良或改造,引导民众进入新生活。因此,民俗变革成为政府的必然选择。

第二节 政由俗革:民俗变革的背景分析④

变俗是变政的逻辑起点和重要伴生物。从政治统治角度来看,民俗是重要的轨范社会个体行为、维持社会秩序的社会控制机制。《尚书》有云:"政由俗革。"⑤意

---

① 《大学教育破产的声浪》,载《生活周刊》第6卷第2期(1930年12月)。
② 郁慕侠:《上海鳞爪》,上海书店出版社1998年版,第35页。
③ 《上海闲话——新与旧》,载《申报》1933年1月24日。
④ 此部分内容已修改出版,参见忻平主编:《城市化与近代上海社会生活》,广西师范大学出版社2011年版,第305—312页。
⑤ 《尚书·毕命》,《十三经注疏》解释为:"天道有上下交接之义,政教有用俗改更之理。"

思是,政府有新措施,那就要革除旧染。而革除旧染,先自民间风俗做起,是为俗革,这样才能水到渠成,不会引起大的新旧冲突。在上海特殊的政治、社会环境下,国家权力进入民俗变革之中,不仅是政府维护政治统治的传统手段,亦是特定的社会背景和历史规定性的产物。

一、变俗与转型期秩序稳定

变俗是社会转型时期政府加强社会控制的现实需要。辛亥革命后,资产阶级革命派所面临的是一个由传统型向现代型急剧转型的社会①,新旧并行是这一时期的典型特征,解决新旧冲突是维护秩序稳定的关键。一方面,辛亥革命的成功,不仅推翻了封建专制统治,而且在中国引入了一种新的政权组织形式、新的价值判断体系和新的思想文化观念。另一方面,清王朝的覆灭,并不意味着传统势力、传统价值取向和传统思想观念等与之一起消失。于是,新与旧相互斗争,相互渗透,在广阔的社会层面上并存并行。

首先,新旧并行是社会转型时期的典型表现。新旧并行是任何时代社会变革时期都会遇到的情况,但这一现象在民国初年处处、时时可见,更具普遍性和典型性。政治上,民国初期的军阀政治即是封建主义与资本主义两种政治体系嫁接的产物;经济上,资本主义经济与封建小农经济共生共长;社会风俗上,长袍马褂与洋装西服,传统中式住宅与西式洋房公寓,传统岁时节令与西式洋节新俗,旧式跪拜作揖与新式鞠躬握手,传统婚丧礼仪与新式文明婚礼、西式葬礼等等并存,杂糅、纷乱中呈现出过渡时代典型的社会文化风貌,时人对上海社会风情的生动描绘正是这一特征的形象写照:

上海好比是一所最复杂的、最奇特的、最丰富的博物院……在那里,什么样的社会状况都有,自虹庙的烧香,哈同路某宅的宫廷生活,以至最新式的欧

---

① 从社会结构转型的意义上来说,"社会转型"和"社会现代化"是重合的,几乎是同义的。社会转型最普遍、最深刻和最显著的特征就是人类生活及其社会结构、社会关系等的现代化,现代化进程渗透于社会转型过程中的社会各个领域,决定着社会控制机制的变迁和调适。郑杭生:《转型中的中国社会和中国社会的转型》,首都师范大学出版社 1996 年版,第 1 页。

化舞蹈与其他娱乐;在那里,什么样的交通器具都有,自独轮车、塌车、轿子、马车、人力车、电车,以至最新式的汽车;在那里,什么样的房屋都有,自江北舭舭船改造之土室、草房、平房、楼房以至设备得最新式的洋房。这其间相差相距,不啻有二十个世纪。时时的到街上去默察静望一下,见那塌车与电车并行,轿子与汽车擦"肩"而过,短服革履的剪发女子与拖了长辫子戴红结帽顶的老少拥拥挤挤地同在人群里蹭……这还不够你的鉴赏么?世界再没有一个博物院有那样复杂完备的活的"陈列品"了。①

其次,解决新旧冲突是维护秩序稳定的关键。秩序稳定是政治统治的前提和基础。在社会转型过程中,社会结构耦合度不高、社会运行机制不稳定,而现代化进程的不可逆转性又要求社会必须对急剧的变革迅速做出反应,以稳定的秩序、顺畅的运行为现代化进程提供有力的保证。因而,这一时期的社会控制显得更为复杂,也更加重要。社会控制机制主要包括四种控制方式:法律控制、组织控制、道德控制和舆论控制。法律控制和组织控制属于社会控制机制的硬控制层面,道德控制和舆论控制则属于软控制层面。在社会急剧转型时期,政府往往会选择法律这一硬控制手段,作为主要的社会控制机制。但是,具有隐蔽性的各种社会软控制手段以"润物细无声"的方式,更容易实现政府强化政治权威的愿望。民俗属于社会软控制层面,且具有社会性和集体性、典型性和模式性、传承性和播布性、变异性等特征②。在转型期特殊的历史背景下,变革民俗是政府进行社会控制的现实需要。

在民国初年社会急剧转型的情况下,新与旧不仅并行,而且更易发生激烈冲突与对抗,引发一系列的社会问题。主要包括由社会结构转型、制度变迁引起的结构性社会问题,如人口问题、土地问题、婚姻及妇女问题等;由社会群体或个体行为偏差引起的越轨性社会问题,如烟毒问题、盗匪问题等;由道德规范变动引起的伦理价值观问题,如赌博问题、娼妓问题等。这些社会问题不仅具有空间上的广泛性、时间上的长久性,而且程度严重,种类繁多,影响深远③。对此,李大钊认为,"中国

---

① 郑振铎:《上海的居宅问题》,载《文学周报》(合订本)第 4 卷,1927 年版。
② 参见陶立璠:《民俗学》,学苑出版社 2003 年版,第 33—50 页。
③ 一般认为,社会问题就是影响社会成员健康生活,破坏社会正常运行,妨碍社会协调发展,引起社会大众普遍关注的一种社会失调现象。

今日生活现象矛盾的原因,全在新旧的性质相差太远,活动又相邻太近。换句话说,就是新旧之间,纵的距离太远,横的距离太近,时间的性质差得太多,空间的接触逼得太紧。同时同地不容并有的人物、事实、思想、议论,走来走去,竟不能不走在一路来碰头,呈出两两配映、两两对立的奇观。"而造成新与旧"凑到一处"的原因,"是新的气力太薄,不能努力创造新生活,以征服旧的过处了"①。因此,将政治力量注入势力尚弱的"新的"之中,改造"旧的"俗尚,引导现代生活方式与理念,正是解决新旧冲突、维护秩序稳定的根本途径。

二、变俗与城市经济发展

变俗是推动经济发展,加快现代化进程的前提和基础。开埠后,城市化进程的加速度推进已经将上海纳入世界现代化进程中,在现代化初期社会资源严重不足的情况下,必须集中有限的社会资源用于现代化建设,推动经济发展。然而,一些与传统生产方式相连的传统民俗使大量社会资源用于非生产性消费,客观上阻碍了社会生产加速度前进的进程,急需政府加以改良、规范。

以婚丧礼俗为例,在中国,婚礼和葬礼不仅是重要的生命仪式,而且有关中国人的面子,因此受到全社会普遍的重视,竭尽所能举办一场像样的婚礼或葬礼实为人之常情。在民国初期的上海,商业社会的特性已充分显现,对于场面已达到"酷爱"的程度,沪谚说:"身上着得绸披披,家中没得夜饭米。"②每逢喜事丧事,"尤不可不踵事增华,大加铺排,以示阔绰"③。大肆操办,甚至倾其所有、高筑债台举办喜事丧事,已成为一种普遍的社会风气。传统婚礼的费用包括:聘礼、嫁妆、迎娶、宴请等各种花费;传统葬礼的费用主要包括:入殓、出殡、入葬、款客、祭奠等用费。

笔者将以上海市社会局举办的一次工人生活程度调查所得数据具体说明这一时期上海地区婚丧用费。从 1929 年 4 月起,到 1930 年 3 月止,上海市社会局对上海一般工人的生活程度与家计情况进行了跟踪定点调查,共统计了 305 户记账工人家庭生活情况。据调查,上海工人家庭每年正式收入约为 416.51 元,支出 454.38

---

① 李大钊:《新的!旧的!》,载《新青年》第 4 卷第 5 期(1918 年)。
② 姚公鹤:《上海闲话》,上海古籍出版社 1989 年版,第 105 页。
③ 郁慕侠:《上海鳞爪》,上海书店出版社 1998 年版,第 181 页。

元,入不敷出的情况普遍存在①。305户工人家庭中,有喜庆费的50家,平均每家花费56.01元;有丧葬费的63家,平均每家38元,有寿衣材费的1家,达120元;有会馆寄柩费的1家,费用为一年2元②。假设有婚丧费用的家庭每家在1年内只举办一次婚礼或葬礼,这样算来,一次婚礼费用(56.01元)和一次葬礼费用(丧葬费38元+寿衣材费120元+一年会馆寄柩费2元=160元),共计约216.01元,相当于全年总支出的一半。实际上,这种费用是一般家庭都难以承受的。从工人家庭年支出分类统计图来看,总支出的75.4%要用于维持基本的生活所需,包括食物费241.54元,占53.2%;房租37.83元,占8.3%;衣着费34.01元,占7.5%;燃料费29元,占6.4%;剩余的100余元要用于嗜好、社交、教育、医疗、交通、娱乐等各种用途,其中只有22.64元可用于婚丧喜庆、寄家、寄养婴孩、田租、置产、出生、寄柩、寿衣材等各类特别费用。这意味着:为筹办一次像样的婚礼和葬礼,即使一户工人家庭将全部特别费都投入其中,至少也要另借贷190余元,为此将要背负巨额的、长期的家庭债务。

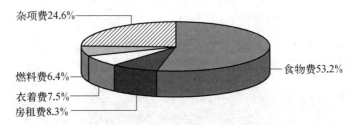

图1-1 上海工人家庭年支出分类统计图(1929—1930年)

资料来源:据上海市政府社会局编:《上海市工人生活程度》,中华书局,1934年版,第16页

另一项对农民家庭生计的调查直接表明,婚丧是普通家庭最主要、最普遍的负债原因。1930年8月到11月,上海市社会局对140户农民家庭生计进行了详细调查。调查结果显示:平均每户农家年收入322.73元,支出427.41元,"大半农家之入不敷出,无可讳言"③。140户农家中,有96家负有债务,负债家数达调查家数的

---

① 上海市政府社会局编:《上海市工人生活程度》,中华书局1934年版,第81页。
② 上海市政府社会局编:《上海市工人生活程度》,中华书局1934年版,第74—77页。
③ 《上海百四十户农家调查》,《社会月刊》第2卷第5号。

68.6%;借债总额高达 43 680 元,每家负债额数多至数千元,少至数百元,平均每家负债 455 元。96 家举债者中没有一家用于生产事业,其中,用于建筑的 13 家,用于日用的 37 家,用于赔款的 1 家,其余 45 家为婚丧费用而举债,占举债总家数的 47%①。

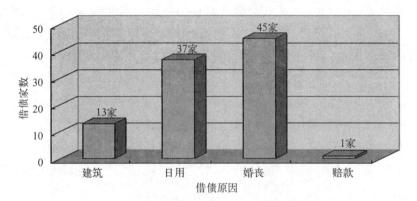

图 1-2 农家借债原因及家数比较图(1930 年)

资料来源:据《上海百四十户农家调查》,载《社会月刊》第 2 卷第 5 号,第 22—23 页

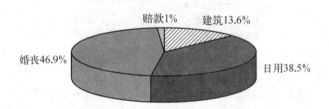

图 1-3 农家借债原因及家数百分比图(1930 年)

资料来源:据《上海百四十户农家调查》,载《社会月刊》第 2 卷第 5 号,第 22—23 页

社会各阶层都会竭尽所能筹办婚礼。中上阶层会为面子和荣光而为之,1927 年 12 月 1 日,蒋介石、宋美龄在上海举行的世纪婚礼分两次举行,先于宋宅会客厅举行基督教式婚礼,再赴戈登路大华饭店出席中式婚礼。参加婚礼的宾客有 1 300 多人,婚礼之盛大、豪华,世人仅见②。社会下层则为了一次婚礼倾其所有,"现金不

---

① 《上海百四十户农家调查》,《社会月刊》第 2 卷第 5 号。
② 《蒋介石宋美龄今日结婚》,载《申报》1927 年 12 月 1 日;梅生:《中美姻缘小志》,载《申报》1927 年 12 月 1 日;《蒋介石宋美龄昨日结婚盛况》,载《申报》1927 年 12 月 2 日。

足,继之以售产,售产不足,继之以举债"①。为婚嫁负上沉重的债务早已成了普通人家公开的秘密,所谓"三年储之而不足,一日荡之而有余"②。"每成婚未及一月,而索逋者盈门"③。这种或为遵从习俗、或为场面的靡费不仅无益,浪费资源,亦成为日后婚姻、家庭矛盾的隐患。

岁时节令中的过度消费现象也备受针砭,各种呼吁节约消费、改良节俗的言论不绝于耳。有的认为节日礼品馈赠是"无谓"之举④,有的主张改革年节的各种消耗,以此项资金用作赈款,资助灾区⑤,这种建议尚有合理之处。还有很多言论为提倡节约、废除迷信起见,提出了更加激进的建议:如有的主张改良端午节饮雄黄酒、食角黍、赛龙舟、悬符佩艾等各种习俗⑥;有的主张中秋不送月饼等节礼⑦;至于新年时的风俗改革建议更是数不胜数,涉及饮食、娱乐、馈赠、俗信等各个方面,连西洋传来的邮赠贺年片的风俗也大受针砭⑧。

无论是被称为通过礼仪的婚礼、葬礼,还是被称作时节礼仪的各种节庆礼仪,都是与日常相对的非常时期。婚丧的花费超出日常开支,正是人们对这种生命仪式极度重视的体现。年节消费对于终日劳作的普通百姓来说,不仅是满足了人们的日常生活需要,也是难得的放松身心的机会。在民国时期商业氛围浓厚的上海,节日消费更是商家所热切希望的,对于推动商业繁荣不无裨益。但婚丧、年节消费的过度化亦会对社会经济发展产生不良影响,有限的人力、物力、财力被大量用于社会非生产性能源的消耗,重生死、保守的民俗心理不利于扩大再生产的持续进

---

① 《婚礼不宜铺张之浅说》,载《申报》1923 年 5 月 28 日。
② 《婚丧礼仪务从俭约之省令——奢侈习俗之针砭》,载《申报》1921 年 9 月 20 日。
③ 《嘉定县续志》(十五卷·民国十九年铅印本),丁世良编:《中国地方志民俗资料汇编·华东卷》,北京图书馆出版社 1991 年版,第 56 页。
④ 清华:《改革年礼之我见》,载《申报》1926 年 1 月 24 日。
⑤ 顽石:《改良节景之刍议》,载《申报》1920 年 9 月 21 日。
⑥ 《端午节应改良之风俗》,载《申报》1922 年 5 月 26 日;《革除端节无益之举动》,载《申报》1922 年 5 月 28 日。
⑦ 《家庭中应革除中秋节之糜费》,载《申报》1922 年 10 月 1 日;《改革中秋节礼之我见》,载《申报》1923 年 9 月 18 日。
⑧ 由于上海中西杂处,西方新年时流行的贺年片也在海上盛行,每到新年,"邮筒中平添了千千万万花花绿绿的新式贺卡"。有竹枝词称:"世界何得大同,中原礼俗杂西东,邮筒投递千张白,报纸增刊一例红。"也反映了上海人新年时对于贺年片的热衷,这当然也是提倡节约者竭力反对之事,纷纷呼吁予以废止。《旧新年闲话》,载《申报》1920 年 2 月 25 日;《阳历新年竹枝词》,载《申报》1921 年 1 月 1 日;《废止贺年片之我见》,载《申报》1923 年 12 月 28 日。

行,婚丧礼俗的俭约化,岁时消费的理性化、合理化正是人们应该追求的,也是社会发展的必然要求。

三、变俗与现代文明进步

　　变俗是推动社会文明进步的必要手段。商品经济发展、生产扩大并不是城市进步的唯一评价标准,城市文明进步的标准是多向度的,社会观念的现代化是人的现代化的重要内容。民俗一经形成即具有相对独立性,陋俗不会因生产方式、经济制度的改变而骤然消失,不仅外在形式代代相传,而且以观念的形式存在于人们的思想意识中,成为集体性的社会心理,对于现代科学、文明观念的传播和内化产生影响。

　　近代以来,上海已经成为国际都市、移民都市和现代都市。一方面,随着生产力的发展,生产方式的变革,一些孕育生长于乡土社会的传统民俗愈来愈成为现代都市中不和谐的音符,急待政府和社会力量予以改良和改造;另一方面,社会急剧转型,一元传统被打破,多元价值判断体系的现状使习惯于以儒家思想为是非曲直标准的广大民众一时无所适从,急需政府规范、引领,甚至创立新俗,引导民众进入新生活。

　　传统民俗中最大的弊病莫过于对人性的压制与扼杀。传统社会以儒家正统思想为唯一的价值判断标准。辛亥革命后,虽然皇帝倒了,但传统思想观念的影响依旧存在,尊卑、长幼、男女之分严格,传统民俗中一些扼制人性的陋习不利于现代科学、自由、平等、健康观念的孕育和推广,急待政府予以革除。

　　其一,以死者为重,迷信对科学的顽抗。这一点在丧葬礼俗中表现得至为突出。如停棺不葬、事死如生等。旧式丧葬对于墓地的选择极为考究,信风水之说[1]。直到民国时期,阴宅择地仍是丧葬仪式的第一步,"每有葬事,审慎择地,必求所谓牛眠之地"[2]。贫家迫于丧葬开支的庞大,富者苛论吉地、吉日,停棺不葬成为上海

---

[1] 据考古发掘,至迟到新石器时代,风水观念已开始出现。风水又称堪舆学、青乌术、青鸟术,为中国传统术数之一,其主要内容是指导人们去确定阴阳宅的位置、朝向、布局、营建等,以祈福免灾。

[2] 胡祥翰、李维清、曹晟:《上海小志·上海乡土志·夷患备尝记》,吴健熙、施扣柱标点,上海古籍出版社1989年版,第74页。

各处都有的风俗。川沙县"乡愚惑于风水,多停棺不葬"①。月浦"过信风水,停棺不举,惟知礼者葬如期"②。各地由于停棺不葬习俗的长期存在,另造成"累丧并出""偷葬"等陋俗留存③。旅沪的外地人往往把灵柩寄存在会馆、公所附属的丙舍(殡舍)中,等待时机运回故乡,入土为安。两次四明公所事件的发生很大程度上即是由于法租界的公路修筑要打破中国人长久以来的停棺不葬习俗所致。此外,中国人长久以来笃信灵魂不灭,信仰死后另一种生命形式的存在,即"相信与现世此界相对的另一个世界的存在"④,由此形成一种"事死如事生"的态度与传统。上海地区的丧礼大致包括:暖棺、回煞、念经、七期、祭祀这一整套步骤⑤。从这一整套丧礼来看,首先是儒释道齐登场,为死者"做功德",期望死者"拜经忏后可免堕地狱,得升天堂"⑥;其次,以酒食、衣服等祭奠死者,期望死者在另一个世界享受生时的生活;再次,不惜花费金钱,大量焚烧锡箔,有的商家甚至发行冥用钞票,用五彩石刊印成,共分一元、五元、五十元、百元,票上书"中华民国,阴府银行,通用钞票"及行长签字⑦,为死者再造了一个与生时一致的世界。实际上,这正是迷信思想根深蒂固的反映,客观上阻碍了科学事业的进步。

其二,以家族为本位,严重束缚个体自由。最为典型的即为传统婚俗。在主婚

---

① 《川沙县志》(二十四卷·民国二十六年上海国光书局铅印本),载丁世良编:《中国地方志民俗资料汇编·华东卷》,北京图书馆出版社 1991 年版,第 25 页。
② 《月浦志》(十卷·一九六二年铅印,《上海史料丛编》本),载丁世良编:《中国地方志民俗资料汇编·华东卷》,北京图书馆出版社 1991 年版,第 79 页。
③ "葬礼,俗信风水之说,择日又多拘忌,每见停厝年久。或争此地不吉,或争此日不佳,弟兄叔侄往往拦阻,故有累世浅土者,亦有累丧并出者,甚至乘夜而行,名曰'偷葬'"。《续外冈志》(四卷·一九六一年铅印《上海史料丛编》本),载丁世良编:《中国地方志民俗资料汇编·华东卷》,北京图书馆出版社 1991 年版,第 64 页。
④ 郭于华:《生命的续存与过渡:传统丧葬仪式的意识结构分析》,载王铭铭、潘忠党主编:《象征与社会——中国民间文化的探讨》,天津人民出版社 1997 年版,第 148 页。
⑤ 人死之第一夜,无论已殓或未殓,必延羽士若干向亡者诵读经卷,乃为死者安定魂魄之意,曰"暖棺"。二曰"回煞"。俗传人死之第三日,死者魂魄必返家一次,故于是日,死者之家族必陈酒菜,供于灵前,谓之做三朝。三日念经。富贵之家,每逢七期,必延僧道诵经,为死者超度;普通亦必唪经一二次,方为合礼,否则人将耻笑之。四曰七期。距死期之第七日,谓之首七,以后每七日一祭,谓之二七、三七等称,直至终七,适满四十九天。以后还有六十日、百日之类。每逢上述之日,亲友多来祭奠。死者之亲属,亦必尽哀如礼。五曰祭祀。每年逢阴历之七月、十月、清明节及死者之生忌、周忌,均需祭祀。七月之祭谓之七月半,十月之祭谓之十月朝。每次祭毕,必焚化纸锭,以给死者。
⑥ 《川沙县志》(二十四卷·民国二十六年上海国光书局铅印本),载丁世良编:《中国地方志民俗资料汇编·华东卷》,北京图书馆出版社 1991 年版,第 24 页。
⑦ 《阴府也有钞票了》,载《申报》1920 年 2 月 29 日。

权上,旧式婚姻信奉"父母之命,媒妁之言",导致早婚早育盛行。浦东高桥通行的风俗是:"男女在七八岁的时候,家长便替他们求婚或许字……在怀抱中订婚的也有,不过是少数,还有男女已到了婚嫁的年龄而方始订婚的,但这是最少数了。"①在川沙县,"贫家子多早聘,盖恐年长无肯与婚者,往往在襁褓即为聘定,或过门童养,至十六七岁为之成婚"②。中国历代统治者以"孝"为先,传统文化更把儒家的"孝"发挥到极致,"不孝有三,无后为大",普通人家都以多子多孙为幸福,"没有子孙的人,就是不足挂齿的孤老"③。父母为其子女早聘早嫁成为风俗,造成许多少年在不能独立生活的情况下,成立一个新的小家庭。这不仅有碍于男女身心发育,影响国民素质;而且,产生连锁反应,子女"仰事俯蓄,生计未谙,苟无恒产,又无恒业,何以聊生"④。失业、流民等各种社会问题由此引发。同时,以父母意志和标准为子女选择的配偶,更多的是考虑家庭和家族利益,很少顾及青年男女的感情需求和志同道合的需要,也是日后婚姻、家庭悲剧产生的一个隐患,用"有百弊而无一利"⑤来评价亦不为过。

在婚姻关系上,有些父母"以儿女的婚姻商品化居奇竞尚"⑥,以索要男方财物为结婚条件,将婚姻关系和婚姻主体商品化,童养媳、赘婿、抢亲即是典型表现。贫寒之家无力承担养儿育女的费用,女子早早入夫家作童养媳,男子则出而为赘婿。遇悔婚不愿嫁者,男家则会纠集人抢亲,甚至有"抢醮"(逼迫寡妇再嫁)之举;另有"白蚂蚁",专门贩卖寡妇与人为妻,这类记载在上海地区地方志中比比皆是⑦。直到20世纪30年代,宝山乡间还有"叔接嫂"的现象(男子死后,将其妻子配给其兄弟)⑧。

---

① 昕集:《江苏浦东高桥的婚丧风俗谈(一)》,载《生活周刊》第1卷第42期(1926年8月)。
② 《川沙县志》(二十四卷·民国二十六年上海国光书局铅印本),载丁世良编:《中国地方志民俗资料汇编·华东卷》,北京图书馆出版社1991年版,第23页。
③ 千之:《打破平民谬误的观念》,载《生活周刊》第1卷第27期(1926年4月)。
④ 《川沙县志》(二十四卷·民国二十六年上海国光书局铅印本),载丁世良编:《中国地方志民俗资料汇编·华东卷》,北京图书馆出版社1991年版,第23页。
⑤ 爱博:《父母主婚的危害》,载《申报》1922年4月23日。
⑥ 《集团结婚》,载《人言》第1卷第44期(1935年)。
⑦ 见《嘉定县续志》(十五卷·民国十九年铅印本)、《宝山县续志》(十七卷·民国十年铅印本)、《宝山县再续志》(十七卷·民国二十年铅印本),载丁世良编:《中国地方志民俗资料汇编·华东卷》,北京图书馆出版社1991年版,第56、69、72页;童世高纂:(民国)《钱门塘乡志》,许洪新、梅森标点,上海社会科学院出版社2004年版,第15页。
⑧ 《宝山县再续志》(十七卷·民国二十年铅印本),载丁世良编:《中国地方志民俗资料汇编·华东卷》,北京图书馆出版社1991年版,第72页。

其三,以尊卑为标尺,人人平等难以实现。以日常礼仪为例,礼仪本为规范人的言论行动、协调人际关系的重要手段。中国自古即被称为"礼仪之邦",经过封建社会的长期熏陶,礼仪已偏重于定名分、分尊卑,虚礼盛行。工业革命以来,传统礼仪的某些特质已越来越不适应时代发展的需要。19世纪70年代,上海即有人对中西礼仪进行比较,并批评中国官场礼仪"君臣之分太悬""上下之分太殊"①。到民国时期,传统礼俗中的尊卑观念虽不合时宜,却依然在社会生活中发挥作用,不利于现代自由平等观念的内化,并成为人们行为的惯制因素发挥作用。如跪拜之礼,从古代单纯表示敬意的礼节发展到后来成为区分尊卑贵贱的重要礼仪,自晚清社会开始受到越来越猛烈的抨击,清末即有地方政府以鞠躬礼代替跪拜礼②。到民国初年,临时政府正式公布民国《礼制》,男子礼为脱帽鞠躬,女子礼为鞠躬。脱帽礼和鞠躬礼体现了现代平等观念,代替跪拜礼亦成为时代发展的必然,在国家政治生活中很快落于实处。然而,跪拜礼作为中国封建时代最普遍的一种基本礼节,已成为人们生活中的一种习惯,在民间重大场合如婚丧节令时或为表示对尊长的敬意时,跪拜礼仍然盛行。上海此时虽已具备国际性都市的特质,但仍有些地方在婚丧喜庆时行旧式跪拜礼仪(如崇明等地③)。脱帽、鞠躬虽简单、易学,但要打破人们长久以来的行礼习惯,仍然颇费周折,时人为此打趣道:"脱帽为仪也不难,假装示意略掀冠。炎天无扇真难学,哪得衣裳尽解宽。"④新礼仪的推行尚需假以时日。

分尊卑、先后亦是社交场合的必需步骤。所谓"行必谁先,席必谁上"⑤。如某甲与某乙相见于筵席,这时一场耗时的虚礼开始上演:

---

① 《论中西风俗之异》,载《申报》1875年1月4日。
② 早在1906年1月24日,即旧历除夕日,两广总督岑春煊示谕其属下称:清廷各级官员皆为皇上的臣子,对于其上级官员"在尽心而不在屈膝……况屈膝请安之礼,实钦定礼部则例百官接见礼仪条内所不载"。各省的司、道、府、厅、州、县官员,进见总督、巡抚等大员,只有三揖之礼而无屈膝之仪。下级官员进见督抚屈膝跪拜,不但"婢膝奴颜,有伤气节",而且有"违犯王章,习非胜是"。示谕明确规定:"自明年正月为始,文武大小官员,入见概用长揖,普免屈膝请安俗仪,以符定制而挽颓风。"其后,江苏、江西、湖北、河南等省,亦皆于当年废除了府、州、厅、县官员自称"卑职"的陋习,废除了属下进见上级大吏的跪拜礼,规定凡下级官员初见上级大吏,只行三揖之礼,常见只行一揖之礼。《粤督文明之示谕》,载《大公报》1906年2月18日;《苏抚陈通饬各属革除官场陋习札文》,载《大公报》1906年5月30日;《谕改礼节》,载《大公报》1906年9月9日。
③ 崇明婚礼时,"迎新妇拜堂,向天地行九拜礼"。《崇明县志》(十八卷·民国十九年刻本),载丁世良编:《中国地方志民俗资料汇编·华东卷》,北京图书馆出版社1991年版,第83页。
④ 顾炳权编著:《上海洋场竹枝词》,上海书店出版社1996年版,第224页。
⑤ 吴稚晖:《应酬(一)》,载《生活周刊》第2卷第13期(1927年1月)。

入席前,"甲曰赐教尊姓,乙必曰先请教,甲亦曰先请教,乙又曰先请教,甲固请之,乙方耸然而答曰,小姓某,甲乃赞曰,久仰大族,乙又谦曰,惭愧寒门,于是乙乃请甲之尊姓,其耸然致对,此赞彼谦者如之。甲复从而请曰,请教台篆,乙又必曰先请教,甲又必固请曰先请教,或至再三,或至四五,乙始耸然而答曰,草字某某,甲亦耸然而赞曰,高雅已极,乙又歉然致答曰,粗草粗草,于时乙之还请于甲,而手续不可稍略者又如之"①。入席时,客人们"你拉我扯",各自谦让,"拉扯半晌"才坐下;待到散席时,照例"不肯先走,也要你让我,我让你,让个不休"②。

这种耗时的虚礼在中国其他地方也许不像在上海这样引人注目。此时的上海,现代化交通设施的引入已使时间不再以传统的月、日计算,而是细化到时、分,甚至秒,简洁、有序的现代礼仪更加实用,也更加符合现代人的生活节奏。因此,时人对于西人"无先后之别,却有左右之分"③的平等颇为赞同,对于节省时间的"line up"作风也是推崇备至④,但落到实处却有不合国情之嫌,推行极为困难。

其四,以男性为主导,现代健康观念的推广尚需时日。在传统男权社会里,女子为维持生存和获取生活所需,竭力按照男权社会拟定的审美标准修饰自己,如缠足、束腰、穿耳、束胸等,无一不是以身体的损害为代价,由此形成一种普遍的畸形审美观。束腰、穿耳对于身体的危害远不如缠足、束胸来的猛烈。对于缠足,政府已屡次下令禁止;且上海都市化氛围浓厚,工商业发达,女子直接进入工厂参加生产或积极投身社交场所的并不少见,缠足之风多弥漫于乡间。因此,在沪上,束胸成为舆论批评的焦点。

束胸即青年女子流行用一种背心(名半臂带),将胸部紧束"其意盖恐乳部露出,不大雅观"⑤。其源于一种畸形的审美观,又强化了这种病态的健康观念。

---

① 吴稚晖:《应酬》,载《生活周刊》第2卷第18期(1927年3月)。
② 心水:《礼貌要整顿一下才好!》,载《生活周刊》第3卷第47期(1928年10月)。
③ 吴稚晖:《应酬》,载《生活周刊》第2卷第18期(1927年3月)。
④ 心水:《礼貌要整顿一下才好!》,载《生活周刊》第3卷第47期(1928年10月)。
⑤ 李寓一:《二十五年来中国各大都会装饰谈》,载马应彪主编:《先施公司二十五周年纪念册(1900—1924年)》,先施公司1924年版,第284页。

首先，到20世纪初期，人们已经认识到束胸对女子身心、国民健康的伤害。"缠脚的害处还限于足部一部分，至于束胸，却要影响全身的。"①更多的情况下，人们把束胸与国家强弱联系在一起，认为束胸直接影响国民健康、民族强大。"这件事不但关系女子的一生幸福，家庭的美满姻缘，而且关系未来的国民体格。"②女子为未来的母亲，母亲的身体健康直接影响孩子的体格，国人"东亚病夫"的绰号也是由于身体柔弱而得来的，"因为身体柔弱，所以缺少奋斗的精神；惟其没有奋斗的精神，所以中国便成了一个弱国"③。人们认为现代的女子，必须具备"清楚的思想、健全的体格、活泼的精神"，因为她们都是"未来的优秀的民族的母亲"，只有去除环佩叮当，弓鞋瘦削，削肩束胸，才能养成装束玲珑活泼、举止大方的现代母亲，最终"养成健全的民族"④。

其次，舆论开始广泛介绍西方审美观，并对中西审美标准加以比较。当时的《妇女杂志》《良友画报》很多期的封面女郎都是既健又美的女性，《生活周刊》的插图甚至出现身着紧身健美服、尽显女性曲线美的西洋女郎⑤。人们介绍道："欧美的女子并不束缚胸部，她们只有要她们的乳峰隆凸出来才算美观！他们不但使'曲线的美'，也使身体得充分的发达。"⑥因此，西方女子体格健康、发育均衡、精神活泼的健康美才是真正的美丽。而中国传统审美观推崇女子病态美，以三寸金莲支撑全身，削肩平胸，丝毫不显示女性曲线美，而以"弱不禁风"为美。此时，中国病态美的典型代表林黛玉已经"令人看了惹气"⑦，缠足、束胸等摧残身体，"健康已去，美丽何存"⑧？

再次，人们呼吁废除陋俗，推广西方健康观念。既然"西洋女子，以体格强健，发育平均，精神活泼，为美观的重要条件"，那么"我国女子此后也应该向这条路走"⑨。人们呼吁："不要再摧残天然发达的全身的美，不要再糟蹋天然发达的全身

---

① 王德照：《中国女子的束胸》，载《生活周刊》第3卷第40期(1928年8月)。
② 韬奋：《这是现在的女子啊！》，载《生活周刊》第3卷第30期(1928年6月)。
③ 王德照：《中国女子的束胸》，载《生活周刊》第3卷第40期(1928年8月)。
④ 少飞：《女子装束谈(六)》，载《申报》1926年2月24日。
⑤ 见《生活周刊》第3卷第3期(1927年11月)，第24页；《生活周刊》第4卷第15期(1929年3月)。
⑥ 王德照：《中国女子的束胸》，载《生活周刊》第3卷第40期(1928年8月)。
⑦ 俞人美：《病美人》，载《申报》1933年9月25日。
⑧ 《举国若狂的选美热》，载《生活周刊》第3卷第3期(1927年11月)。
⑨ 韬奋：《这是现在的女子啊！》，载《生活周刊》第3卷第30期(1928年6月)。

的健康。"①"打倒'小马夹'！打倒驼背凹胸的女子装束"②！进一步养成"清楚的思想、健全的体格、活泼的精神"。美观、卫生成为装束的主要条件，但"这二个条件同一的紧要，是'活泼'"③。这里的"活泼"一词实与"健康"同义，现代健康美已成为人们审美观的诉求重心。但辛亥革命后，女子只是名义上获得了政治、法律、经济等方面的平等权，其实大多数女子并未得到经济上的独立与平等。而在经济问题没有真正解决以前，女子"还是做着奴隶，当着商品；因其是奴隶，所以不得不听主子的使唤，以图承欢，因其是商品，不得不装煌点缀，以求销售"④。因此，现代健康观念的推广和内化尚需时日。

四、租界的刺激与示范

中国的现代化是典型的外源型现代化。鸦片战争后，外国列强利用不平等条约肆意扩大在华特权，租界和租界制度既是近代中国屈辱、落后的印记，也是中国早期现代化的现实刺激物、效仿对象和评价参照系。上海租界从1845年11月设立开始，至1943年8月结束，历时近百年。在近代中国出现的所有租界中，上海租界开辟最早，存在时间最长，面积最大，管理机构最庞大，发展最为充分。在租界示范下，从器物、制度、文化三个层面上，国人开始了艰难的现代化历程。

首先，上海人感受到西方物质文明的巨大冲击力。随着租界各项公用事业建设的逐步展开，现代工业文明的成果显示出巨大的优越性。实用、高效、便捷、舒适的公用设施和公共交通，对租界市政发展、社区环境和外侨生活质量的提升产生巨大影响。华界的人们一一感受，切身体验。"租界马路四通，城内道途狭隘。租界异常清洁，车不扬尘，居之者几以为乐土；城内虽有清道局，然城河之水秽气触鼻，僻静之区坑厕接踵，较之租界几有天壤之异"⑤。"租界沿河沿浦植以杂树，每树相距四五步，垂柳居多，由大马路至静安寺，亘长十里。两旁所植，葱郁成林，

---

① 《举国若狂的选美热》，载《生活周刊》第3卷第3期，1927年11月。
② 王德照：《中国女子的束胸》，载《生活周刊》第3卷第40期，1928年8月。
③ 少飞：《女子装束谈（一）》，载《申报》1926年2月16日。
④ 《艳装与妇女》，载《申报》1934年8月1日。
⑤ 胡祥翰、李维清、曹晟：《上海小志·上海乡土志·夷患备尝记》，吴健熙、施扣柱标点，上海古籍出版社1989年版，第68页。

洵堪入画"①。"租界之繁华"②让华界的人们无法不重新审视自己的环境,对工业文明的成果由最初的排斥转向接触、认同、效仿,乃至推崇、追从。从表1-1和图1-4可以看出,开埠后,华界的各项现代市政建设仿照租界次第启动,且这种模仿

表1-1 上海华、租两界公用事业出现时间比较表

	租 界	华 界
自来水	1880年英商上海自来水公司	1902年内地自来水公司
电灯照明	1882年上海电光公司	1897年上海南市马路工程善后局筹办电灯
电话	1898年华洋得律风公司	1902年上海电话局
电车	1907年英商上海电车公司	1912年上海华商电车有限公司

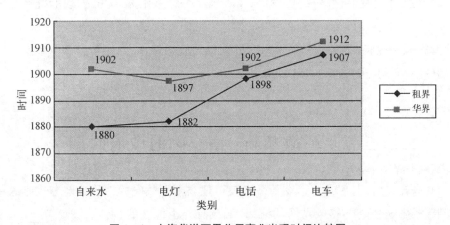

图1-4 上海华洋两界公用事业出现时间比较图

资料来源:据《上海公用事业志》编委会编《上海公用事业志》,上海社会科学院出版社,2000年版

---

① 葛元熙、黄式权、池志澂:《沪游杂记·淞南梦影录·沪游梦影》,郑祖安、胡珠生标点,上海古籍出版社1989年版,第3页。

② 时人描述租界内各种工业文明成果俱有,现代设施齐全,秩序井然。"租界内康庄如砥,车马交驰,房屋多西式,轩敞华丽,有高至六七层者,钟楼矗立,烟突如林,入夜则灯火辉煌,明如白昼。会审公廨、中西邮局、海关、银行、领事馆、电报局、巡捕房、丝厂、船坞、轮船公司皆在焉。街道有巡捕梭巡,分为三等,华人、印度人,而统以西人。所用探捕,皆能发奸摘伏,故案无不破云"。胡祥翰、李维清、曹晟:《上海小志·上海乡土志·夷患备尝记》,吴健熙、施扣柱标点,上海古籍出版社1989年版,第84—85页。

的时间间隔逐渐缩短,渐有亦步亦趋的趋势。1880年,租界出现第一家英商自来水公司,22年后,华界才建立了自己的内地自来水公司;1882年,租界开始使用电灯照明,15年后,上海南市马路工程善后局开始筹办电灯;此后,华洋两界使用电话和运行电车的时间间隔已比之前的水电使用时间间隔大为缩短,分别为5年和4年①。

其次,工部局、公董局仿照母国在租界进行的各项制度建设,亦是国人学习的对象。如在公共卫生方面,工部局设立专门机构,委派专职稽查员,统一管理、监督租界内公共卫生工作;购置墓地,建立公墓;建造屠宰场,集中屠宰牛羊;进行生死统计,开展防疫事业等。在公共服务方面,租界当局栽种道旁树、建造公园、公共游泳池、图书馆、电影院等。这些措施、制度的执行,一方面,使租界管理走向制度化、规范化,有利于传统风俗的改良和新俗的推广;另一方面,为华界当局提供了变俗变政的模板,日后华界政府在统治区域内建造公园、实行西历、推行新式公墓、推广新式婚礼等,无一不是仿照租界进行的。

民俗变革与社会秩序、经济发展、文明进步等息息相关,是维护政治统治的重要前提和基础。1911年,辛亥革命的成功,造就的不仅是一个崭新的、以"民主、共和"为旗帜的政府,更是一个前所未有的现代民族国家,民俗变革成为执政者维持统治秩序、推动文明进步的必然之举。

第三节 革故鼎新:南京临时政府时期②

武昌起义后,上海成为辛亥革命后较早建立新型政府的地区。地方政府的革故鼎新措施既是全国移风易俗的缩影,又具有异于他处的特色。1911年11月3日,清政府在上海的地方统治被推翻,上海光复。6日,新政权沪军都督府成立。自沪军都督府建立,到1927年7月上海特别市政府设立前,上海历经南京临时政府和北洋军阀统治时期,每次上海地方政府都紧随中央政府实施相应的措施移风易俗,

---

① 《上海公用事业志》编委会编:《上海公用事业志》,上海社会科学院出版社2000年版,第237—358页。

② 此部分内容经修改后已刊,参见艾萍:《南京临时政府时期的风俗变革》,载《北方论丛》2008年第5期。

以改良社会风气,建设一个现代上海。同时,由于上海商业环境和政治统治格局的不同,市政府又具有自己的独特举措。

一、以巩固统治为变俗根本

在南京临时政府成立前后,沪军都督府即以地方政府名义发布一系列具有进步意义的改革法令,除旧布新,革除陋习,其推行事项充分体现了现代国家治理的目标。

首先,政府为从根源上解决社会问题,加大力度进行专项革除旧俗事宜。

自清以来,困扰中华帝国最严重的问题莫过于鸦片之害。1890年,孙中山在《致郑藻如书》中指出:"今夫鸦片,物非虫蛇而为祸尤烈,举天下皆被其灾此物不除,民奚以生?"①南京临时政府成立后不久,孙中山即以临时大总统名义颁布《禁烟令》(1912年3月2日),历数鸦片的危害:"失业废时,耗财损身,浸淫不止,种姓沦亡。"规定:"其有饮鸩自安、沉湎忘返者,不可为共和之民。当咨行参议院,于立法时剥夺其选择、被选一切公权,示不与齐民齿。"要求"各团体讲演诸会,随分劝导,不惮勤劳,务使利害不明,趋就知向,屏绝恶习,共作新民,永雪亚东病夫之耻,长保中夏清明之风"②。并在内务部下设全国禁烟公所,落实各项禁烟法令。1912年4月1日,孙中山正式辞去临时大总统职,此后仍"时常耿耿于禁烟问题,而反复深思之"③,呼吁:"建设之事可分为两大端:一兴利,一除害。除害之事很多,最要紧的就是禁烟。"④

为避免因起义所造成的军务繁忙、无暇他顾的情况发生,沪军都督府在临时政府禁烟通令下达之前⑤,即已发布禁吸鸦片告示,规定对私卖、偷吸鸦片者,一经发现,财产查封,严行查办,"欲除恶务尽,不欲留污点以贻民国前途之隐患"⑥。鸦片已被视为与民国社会格格不入的污秽,必先去除。当时禁烟的重点首先在禁售、禁

---

① 广东省社会科学院历史研究室编:《孙中山全集》第一卷,中华书局1981年版,第2页。
② 广东省社会科学院历史研究室编:《孙中山全集》第二卷,中华书局1981年版,第569页。
③ 广东省社会科学院历史研究室编:《孙中山全集》第二卷,中华书局1981年版,第569页。
④ 《民立报》1912年10月27日。
⑤ 南京临时政府于1912年3月2日下达《严禁鸦片通令》,上海沪军都督府1912年2月22日即发布《禁吸鸦片告示》。
⑥ 《禁吸鸦片告示》,载《民立报》1912年2月22日。

吸方面。等到内务部的禁烟通令下达后,沪军都督府民政部发布晓谕,禁烟进一步深入到禁种、禁运方面。针对当时政府初立,财政困难,地方政府中很多仍照派土捐的现象,晓谕中指出"凡遇烟税、膏捐等项,皆勿划归岁入之预算"。同时,与外人磋商改约,争取国际社会支持,实行禁运,"以收完全禁绝之功"①。沪军都督陈其美还亲自介绍禁烟药品"亚支奶"②。虽然沪军都督府把禁运的希望寄托于"外国慈爱士绅"的支持上,实在不切合实际,但他们还是抓住了禁烟的根本——禁种禁运,力求从源头上禁绝鸦片。

鸦片之外,赌博也是社会中最难消除的传统陋习之一。赌风流被,不仅耗费光阴金钱,而且滋生了一种不劳而获的心理。自古重义、轻利、节欲的文化传统与赌博向来不相容。因此,至迟自春秋以降,关于禁赌的法律、言论、举措便不绝如缕。由政府出面禁赌已成为加强社会控制的传统方式,具体包括颁布相应法律限制、禁止赌博,惩戒赌徒,组织社会力量、动用国家专政机器开展专项的、规模不等的禁赌活动等。公元前407年,战国时魏国李悝的《法经》是史上最早包含禁赌内容的刑律,以后历代的刑法也都严厉禁赌。至清代,法律禁赌有总历代法律禁赌之大成的意味,其系统性及可操作性超过任何一个朝代,"凡赌博,不分兵民,俱枷号两月,开场窝赌及抽头之人,各枷号三月并杖一百。官员有犯,革职、枷责不准赎"。此外,还包括赌具之禁、赌场之禁,上述法律自康熙初具雏形,至雍正遂完全定型③。近代以来,社会的动荡和文化道德的价值嬗变仍没有改变主流社会对于赌博的基本否定态度。中华民国成立后,以法律惩治赌博也是其禁赌措施的重要内容。1912年3月5日,内务部发布禁赌令,内称:"赌博为巧取人财,既背人道主义,尤于现时民生多所妨害,亟应严切禁止,为我共和国民祛除污点。"④

上海赌风之盛由来已久。每逢红白丧庆,如果是在中等以下酒楼请客,宴后都设麻雀牌消遣⑤。赌博不仅是日常也是传统节令时最为常见的娱乐活动,新年至元宵之前,沪上民间公开聚赌成风,"无论大家小户,莫不沉湎于呼庐喝雉之中,日之

---

① 《重申禁烟禁令》,载《时报》1912年3月16日。
② 《陈其美介绍戒烟药告示》,载《民立报》1912年7月20日。
③ 参见涂文学:《近代中国社会控制系统与赌博之禁》,载《社会学研究》1997年第4期。
④ 中国第二历史档案馆编:《中华民国史档案资料汇编》第二辑,江苏古籍出版社1991年版,第33页。
⑤ 上海信托股份有限公司编辑部编:《上海风土杂记》,上海信托股份有限公司1932年版,第48页。

不足,继之以夜,奔走历碌,较之平日工作尤为勤劳"①。时人评价"赌风之甚,以沪上为最,盖沪人之视赌博若惟一之消遣品"②。对于正处于工业化起步阶段的上海来说,以有限的社会资源投入赌博,本就不利于社会生产,不劳而获心理的滋生更不利于社会的文明与进步,赌博为时人关注并被要求革除势所必然。沪军都督陈其美不仅发布禁赌告示和规劝禁赌的六言韵示,而且照会各国领事,要求租界不准华人赌博③,防止赌徒利用上海华洋分治的格局转移场地,破坏禁令。甚至,商民为帮助政府筹集军饷,解决财政支绌的窘境,申请发行彩票的建议,都督府也因彩票"迹近赌博,恐滋流弊"④而不予批准。

其次,革除阻碍社会文明进步的陋俗惯习,迎合世界潮流。

社会进步是现代化的必然方向,都市化的上海为中外瞩目,更需要革除遗风陋俗,建设现代新风尚。沪军都督府的告示中不时出现"免被外人笑评"⑤"外人容易见嘲"⑥的字样。可见,新风尚的形成不仅关系国体,而且是推动社会文明进步、融入世界潮流的必需品,革故鼎新、维新强国成为时代最强音。传统陋俗主要包括裹足、蓄辫、跪拜、刑讯及定名分的称谓等。南京临时政府成立后,在不到半个月时间内,即发布各种专项法令旨在废除这些陋俗⑦。

自清入关以来,围绕发辫的去留即有争论、冲突,甚至流血事件的发生,清末革命人士亦把剪辫作为趋向革命、反对清政府统治的重要标志,辫发被赋予更多的政治意义。清末,驻美公使伍廷芳另列举了必须剪发的几大理由:"被外人讪笑""不便作事""污垢裳衣",而且剪发为"宇内大势所趋"⑧。在他的提倡下,1909年秋,在上海张园内的安恺第大厦召开了一次剪辫大会,参加者三四百人。上海光复后,沪军都督府于1911年11月12日、29日、30日,连续发布剪辫告示,开始只是口号式

---

① 谢枕夫:《改良新年娱乐之我见》,载《申报》1926年1月16日。
② 《上海闲话》,载《申报》1921年6月25日。
③ 《禁止赌博告示》,载《民立报》1912年2月21日;载《民立报》1912年2月27日。
④ 《批示不准发行彩票》,载《时报》1912年1月1日。
⑤ 《禁止强迫剪辫告示》,载《申报》1912年1月1日。
⑥ 《禁止赌博告示》,载《民立报》1912年2月27日。
⑦ 1912年3月2日,发布《禁止刑讯令》《革除前清官厅称呼令》;3月5日,发布《限期剪辫令》;3月13日,发布《劝禁缠足值内务部令》。
⑧ 《前出使美国大臣伍廷芳奏请剪发不易服摺》,载《东方杂志》第8卷(1910年8月25日)。

的号召,"凡我同胞,一律剪辫。除去胡尾,重振汉室"①,逐渐以国际惯例、汉族传统进行规劝②。到后来,告示的语气逐渐强硬:"须知垂辫为满清之俗尚,现者地方光复已久,极应革除旧习,咸与维新。……速将辫发剪除,以表众心一致。特行谆劝,勿再迟延。"③到1912年4月,上海民政部接内政部令,要求"凡未去辫者,于令到之日,限二十日一律剪除净尽。有不遵者,以违法论"④。正式以行政法令干预剪辫,以期在短期内革除蓄辫陋习,塑造民国新国民。

跪拜礼仪、封建称呼也是封建社会规范上下等级的一个体现。在日常社交中人们已很清楚应以鞠躬代替跪拜礼。但遇重大典礼场合,不仅民间仍以跪拜行礼,而且官方也对此感到迷惑。由于新的礼制未定,当时的浙江民政司长即向内政部、教育部致电,询问"文庙丁祭,应否举行?礼式祭服如何?其余前清各祀典应否照办?"对此,内政部、教育部答复称,在民国通礼未颁布之前,"文庙应暂时照旧;致祭惟除去拜跪之礼,改行三鞠躬;祭服则用便服。其余前清祭典所载,凡涉及迷信者,应行废止"⑤。上海也据此遵令,在重大典礼场合行鞠躬礼。至于称谓,自内政部于1912年3月发出革除前清官厅称呼文后,上海按照通知所令,官厅人员相互以官职相称,民间称先生、君,上海由于华洋杂处,得风气之先,"Mr""Miss"的称呼在比较新式的男女之间也很流行。

再次,改易纪元、国旗、服制等,在短期内建立新的政治权威标识。

新生的资产阶级政权依靠革命建立的法理性权威不具有先赋性,必须依靠各种法令、标志、仪式予以强化,对国旗、纪元、历法的详细规定既是为了与旧有的封建政权划清界限,更是为了表明自己权威的正统性,所谓"崇正朔,而便日用",以期在短期内强化政权统治的合法权威。

纪元、旗帜历来是统治者定"正朔"的重要标志,因此成为政权建立、国家成立后首要解决的任务之一。中国古代向来以国号纪元,武昌一役,资产阶级革命派主

---

① 《剪辫告示》,载《时报》1911年11月12日。
② 照得结发为辫,乃胡虏之殊俗,固地球五大洲所无之怪状,亦历史数千年未有之先例。……今幸天福中国,汉土重光,凡有血气者,追念祖宗之余痛,固莫不恐后争先,剪去辫发,除此数寸之胡尾,还我大好之头颅。《剪辫告示》,载《民立报》1911年12月29日。
③ 《剪辫告示》,载《民立报》1911年12月30日。
④ 中国第二历史档案馆编:《中华民国史档案资料汇编》第二辑,江苏古籍出版社1991年版,第32页。
⑤ 《丁祭废除跪拜告示》,载《申报》1912年3月5日。

政，议定以黄帝纪元，孙中山以临时大总统的名义正式通电各省："中华民国改用阳历，以黄帝纪元四千六百零九年十一月十三日为中华民国元年元旦。"①这种新的纪元方法以法令形式公布全国。上海也不例外，通告要求禁用"宣统"字样，商家纷纷把招牌中的"满"字改为"新"字，但民众对于这种新的纪元方法并不适应，新一年的月份牌上出现民国、黄帝、宣统并排的独特情形。有的对此持观望态度，一首竹枝词写道："四千余载有谁言，黄帝无端溯纪元。民国告成仍改却，暂时重主旧中原。"②

旗帜为国家政权的重要标识，沪军都督府对此也格外注意。早在沪军都督府成立之前，上海军政府即通令商界居户悬白旗表示欢迎光复，军政府据此予以保护，"不使扰及分毫"③。由于起义、革命毕竟为突发的社会运动，商家来不及制作整齐划一的旗帜，上海市面上有新政府所用的五色旗，有武昌起义时所用的十八星旗，也有国民党党旗——青天白日旗，可谓"各般旗帜不同形，八卦旁边绕列星。究竟临时无定制，商人描绘费调停"④。1911 年 11 月 8 日，上海民政总长李平书又发布通告，要求"各地方所悬国旗，须与本民政府一式"。尽管如此，各地所制国旗仍然不能统一，大小不同，质地各异，有用绸纱，有用布帛。12 月 18 日，沪军都督府再发通告，认为"国旗者，为国家之标识、国民之目的，其关系至为重大"，只有统一定制，才能表明万众一心，以维国体，因此规定国旗"用五色布制就二万方，长英尺九尺，广英尺六尺，合价大洋一元"⑤，并指定明华公司、商团总会、市政厅、民政厅、闸北自治公所、电报总局、劝业公司、久大军服公司等几处制旗。

至于服饰也是政府关注的一个焦点。服饰关系人们的身份、仪容、风度、志趣，在封建社会更是统治阶级定贵贱的重要手段，成为礼制中重要的组成部分。清政府被推翻，资产阶级政权新立，新的服制尚未订定，但蕴涵封建等级制的服饰理应弃如敝屣。于是，1912 年 2 月沪军都督府在旧历新年之际，即规定人们贺年禁用清代大褂冠顶⑥。等到 1912 年 10 月临时政府的服制公布后，要求各地均依此在典礼中采用新服制。

---

① 广东省社会科学院历史研究室编：《孙中山全集》第二卷，中华书局 1982 年版，第 5 页。
② 顾炳权编著：《上海洋场竹枝词》，上海书店出版社 1996 年版，第 209 页。
③ 《军政府通令商界悬旗欢迎光复》，载《申报》1911 年 11 月 5 日。
④ 顾炳权编著：《上海洋场竹枝词》，上海书店出版社 1996 年版，第 207 页。
⑤ 《国旗命意》，载《民立报》1911 年 12 月 18 日。
⑥ 《禁满装》，载《民立报》1912 年 2 月 21 日。

二、以南京临时政府法令为蓝本的上海特色

由内容来看,南京临时政府在建立之初发布的俗改政令涉及改历改元、禁烟禁赌、改变称呼、禁卖人口、禁止体罚、解放"贱民"、保护民权、限期剪辫、劝禁缠足、改革礼仪、树立新风等各个方面,力求在短期内涤旧布新,以完全不同的社会风尚而新人民观感。沪军都督府在临时政府的政令出台前后,也有相应的法令、告示发布,这些措施既秉承中央政府的立意,又在此基础上有所变通,更适应上海一地的实施。

从表1-2可以看出,沪军都督府发布了多条有关风俗改革的政令。其中,有关于烟、赌等社会问题的;有关于蓄辫、刑讯、称谓、跪拜等有碍社会文明进步的;有关于纪元、治安等社会秩序稳定的。由此可见,进步与秩序是上海地方政府关注的焦点。

表1-2 南京临时政府及沪军都督府政令简表

	南京临时政府	沪军都督府
以临时大总统孙中山名义发布	临时大总统改历改元通电(1912年1月2日)	改易徽号(《民立报》1911年11月8日)
	命内务部编印历书令(1912年1月)	补祝新年通告(《时报》1912年1月5日) 改用新历公告(《民立报》1912年1月8日)
	严禁鸦片通令(1912年3月2日)	禁吸鸦片告示(《民立报》1912年2月22日)
	令内务部通知革除前清官厅称呼文(1912年3月2日)	不必称大人老爷(《时报》1912年3月4日) 丁祭废除跪拜告示(《申报》1912年3月5日)
	令内务部禁止买卖人口文(1912年3月2日)	—
	令内务司法两部通饬所属禁止刑讯文(1912年3月2日)	禁用毒刑告示(《申报》1912年2月7日)
	命内务部晓示人民一律剪辫令(1912年3月5日)	剪辫告示(《时报》1911年11月12日、1912年4月6日;《民立报》1911年11月29日、11月30日) 禁止强迫剪辫告示(《申报》1912年1月1日) 通令军人剪辫(《申报》1912年1月4日)

续　表

	南京临时政府	沪军都督府
以临时大总统孙中山名义发布	令内务部通饬禁烟文(1912年3月6日)	重申戒烟禁令(《时报》1912年3月16日)
	令内务部掩埋城垣内外各处暴露尸棺文(1912年3月7日)	—
	命内务部司法部通饬所属禁止体罚令(1912年3月11日)	—
	令内务部通饬各省劝禁缠足文(1912年3月13日)	—
	令内务部通令疍户惰民等一律享有公权私权文(1912年3月17日)	—
	令外交部妥筹禁绝贩卖"猪仔"及保护华侨办法文(1912年3月19日)	—
	令广东都督严禁贩卖"猪仔"文(1912年3月19日)	—
临时政府各部发布	陆军部通饬各军队严禁军人冶游聚赌文(1912年2月9日) 内务部报告禁赌呈(1912年3月5日) 内务部请大总统查禁赌博陋习及禁售各种赌具呈(1912年3月7日)	禁止军人在妓院、戏馆混闹(《民立报》1912年1月13日);通令禁止军人进入妓院、剧场(《时报》1912年1月20日) 禁止赌博告示(《民立报》1912年2月21日、1912年2月27日)
	内务部令南京巡警总监取消批准私立花柳检查医院及以私人假用公产文(1912年3月9日)	—
	内务部咨各省都督及卫戍总督禁止鸦片文(1912年3月14日)	—
	内务部令江宁府知事示禁各乡演戏赛会文(1912年3月19日)	批复说书业呈文(《民立报》1912年3月18日)

资料来源:广东省社会科学院历史研究室编:《孙中山全集》第二卷,中华书局1981年版;中国第二历史档案馆编:《中华民国史档案资料汇编》第二辑,江苏古籍出版社1991年版;上海社会科学院历史研究所编:《辛亥革命在上海史料选辑》,上海人民出版社1981年版

其一，上海为华洋杂处，易受国际社会关注，因此沪军都督府颁布的诸多法令都更为强调推动文明进步，关注上海的国际形象。沪军都督府多次下令剪辫的原因之一是：结发为辫，"固五大洲所无之怪现状"①，只有剪除辫发，才能"免被外人笑评"，以"壮观瞻"。禁烟、禁赌都需租界的配合才能实施，告示中多次强调需要外商、租界的支持。在改用新历上，临时政府内政部颁布新历书强调的是"崇正朔，便日用"，上海的改历通告还指出一点："期与世界各强国同进文明，一新耳目。"②可见，颁布除旧布新政令的一个重要原因还在于改变中国落后、愚昧的旧形象，让上海以耳目一新的形象融入国际社会。

其二，上海自开埠以来逐渐发展为典型的商业社会，注重经济发展、贸易繁荣，这一切都需稳定的秩序予以保证。上海起义后，军政府立即通知市商务总会维持市面，沪军都督府的很多政令都是为了维持上海市面，保证上海一如既往的吸引外来商贸。竹枝词中也写道："政府临时未著形，申江权当小朝廷。外交各部先分设，保卫洋商实大经。"③因此，地方政府对于军人管制的特别强调也就不足为奇。如通令禁止军人在妓院、戏馆混闹，穿戎装出入于妓院、剧场的，经查明，立即军法从事，另悬赏格侦访④。对于商业秩序的重视，使得沪军都督府的通告更加符合实际需要。沪军都督府考虑到，沪上商家、民间都习惯于年底清理账款，仓卒应用新历办理账款，难免有诸多不便，于是上海在发布改历改元通告后的第二天，即通告"沪上各商店往来账目债款，仍于阳历2月17号，即旧历十二月卅日，暂照旧章分别结算收还，以昭公允"⑤。至于日后如何酌定，由商务总长邀集各商业人士商定办法再颁布实行。这也充分表示上海地方重视商业，从国际、国内贸易方面考虑，适当予以变通的灵活性与现实性。事实证明，这种做法不仅是可取的，也是政府适应民间习惯的必然，在以后相当长的一段时间内，民间仍以旧历为日常生活

---

① 《剪辫告示》，载《民立报》1911年12月29日。
② 《中华民国新纪元》，载《申报》1912年1月2日。
③ 顾炳权编著：《上海洋场竹枝词》，上海书店出版社1996年版，第208页。
④ 《赏格》，载《民立报》1912年1月13日；《通令禁止军人进入妓院、剧场》，载《时报》1912年1月20日。
⑤ 《改历通告》，载《时报》1912年1月13日，临时政府嗣后也曾发布这样的通电，称"中华民国改用阳历，惟念各商业向例于阴历年终结账，设骤改章，恐有妨碍，仍以新纪元二月十七日，即旧历除夕为结账之期"。《致各省商民通电》，载《民立报》1912年1月8日，日期虽为在《民立报》发表日期，但此为孙中山在临时政府建立后的通电，日期也不会早于沪军都督府同类政令的发布日期。

的节点。

三、变俗结果的不彻底性

变革的急功冒进造成的最直接的后果就是不彻底性。武昌起义的成功使革命党人欢呼鼓舞,各地的响应更是振奋人心,南京临时政府顺理成章地以民主共和代替专制王权。此时,一方面,全面改革、除旧布新是强国强种的迫切需要。"超越"意识自鸦片战争后即弥漫于中国社会各阶层。早在清末,魏源的《海国图志》深入人心,"师夷长技以制夷"正是赶超外国的思想体现。直至民国初立,革命党人包括知识阶层纷纷认为,强国、超越外民族的第一大障碍——清帝专制已经剔除,现在到了大刀阔斧、全面改革的时候,迫切希望运用革命手段改造一切不合于民主共和理念和现代国家发展的社会弊端。各项除旧布新的措施在短短数月之内一项接一项地发布,令人目不暇接。另一方面,新建的民国政府迫切需要通过移风易俗的措施,将行政力深入到社会的各个层面。在传统社会,国家的统治集团缺乏左右其臣民日常生活的固定手段,而现代民族国家的一项主要特征在于:国家行政人员的控制能力的巨大扩张,直至甚至能左右个人日常生活的最私密部分①。行政力量对民俗的介入正是革命政府获取群众支持,构建政权合法性的重要手段。

沪军都督府是以原同盟会会员陈其美为首建立的。陈其美自1906年加入同盟会后即积极从事革命活动,上海光复后任沪军都督府都督,被孙中山倚为"民国长城"②"吾党唯一柱石"③,对于上海的革故鼎新活动可谓不遗余力。上海为当时中国最主要的吸收外来文明的窗口,对于新事物更易接受,旧伦理、旧道德的统治稍稍松懈。"每见上海社会中发现一伤风败俗之事,一般舆论则必曰:此幸在上海耳,若在内地,即使幸逃法网,亦不免为社会所不齿"④。由此,上海社会的宽容、同化力

---

① [英]安东尼·吉登斯:《民族—国家与暴力》,胡宗泽、赵力涛、王铭铭译,生活·读书·新知三联书店1998年版,第11页。
② 广东省社会科学院历史研究室编:《孙中山全集》第二卷,中华书局1981年版,第10页。
③ 何仲箫编:《陈英士先生纪念全集》下集,载沈云龙主编:《近代中国史料丛刊》,文海出版社1977年版,第3页。
④ 姚公鹤:《上海闲话》,上海古籍出版社1989年版,第104页。

强可见一斑。即使如此,沪军都督府也免不了在变革中犯急功冒进的错误,变革的不彻底性成为这一时期共有的特征。

禁烟、禁赌历经整个民国时期都未能根本禁绝,成为近代以来众所周知的社会问题。至于有碍进步的陋俗和有关政治权威的旧习革除方面,变革也并不彻底。跪拜、缠足、剪辫的效果极为有限。跪拜礼仪虽然在国家政治生活中已经绝迹,但民间重大活动中仍随处可见。革除缠足陋习,"以培国本",临时大总统不仅令内务部速将此项禁令通饬各省,而且剔除"其有故违禁令者,予其家属以相当之法"①。此后,历届政府都一再申令禁止缠足。可见缠足在民初推行得并不彻底,日后才需要多次加以申禁②。

在辛亥革命中,剪辫是首先受到关注的陋俗之一。革命党人一般都以"剪辫"表示与清王朝划清界限、从事革命的决心。光复后,沪军都督府立即发布剪辫告示,劝导剪辫③。民间团体积极响应,小南门内的群学会于12月28日、12月31日两次召开义务剪辫大会,剪辫数百。通俗宣讲社联合东南城地方会,于12月31日在大东门火神庙举行"剪辫缓易服",义务剪辫300多条。另有义务剪辫团、光复实行剪辫团等响应剪辫运动的团体设立,甚至出现剪辫不收分文,另赠大肉面助兴的趣闻。但是囿于"身体发肤,受之父母"的传统观念,以及习惯、知识水平等的不同,剪辫并不能立即被普通百姓接受,甚至政治觉悟较高的执法者也未能完全领会剪辫的真谛,逃避剪辫的事情十分普遍④。在革命初成、国民意识高涨的情况下,剪辫行动很快突破"规劝"界限,强迫剪辫行动从城厢扩展到上海各地。很多兵士及"好事之徒"在路上拦住行人,强剪发辫,一时"人心惶惶"。政府不得不出面发布《禁止

---

① 中国第二历史档案馆编:《中华民国史档案资料汇编》第二辑,江苏古籍出版社1991年版,第35页。

② 关于民国时期对于缠足的劝禁,可以参见杨兴梅:《南京国民政府禁止妇女缠足的努力及其成效》,载《历史研究》1998年第3期;《从劝导到禁罚:清季四川反缠足努力述略》,载《历史研究》2000年第6期;《民国初年四川的反缠足活动(1927—1917)——以官方措施为主的考察》,载《社会科学研究》2002年第6期;洪认清:《民国时期的劝禁缠足运动》,载《民国春秋》1996年第6期;王元琪:《近代中国妇女放足运动述论》,硕士学位论文,西北大学系,2001年;杨兴梅:《身体之争:近代中国反缠足的历程》,社会科学文献出版社2012年版。

③ 沪军都督府明确表示"不愿以强迫之命令,干涉个人身体之自由",出示晓谕,是为了让"各团体苦口实力,辗转相劝,务使豚尾悉捐"。《剪辫告示》,载《申报》1911年12月29日。

④ 上海通社编:《上海研究资料》,上海书店出版社1992年版,第550—552页。

强迫剪辫告示》,要求兵士、商人不要再越分剪辫,以保社会安宁①。告示没有明确规定具体处罚措施,政府对于强迫剪辫行为的纵容使得剪辫行动中仍是事端不断②。这样的做法只会引起民间更加消极的抵抗,直到20世纪20年代,民间仍有以留发为美、为剪辫而大哭者③。社会上仍在呼吁政府严厉取缔发辫,"务使一根辫子不留"④。难怪有人发出:民国初期的中国"身躯是共和,头脑是专制"的感叹⑤。

　　旨在树立政治权威的定纪元、易国旗、改服饰的执行效果也差强人意,效果不佳。阳历自推行之日起就命运多舛,向来是政府机关、学校等机构实行阳历,民间商业来往、岁时节令活动皆从阴历,形成"阴阳合历,你过你的年,我过我的年"⑥的二元分化格局。民初制定的服制具有三大特点:学习西俗;没有等级;可用国货⑦。而孙中山结合中西独创的"中山服"更是成为当时男子最为流行的服装,也受到政府的一致提倡。"马褂在那时已在'打倒'之列,除了少数年迈守旧的古老儿尚有服御者外,在公众的地点中,决不易见到它的行迹"。但几年之后,马褂又普遍的复活起来,"凡朝野集会,或访客宴宾,只要稍用到礼节的机会,玄色马褂已变为一种礼服"⑧。

　　综上所述,南京临时政府并没有完成革故鼎新的历史重任,各项风俗变革的不彻底性正是北洋政府时期继承与异动的合适土壤。

---

① 《禁止强迫剪辫告示》,载《申报》1912年1月1日。
② 剪辫中曾发生洪子昌扭控张德胜、张克仁、孟朝山等强剪辫发一案。1912年1月4日经会审公堂提讯张等供,因劝洪剪发不允,故代剪去。中西官以张等已在押数日,从宽释放。上海通社编:《上海研究资料》,上海书店出版社1992年版,第553页。据《剪辫趣话数则》中记载,一位名叫周延龄的,不但被强行剪辫,而且连手上的戒指也被人抢去,愤而去投禀警局,警务长穆湘瑶批复:"查结发重辫,满清特制。兹值用狱效灵,河山光复;倘念入关之令,痛澈祖先,满奴豚尾之讥,腾笑万国,亟应亲自革除,岂容意存观望? 今该生以途遇民军,险遭意外:抚指尖之金戒,居然不翼而飞,搔头上之青丝,竟已及锋而试。投词控诉,措语离奇,在该民军固不应以强迫手段,为剪辫之人;在该生亦不应以奴隶之心肠,为保辫之举! 且所遇是否民军,究难臆断,倘所失者果系金戒,亦复谁尤? 所请追究碍难照准!"上海通社编:《上海研究资料》,上海书店出版社1992年版,第552—553页。
③ 梅溪:《剪辫子妻母大哭》,载《申报》1920年3月17日。
④ 韬奋:《辫子一根》,载《生活周刊》第3卷第40期(1928年8月)。
⑤ 汪熙、魏斐德主编:《中国现代化问题——一个多方位的历史探索》,复旦大学出版社1994年版,第160页。
⑥ 东明:《从过年说起》,载《上海青年》第35卷第7期(1935年2月)。
⑦ 严昌洪:《中国近代社会风俗史》,浙江人民出版社1992年版,第241页。
⑧ 吴泽霖:《怎样改进中国之风俗》,载《申报月刊》第4卷第1号(1935年1月)。

第四节　继承与异动：北洋政府时期[①]

袁世凯在孙中山辞职后继任中华民国临时大总统，北洋军阀统治建立。北洋政府对于影响风俗变迁的社会意识也是十分重视，早就提出："立国之本在于政治，而政治新旧之递嬗，恒视学说为转移。"[②]风俗改良成为政制变革的先导，所谓"变政而不变俗，则政无由施；变俗而不变政，则俗无由化。盖政与俗决不能相离而论也"[③]。这一时期，政府把"风俗""学说"的更迭作为施政的优先考虑要素。

一方面，继承辛亥革命遗产，创立新俗是北洋政府巩固合法统治的必然道路。思想上，经过"五四"以来新文化运动的启蒙，现代国民意识已经觉醒并走向成熟；政治上，北洋政府是中华民国临时政府的合法继承者。因此，新政府必须在民俗上继续除故布新，强化政府权威和国家意识，完成南京临时政府遗留的任务。

另一方面，辛亥革命虽然清除了旧的行政统治系统，但旧风遗俗赖以存在的社会土壤并没有彻底改变。传统思想意识仍然影响着人们的观念和行为，袁世凯、张勋之流大肆进行封建复辟活动，临时政府时期声势浩大的革故鼎新也就不复有当初的声浪。北洋政府颁行的众多政令、政策为旧道德、旧礼俗的固存披上了合法性外衣，一些曾经被辛亥斗士们批判的恶风陋习又借助政权力量肆意弥漫。因此，"继承"与"异动"成为这一时期最鲜明的变俗特征。

一、继承辛亥革命遗产，新俗初立

北洋军阀统治建立于南京临时政府基础之上，经过清末以来的思想解放运动和激烈的政治、社会革命，传统民俗已经不足以支撑新的统治秩序，政由俗革，要获取来自民间的社会力量的广泛支持，奠定政权统治的合法性基础，北洋军阀只有继

[①] 此部分内容经修改后已刊，参见艾萍：《继承与异动——北洋军阀时期的风俗变革》，载《辽宁大学学报》2009年第1期。
[②] 中国第二历史档案馆编：《中华民国史档案资料汇编》第三辑（文化），江苏古籍出版社1991年版，第1页。
[③] 孟晋：《论改良政俗自上自下之难易》，载《东方杂志》第1卷（1907年）。

续辛亥革命以来的民俗变革道路,在继承辛亥革命遗产的基础上,确立新俗。

(一) 继续针对诱发社会问题的民俗事项进行变革,但成效寥寥

北洋政府时期,表面上南京临时政府颁布的各项法令法规继续有效,实际上,由于地方割据,各个利益集团为扩大地方势力,对于各项措施的执行力度都大打折扣,明禁暗弛、甚至公开违禁的现象不在少数。以烟毒问题为例,1912年4月1日刚刚接管政权的北洋政府公布的《参议院法》中即规定,吸食鸦片者不得成为议员。1912年8月公布的《众议员选举法》中规定,吸食鸦片者不得有选举权和被选举权。从1912年到1914年,袁世凯政府连续多次发布总统令,一再重申鸦片危害,重点从禁种入手,禁绝烟毒①。但是袁世凯政府之所以颁行禁烟法规,是由于国内外禁毒浪潮冲击,不得已而为之。政府要员普遍对烟毒存有弛禁态度,全国各地大小军阀有法不依、执法不严,或明或暗地采取以毒养军、以军护毒的政策。因而禁烟法规形同虚设,鸦片种植从几近禁绝的状态迅速反弹,鸦片毒害迅速蔓延,很快达到甚至超过清末"二次禁烟"以前的规模。

在禁赌问题上,更是达到公开废弛的地步。许多大小军阀本身便是嗜赌如命的大赌棍,"辫帅"张勋、奉系头目张作霖、桂系首领陆荣廷、山东督军张宗昌等都是名噪一时、赌品极坏的赌场无赖,他们的行为为社会上赌风盛行起了示范和推波助澜的作用。1912年讨袁失败后,龙济光以救济广东水灾为名,对一切牌赌收捐,是为民国开赌之始。其后,各地私赌遍地。1915年,广西都督陆荣廷请开赌以筹集军费,袁世凯表面驳斥,密令心腹赴桂向陆示意,赌自开,毋庸请准。在各路军阀积极倡导之下,广东、广西几成"赌国",从通都大邑以至僻壤穷乡,无处不赌②。

---

① 1912年6月11日,袁世凯政府发布了《通饬禁种鸦片文》,提出"禁烟为除害救民之要政",并责成各省都督,无论已报禁绝及未报禁绝各省份,一律不准再种烟苗,如有私种鸦片情事,即严饬分别犁拔。1912年10月28日,第二次严申禁烟令,指出鸦片之害"竟将召灭国灭种之祸",并令民政各机关晓谕国民,令其吸者立即戒除,贩者分别停歇,种者改种其他农作物,如有违抗者照例治罪,决不宽贷,官员故纵者,按例严惩。1912年12月25日,袁世凯政府第三次通令各省行政长官,命恪遵前令,毋得稍怠。1913年3月,法部根据袁世凯的命令对《大清新刑律》进行删改,更名为《暂行新刑律》,于4月30日公布,其中"鸦片烟罪"的条文,全部是《大清新刑律》的有关规定。1913年10月27日,袁世凯再次发布总统令,通令各省行政长官恪遵迭次训令,严格执行禁种、禁运、禁吸的禁令。1914年8月5日,袁世凯公布了《禁种罂粟条例》,宣布今后一律不得种植罂粟,如有发现,必须立即强行铲除,按律处罚,如遇抗拒可请都督派兵协助,地方政府必须经常勘查禁种情况,按月向内务总长汇报。1914年4月11日,袁世凯又颁布了《吗啡治罪条例》,规定对制造、贩卖、收藏、施打吗啡比照刑律鸦片烟罪定罪处罚。覃珠坚:《介评中华民国时期禁烟法规》,载《广西右江民族师专学报》2006年第4期。

② 涂文学:《泛滥成灾的民国赌潮》,载《民国春秋》1994年2月。

可见，这一时期，对于社会问题的解决，并没有取得明显效果，反而有恶化的势头。显而易见，作为典型的军阀政权，其统治的倒退性是不言而喻的。因此，北洋政府真正继承的一般都是南京临时政府旨在树立政府权威的改俗措施，如继续采用中华民国纪元，推行国历；定五色旗为国旗；颁布《中华民国国徽国旗法》等。其中，设立国定纪念日和创立国葬典礼尤其值得一提。前者以政治强制力量介入民间日常节日体系，通过连续与强化方式，向民众传播和灌输国家意识，是典型的用政治社会化手法获得民众认同、保持政治秩序的行为。后者以丧葬礼俗为切入点，将政府权威融入民间浓厚的宗法观念中，通过示范、诱导，动员人们参加政治生活实践，体验政治生活的意义，切身了解和感受到政治权威，在无形中参与到维护既定权威的行动中。

（二）设立各种纪念日，构建新型节日体系

所谓"节日体系"，主要是指按照时间编排的节日、庆典和仪式。节日体系无论对于传统国家，还是现代国家，都是重要的时间节点，文化人类学的调查和分析已经揭示出时间同时还是一种社会与文化现象。因此，不同的节日体系正是不同的社会或文化里，存在的不尽相同的"时间制度"和"时间观念"的体现。传统中国社会虽有官民之分、贵贱之分，但是在节日所代表的时间框架上却是高度整合、统一的，官方的假日是顺应民间节日的。直到辛亥革命后，民国建立，这种官与民在时间框架上的和谐关系逐渐一分为二。到北洋政府统治时期，已初步形成一种拼盘式的节日体系，并一直延续至今。

中国自古以来就是以农立国，阴历不仅是一种自然时间，更与人民的日常生产、生活息息相关，岁时节日把人们关于自然时间的认识与人类在这个时间点上的特殊活动给予结合，从而使自然时间具有了人文意义。中华民国建立后，为实现自己的现代性诉求，与世界接轨，废历改元，以西历为主，兼用传统的阴历。实际上，由于地域性差距、阶层差异，以及长期以来的生产方式的原因，阴历在老百姓的实际生活里一直没有被真正废除过。这样，就在中国出现了阴历和阳历并行延续的局面。整个中国的节日体系也因此形成拼盘式的格局①，主要包括传统的节日体系和国家、政府主导的节日体系两大体系，上海在当时已成为国际商埠，因此，更增添

---

① 周星教授曾指出："中国不仅有阴历，阳历，有来自不同文化背景的非常多的节庆，像个大拼盘一样。"周星：《关于时间的民俗与文化》，载《西北民族研究》2005年第2期，此处借用其"拼盘"的提法。

一大外来节日体系。

1. 传统节日体系

中国传统的岁时节日体系主要是依据阴历、节气等编排和设计的各种传统的年节、庆典和仪式。它萌芽于先秦,成长于秦汉魏晋南北朝,定型于隋唐两宋,元明清时对这一体系没有大的突破,但对传统节日实现了重大调整,突出新年、清明、端午、中秋等四大节日在社会生活中的地位,以适应民众生活的需要。这种节日体系既具有普遍性,也具有特殊性。节日在全国的日期基本一致,具有相似的文化内涵,但各地的庆典和仪式不尽相同。同时,由于各地不同的生产、生活方式,还有一些节日仅为一地或某一区域所遵行,地方性明显。上海地区传统岁时节令见附录所示。

2. 国定节日体系

国家、政府主导的节日体系起源于阳历的法定化、官方化。自民国以后,阳历即在中国社会取得政治上的强势地位,政府不仅期望以行政手段控制人们的日常生活时间,也不会放弃对于重要时间节点——节日的介入。1912年9月24日,北京政府参议院通过了由袁世凯转咨的国务院所拟《国庆日和纪念日案》。该案提议以10月10日为中华民国国庆日,1月1日为中华民国临时政府成立纪念日,2月12日为宣布共和、南北统一纪念日。此后,纪念日陆续增加。整个北洋政府时期,国家共确立了13个纪念日。

表1-3 北洋政府时期国家法定纪念日简表

节 日 日 期	节 日 纪 念 内 容
1月1日	中华民国临时政府成立纪念日
2月12日	宣布共和、南北统一纪念日
3月5日	植树节
3月12日	大元帅逝世纪念日
3月29日	黄花岗各志士殉国纪念日
4月8日	国会开幕纪念日

续 表

节 日 日 期	节 日 纪 念 内 容
5月1日	世界劳动节
5月9日	国耻日
7月12日	恢复共和纪念日
阴历八月二十七日	圣诞节(孔子诞生日)
10月10日	中华民国国庆日
11月12日	孙中山诞辰纪念日
12月25日	云南倡议拥护共和纪念日

资料来源:《民国纪念日修正案》(1916年12月22日修正公布),载蔡鸿源主编:《民国法规集成》,黄山书社1999年版,第95页;《各机关及学校放假日期表》(1925年11月2日公布),载《上海市政府关于各种纪念节日的规定和活动文件》(第一册),上海市档案馆藏,卷宗号:Q215-1-23

3. 外来节日体系

民国政府是以现代民族国家的姿态出现于世人面前,整个社会在日趋现代化、国际化的趋势下,一些"洋节",即外来节日也开始嵌入中国民众的社会生活之中,这一点在当时的上海表现得至为明显。由于租界存在,外侨虽身处异国他乡,各种令节仍遵从本国,上海人向来有趋时的特性,对于外来节日,如复活节、圣诞节等不仅欣然接受,而且趋之若鹜。特别是西节圣诞,沪上"举凡三大公司各大商店皆于窗橱中装饰圣诞老人,以及冬节各种礼物",圣诞节在沪上,"亦为一令节"[①]。

由此可见,这一时期的节日体系具有以下几个特点:

其一,以传统节令为主,国家、政府主导节日体系初步介入。北洋政府时期第一次出现由政府确立的纪念日,并在短短的十余年内公布多个纪念日,但与传统节日的数量相比,仍属少数。在整个节日体系中,仍以传统节令占据时间制度的主要部分。官方纪念日一般只流行于政府机关、学校,商家有时也加入庆祝活动中,但广大民间仍是继续过自己的"废历"年节。

其二,集中体现国家意识,具有意识形态的强烈影响。国家或政府设立一系列

---

① 开熙:《圣诞前之一夕》,载《申报》1929年12月28日。

纪念日的目的在于宣扬国家理念,利用节日的仪式、庆典以及每年一次的记忆,重复加强民众对于法定纪念日的重视,推动国家意识下移,自上而下地灌输政府意志,以达到巩固统治的效果。从表1-3中所列的纪念日可以看出,很多纪念日都对国家意识形态因素进行了强调,如中华民国临时政府成立纪念日、国庆纪念日、国耻日强调的是"国家""独立""现代化",南北统一纪念日强调的是"统一",黄花岗各志士殉国纪念日、国会开幕纪念日、恢复共和纪念日、云南倡议拥护共和纪念日强调的是"革命""民主""共和",大元帅逝世纪念日、孙中山诞辰纪念日强调的是"革命""领袖",等等。

其三,以国家权力的强制性行政手段,酝酿出节庆氛围。由于国家或政府主导的纪念日更多的带有政治意义,缺乏传统节令所特有的人文意义,短期内无法形成自发的全民参与性,自然需要政府运用手中掌握的权力资源为政治性纪念日酝酿出全民性的氛围。北洋政府一般在国家法定纪念日都举行各种庆祝活动,如放假休息、悬旗结彩等,国庆纪念日时还要大阅、追祭、赏功、停刑、恤贫、宴会等,以新式的应景活动营造出与传统节日同样热闹却内容迥异的节日氛围,借此形成新的节日风俗,实现政治话语的民间化、民俗化。在政府强力的不断努力下,也确实出现了各种相应的民间娱乐活动。如上海每到国庆日,一般都要"照例悬旗结彩,举行提灯、开会、游行等庆祝"活动,而提灯、游行所经之处,"鸣鞭炮欢迎","欢声雷动,有填街塞巷的情势"。这天五色国旗到处可见。上海郊区的沈家行村,"亦往往有游艺会之举,如国庆日、圣诞节、阳历新年等;每次举行,村民必麕集学校内"[①]。对于娱乐资源匮乏的老百姓来说,无论是传统岁时节令,还是政治性的纪念日,都是很好的狂欢机会,商家也会借此增添商机,这些都是某些纪念日继续存在并成为都市新民俗的理由。

其四,汲取传统节日体系的资源,予以法定化,实现节日体系的重组。新建纪念日固然可以实现政府传布国家意识的愿望,树立政府权威,但是新建纪念日毕竟需要假以时日,才能在全社会形成稳定的纪念氛围,远不如直接利用传统节令来得迅速。况且,在国家尚未形成新的节日体系之前,借用传统的节日作为国家法定的假日不失为一个有效的途径。1914年1月,北京政府内务部在致袁世凯的呈文中

[①] 《社会调查——沈家行实况》,载张静如、刘志强主编:《北洋军阀统治时期中国社会之变迁》,中国人民大学出版社1992年版,第316页。

提出:"拟请定阴历元旦为春节,端午为夏节,中秋为秋节,冬至为冬节。凡我国民均得休息,在公人员亦准给假一日。"①袁世凯批准了该呈文。阴历的 1 月 1 日要把自己原有的名称"元旦""新年"让给阳历的 1 月 1 日,自己则被称为"春节"。1915年,北洋政府定清明节为植树节,凸显清明植树这一风俗,弱化祭祖、扫墓等被视为"迷信"的其他风俗。1925 年 11 月 2 日公布的《各机关及学校放假日期表》中已明确规定:"阴历四时令节及清明、重阳日,放假一天。"②这样,国家就以法定节日的形式接纳了阴历新年、端午、中秋、冬至四时令节,以及民间向来十分重视的清明、重阳,实现了以"法定节日"形式,汲取传统节令资源,重组节日体系的运作过程。

其五,法定节日中出现带有国际色彩的节日,国家从历法和节令、日常和节日两方面实现与世界同步。采用阳历是实现中国时钟与世界时钟同步,节日同样需要与国际接轨。植树节、国际劳动节、国际妇女节都是国际性的节日,在中国的设立、庆祝都是始于北洋政府统治时期③。这体现了中国工人、妇女地位的提高,亦可以视为政府重视、向往文明、进步、国际化的表征。

(三) 首创国葬典礼,推动丧葬新风

国葬始创于古代罗马,是国家为表彰对国家、社会有特殊贡献者,在其身故后以国家名义举行的葬礼。国葬在中国的实行始于北洋军阀时期,这种新式葬礼一经出现即为时人瞩目,并为后来的南京国民政府所效仿,成为政治工具。

国葬自在中国出现即带有浓厚的政治色彩。首先,国葬以国家法律形式加以规定,并据此进行葬礼。无论是北洋政府时期,还是南京国民政府时期,都是依据《国葬法》举行具体的葬礼,有法定的程序和法律依据,凸显政府权威意识。其次,国葬的出现即是由当时政要逝世推动的。1916 年 10 月 31 日,中华民国的开国元勋黄兴病逝于上海。11 月 8 日,曾发动护国战争、再造共和的蔡锷又病逝于日本。前者由北洋政府国会通过予以国葬,后者由唐继尧等通电请求国葬。为此,1916 年 12 月 18 日,北洋政府制定并公布了中国第一部《国葬法》,共八条:

---

① 参见伍野春、阮荣:《民国时期的移风易俗》,载《民俗研究》2000 年第 2 期。
② 《上海市政府关于各种纪念节日的规定和活动文件》(第一册),上海市档案馆藏,卷宗号:Q215 - 1 - 23。
③ 1915 年设立植树节,1919 年开始纪念国际劳动节,1924 年开始纪念国际妇女节。

一、中华民国人民有殊勋于国家者,身故后经大总统咨请国会同意,或国会之议决,准予举行国葬典礼。已经私葬者,亦得依前项之规定,补行国葬典礼。

二、国葬经费伍千元,由国库支出。

三、国葬墓地,由国家于首都择定相当地址,建筑公墓,或由死者遗族自行择定茔地安葬,均由国家建立碑铭,以表彰之。

四、关于葬仪及修墓一切事宜,由内务部派员办理。

五、予国葬典礼者,由大总统亲自或派员致祭。

六、举行国葬之日,所在地之官吏均往与祭,同时全国官署及公共团体均下半旗,设位遥祭。

七、殡葬时,所在地及经过地方之官署及公共团体均下半旗,并由国家派遣军队军乐护送。

八、本法自公布日施行。①

从《国葬法》所规定的国葬资格、葬礼经费、墓地选择、丧葬仪式等方面都可以看出政府藉此播布政治理念的初衷。《国葬法》第一条规定中的"殊勋"并非虚言,整个北洋军阀统治的十余年内,得国葬殊荣者仅黄兴、蔡锷二人②。一位为开国功勋,一位为护国功臣,完全符合国葬的资格。国葬经费均由国会开支。国葬墓地也是政府经过权衡的结果。以国葬黄兴的墓地为例,由于国会未议定,即有由政府指定地点或家族择地两种办法,家族及友人多主张葬于杭州西湖,然而因黄兴故乡湖南方面"迭电要求归榇"③,最后黄兴国葬礼于湖南岳麓山举行。主持其葬礼的有孙中山、唐绍仪、李烈钧、谭人凤、蔡元培、柏文蔚等,唐绍仪、蔡元培曾分别任北京政

---

① 《内政年鉴·礼俗篇》第四卷,商务印书馆1936年版,第8—9页。

② 对于北洋军阀时期得以国葬的人数有不同看法:① 袁世凯、黄兴、蔡锷、孙中山四人(《内政年鉴·礼俗篇》第四卷,商务印书馆1936年版,第9页);② 黄兴、蔡锷、程璧光、孙中山、廖仲恺五人(张学继:《民国时期的国葬制度》,载《民国春秋》1998年第2期)。袁世凯葬礼举行于1916年6月28日,《国葬法》尚未颁布;孙中山葬礼的性质仍有待探讨,林家有将其看作一般意义上的国葬(林家有:《孙中山与近代中国的觉醒》,中山大学出版社2000年版,第356页);李恭忠认为孙中山奉安大典是国民党的一次"党葬"行为[李恭忠:《"党葬"孙中山:现代中国的仪式与政治》,载《清华大学学报》(哲学社会科学版)2006年第3期];程璧光、廖仲恺的国葬为广州革命政府的决议,并不为北洋政府所认同。因此,此处认为北洋政府统治时期,得国葬殊荣者仅黄兴、蔡锷二人。

③ 广东省社会科学院历史研究室编:《孙中山全集》第三卷,中华书局1981年版,第398页。

府总理和教育总长,李烈钧、柏文蔚为地方都督,谭人凤为著名资产阶级革命党人、黄兴同乡,无一人为其亲族中人。国葬仪式中下半旗的仪礼也是各国通例,表示举国为之哀痛。这些安排都体现了葬礼的非个人、非家族性,而是政府和国家意志的体现。

这一时期也出现了新式丧礼。北洋政府礼制中虽未规定丧礼礼节,但新式丧礼一般还是具有以下特征:一、废除封建等级制及男尊女卑观念,体现现代平等思想。"官吏居丧,其服制与人民无异"。举行追悼会时,"无论男女均可前往"。二、改革厚葬陋习,力行节俭。"家中有丧,衣衾棺椁之事,宜称家之有无,量力而行"。"凡有服者,男女可暂用旧式丧服,亦可仍用平时礼服"。三、借鉴西式丧礼,初具现代丧葬意识。服色上,"男子左腕围黑纱,女子胸际缀黑纱结"。"以讣文通告戚友、宗族,并可登载日报"①。吊唁时行鞠躬礼。吊仪除送挽联、挽幛、香花等外,此时开始流行送花圈,致悼词。这些新式丧礼仪式、礼节多学自西方,与今天的丧礼极为相似,摈弃迷信,体现哀思,极具现代丧葬意识。特别是采用追悼会这种新形式。追悼会的基本程序包括奏哀乐、献花、述形状、读哀祭文、行三鞠躬礼、演说、家属答谢等,运用庄重、肃穆的环境布置,在特定的时间,采用特定的形式,以集体行为缅怀先人,更容易形成参加者的共同记忆。因此,政府常常运用这种集体追悼的形式加强民众对于革命先烈的哀痛之情,以振奋民心,巩固统治。上海光复后不久,沪军都督府即议定1911年12月27日于张园召开辛亥烈士追悼大会,并巡行各街衢。后来因南北议和事宜,改在西门内明伦堂开追悼会,"巡行街衢一节,决暂取销"②,但以追悼会"慰死者之心,而激生者之气"③的传统却被保留下来。北洋时期举凡政界人士、家族要人,甚至普通民众,皆有以追悼会悼念亡人的举动,并一直保留至今,影响深远。

二、尊孔复古,陋习重现

1912年9月,刚刚成为临时大总统的袁世凯即发布《通令国民尊崇伦常文》,否

---

① 陈铎等编:《日用百科全书》第十六编"礼制",商务印书馆1919年版,第13—14页。
② 《通告追悼会巡行式暂行取消》,载《民立报》1911年12月16日。
③ 《通电各省都督举行革命烈士追悼会》,载《时报》1911年12月10日。

认人们民国后热情破除旧俗的行动。将民国初建后的社会衰败归结为"误认共和真理,以放恣为自由,以蔑常伦为幸福",以致"纲纪隳丧,流弊无穷"。指出新建的中华民国,仍"以孝弟忠信礼义廉耻为人道之大经。政体虽更,民彝无改",将封建家庭伦常、国家伦理、社会伦理泛化,与政体分开,要求全国人民"恪循礼法,共济时艰"①,以封建伦常为重建社会秩序的唯一砝码。自此之后,这股复古逆流在民间各种尊孔活动的推波助澜下愈演愈烈,在社会风俗各个方面都有体现。

(一)恢复祭孔祀天,意在以社会风俗的逆转为政治倒退营造合适的社会土壤

1913年6月22日,袁世凯公开推出《大总统尊孔令》,明确表示:"近自国体改革,缔造共和,或谓孔子言制大一统,而辨等威,疑其说与今之平等自由不合,浅妄者流至悍然倡为废祀之说,此不独无以识孔子精微,即于平等自由之真相亦未有当也。……天生孔子为万世师表,既结皇煌帝谛之终,亦开选贤与能之始,所谓反之人心而安,放之四海而准者。"以孔子"大一统"思想附会现代平等自由精神,企图以此在民主共和政体下行封建专制之实,要求全国人民应该"尊孔祀礼","以正人心,以立民极"②。1913年9月17日,教育部不惜违背民国初年刚刚推行的阳历,下令定孔子诞辰日旧历八月二十七日为"圣诞节",要求各学校遵令放假一日,并在该校行礼。

袁世凯成为正式大总统后,更加急切地营造尊孔复古的氛围,为帝制复辟铺路。1913年11月26日,袁世凯颁发《尊孔典礼令》,宣布:"所有衍圣公配祀贤哲后裔,膺受前代荣典,祀典均仍其旧。"并要求主管部门稽考尊圣典礼故事以备正式祭祀孔圣之用。1914年元旦,袁世凯强行解散国会后,帝制复辟渐露端倪,尊孔读经的复古活动也愈加紧锣密鼓。2月7日,袁世凯签发《祭孔令》,恢复历代夏时春秋两丁大祭孔子的旧典,"其礼节服制祭品,当与祭天一律"③。2月20日,袁世凯又发布《圣典例令》七章。5月1日,《临时约法》被废除后,袁世凯更加肆无忌惮。9月25日,发布《亲临祀孔典礼令》,再次强调"立国根本在于道德",咒骂民国以来追求

---

① 章伯锋、李宗一主编:《北洋军阀(1912—1928)》第二卷,武汉出版社1990年版,第1359页。
② 中国第二历史档案馆编:《中华民国史档案资料汇编》第三辑(文化),江苏古籍出版社1991年版,第1—2页。
③ 中国第二历史档案馆编:《中华民国史档案资料汇编》第三辑(文化),江苏古籍出版社1991年版,第5—6页。

自由平等的革命人士为"土匪禽兽",提出"政体虽取革新,而礼俗要当保守",试图"潜移默化"实现自己的专制梦想。9月28日为旧历秋仲上丁,袁世凯头戴平天冠,身着古祭服,亲率文武百官至北京孔庙举行三跪九叩礼,在20世纪的中国演出了一场封建祭孔朝圣的丑剧。各省也在中央的要求下于文庙举行隆重的祀孔大典,鲁迅先生一针见血地指出:"从二十世纪开始以来,孔夫子的运气是很坏的,但到了袁世凯时代,却又被重新记得,不仅恢复了祭典,还新做了古怪的祭服,使奉礼的人们穿了起来。跟着这事出现的便是帝制。"①

上海地区虽有租界存在,但官方对于各种祭孔祀天活动仍积极配合,不敢懈怠。每年春秋两季祀孔均按照旧历成典举行仪式,并事先演祭,以免临时失仪。每逢孔子圣诞日,上海各行政机关均循例休息一天,升旗庆祝,各学校停课一天,由教育行政界领袖及各学校校长、教员率同学生至文庙行礼,租界也不能例外。凡在私塾就读的学生,还要遵师令,各穿长衫,携带香烛等物品,点烛燃香,作揖下跪②。

孔子为中国春秋时期著名思想家、教育家,其儒家思想和许多教育理念在今天仍然具有强大的生命力。自汉罢黜百家,独尊儒术后,儒家学术成为历代王朝治国的重要依据之一,孔子也被誉以各种尊贵的称号。北洋政府时期对于祭孔异乎寻常的热心,一方面是由于在社会转型时期新的思想规范尚未建立,政府只好从传统中汲取思想源泉以对社会进行意识形态控制;另一方面,袁世凯等人以孔子学说比附民主、共和、平等、自由,康有为甚至创建孔教会,试图将孔教立为国教,对于孔子的尊崇早已超出其本身的思想内涵,其实质在于恢复戊戌变法、辛亥革命以来遭冲击的旧道德、旧礼俗,将刚踏上现代民主轨道上的中国拉回封建专制主义的旧时代。

(二) 褒扬封建遗风,宣传封建道德

中国自古以来就有"惩恶扬善"之说,以刑罚惩处恶行,以表彰引导善行。表彰作为政治社会化的重要机制之一,直到今天仍有强大的生命力。历史文献中与"表彰"词义相近的有"旌(表)""扬""嘉""褒""显""励""劝"等。在传统社会,表彰为传播忠孝节义等伦理道德准则做出了重大贡献。《左传·僖公十四年》称:"以志吾

---

① 《现代中国的孔夫子》,《鲁迅全集》第6卷,人民文学出版社1981年版,第317页。
② 《庆祝孔诞纪》,载《申报》1919年10月21日;《孔诞日之祝礼》,载《申报》1920年10月9日;《孔圣诞辰之休假》,载《申报》1921年9月28日;《孔诞日之租界现象》,载《申报》1921年9月29日;《孔诞日之文庙盛况》,载《申报》1921年9月29日。

过,且族善人。"《风俗通·正失》曰:"世俗褒扬,言其德比成王。"显然,"善"与"德"是表彰的依据。在传统文化里,"善""德"属伦理范畴,与忠孝节义等同。一直到清末,表彰也没有突破忠孝节义组成的衡量框架。

北洋政府在宣扬尊孔复古的同时,自然不会忽视对于忠孝节义的表彰。1914年3月,北洋政府颁布《褒扬条例》,提倡传统伦理道德。1917年11月,又颁布了《修正褒扬条例》,褒扬条例及其实施细则一直沿用到1932年6月南京国民政府新的褒扬条例公布为止。

表1-4 北洋政府时期褒扬条例简表

《褒扬条例》(1914年3月12日)	修正褒扬条例(1917年11月20日)
一、孝行卓绝著闻乡里者	一、孝行纯笃
二、妇女节烈贞操可以风世者	二、特著义行
三、特著义行可称扬者	三、尽心公益
四、耆老硕德为乡里矜式者	四、有功艺术
五、振恤乡族救济贫困事状昭著者	五、硕德淑行
六、创兴公益事业或捐助财产千元以上为公益事业者	六、睦娴任恤
七、著述书籍制造器用于学术技艺有发明或改良之功者	七、节烈妇女
八、提倡勤俭及其他善良风俗化行乡邑有事状可称举者	八、年登百岁
九、年逾百岁者	—

资料来源:蔡鸿源主编:《民国法规集成》,黄山书社1999年版,第79、255页

从表彰的衡量标准及对象来看,1914年的《褒扬条例》和1917年的《修正褒扬条例》中都有奖励科技发明和社会公益的条目,但无一例外的都将孝行、节义列于首位,明显是旨在提倡传统伦理道德,仍然继承了长久以来忠孝节义的衡量标准。条例中最为显著的就是对贞节烈女的褒扬,《褒扬条例施行细则》规定:节妇"守节年限自三十岁以前守节至五十岁以后者,但年未五十而身故,其守节已及六年者同";"烈妇烈女凡遇强暴不从致死或羞忿自尽及夫亡殉节者属之"。"贞女守贞年

限与节妇同,其在夫家守贞身故及未符年例者"①。经过修正后的施行细则增加了关于"义夫"的内容,并且对于节妇的要求更加苛刻②。这显然是把封建伦理道德作为政治事务强调,鼓励人们成为忠臣孝子、义夫节妇。

从表彰的具体形式来看,对于忠孝节义的表彰在袁世凯统治时期达到极盛。对于应受褒扬者,不仅授予金银褒章,而且由大总统授予匾额、题字,允许受褒章者本人及家族建坊立碑,符合褒扬两项条款的由内政部呈请大总统加给褒辞。褒章、褒辞、匾额、题字都是以具体形式给人们教喻,不仅是给死者的褒恤,对于生者来说,其意义更为深远:首先,各种表彰物中蕴涵的政治伦理会随之穿越时空,源远流长,统治者借此促进忠孝节义观的普及;其次,光耀门庭、泽被后世是传统社会人们的普遍追求,它只有和政治系统发生某种联系才有实现的可能,褒扬正是为人们提供了一个向上诉求的通道,对于民间来说,褒章、匾额中蕴涵的精神激励与荣誉诱惑正是他们践行忠孝节义的内在动力。

从表彰的运作程序来看,北洋政府时期的表彰有严格的程序,涉及从地方到中央一系列的行政机构,一般程序为:首先由符合褒扬条款者的子孙、亲属或邻里根据事迹向县知事申请,经县知事考察证实后出具证明书呈报地方最高行政长官,由地方长官复核后呈报内务总长,然后由内务总长再次审定,根据情形分别等差,经由国务总理呈请大总统给予褒扬。从程序来看,符合褒扬条款者事迹要经过县、道、中央三次审核,褒扬成为中央考察地方官行政业绩的一个重要指标,因此才会有"县知事于前条所规定之呈报有事状不实者,得依文官惩戒令惩戒之"③的规定。对于中央而言,褒扬也是考察地方民风民俗的一个重要窗口,褒扬的申请、授予正是民间、地方与中央共同参与的一次双向互动过程。

表彰作为政治社会化的一种重要机制,具有以下特点:① 目的性。政府投入巨大的财力、物力、人力实行褒扬,是为了政权稳固的需要;② 手段性。褒扬和惩罚一样都是行政控制的重要手段,且比后者更隐蔽,易于在潜移默化中笼络人心,巩固统治;③ 实践性。表彰中蕴含的政治价值、伦理规范可以引导制约人们的日常行

---

① 蔡鸿源:《民国法规集成》,黄山书社1999年版,第258—259页。
② 《修正褒扬条例施行细则》规定,义夫以年在三十以内已有子嗣原配身故并不续娶纳妾至六十岁以上者为限。节妇守节年限自三十岁以前守节至五十岁以后者,但年未五十而身故,以守节满十年者为限。比前项规定增加了四年。《内政年鉴·礼俗篇》第四卷,商务印书馆1936年版,第68页。
③ 蔡鸿源:《民国法规集成》,黄山书社1999年版,第255页。

为,具有明显的可操作性。因此,表彰倍受北洋政府青睐,并被广泛运用,借此实现以下目的:① 弘扬封建伦常,推动忠孝节义风俗化。从褒扬条例的褒扬对象可以明显看出,北洋政府旨在以表彰向民众灌输传统道德,弘扬封建伦理,自上而下的褒扬忠义行为,以树立民俗仪型,将政治理念贯穿到人们的日常生活习俗中,不仅影响民间风习的发展,而且能有效地左右人们的政治选择,为政府逆转民主、奉行专制构建群众基础;② 传播政治理念,示范当世,昭示后世。褒扬令由大总统发布,并有褒章等实物授予,不仅提高了受旌表者的社会地位,而且有助于政治理念的传播,促使周围人见贤思齐,政治文化通过人际传递得到空间上的拓展。褒章、匾额、题字、褒辞等表彰的物化载体及其中蕴涵的政治文化往往会被作为家族遗产代代相传,代际传递实现了政治文化时间上的传延。

在政府提倡和民间附和之下,一些受毒颇深的女子,殉夫殉节,而为其送匾立碑者争先恐后,更有一些无聊的文人为其撰稿登报张扬,社会上一片宣扬贞烈的喧嚣声。1918年,北京《中华新报》发表了朱尔迈写的《会葬唐烈妇记》,公然颂扬唐氏在丈夫死后九次寻死殉夫,终于自杀成功的节烈行为。同一年,上海17岁女子陈宛珍,在未婚夫死后三小时自杀殉夫。上海县知事据此呈报江苏省长,要求按中华民国《褒扬条例》给予褒扬①。

北洋时期的尊孔复古在很大程度上是军阀政府一厢情愿的、强奸民意的行为,所以这股逆流的出现是有一定的现实基础和成长条件的。

首先,新生的民国政府无法满足人们迫切改变现状的愿望。民国初建,以一种全新的民主政体代替专制王朝,打破千百年来王朝更替的怪圈,其除旧布新的气势和不同以往的政权让人们对中国的前途充满了希望。人们"以为一旦脱去专制之缚,而为共和国之人民,则自由平等之幸福,可以立致"②。然而,任何一个新生政权都很难在短期内实现全面革新,以民主、共和立国的民国政府也不能例外。更何况,当时中国正处于内忧外患之中,社会现实与人们的梦想产生巨大的反差,悲观失望的情绪油然而生。"民国既兴三年,教学日偷,商贾多诳豫,在官者皆为须臾秩禄,亡久长心"③。

---

① 胡适:《贞操问题》,载《新青年》第5卷第1号(1918年7月15日)。
② 《共和与道德》,载《大公报》1912年8月20日。
③ 章太炎:《大过》,载汤志钧编:《章太炎政论选集》下册,中华书局1977年版,第713页。

其次,社会激烈震荡时期,社会思想观念无所适从,回归传统成为一种应时的潮流。"随着每一次社会的巨大历史变革,人们的观点和观念也会发生变革"①。辛亥革命虽然建立了民主共和政府,但封建专制主义经两千多年积聚的社会能量短期内无法消解,况且其反弹性的危害也是不容忽视的。人们虽然对于长久以来的争战产生无比的厌倦,渴望政府能够重建秩序,为社会文明、进步提供和平、安宁的社会环境,所谓"自帝国废,民国兴,海内喁喁以望太平"②。但是如何实现这一切?人们开始从思想文化的深层去寻找答案。在新的道德规范尚未建立的情况下,传统的思想意识仍然是人们解决问题的重要指导方针。甚至参与创建共和的革命党人也把目光投向传统道德,黄兴在民国建立不久就积极提倡孝悌忠义,主张重建社会秩序。他说"民国初建,首重纪纲。我中华开化最古,孝悌忠义夙为立国之本……忠孝二字,实包身于国家社会。而言于个人则为道德,于人群则为秩序……夫以孝悌忠义为戒,则必不忠、不孝、不悌、不信,自相残贼。而后可以礼义廉耻为病,则必无礼、无义、无廉、无耻,沦于禽兽。而后可循是以往,将见背父欺母,认为自由;愈法蔑礼,视为平等;政教不行,伦理荡尽。家且不齐,国于何有"③。这些都为北洋政府的尊孔复古提供了生存的思想基础和社会环境。

上海自开埠以来,从一个沿海小县城迅速崛起为国际性大都市,城市化孕育出兼具普遍与特殊意义的上海都市民俗。一方面,社会发展、时代变革,人的生产、生活方式随之发生变化,民俗必须通过改变,以适应新的生活的需要;另一方面,"为政之要,辨风正俗最其上也"④,民俗变革成为与社会文明进程相伴随的一种社会变革过程,是政府保持社会稳定发展的重要举措。

南京临时政府时期,上海的民俗变革针对地方独特的社会环境具体实施,虽有成效,却难免不彻底。北洋政府既是南京临时政府的合法继承者,又是封建专制遗风的力行者,民俗变革呈现出继承与异动共生、趋新与复古同在的景象。对于南京国民政府来说,继续变革民俗是构建和维系政府权威的必然之举。

---

① 《马克思恩格斯全集》第 7 卷,人民出版社 1972 年版,第 240 页。
② 夏德渥:《尊崇孔教意见》,载《孔教十年大事》第 1 卷,太原宗圣会 1924 年版,第 71 页。
③ 《申报》1912 年 5 月 25 日。
④ 应劭:《风俗通义·序》。

第二章　破旧立新与秩序重建
（1927—1934）

南京国民政府成立后,新政权首先面临的就是构建和维系政府权威的任务。要完成这一任务,政府必须在维持社会稳定和推动社会进步两个方面进行努力,民俗变革也正是围绕这两个目标展开。按照变革民俗的手段和权威构建的步骤,可以将1927—1937年南京国民政府统治的十年划分为各有侧重、前后相继的两个阶段：第一阶段(1927.7—1934.2)从南京国民政府成立到新生活运动之前,是新政府涤荡旧俗、铸模新俗、重建社会秩序的时期；第二阶段(1934.2—1937.7)从新生活运动启动到抗战全面爆发,是政府进行广泛的社会动员,化民成俗,推动社会进步,进一步夯实政权基础的时期。

1927年到1934年是南京国民政府变俗变政的第一阶段。在这一阶段,政府的各项变俗措施以秩序重建为导向,围绕"破旧"和"立新"两个向度同时展开。

第一节　破旧立新：民俗变革的全面展开

民俗变异具有两重性。风俗习惯作为反映"经济基础"的"上层建筑",是随着社会的发展而变更的[①],变异性是民俗形成和发展中最显著的特征。同时,民俗又具有相对的独立性,对社会发展产生反作用,这种反作用因其自身的两重性而不同。即：良俗推动社会进步,陋俗阻碍社会发展。

政府介入民俗变革的本质就是发扬良俗和变革陋俗,使民俗与社会发展形成

---

① 参见陶立璠：《民俗学·序》,学苑出版社2003年版。

良好的互动关系。南京国民政府在北洋军阀统治基础上建立,不仅需要继承辛亥革命以来的诸多良风美俗,也要破除因继承和异动而依旧存在的陋俗旧染。因此,民俗变革从"破旧"与"立新"两个向度上全面展开。

一、变俗背景与历程[①]

经过北伐战争,南京国民政府虽然形式上完成了对全国的统一,但政权的基础并不牢固。外有列强虎视眈眈,内有各路军阀明争暗斗,同时还要应对共产党势力的挑战和各地民众反抗情绪的困扰,重建秩序成为政府首先要解决的问题。1918年,欧战刚刚结束,寓居北京的黄郛立即出版了一本重要的著作——《欧战之教训与中国之将来》[②],在书中他首先总结了欧战的教训,进而历述中国曾有的辉煌和当下的堕落。指出发展教育、振兴实业是"朝野共同之大责任",但在满天烟火、遍地荆棘之中,如何奢谈教育与实业?因此,"政潮安静"才是"救国之基"。而自辛亥革命后的七年,"朝野有识之士,每腐心于政教之改良,不注意于习俗之转移",结果"旧染不去,新运不生"[③],习俗难易,政治稳定、社会进步的目标亦难以实现。九年后,上海特别市正式成立,第一次统一了上海华界的行政权,由此揭开上海行政统治的新篇章。黄郛成为上海特别市第一任市长,他的"变俗以变政"的思想有了现实的施展空间。市政府既是中央政府的政策执行者,又是地方利益的维护者,各项变俗措施在国家大局需要和本地实际情况的两重考虑下

[①] 此部分内容经修改后已刊,参见艾萍:《南京国民政府初期上海民俗变革历程初探》,载《鲁东大学学报》(哲学社会科学版)2021年第5期。

[②] 黄郛(1880—1936),浙江绍兴人,原名绍麟,字膺白。1904年春,入浙江武备学堂,不久被选派留学日本,就读于东京振武学校。次年加入同盟会。1907年结识蒋介石、张群。次年转入日本陆军测量局地形科学习,1910年毕业回国,在清廷军谘府任职。1911年武昌起义后,被陈其美召往上海,参与上海光复,任沪军都督府参谋长兼沪军第二师师长,蒋介石为第五军团团长,并与陈其美、蒋介石订为"盟兄弟"。次年改任江苏都督府参谋长。"二次革命"失败后逃亡日本,后赴美国。1915年底护国战争起,由美返国,在上海参与谋划浙江反袁军事。后定居天津,与北洋政客过往从密。1921年出任北洋政府参加华盛顿会议的代表团顾问。1923年2月入张绍曾内阁,署理外交总长,随后又任高凌尉、颜惠庆内阁教育总长。1924年参加冯玉祥领导的北京政变,代理内阁总理,并摄行总统职权。1927年5月18日被蒋介石任为上海特别市首任市长,8月29日去职,在位仅三个多月,但为上海市确定了各项规章制度。1935年托病避山莫干山,次年病死于上海。著有《欧战之教训与中国之将来》《战后之世界》等。

[③] 黄郛:《欧战之教训与中国之将来》,载沈云龙主编:《近代中国史料丛刊》第28辑,文海出版社1968年版,第240—272页。

全面展开。

(一) 背景

首先，涤荡旧俗、铸模新俗，是训政时期的重要责任。孙中山先生曾经将国民党的建国程序分为军政、训政、宪政三个时期。南京国民政府统治建立后，即由军政时期进入训政时期。1906年，在《军政府宣言》中，孙中山已经指出，军政时期在扫除"政治之害"的同时，将"风俗之害，如奴婢之畜养、缠足之残忍、鸦片之流毒、风水之阻害，亦一切禁止"，在此基础上，"施教育，修道路，设警察、卫生之制，兴起农工商实业之利源"①。由于军政时期战争频仍，国民党人忙于北伐，无暇顾及扫除陋俗旧染。进入训政时期后，各项建设即将次第展开。然而，"专制旧俗若不铲除，共和新俗若不造成，无论国人如何努力，吾恐共和成绩终无完满之一日"②。风俗变革已刻不容缓，成为政府执政的一项急务。

其次，破除旧染，重建规范，是广大民众的共同期望。北洋军阀统治时期，一方面，列强侵略加重，天灾兵伐不断，国家积贫积弱，政局动荡不定，经济凋敝不堪；另一方面，复古逆流肆虐，思想领域一片混乱，传统规范效能减弱，新的规范无从建立，烟、赌、娼、迷信等恶风陋俗泛滥。社会上层沉溺于声色犬马，荒淫无度；下层民众生活饥寒交迫，无所适从。国民革命军的北伐从南方的广州到北方的北京，沿途受到民众的热烈欢迎，很快在南京建立起政党统治。对许多中国人来说，"国民党统治表明一个新时代的开始，在这个新时代里，中国将重新统一和强盛，全民经济富足，民众不再以做中国人为耻"③。破除陋俗旧染、重建社会规范，创造一个适宜生存、发展的良好环境成为人们的普遍愿望。

再次，风俗改良是上海地方建设目标的重要组成部分。经过开埠以来近80年的发展，上海已经成为全国最为重要的水陆交通枢纽、金融中心、工业中心。然而，上海人在为都市繁华骄傲的同时，不禁又心生黯然：繁华和文明更多因租界而生，"文明者，租界之外象，内地则暗然也；商战者，西人之胜算，华人则失败也。吾一言通商以后之上海而为之愧、为之悲。愧则愧乎同一土地，他人踵事增华，而吾则因

---

① 广东省社会科学院历史研究室编：《孙中山全集》第一卷，中华书局1981年版，第297页。
② 黄郛：《欧战之教训与中国之将来》，载沈云龙主编：《近代中国史料丛刊》第28辑，文海出版社1968年版，第240—273页。
③ [美] 费正清、费维恺编：《剑桥中华民国史》下卷，中国社会科学出版社1994年版，第134页。

陋就简也;悲则悲夫同一人民,他人俯视一切,而吾则局促辕下也。要之,通商以来,'上海!上海!',其名震人耳目者,租界也,非内地也;商埠也,非县治也。岂非所谓喧宾夺主耶?抑非所谓相形见丑耶?而吾上海之人,数十年来,处之夷然,安之若素,面不赤而心不惭,形若睡而神若醉,主权日见其放弃,疆土日见其丧失"①。李平书的这番话既充分肯定开埠以来商业化给上海带来了翻天覆地的变化,更一针见血地指出,这种变化是以主权和国土的丧失为巨大代价的,上海的繁华正是这种屈辱的表征。"赶超租界""与租界相颉颃",成为上海从政府到民间一致的建设目标。

同时,与全国其他地方相比,上海特别市的地位更为特殊。孙中山先生在《建国方略》中有两大计划,要在中国建海都南京和陆都新疆,由南京和新疆之间建铁路和公路,这样一来,无论政治经济建设必须自上海始。蒋介石在上海特别市成立典礼上,亦公开表示对上海的重视,"若上海特别市不能整理,则中国军事、经济、交通等则不能有头绪……上海市之成绩,关系内外至大……上海之进步退步,关系全国盛衰,本党成败,寄希望使上海成为"中国各地之模范","以此为根据地,为建国方略之发轫点"②。上海人也认为:"在训政时期中,厉行各种建设,不独于政治、教育、社会各方面,当努力进行,以期为全国模范市。"③可见,上海的独特地位及示范全国的目标,是政府和人民共同的体认和追求。

如何实现赶超租界、示范全国的建设目标?上海市第二任市长张定璠在第114次市政会议上提议:"建设事业应具整个计划。"对市政建设进行了最为广义的界定。他指出:"市政之建设,不仅期望道路之广平,电灯之明亮而已也,举凡教育之设施,公安之周密,土地之整理,财政之扩充,社会风俗之改良,卫生设备之完善,工业区域之如何集中,商业区域之如何繁茂,物质生活之如何调剂,精神生活之如何安舒,人生之衣食住行乐育,皆属于市行政之范围,而当谋整个之建设者也。"④社会风俗改良很自然地被纳入整个建设事业体系中,被视为新型国家构建中必不可少的一部分。

中央政府的责任、广大民众的期望和地方政府的目标不谋而合,自上而下的民

---

① 李平书:《上海三论》,载中国旅行社编:《上海导游》,国光印书局1934年版。
② 《国民政府代表蒋总司令训词》,载《申报》1927年7月8日。
③ 《训政时期之上海》,载《申报》1929年2月15日。
④ 《整个的建设计划》,载《申报》1929年4月27日。

俗变革由此全面展开。

(二) 历程

在社会转型时期,执政者往往会选择法律这一硬性控制手段,作为主要的社会控制机制,并广泛运用于各类社会改造中,民俗变革也不例外。因此,以1927年7月至1934年2月上海市颁行的各项变俗法令为考察对象,可以在定性分析之外,更为清晰地描述这一时期的变俗历程(见表2-1)。

表2-1 上海市改革民俗法规简表(1927.7—1934.2)

年份	法 规	公布或核准日期	主 管 机 关
1928	修正上海市政府筹备植树典礼委员会简章	1928年2月15日通过(1929年2月21日修正核准)	社会局
	破除迷信办法	1928年9月1日核准	教育局、公安局
	庆寿及宴会馈赠办法	1928年12月7日核准公布	社会局
	上海特别市取缔丙舍规则	1928年12月27日公布(1929年6月20日修正)	卫生局、工务局
1929	上海特别市公安局外部职员长警查禁烟赌施行简则	1929年3月4日核准	公安局
	上海特别市公安局跳舞场酒排间营业取缔规则	1929年3月8日修正核准	公安局、财政局
	上海特别市取缔淫猥药物宣传品暂行规则	1929年4月23日核准	公安局、卫生局
	废除阴历办法	1929年5月27日核准	社会局
	上海特别市卜筮星相登记章程	1929年6月18日	社会局
	上海特别市取缔婚丧仪仗暂行规则	1929年8月6日公布(1935年1月26日核准)	公安局、社会局
	上海特别市财政局征收筵席捐规则	1929年9月7日核准	财政局

续 表

年份	法　规	公布或核准日期	主 管 机 关
1930	上海市造林宣传周规程	1930年2月18日核准	社会局
	上海特别市取缔淫猥药物宣传品暂行规则	1929年4月23日核准	公安局、卫生局
	上海市公安局登记跳舞场舞女营业规则	1930年10月13日公布	公安局
	上海市公共娱乐场所管理规则	1930年10月14日公布	公安局、财政局、社会局、卫生局、工务局、公用局、教育局
	修正上海市跳舞场酒排间营业取缔规则	1930年10月28日核准	公安局、财政局
	上海市管理私立公墓规则	1930年11月20日公布施行（1931年4月22日修正核准）	卫生局、工务局
	推行国历新年办法	1930年12月3日修正	社会局
1931	上海市市立公墓管理规则	1931年6月13日公布	卫生局、工务局
	上海市赁屋寺庙取缔办法	1931年8月15日公布	公安局、社会局
	上海市市立公墓管理处办事细则	1931年9月16日核准	卫生局
	上海市教育局检查电影片办法	1931年9月16日修正核准	教育局
	上海市教育局审查戏曲唱片规则	1931年9月16日核准（1932年12月6日核准修正）	教育局
	上海市卫生局清道清洁实施办法	1931年11月28日核准	卫生局
	上海市户外清洁规则	1931年11月28日公布	卫生局
1932	上海市管理殡仪馆规则	1932年2月22日公布（1934年3月30日修正）	卫生局、社会局、公安局、工务局

续　表

年份	法　　规	公布或核准日期	主管机关
1933	上海市教育局戏曲唱片审查委员会规则	1933年2月5日公布	教育局
	上海市教育局审查唱片办法	1933年6月2日公布	教育局

资料来源：据上海市政府秘书处编印：《上海特别市市政法规汇编》初集，《上海市市政法规汇编》第2—7集；上海市政府秘书处编印：《上海市政府公报》；《社会局拟具废除阴历办法》，载《申报》1929年5月28日等编制

按照惯例，新生政权一般会在初立时即出台大量法令、措施，以示与旧政权的决裂（如中华民国临时政府）。事实上，上海市政府成立后并没有立即开始大规模的涤荡旧俗。在革命和建设之初，"人人欲推翻旧有法令以快意"的情况下，上海市政府的行为着实不同寻常。对此，市长黄郛的看法颇有见地。黄郛早年留学海外，多年从政，性格持重、平正。他认为，"处世从政不能无过，一切过皆可改，但涉'减'字则不可救"。因此，旧法"非至不善者不轻易，而新法非至完善者亦不轻行"①。况且民俗改造非一日之功，上海地方复杂，市政府对于各项建设，"决不敢以急于见好自欺"②。因此，市政府成立之初，在涉及涤荡旧俗的"减"政上十分谨慎。从1927年7月市政府成立，到1934年2月新生活运动启动之前，这段时期市政府的民俗变革大致可以分为三个阶段：

1. 启动阶段：1927—1928年

在市政府初立的两年内，出台了四项改良风俗的法规，包括：《修正上海市政府筹备植树典礼委员会简章》《庆寿及宴会馈赠办法》《破除迷信办法》和《上海特别市取缔丙舍规则》。涤荡旧俗、倡导新俗，是一项费时耗力的系统工程，需要资金的不断投入。由于连年征战，导致军费浩大，国库空虚，政府一直靠举债度日。上海及其周围地区向来是承担政府岁入的主要来源，蒋介石政府对于上海市的资源提取远大于投入，根本无力支持上海市的各项建设。上海特别市成立后，百废待兴，各项建设次第展开，市政府财政入不敷出（见表2-2），亦无法花费大量财

---

① 《故旧感忆录》，载沈云龙主编：《近代中国史料丛刊》第28辑，文海出版社1966年版，第202页。
② 《黄市长就职演说》，载《申报》1927年7月8日。

力、资源用于民俗改革事项。因此,这一时期政府只能初步介入民俗变革事宜。举办植树,既出资不多,又可美化城市;限制庆寿、宴会馈赠能够降低非生产性资源的消耗;破除迷信、取缔丙舍的法规刚刚出台,具体实施尚需一个过程。这样一来,市政府在财政拮据的情况下,也可以凭借较少的资源踏上破旧立新的历程。

表2-2 上海市财政局年度报告表(1927—1930年) （单位:元）

时 间	收 入	支 出
1927—1928年	3 817 484.81	3 962 812.56
1928—1929年	6 251 375.08	6 009 003.15
1929—1930年	7 203 372.81	7 551 066.39

注:上海市财政局每年于6月30日截止年度财政统计
资料来源:徐雪筠等译编:《上海近代社会经济发展概况(1882—1931)》,上海社会科学院出版社,1985年版,第296页

2. 全方位推进阶段:1929—1931年

这一时段,政府共颁布21项改良民俗的法规,平均每年7项,涉及物质民俗、社会民俗、精神民俗各个领域,开始全面涤荡旧俗、播布新俗。一方面,这是由于政府财政状况逐步好转,可以有更多资金用于民俗变革。1927年以后,为了应付日益增长的财政支出,上海特别市政府对以前的税收制度作了许多改革,以改善财政收入。过去南市和浦东所征的名目繁多的各项捐税一律取消,改征统一房捐,捐率则较过去闸北所征收的为高。1928—1929年,这项捐税达全市捐税收入总额三分之一以上。此外,赛马税从1.5%增加到5%,车捐以改正的税率按等级征税①。通过各种捐税改革,市政府收入大大增加,1929年度的财政收入是上年度的1.6倍,政府财政第一次摆脱入不敷出的局面。1930年度财政虽然再度出现赤字,更多的是由于大上海计划启动后,中心区建设逐步展开的结果;另一方面,民俗变革是"再造一个新上海"不可或缺的组成部分。"再造一个新上海"包括物质建设和精神建设

---

① 徐雪筠等译编:《上海近代社会经济发展概况(1882—1931)》,上海社会科学院出版社1985年版,第295页。

两个方面的内容。在物质建设方面,1929年7月,市政府第123次市政会议讨论并通过《上海市市中心区域计划》,近代上海第一个比较完整的城市规划——大上海计划正式启动。市政府的目标是:在江湾一带建成"未来之市中心"①,与租界相颉颃。与此相配合,在精神建设方面,培育市民现代、健康的生活方式和思想观念,不仅是上海市系统建设的重要组成部分,而且可以配合大上海计划的全面实施,推动社会进步。因此,除旧布新的全面进行势为必然。

3. 沉寂阶段:1932—1934 年

从1932年1月一·二八事变之后,到1934年2月新生活运动启动前,市政府只颁布了三条旨在改良民俗的法规,且都是对前期相关变俗法规的深化。与前一阶段全线推进的变俗势头相比,相差甚远。由于"一·二八"战火给上海造成了巨大损失,闸北、江湾、吴淞等战区遭到严重摧残破坏,全市财产直接与间接损失的价值达788 173 492元,工厂损失的价值达97 151 287元,商业损失的价值为59 836 074元②,共计损失近10亿元,相当于市政府10余年财政收入总和。弥补战争造成的损失,成为1932年的主要建设目标,这一年被定为"战区复兴年"。接着,政府开始恢复因战争中断的大上海计划,1933年成为"市中心区建设年"。民俗变革只能向后推延,直到1934年新生活运动开始后,变俗变政才成为举国上下共同参与的社会运动。因此,1932—1934年,可以称之为民俗变革的沉寂期。

二、特点③

(一)涉及面广,全面推进

由表2-1统计,从1927年到1934年,市政府共出台各种变俗法规28条,主管机关包括市社会局、公安局、教育局、卫生局、工务局、财政局、公用局等各职能部门。其中,公安局、社会局、卫生局、教育局是主要办理机构,由这四个部门主办和

---

① 唐振常主编:《上海史》,上海人民出版社1989年版,第655页。
② 唐振常主编:《上海史》,上海人民出版社1989年版,第712页。
③ 此部分内容经修改后已刊,参见艾萍:《国民政府时期移风易俗特点探析》,载《郑州大学学报》(哲学社会科学版)2014年第3期。

参与主办的法规有 27 项,达 96% 以上,涉及物质民俗(居住、服饰)、社会民俗(婚丧、节令)、精神民俗(迷信、舞乐)、社会陋俗(缠足、蓄辫、烟赌)各个类别①。市政府针对各民俗事象的不同特点和现实情况,采取不同方式,逐层推进。

1. 引导新型物质民俗

物质生产和生活,是人们赖以生存的最重要条件,物质民俗是其他民俗形成的基础,对于人们日常生活风习的改造成为政府改革民俗的一个重要方面。上海市政府在这期间正式颁布的关于改造物质民俗的法规虽然只有《上海市卫生局清道清洁实施办法》和《上海市户外清洁规则》两项,由卫生局对居民生活的公共环境进行整理,保持清洁,但实际上,市政府对于中央政府颁布的相关法令也会认真执行。如:1927 年 6 月,南京国民政府礼制服章审订委员会成立后,很快批准公布了警察、检察官、律师、铁路、学生、陆军、航空等行业服制,上海市政府均一体遵行。1929 年 4 月 16 日,内政部颁布《服制条例》,规定礼服以男褂、袍和女衣、裙为主,因国际关系应着西装。1930 年 8 月,市政府遵从内政部旨意,重申《服制条例》,令秘书处、各局及各机关公务人员"以身作则",服用国货,限制西装②。1931 年 9 月,家庭日新会、中华职业教育会、三友实业社、中华妇女节制会、普益社、女子职业学校联合会等六团体联合举行改良服装展览会,市社会局局长潘公展、教育局局长徐佩璜、卫生局局长胡鸿基均到场演讲③,表明政府对改良服制、提倡国货的大力支持。新生活运动中,上海市教育局先后颁布《上海市中小学学生制服统一办法》和《上海市中小学教职员服装统一办法》,以"整齐统一""采用国货"为基本着装原则④。可见,市政府期望从公务人员着手,以制服为突破口,进行服饰民俗的改造。

---

① 民俗的分类,取决于民俗学所研究的对象和范围。但民俗是一个包罗万象的宝库,它的内容在不断变化或扩大着,所以直到目前,民俗学对民俗的分类,各国的学者意见很不统一。中国各民族民俗一般可分为物质民俗、社会民俗、精神民俗三大类,每一类具体包括多种民俗事项。民俗的分类从来都是相对的,没有哪一种民俗事象纯属某一类。民俗是一种综合性的文化事象,各类民俗事象所体现出的物质的、社会的、精神的、心理的内容是互相交叉、互相渗透的。你中有我,我中有你。所以无论怎样分类,都只是为研究工作提供一种参考。参见陶立璠:《民俗学》,学苑出版社 2003 年版,第 51—58 页。本书旨在考察民俗变革中的政府行为,为研究需要,以政府介入的不同手段和程度作为分类参考。
② 《上海市政府训令第 5247 号准内政部咨重申服制条例限制西装并饬全国各机关服务人员首先用国货一案转饬遵照由》,载《上海特别市政府公报》第 63 期(1930 年 8 月 20 日)。
③ 《今日改良服装展览会开幕》,载《申报》1931 年 9 月 13 日;孙筹成:《改良服装展览之速写》,载《申报》1931 年 9 月 14 日。
④ 参见上海市政府秘书处编印:《上海市市政法规汇编》第 8 集,1935 年,第 170—175 页。

2. 革新传统婚丧礼俗

民国初期即有礼制之议,北洋政府时期,设礼制馆以专其责。1928年4月,南京国民政府内政部成立。6月,礼制服章审订委员会组织成立,负责编订冠婚丧祭一切礼制服章,以"新社会之耳目,纳人民于轨物"①。上海市政府针对地方情形对婚丧、节庆礼俗进行革新,重点在于:① 去除封建等级、迷信。《上海特别市取缔婚丧仪仗暂行规则》和《上海市公安局核发仪仗通行许可证办法》中都强调下列仪仗冠服不准使用:具有官衔之灯扇执事、前清冠服及皂隶衣帽、含有封建色彩之旗锣伞盖②;② 合乎公共卫生需要。对于公共利益的重视是现代都市文明的重要表征,上海要成为合乎标准的国际化都市,必须维护基本的公共利益。上海市政府颁布的各种针对丙舍、公墓、殡仪馆的法规中对地点选择、墓地规置,甚至尸体处理等都有具体规定,以整理市容,保持公共卫生;③ 删繁趋简,消除靡费。婚丧奢靡,浪费金钱已为时人所诟病,对于急待发展的上海来说,更要集中有限的社会资源投入工商业发展,仪式烦琐、耗费金钱的婚丧礼俗显然无法纳入政府的全盘建设体系之中。《庆寿及宴会馈赠办法》要求公务人员以身作则,切实推行俭约的婚庆、寿筵典礼。市财政局核准公布《上海特别市财政局征收筵席捐规则》,对市区内酒菜营业者价值满三元筵席的征筵席捐,税率为百分之五③,动用了国家税收杠杆来限制婚丧应酬的奢华、无度。

3. 强化国定节令习俗

国定节日是强化国家意识、进行政治文化灌输的重要时机。南京国民政府成立后,继续强化国定节日的影响力。

首先,废止阴历及其岁时习俗。1927年10月25日,南京国民政府通令各省"嗣后无论公私事项一律遵用阳历"④,定阳历为"国历",视旧历为"废历",并制定"国民历"颁行各省。上海市政府成立后,厉行国历一项曾被列入社会局1928年度施政大纲,由于种种原因未能实施。1929年,社会局拟订的《废除阴历办法》及其补

---

① 《内政年鉴·礼俗篇》第四卷,商务印书馆1936年版,第1页。
② 《上海特别市取缔婚丧仪仗暂行规则》,载上海特别市市政府秘书处编印:《上海特别市市政法规汇编》第2集,1929年,第162页;《上海市公安局核发仪仗通行许可证办法》,载上海市政府秘书处编印:《上海特别市市政法规汇编》第7集,1934年,第44页。
③ 《上海特别市政府市政公报》第31期(1929年9月20日)。
④ 中国社会科学院近代史研究所中华民国史研究室编:《中华民国史资料丛稿》第13辑,中华书局1984年版,第231页。

救办法三项相继施行。市政府从禁止制售旧历、编印新历、改正商家习惯、废止阴历节假日、推行新历节日等多方面努力,"顺潮流所趋","革故鼎新";"与万国同轨"①,融入世界。

其次,强化国定节日的政治色彩,仿照传统节令的运行方式,以期达到社会控制的目标。南京国民政府继续北洋时期由政府确立纪念日的做法,1930年7月10日,第三届国民党中央执行委员会第100次常务会议通过了《革命纪念日简明表》及《革命纪念日史略及宣传要点》,公布国定纪念日及本党纪念日共19个(见第二章第四节),上海市政府除遵照实行外,另先后两次颁布有关植树节的法令②。从1929年到1934年,上海市政府共举行六届植树节、四届造林宣传周,由社会局主办,财政局、公用局、教育局予以配合,并邀请市府及各局领导参加。市政府对于植树节如此重视,一方面,是为了以庄严肃穆的典礼强化参加者对于孙中山的集体记忆,实现借纪念节日强化政治意识的目的③。另一方面,"盖欲藉此佳节,唤起民众注意市中心之建设"④。正如上海市植树节歌中唱道:① 树木少,地方枯燥,风雨不顺不调,糟!我们这大上海,灰色煤里,生气萧条,改造,大家望改造。② 人行道,空地学校,栽种许多树苗,瞧!将来的大上海,千树万树,叶茂花娇,真好,风景真正好⑤。体现出市政府改善环境的迫切愿望和对大上海建设的无限憧憬,借植树节"提倡民

---

① 《上海特别市市政府训令第38号》,载《上海特别市市政府市政公报》第4期(1927年10月)。
② 1915年,北洋政府参考国际惯例,定清明节为植树节,凸显清明植树这一风俗。但一方面,植树节毕竟与政府的政治意识相关度较低;另一方面,政局动荡,政府虽然有心以节日强化民众对于政府的认同感,却无力全面贯彻。因此,很多地方对植树节热情不高,植树节完全流于形式。由于孙中山生前对于林业十分重视,是中国近代史上最早倡导植树造林的政治家,他认为造林为防灾的根本,可以增加农业的生产量,有助于民生问题的彻底解决。1928年3月1日,国民党中央执行委员会议决,总理逝世纪念日各地举行植树活动,以提倡植树造林。1929年南京国民政府正式颁布《总理逝世纪念植树式各省植树暂行条例》,规定"各省应于每年三月十二日总理逝世纪念日举行植树式及造林运动,以资唤起民众注意林业"。条例规定"举行植树式时各机关长官职员及学校师生及地方各团体民众应一律参加躬亲树植,所需经费由各级政府承担"。1930年2月,南京国民政府又下令,自3月9至15日一周间为"造林运动宣传周",轰轰烈烈的植树仪式与造林运动在全国广泛开展。至此,南京国民政府将孙中山逝世纪念日与植树节合为一体,赋予植树节更多的政治纪念内涵,新的植树节诞生。在植树节仪式空间的布置上,突出孙中山地位,悬挂总理遗像、遗嘱及国民党党旗、中华民国国旗;参加者左臂均缀黑纱,现场演奏哀乐;基本仪节包括:奏乐;全体肃立;向国民党党旗、中华民国国旗及总理遗像行最敬礼;主席恭读总理遗嘱;各校学生唱植树歌;主席致开会词;演说;恭植路树;奏乐;散会。1928年2月15日通过、1929年2月21日修正核准的1930年2月18日核准的《修正上海市政府筹备植树典礼委员会简章》和《上海市造林宣传周规程》。
③ 关于南京国民政府以植树节强化孙中山纪念及政治意识内化的具体分析,可参见陈蕴茜:《植树节与孙中山崇拜》,载《南京大学学报》2006年第5期。
④ 《市中心植树记琐》,载《申报》1931年3月16日。
⑤ 《市政府筹备植树节近讯》,载《申报》1931年2月11日。

众植树,造成美丽都市"①。

4. 规范信仰、游艺等精神民俗

精神民俗是一种无形的心理文化现象,政府对精神民俗事象的介入主要以规范、管理的方式进行。如：在破除迷信事象上,经历了一个由查禁到规范的过程。1928年9月1日,市政府公布《破除迷信办法》,将迷信事项按照轻重缓急分为三种类型②,次第查禁。不久,内政部考虑到禁止之后,"人民生计,不无可虞"③,对于迷信从业者的改业、救济成为关键,内政部的《废除卜筮星相巫觋堪舆办法》(1928年9月22日)和市政府的《上海特别市卜筮星相登记章程》(1929年6月18日)相继出台,要求特别市市区内以卜筮星相为业者在章程公布三个月内至所属区所登记,于一年内改营他业,年届五十、不能改业且无成年子女的由特别市政府设法分别救济④。一年后,用于救济不能改业者的盲哑院因"经费无着,尚未筹备"⑤,改业、救济的计划无法实施,市政府考虑取缔迷信及平民生计兼筹并顾,"酌量变通"⑥,决定用抽签的办法逐年淘汰。消除迷信影响非一日之功,迫于环境,市政府对于涉及传统心理的民俗只能以规范、管理为主。这一点也体现在市教育局对电影、戏曲、唱片的审查,市公安局、社会局对于跳舞、纳凉等休闲活动的规定中⑦。

5. 禁绝各类社会陋俗

烟、赌、娼是民国时期一直无法消除的恶瘤,上海因为其特殊的社会环境,其表现更为典型⑧,南京国民政府的法令、文告中对于三种陋俗都是持禁绝的态度。然

---

① 上海市政府秘书处编印：《上海市市政法规汇编》第3集,1930年,第153页。
② 按照社会局和教育局的调查,将迷信事项分为：妄发药方草菅人命者,妖言惑众诈骗钱财者,提倡迷信引人为恶者。上海特别市市政府秘书处编印：《上海特别市市政法规汇编》第2集,1929年,第436页。
③ 《内政年鉴·礼俗篇》第四卷,商务印书馆1936年版,第66页。
④ 上海特别市市政府秘书处编印：《上海特别市市政法规汇编》第2集,1929年,第161页。
⑤ 《上海市政府公函第2158号社会局等呈复本市卜筮星相拟俟补行登记期满一并勒令改业并成立盲哑院以谋救济等情函请查照由》,载《上海市政公报》第73期(1930年11月30日),第56页。
⑥ 《市社会局取缔卜筮星相办法意见书》,载《上海市政公报》第106期(1931年10月30日)。
⑦ 1931年10月,上海市政府奉内政部令由公安局查禁跳舞场。后来,由于上海的情形特殊,"暂缓禁止"。《内政部核准上海舞场暂缓禁止》,载《申报》1932年1月12日。市公安、卫生两局以赤膊纳凉易传染疫病、有碍观瞻、妨害风化,通饬禁止市民赤膊纳凉及在行人道上纳凉。《禁止行人道上纳凉》,载《申报》1929年6月19日；《禁止赤膊露宿》,载《申报》1932年8月20日。
⑧ 在上海,烟、赌、娼的典型表现包括：从运作、发展来看,呈现产业化、规模化趋势,不仅从业人口众多,分工明确,而且上海华洋分治的格局为三种陋俗互相影响、形成盘根交错的巨大网络提供便利；从消费群体来看,绅商大贾,贩夫走卒,都以此三业为消遣,呈现多样化、普遍化趋势；从社会影响来看,三种陋俗的危害具有多重性、持续性、长久性,烟、赌、娼不仅损害人民健康,而且有碍社会风气、公共秩序和公众利益。

而,由于三业与政府的财政税收息息相关,对于上海来说,更须与租界当局协同行动,方有实效。当华界厉行禁绝时,三业可以转移阵地,在租界中继续半公开的营业,租界当局既要从烟、赌、娼的繁荣中得到税收,又要尽量减少烟、赌、娼对于公众利益的不良影响。因此,对于赌博者,租界当局一般以没收赌资赌具,并处罚金处置;对于妓业,租界也是以管理为主,对从业者发给执照,定为公娼,并设花柳病诊所防治性病,维护公共卫生。租界当局的这些措施无法从根本上取缔社会陋俗,也给上海市政府的全面实施禁绝政策造成了困难。无论是市公安局的禁烟禁赌简则,还是市卫生局的公共娱乐场所管理规则,都只是局部且治标不治本的措施,社会各界要求严禁的呼声不断。对于上海市政府来说,除了税收的原因之外,国家主权的不完整更是无法回避的障碍。

至于缠足、蓄辫等陋俗的禁绝,内政部于1928年5月先后公布《禁止妇女缠足条例》和《禁蓄发辫条例》,继续完成南京临时政府没有完成的任务。在上海的市政法规上却没有颁行此类法令,主要是因为上海工商业发达,风气开化,缠足、蓄辫者并不多见,即使在乡间,妇女"均天足",男女"均不留发","只年老妇女略有挽髻"①。

(二)立新与破旧并重

立新与破旧是涤荡旧俗过程中不可分割、同时进行的两个方向。然而,自民国后,直至南京国民政府成立,立新与破旧并行却一直难以实现。南京临时政府存在时间短促,内忧外患、百废待兴之际,满怀豪情的国民党人面对北洋军阀的强势压进,对于革故鼎新的民俗变革事项心有余而力不足,政府只能更加注重"破"的一面。新的法令虽然不断出台,实行效果却不尽人意,不彻底性是这一时段最大的遗憾。北洋时期,复古逆流肆虐,很多政策措施客观上阻碍了民俗改革的步伐,破旧立新更是无法深入下去。经过20余年的勃兴、继承、异动,到1927年,南京国民政府面临的现状是:旧难破,新未立,人们"既没有君主政体的本能爱国主义,也没有共和国的理性爱国主义……徘徊在两种制度之间,陷入困惑和苦恼"②。立新与破旧并重成为刻不容缓的现实需要。

---

① 吕舜祥等编:(民国)《嘉定瞹东志·卷六》,郭子建标点,上海社会科学院出版社2004年版,第117页。

② [美]西摩·马丁·李普赛特:《政治人——政治的社会基础》,张绍宗译,上海人民出版社1997年版,第56页。

从法规条令来看,表2-1中明确为倡导新俗的仅有9条,包括:提倡植树造林,推行国历新年,管理公墓、殡仪馆,实施公共卫生,等等。以丧葬礼俗的改革为例,为废除旧时停棺不葬、厚葬等陋俗,实施现代简洁、卫生的新式丧礼,市政府在颁布《上海特别市取缔丙舍规则》(1928年)及《修正上海市取缔丙舍规则》(1934年)的同时,为推广新式公墓、殡仪馆而颁布的法规更多。有:《上海市管理私立公墓规则》(1930年)、《上海市市立公墓管理规则》(1931年)及《上海市管理殡仪馆规则》(1931年)、《修正上海市管理私立公墓规则》(1934年)等。由于当时市区内旧有丙舍公所数目众多,据1927年11月上海市卫生局调查数据统计,市区内各类公所、会馆、山庄共40个,拥有殡房2 619间,平均每个会馆、公所、山庄有65间殡房,共停棺四万多具,最长的停棺达六年,短的也有一年(这仅是卫生巡长在其服务区内调查所得,全市实际数字应该高于这一统计)①。众多丙舍、会所的长期存在已成为城市公共卫生的重大隐患,"其地点及建筑亦多不甚相宜,然因建筑已久,寄柩迁葬为艰,且未有市立公墓以前,执行取缔甚感困难"②。因此,市府采取的方针是限制新设丙舍公所,同时积极兴建公私公墓、殡仪馆。1931年,上海市市立第一公墓在江湾破土动工,到1935年,在市卫生局注册的已有18家公墓,其中2家为公立,其余均为政府政策鼓励下建立的私立公墓。

实际上,立新这一取向更多地体现在对旧俗的取缔、管理、规范中,很多针对旧俗改良的法规都明确规定趋新的、符合政府统治理念的变革目标和方向。如《上海市教育局审查戏曲唱片规则》(1931年)中规定:禁止或修正违反党义及损害国体者、妨害风化及公安者、提倡迷信邪说及封建思想者;奖励发扬爱国思想、唤起民族精神者、提倡固有道德、有益社会风化者、表演艺术优美、高尚者③。由此可见,在宣传导向上,上海市政府坚决禁止一切对政府权威、社会秩序构成威胁的舆论;鼓励回归传统道德、有利社会进步的宣传,民族主义成为政府前行的一面旗帜。

尽管如此,由于立新的根基并不牢固,合法性危机并没有得到圆满解决。中国的现代化一开始就是由耻辱刺激而产生的现代化,在现代化过程中一直面临着民

---

① 据《上海特别市卫生局调查丙舍表》(1927年11月)统计计算,《上海特别市市政府市政公报》第10期,1928年4月。
② 《上海市政府指令第6664号为据呈本市公墓已在进行所有私人团体请设公墓丙舍拟加限制一案准予备案由》,载《上海特别市市政府公报》第63期,1930年8月20日。
③ 上海市政府秘书处编印:《上海市市政法规汇编》第5集,1932年,第222—223页。

族生存的危机,民族主义因而成为执政合法性的重要资源。"谁抓住了民族主义这面旗帜,谁就占据了领导现代化的精神至高点,掌握了统治中国改朝换代的合法性资源"①。在这种情势下,南京国民政府深知:要在短期内消解合法性危机,建立新的威权统治,必须祭起"民族主义"的大旗,才能有效地凝聚人心,整合社会资源。而民族主义的根源在于民生与民权的实现,实际上,终南京国民政府统治时期,国家都没有解决民生问题。20世纪二三十年代,在农村,农业危机、经济衰败已是众所周知的事实;在城市,政府发展经济的措施远远不能跟上对城市资源的汲取,"中央政府的税收收入几乎要完全依靠制造业及贸易部分"②。民权的缺失也一直是国民党政府无法也无意解决的问题,正如有的学者所言:"这个政权的领导人唯恐失掉他们的权力,不愿与他人分享权力和随之而来的额外所得;对于政敌和批评者则采取压制的态度。"③依靠军事实力建立并维持的独裁政权只会慢慢失去活力,逐渐萎缩,走向自我毁灭。很难想象,在这样的基础之上,政府能够实现以民族主义整合社会力量的初衷,并建立政府梦寐以求的威权统治。更何况,在中央政府的统一领导下,各地方政府仍有各自地方利益的考量,形势变得愈加扑朔迷离。

(三) 以地方利益为重

"以地方利益为重"是市政府各项措施实施的出发点。毋庸置疑,上海市政府是中央政府统治下的地方政府,在民俗变革中上传下达各项法规、政策,并担任具体执行者。同时,作为地方的行政管理者,市政府必须执行政府的治理职能,担任地方利益的实际维护者。早在南京临时政府时期,沪军都督府的变俗措施就充分体现了对地方社会进步与秩序的关注,强调维护上海的国际形象和秩序稳定④。南京国民政府时期,这一传统仍然继续有效。

1. 凸显上海城市形象

民国初期以来,地方自治的兴起客观上推动了上海对城市形象的加倍关注。与此同时,国内开始掀起一股地方自治的热潮。1917年,北洋政府以总统令的形式公布地方自治令,认为"过去办理自治成效未彰,由于立法之未周,着内务部迅将地

---

① 许纪霖、陈达凯主编:《中国现代化史(1840—1949)》第1卷,生活·读书·新知三联书店1995年版,第7页。
② [美]费正清、费维恺编:《剑桥中华民国史》下卷,中国社会科学出版社1994年版,第177页。
③ [美]费正清、费维恺编:《剑桥中华民国史》下卷,中国社会科学出版社1994年版,第186页。
④ 参见第一章第三节。

方自治制度及举行自治一切事宜,以适合国情民意为根本,分别厘定"①。这样一来,自 19 世纪下半叶以来滋长的自治意识在 20 世纪初发展为颇具规模的地方自治运动。加强地方建设、复兴民族精神成为时代的迫切需要。在乡村,各种各样的农村复兴运动层出不穷;在城市,打造城市新形象成为各地共同的呼声。创办现代市政无疑是实现的途径之一,这样"既可振兴一国物质与精神上之文化,使之发扬光大,以崇国家,而耀民族,复可改良恶劣不健之社会,使市民居其中者,得可安居乐业,共享太平"②。因此,很快得到全国自上而下的普遍响应。南京建都后提出"首都建设计划";天津出台"天津特别市物质建设方案";重庆在国府西迁后有"陪都市政建设方案";广州、厦门、昆明、宁波、青岛等城市,均结合城市基础设施建设进行旧城改造,按照近代城市标准进行总体规划和局部整治,"后先相望,如火如荼"③。

　　在这种情势下,"大上海计划"新鲜出炉,对上海城市新形象的构建功不可没。城市形象是指能够激发人们思想感情活动的城市形态和特征,是城市内部与外部公众对城市内在实力、外显活力和发展前景的具体感知、总体看法和综合评价,一般按照城市理念、城市行为、城市视觉三个子系统的基本思维来理解和识别城市形象④。1929 年 7 月,上海市政府第 123 次会议划定新上海的市中心区域⑤。8 月,上海市市中心区域建设委员会成立,主持市中心区建设事项。1930 年,近代上海第一个综合性的城市发展规划——《大上海计划》形成,内容包括七个方面:市中心区域、交通运输、建筑、园林布置、公用事业、卫生设备、建筑市政府大楼以形成市区政治中心等⑥。从 1929 年计划启动,到 1937 年抗战全面爆发,前后进行和完成的实际工程包括:开辟市中心区域道路;建造市政府新厦;建造体育场、图书馆、博物馆、

---

① 《内政年鉴·民政篇》第一卷"B",商务印书馆 1936 年版,第 617 页。
② 陆丹林编:《市政全书》,中华全国道路建设协会印,道路月刊社发行,1928 年,第 1—2 页。
③ 陆丹林编:《市政全书》,中华全国道路建设协会印,道路月刊社发行,1928 年,第 1—2 页。
④ 城市理念指城市独特的价值观、发展目标、城市规划、文化内涵等,是城市的"大脑"和城市形象的核心。城市行为是在城市理念识别基础上的行为表现和重要特征,是城市的"所作所为",是对城市做了什么、正在做什么和将要做什么的基本印象,主要表现为城市内部的组织管理及活动。朱玉明:《城市形象浅论》,载《济南日报》2005 年 11 月 14 日。
⑤ 新上海的市中心区域包括:上海市区外东北方向的江湾区翔殷路以北、闸殷路以南、淞沪路以东及周南十里、衣五图以西的土地约 7 000 余亩。
⑥ 余子道:《国民政府上海都市发展规划述论》,载上海研究中心、上海市地方志办公室编:《上海研究论丛》第 9 辑。

市医院和市卫生试验所;建造虬江码头第一期工程等。

　　大上海计划及其后来的落实,构成了城市形象的两个重要的子系统——城市理念和城市行为。城市形象的第三个子系统——城市视觉,是城市形象最直接、最有形的反映,是城市的"体形、面孔和气质"。确立市花、市歌无疑是构成城市视觉的重要方式。市花、市歌凝聚着时代的价值取向和市民的审美情爱,饱含有丰富的寓意蕴韵,传达着城市民众的美好心愿,很容易使人们对城市产生系统化的良好印象。当时世界上很多国家和城市都有自己独特的、代表本国或本市精神的国花、市花。南京国民政府成立后,定梅花为国花,取其三蕾五瓣象征孙中山总理的遗教"三民五权","以表扬国家之荣誉,兴发民众之观感,显示政治之进化,代表民族之精神"①。随后,各地市政府纷纷拟定本市市花,作为城市的文化标志和美学徽章。如首都南京的兰花,北平的菊花,广州的红棉,天津的竹,昆明的茶花等。

　　从政治地位上来看,上海是仅次于南京的一大特别市,备受中外关注。上海市花的产生也颇费周折。1929年1月中旬,上海市六区党部向上海特别市政府建议以莲花为上海市花,社会局的方案是从莲花、月季、天竹三者中择一为市花②。2月8日,第107次市政会议决议:"由社会局添拟可备选样之市花若干种,并附具说明送请党部代征民众意见后,再行决定。"③于是社会局增加棉花、牡丹、桂花三种,连前拟共六种花卉送交市党部代征民意。上海特别市宣传部遂制表3万份,于4月1日起发放各基层党部、民众团体,转向市民征求意见,又在上海各报刊登意见表。最后经市民投票公决,与上海经济联系密切、关乎国计民生的棉花以优势得票荣膺上海市花④。

　　随后,上海市歌、上海节也由公开征求产生。1935年,市长吴铁城向全体市民倡议设"上海节"与上海市歌,"激励工商,奖劝耕读,及提倡清洁俭约等美德。……鼓舞和悦之情绪,发扬忠爱之精神"⑤。经公开征求,市歌最终选定由赵元任作曲、

---

① 陆为震:《国花与市花》,载《东方杂志》第26卷第7号(1929年)。
② 《社会局拟议上海市花》,载《申报》1929年1月25日。
③ 《上海市政府市政会议议决录(第84—112次)》第4册,上海市档案馆藏,卷宗号:Q1-5-587。
④ 《棉花当选为市花》,载《申报》1929年4月29日。
⑤ 《上海市政府征求上海节日期、市歌及歌谱启事》,载《申报》1935年5月19日。

胡敬熙作词的《新上海歌》①。"上海节"日期经讨论决定为 3 月 21 日。1937 年,上海庆祝首届上海节,全市放假,市民积极参与,盛况空前②。市长吴铁城公开表示:"我们想由这个愉快的节和这个歌,将这些违背时代精神的风俗,逐渐转移过来,同时还要藉此来造成一种新的风俗来振作起全市市民高尚志趣和活泼的精神。"③市政府对于市花、市歌、市节的重视正是为了打造全新的上海城市形象。

2. 关注地方秩序

经过近代以来 80 余年的城市化进程,上海商业社会的特质已充分显现,对秩序稳定的追求不仅是商业社会利益最大化的保证,亦是社会各阶层的共同呼声。上海市市长黄郛在就职演说中曾指出:"上海市民经多次兵事之余,人人心目中,均暗悬一秩序维持问题,此为不可掩之征象。"④同时,自租界设立以来,上海双轨、多元的制度环境已成既定事实,华界当局的任何风吹草动都可能引发影响国家利益的国际问题,谨言慎行、避免冲突已成为历届上海市政府的行为法则。因此,社会秩序成为地方政府贯彻政策、执行法令的首要考虑因素。黄郛在就职时,首先就"市政设施建设""地方行政事务""推举人才"及"安定社会秩序"四大问题提出了自己的承诺,特别提出:"必上体中央意旨,集全力以注意此一点,故秩序维持一事,敢请市民可十分安心。"⑤张群在吴铁城的就职典礼上告知后者"最可注意"的三件事,其中之一即为"上海市之安定"。他指出,上海地位重要而且特殊,"保障上海市之安宁,不能摇动,必于全国对内对外,发生极良好之影响,反是则其影响之大,亦可断言"⑥。吴铁城在上任之初立志于建设"有秩序、有规则、很繁荣、极美满之新上海市,使上海全市市民安居乐业,工商业逐渐发达"⑦。

为什么上海历任市长对于"秩序"问题如此在意?原因在于:

---

① 《新上海歌》歌词为:"仗全市同胞的精神,来建设新上海!合全市同胞的力量,来开创真天堂!力耕、勉学、勤工、兴商!振起蓬蓬勃勃的气象!清洁、俭约、和悦、忠爱,树立优越良好的风尚!看物质的建设,日就恢张,精神的建设,愈见发皇!灿烂辉煌!新上海是将来新中国的榜样;快乐安康,新上海是全市同胞的天堂。"《新闻报》1936 年 2 月 18 日,转引自忻平:《从上海发现历史——现代化进程中的上海人及其社会生活 1927—1937(修订版)》,上海大学出版社 2009 年版,第 394 页。
② 关于"上海节"的举办情况可参见郑祖安:《上海曾有"上海节"》,载《档案与史学》2001 年第 1 期。
③ 《市长吴铁城于市府纪念周上的报告》,载《申报》1935 年 5 月 14 日。
④ 《黄市长就职演说》,载《申报》1927 年 7 月 8 日。
⑤ 《黄市长就职演说》,载《申报》1927 年 7 月 8 日。
⑥ 《张岳军演词》,载《申报》1932 年 1 月 8 日。
⑦ 《吴市长答词》,载《申报》1932 年 1 月 8 日。

第一,作为现代化的后发国家,南京国民政府面临的环境和问题完全不同于英美等现代化早发国家。亨廷顿认为对一个后发国家而言"基本的问题不是自由,而是创立一个合法的公共秩序。当然,人们可以有秩序而没有自由,但他们不能有自由而没有秩序。必须先有权威,然后才能对它加以限制"①。可以说,从现代化和社会发展的角度来看,"权威"是新建的南京国民政府必须首要面对的问题,而保持社会稳定是实现权力向权威转化的前提。

第二,从政治统治的思路出发,众所周知,政府作为公共权威机构,权威的维系是政府的首要利益。由于辛亥革命后的临时政府存在时间较短,北洋政府统治时期更是"你方唱罢我登场",政权更迭频繁,一种统一的权威体系并未在中华大地上树立。因此,对于南京国民政府来说,其首要利益不仅是维系政府权威。在此之前,首先要破除旧权威体系的遗留,重建社会秩序。正如张群所说,上海特别市的建设,第一件,"必须先将从前历史上与环境上的种种特殊情形,融化于青天白日之下"②。因此,市政府的变俗变政的第一步即为——破旧立新,重建秩序。

在具有双重角色的市政府主导下,破旧立新、重建秩序的历程充满崎岖。有的办法与地方利益一致,地方政府会认真执行,切实遵从,如剪辫、放足效果明显;有的法令触犯了地方利益,地方政府会阳奉阴违,敷衍了事,如烟、赌、娼的禁止功效不大,成为民国时期始终存在的社会问题。另外,在具体执行过程中,民间的承受能力更是决定成败的关键性因素。由此,破旧与立新两个向度都呈现出多重面相。

第二节　旧俗涤荡的波折
——以破除"迷信"为例③

迷信源于人类的原始信仰,是人类对大自然种种现象的迷惑、恐惧以及

---

① [美]塞缪尔·亨廷顿:《变动社会的政治秩序》,张岱云等译,上海译文出版社1989年版,第11页。
② 《张市长答词》,载《申报》1929年4月2日。
③ 由于南京国民政府将迷信和俗信行为均视为"迷信",因此,破除"迷信"活动实际上包含了两个方面的内容:一是对迷信行为的取缔,二是对俗信行为的打击。

第二章　破旧立新与秩序重建(1927—1934)

由此而引起的崇拜和幻想,表现了人类反抗自然、求福避祸的本能和愿望。在阶级社会中,迷信常为统治阶级利用为控制人们意识、行为的工具,由于迷信的非理性性、反科学性,往往诱发破财残身、伤风败俗、扰乱生活、荒废生产等不良后果。在现代社会,迷信对于文明进步、社会发展的破坏作用凸显。时至今日,破除迷信思想和迷信行为仍是一项长久而艰巨的工程。民国时期,破除迷信一直是政府移风易俗的一个主要内容,也是这一时期风俗发展的一条基本线索[1]。以此为分析例证,可以窥见政府涤荡旧俗路径之一斑。而且,严昌洪认为,当时对于破除迷信很重视,破除迷信的声势最大,而产生的社会反响亦最强烈[2]。因此,探究破除迷信中的民众反应,亦是解析政府秩序重建效果的便捷途径。

迷信历来被革命党人视为封建时代的"遗留物",与现代政治统治格格不入,是科学观念推进和社会文明进步的现实阻碍,"查禁"成为政府的既定政策。辛亥革命胜利后,宋教仁、蔡元培即发起成立社会改良会,发表宣言,倡导"以科学知识去神权之迷信",号召"戒除迎神、建醮、拜经及诸迷信鬼神之习,戒除供奉偶像牌位、风水及阴阳禁忌之迷信"[3],遍布各地的各种"专祠淫祀"大都被取消。新文化运动时期,以人道主义反对封建专制,以科学知识反对神权迷信,"德先生"和"赛先生"成为路人皆知的启蒙之道。思想解放、战火连年、政治动荡、经济凋敝。在这样的情势下,民众坚厚的迷信心理屏障开始松动,迷信习俗逐渐式微,俗信鬼神之风"稍戢"[4]。然而,民间信仰的强大生命力不仅在于其悠久的传承性,也体现在沉寂后一遇适当的时机仍可再度复兴。北洋政府时期风潮的异动正是迷信复兴的反映,亦推动了这种复兴。

南京国民政府由反对军阀统治的"革命者"建立,自然要清除阻碍文明进步的迷信。同时,在一个传统信仰势力依旧浓厚的氛围中,推行国民党的"三民主义",也是无法想象的。"此等因袭的神权时代之思想,当此青天白日科学昌明之际,如

---

[1] 万建中:《民国的风俗变革与变革风俗》,载《西北民族研究》2002年第2期。
[2] 严昌洪:《20世纪30年代国民政府风俗调查与改良活动述论》,载《华中师范大学学报》2002年第6期。
[3] 邓子琴:《中国风俗史》,巴蜀书社1988年版,第339页。
[4] 《法华乡志》(八卷·民国十一年铅印本),载丁世良编:《中国地方志民俗资料汇编·华东卷》,北京图书馆出版社1991年版,第12页。

仍任其留存,则所谓解除民众痛苦者岂非徒托空言"①。因此,取缔迷信营业、打击俗信行为成为南京国民政府的既定战略。上海是当时中国城市化程度最高的城市,对于阻挠科学发展、文明进步的迷信事项也更为敏感,迷信的破除主要从两方面展开:其一,取缔迷信营业;其二,禁止迎神赛会。但民间的阻力却如影随形,一时间,断难清除,旧俗涤荡的历程因此充满波折,变幻莫测。

一、取缔迷信营业与民生经济②

取缔迷信营业是政府破除迷信过程中的第一场大规模战役。早在内政部的各项破除迷信法规颁布前,上海市政府的取缔迷信营业工作已经启动。1928年9月1日,上海市政府核准由市教育局拟定的《破除迷信办法》。9月6日,《申报》全文刊载。办法拟定由市教育局、公安局派员调查市内各项迷信事项,制成调查表,经讨论后分别先后缓急,次第查禁,由公安局协助教育局执行,并商请租界当局统一行动,同时取缔③。9月22日,内政部正式公布《废除卜筮星相巫觋堪舆办法》,要求卜筮、星相、巫觋、堪舆及其他迷信从业者三个月内改营他项正当职业,无正当职业者由官厅安置到地方政府设立的工场中,限期届满仍操旧业者,由公安局勒令改业④。此后,上海市的破除迷信工作正式启动。考虑到一旦严行取缔不当,会导致民间阳奉阴违,防不胜防,且关系到众多从业者及其家庭的生计,因此,市政府拟定的计划为:首先,由公安局、社会局会同调查,进行卜筮星相登记,发给铜牌,限期一年内改业;其次,届期无业者由政府统一救济,有劳动能力的由政府借贷作小贩,年老、残疾者收入残废院、养老院,年少盲哑的授予技能,帮助其独立谋生⑤。这一计划在推行过程中很快发生变化,市政府的实际进行步骤是:

---

① 中国第二历史档案馆编:《中华民国史档案资料汇编》第五辑第一编文化(一),江苏古籍出版社1991年版,第491页。
② 此部分内容经修改已刊,参见艾萍:《国民政府时期上海市破除迷信活动考察》,载《淮北师范大学学报》(哲学社会科学版)2020年第3期。
③ 上海市政府秘书处编印:《上海特别市市政法规汇编》第2集,上海市政府秘书处,1929年,第434—436页。
④ 内政部总务司第二科编:《内政法规汇编·礼俗类》,1940年,第59页。
⑤ 《废除卜筮星相步骤》,载《申报》1929年3月10日。

第一步,调查迷信事项概况。

要破除迷信,首先要对迷信事项进行社会调查,为改良措施的颁布提供参考和依据。1929年6月18日,市政府公布《上海特别市卜筮星相登记章程》,要求卜筮星相营业者自公告发布之日起,在三个月内向公安局所属区所登记,由公安局发给执照,登记者自执照发给之日起一年内改营他业;盲哑不能改业且无依靠的,由市政府设法分别救济①。

经过调查,上海市内已登记从事卜筮星相营业的从业者共有623人(见表2-3)。由于更多从业者尚未登记,加上他们招收的学徒,实际从业人数应远高于这一数字。仅从已登记者情况来看,身体残疾者306人(盲一目者12人,盲二目者294人),"且均无恒产",从业者大多为生活所迫,卜筮星相是他们唯一的生活来源;从籍贯来看,非上海籍的533人,占总数的85%以上,这一比例甚至高于同一时期上海华界非上海籍人口比例②。在异乡的他们将难以得到来自亲族、宗族的更多帮助;从年龄来看,20—40岁青壮年有404人,占总人数的64%以上,家庭多"至为贫苦",依赖他们生活的少则一二人,多至七八人,总共约有1330人;从营业年数来看,除35人不详外,从业10年以上的有401人,比例达64%,再改他业十分困难;从收入来看,在已知收入的567人中,有153人收入在30元以上,可以满足一个五口之家一个月生活必需的费用③。另外的414人收入低于30元,意味着有66%的人依靠卜筮星相营业的收入是难以保障基本生活的,如果有更好的就业机会,从业者应该是不会拒绝的。政府要取缔卜筮星相营业,必须首先解决从业者本人及其家人的基本生活问题,需要救助的总人数至少有1953人。调查的结果令市政府意识到:要在短期内废除卜筮星相,必须设立各种盲哑院、养老院救济无法改业者,并设立适宜盲哑者工作的工场救助改业者。

---

① 上海市政府秘书处编印:《上海特别市市政法规汇编》第2集,上海市政府秘书处1929年,第161页。
② 1931年时,上海华界非上海籍人口有1 368 327人,占总人数的75%。邹依仁:《旧上海人口变迁的研究》,上海人民出版社1980年版,第112页。
③ 南京国民政府工商部1931年统计过一般工人5口之家在正常条件下维持基本生存与恢复体力所需的最低费用(衣、食、住、燃料、杂项等生活必需的费用,不包括医药、社交、文娱与教育子女所需的发展费用)为27.2元。《劳工月刊》第1卷第4期,第72页。转引自忻平:《从上海发现历史——现代化进程中的上海人及其社会生活1927—1937(修订版)》,上海大学出版社2009年版,第258页。

表 2-3　卜筮星相调查统计表(1931年)

类别			人数(人)	总数(人)
卜筮星相从业者	身体状况	健康者	317	623
		残疾者	306	
	籍贯	上海籍	90	
		非上海籍	533	
	年龄	20岁以下	27	
		21—30岁	82	
		31—40岁	162	
		41—50岁	160	
		51—60岁	151	
		60岁以上	41	
	营业年数	5年以下	85	
		6—10年	102	
		11—15年	93	
		16—20年	116	
		21—25年	77	
		26年以上	115	
		不详	35	
	月收入	10元以下	100	
		11—20元	180	
		21—30元	134	
		31—40元	58	

续 表

类 别			人数(人)	总数(人)
卜筮星相从业者	月收入	41元以上	95	623
		不详	56	
卜筮星相从业者家庭成员	无业者	父	67	1 330
		母	226	
		妻	399	
		子	345	
		女	293	

资料来源：据《市社会局取缔卜筮星相办法意见书》，载《上海市政公报》第106期(1931年10月30日)编制

第二步，改变初衷，酌量变通。

1929年7月，社会局的社会事业方针中即有设盲哑院的计划，并提议以"新税征收项下拨若干成"用于盲哑院的创办。市政府以"财政统一""未便准行"，令社会局"酌量情形，分别缓急，于市库财力可能范围以内核实造具预算，呈候核定"①。一年后，市政府提出"酌量变通"②"用抽签法以期逐年淘汰"③。市政府指出，之所以无法取缔，是由于用于救济不能改业者的盲哑院"经费无着"，尚未筹备④。盲哑院尚未筹备是事实，果真是由于"经费无着"，还是另有隐情？

20世纪30年代，对于拥有300多万人口、年度财政收入700余万元的上海来说，救助区区几千人应该并非难事。显然，"经费无着"不应该是盲哑院无从办理的

---

① 《上海市政府指令第12215号为请就新税项下拨若干成办理救济事业未便准行至并办盲哑院应另造具预算审核取缔卜筮星相用抽签方法仰即会同公安局重行修订该项登记章程呈报审核由》，载《上海市政公报》第106期(1931年10月30日)。
② 《市社会局取缔卜筮星相办法意见书》，载《上海市政公报》第106期(1931年10月30日)。
③ 《上海市政府指令第12215号为请就新税项下拨若干成办理救济事业未便准行至并办盲哑院应另造具预算审核取缔卜筮星相用抽签方法仰即会同公安局重行修订该项登记章程呈报审核由》，载《上海市政公报》第106期(1931年10月30日)。
④ 《上海市政府公函第2158号为社会局等呈复本市卜筮星相拟俟补行登记期满一并勒令改业并成立盲哑院以谋救济等情函请查照由》，载《上海市政公报》第73期(1930年11月30日)，第56页。

主要原因。那么,市府顾虑的究竟是什么呢? 其一,从政治统治的角度来看,卜筮星相营业者均自食其力,安分守己,远胜于那些不事生产的社会不稳定因素,如果政府坚持对卜筮星相者进行取缔,只会导致从业者及其家庭的恐慌,引起不必要的麻烦;其二,对卜筮星相从业者及其家庭进行救济,将需要投入一笔数目不菲的款项,市政府考虑到:如果将这笔钱用于其他社会事业,则"全市平民咸蒙其利"①,无论是对民生经济,还是政治统治来说,收益都会更大;其三,卜筮星相从业者虽从事迷信营业,但毕竟是有业者,相比而言,对他们的救济远没有对无业者进行救济迫切。从20世纪20年代后期开始,上海的失业形势日益严重。1929年,上海特别市社会局对本市职工失业情况进行了一次调查统计,仅参加各行业工会的会员失业就达10 009人,占全市工会会员总数的6.45%②。事实上,此时的上海失业人口要远远多于此数③。到20世纪30年代初,失业人口进一步膨胀。1934年,上海华界的职业人数为1 961 875人,而无业者达303 000人,所占比例超过15%④。失业人数众多,波及面广,失业问题已成为最为严重的社会问题之一,形势十分严峻,极易引起广泛的社会震荡。失业者的救济,政府尚且应接不暇,对"有业者"的救助,政府更是无暇顾及。

可见,从维持地方社会秩序出发,对于救济工作顾虑重重,才是市政府迟迟没有举办盲哑院的真正原因。为了免去不遵中央命令的口舌,市政府采取抽签法"以期逐年淘汰",变通办理,自然是"较为妥善"⑤。

第三步,主动提议,暂缓办理。

与《废除卜筮星相巫觋堪舆办法》相比,内政部1930年3月公布的《取缔经营迷

---

① 《市社会局取缔卜筮星相办法意见书》,载《上海市政公报》第106期(1931年10月30日)。
② 上海特别市社会局:《上海特别市职工失业统计之试编》,载《社会月刊》第1卷第8号,1929年,第1—17页。
③ 据1929年6月上海市公安局的户口统计,当时华界的市民总数约150万人,无职业者竟达25.17万人。时任上海市社会局局长的潘公展认为,如果再加上租界的人口,全市总人口约为270万人,无职业者总数当有45万人左右。虽然无职业者不一定就是失业者,但失业者无疑占其中的绝大多数。潘公展:《现在上海社会的危机》,载徐直:《上海市失业问题及其救济办法》,《社会月刊》第2卷第2号,第1—8页。
④ 熊月之主编:《上海通史·民国社会》第9卷,上海人民出版社1999年版,第140页。
⑤ 《上海市政府指令第12215号为请就新税则下拨若干成办理救济事业未便准行至并办盲哑院应另造具预算审核取缔卜筮星相用抽签方法仰即会同公安局重行订订该项登记章程呈报审核由》,载《上海市政公报》第106期(1931年10月30日)。

信物品业办法》引起的社会反响更大。此前，虽然南京国民政府已经意识到要取缔迷信物品"似非宽以时日，便得改营他业，以维生计"，因此拟定先行劝谕，限一年内改营他业，限满实行查禁①。4月7日，蒋介石在南京国民政府总理纪念周报告中，提出"在政府尚未筹有完善安置多数失业工人之办法以前，主张暂缓禁止（焚烧纸灰）"②。然而，办法引起的社会反应速度之快、范围之广、力量之大仍然出乎政府的意料。

1930年3月10日，《取缔经营迷信物品业办法》正式公布。办法规定：禁止锡箔、爆竹、冥币、香烛等迷信物品的生产和销售，要求各地从业者一年期内改营他业。4月，杭州箔业公会呈请内政部在政府未筹有大规模工厂收容失业箔工以前，暂缓取缔经营迷信物品以维生计。接着，苏州箔商同业公会、镇江箔业公会纷纷有呈文送至国府③。上海迷信从业者此前已有以团体名义向政府进言的先例④，这次也积极陈述意见，市箔业公会呈请"暂缓施行取缔锡箔等营业"⑤；市爆业同业公会则向行政院电陈爆竹一项实非迷信物品，请饬内政部收回成命，并乞保护，以维生活。4月28日，浙江省政府主席张人杰，常务委员朱家骅、程振钧以省政府名义向国府正式呈文，建议"准予变通办理"⑥。

上海市政府则早在施行《废除卜筮星相巫觋堪舆办法》时，已经将"因地制宜，

---

① 中国第二历史档案馆编：《中华民国史档案资料汇编》第五辑第一编文化（一），江苏古籍出版社1991年版，第492页。
② 《昨日国府纪念周蒋主席之重要报告》，载《中央日报》1930年4月8日。
③ 1930年5月，苏州箔商同业公会要求在《取缔迷信用品办法》中将锡箔一项摘除，以维工业而安人心。镇江箔业公会在呈文中指出："际兹工商落伍之秋，固有工业既迭受国际之打击，复历逢潮流之影响，灾害频仍，捐税繁重，无一不陷于失败之地位，以致失业工友日益增加，民众痛苦难以解除。在政府方秉承先总理之遗教，奉行三民主义扶植民生，共进大同，其对于固有之工业培植维护之而不遑，岂忍置之死地。"它认为是内政部凭河北省政府片面之辞，受其蒙蔽，仅为"破除迷信"之一语，一纸令文骤令改业，使广大箔工面临失业的痛苦，坚决要求暂缓取缔迷信用品业。严昌洪：《20世纪30年代国民政府风俗调查与改良活动述论》，载《华中师范大学学报》2002年第6期。
④ 早在《废除卜筮星相巫觋堪舆办法》发布后，上海盲士救济团、盲士公会、总商会即联合呈请暂免取缔星相，救济哑盲生计。《办理卜筮星相登记》，载《申报》1929年3月28日。
⑤ 中国第二历史档案馆编：《中华民国史档案资料汇编》第五辑第一编文化（一），江苏古籍出版社1991年版，第495页。
⑥ 由于浙江省以锡箔等各类迷信物品为业者众多，1930年4月，省政府向内政部建议："宜先由政府尽力提倡各项工业，使得有相当容纳之地，一面多方劝导，明白宣传，促其觉悟，而欲再分别种类，并酌量地方情形，随时改善，逐渐进行，庶窒碍难免，推行自利，而于人民生计、社会安宁及文化进展，亦рере兼筹并顾。"请中央政府"准予变通办理"。中国第二历史档案馆编：《中华民国史档案资料汇编》第五辑第一编文化（一），江苏古籍出版社1991年版，第494页。

变通办理"的办法付诸实践,盲哑院的无果而终、卜筮星相业的"逐年淘汰"即为明证。1930年5月,内政部"准予变通办理"的训令不过是进一步将上海市政府的行为解释得更加合乎中央政府的旨意而已。社会团体出于本行业生存,积极向政府进言无可厚非;但作为国家权力行使者的地方政府竟屡屡代社会团体向中央政府转呈呈文,甚至主动向中央建议准予变通办理,中央政府最终竟放弃原来立场,正式发文要求"各省市均得体察情形,酌量变通"①,个中缘由耐人寻味。

其一,各项迷信物品营业是政府税收的重要来源。每年仅江浙两省的箔业税收就有50余万元②,其他迷信物品及相关产业的营业税更难以统计。1929年,大上海计划启动后,需要更多的资金用于市政建设,增加税收无疑是改善财政收入的一条捷径,市财政局拟定的营业税办法大纲中即有对香烛业等迷信物品经营业征收特税的规定③。一旦遵照中央命令,悉数取缔迷信物品生产和销售,地方财政收入将大大减少,在没有中央财政给予外援的情况下,继续需要巨资投入的大上海计划和其他各项建设更是无从谈起,市政府自然会对社会团体的呈文默许、支持。

其二,取缔行为可能引发工人骚乱,影响地方秩序。全国各地以迷信物品生产、营业为生的数以万计,其他间接依靠此营生者尚难胜数。一旦取缔,将使成千上万的从业工人面临失业的危机,引起的可能就是工人骚乱,造成社会动荡,这是向来注重地方秩序的市政府不愿意看到的。社会团体拥有的社会资源和组织力量令地方政府不敢小视,考虑到如继续遵从中央命令,引起的将会是地方税收的缩水和大规模的工人骚乱、社会动荡,地方政府对社会团体呈文的力挺或默许都是可以理解的。

其三,取缔行为引发的后续反应是政府统治的潜在威胁。令政府最为惊心的是,民众的反对之声都是以社会团体为依托,有组织、有计划地进行。社会团体中鱼龙混杂,帮会、租界等势力均介入其中,一旦群起对政府发难,极易为各方对政府统治不利的势力所利用,造成的将不仅仅是社会动荡,而是动摇本不牢固的政府统治。骚乱会引发民众对政府的信任危机,激化两者之间的矛盾,撼动统治根基,政

---

① 《上海特别市政府训令第4534号为准内政部咨照取缔经营迷信物品办法施行困难奉准变通办理一案令仰遵照由》,载《上海特别市政府公报》第56期(1930年6月10日)。
② 《市商会电财政部请纠正箔业特税》,载《申报》1931年4月10日。
③ 《香烛业呈请免税之批驳》,载《申报》1929年10月18日。

府来之不易的执政地位会受到潜在威胁,这样的严重后果是合法性资源严重不足的政府难以承受的。顺应民众呼声,准予地方政府请求不失为聪明之举。

第四步,与租界合作,规范管理。

开埠以来,多元化、"双轨制"已成为上海制度环境的典型特征①。因此,市政府的任何涉及这一制度环境的政令、措施必须要处理好与租界当局的关系,否则难以落实到位。在租界暂时无法收回的情况下,市政府要切实做到破除迷信,亦必须与租界当局合作完成。对于这一点,上海市政府了然于胸。1928年9月公布的《破除迷信办法》中明确规定:迷信事象,"其在租界者商情各该当局同时取缔"②。出于界内环境秩序的需要,租界当局对于市政府的各项取缔迷信事项亦能积极配合。而且,基于现代科学、信仰不同,西方人向来对中国民间的各种俗信事宜不以为然,民众的多神崇拜、乞天求雨在他们的眼中都被形容为"荒谬"和"古怪"③。少了信仰上的羁绊,租界当局在破除迷信方面采取的行动有时比上海市政府更为激烈,静安寺香汛时发生的设摊事件就是一个典型案例。

静安寺位于公共租界界内,每年农历四月八日释迦牟尼佛诞日,静安寺都会举行浴佛节香市,是沪上闻名的座会之一。1931年4月,工部局以香市"设摊日众,殊妨街市交通"为由,对香市设摊地址及所售货物予以限制④。不仅要求售卖的货物必须为农副用品,而且划定设摊地图一幅,将设摊地点缩减为往年的四分之一。此事立即引起轩然大波,各摊户联名向静安寺请愿,静安寺主持志法因此向工部局董事会列出"未敢遵命"的几大理由:① 香市系千年旧例,无权变更;② 设摊售卖攸关贫民一年生计;③ 摊位减少,势必因争夺摊位,酿成事端;④ 摊基减少,营业不盛,有妨贫民生活及佛祖圣诞庄严;⑤ 违反租地合同中关于允许香市任意设摊规定,并一语道出限制设摊的真实目的:"该项限制,系类同取缔设摊,无形废除千年佛诞之胜会。"要求工部局从社会、民生、公益考虑,收回成命,"依照旧年习惯"举行香市⑤。接着,摊户发起组织临时摊户联合会,推选委员,聘请律师为顾问,联名向工部局情

---

① 近代上海的制度环境不是一个单一的机制,华界、租界与政府、民间呈现出一个多元化、"双轨制"的典型特征。参见张忠民:《近代上海城市发展与城市综合竞争力》,上海社会科学院出版社2005年版,第55—57页。
② 上海市政府秘书处编印:《上海特别市市政法规汇编》第2集,1929年,第436页。
③ 参见[美]明恩溥:《中国乡村生活》,陈午晴、唐军译,时事出版社1998年版,第169—173页。
④ 《浴栅节限制静安寺摊基》,载《申报》1931年4月26日。
⑤ 《佛诞节静安寺香讯》,载《申报》1931年5月9日。

愿,从旧例、民生、治安、法律等诸方面列出理由,请工部局收回成命。并向市社会局、市商会、纳税华人会申请援助,呈文中特别强调香市有利于提倡国货①,"有益于社会民生",请求社会局出面"主持公道"②。在沪上闻人杜月笙、顾嘉棠,租界士绅王翰成、龙一飞以及市民联合会的热烈援助下,经静安寺主持志法的数度交涉,工部局终于准照历年旧例设摊,时间为农历四月初三至四月初九。经过这一波折,1931年的浴佛胜会"较往年为盛"③,摊贩千余,农历四月八日恰逢星期日,游览者多达二万余人④。

工部局第一次期望以西方现代管理手段造就租界庙会秩序的努力,在民众的阻力和地方势力的斡旋下无果而终。然而,香汛期间对于交通、治安、卫生等的妨碍是显而易见的。1932年,工部局又拟限制办法,经多次协商通融为:香市由九天缩为七天,设摊以人行道为限,不得侵入马路⑤。这次协商使得设摊范围较以前更为扩充,摊贩也更多。1931年香汛期间,在静安寺设摊的有1 000余所;1932年增至3 000余所,1934年更达到4 700所;且摊贩多为租界或南市居民,失去以庙会救助乡民的本意。为此,静安寺主持也表示:"愿协助警务处,限定设摊地位。"⑥并要按照工部局的办法,给摊贩颁发执照。但民间的惯性力量之强大远非一纸限令可以阻挡,到了庙会之时,人行道上仍摊贩密布,秩序纷乱,热闹异常,巡警依然忙于维持秩序。

从静安寺香汛限制摊贩的波折中可以看出:其一,在民众与租界因民间俗尚发生冲突之时,地方士绅毫不犹豫地站在民众一方。这可以从士绅即是生于斯、长于斯,对于民间信仰、地方民俗本身就有剪不断的情结这一层面做出解释。但也不可否认,地方士绅、帮会在其中赚取的利益也是可观的。摊贩中很多人的帮会身份已是公开的秘密,设摊的继续存在,不仅可以令其获取直接的经济利益,更重要的是,这次波折成功地令杜月笙等人再次扩大了在民众心目中的影响力,日后在与租界、

---

① 浴佛节时,静安寺附近设立沪西国货临时商场,永和公司等均参加售卖,临时商场一日营业额即达六万余元。《昨日浴佛节静安寺前人山人海》《永和公司沪西国货商场昨浴佛节营业盛况》,载《申报》1934年5月21日。
② 《静安寺香汛波折,摊户之请愿与呼吁》,载《申报》1931年5月11日。
③ 《浴佛胜会志盛》,载《申报》1931年5月25日。
④ 鸿雁馆主:《如火如荼之浴佛节》,载《申报》1931年5月27日。
⑤ 《静安寺香市今岁照常》,载《申报》1932年1月15日。
⑥ 《静安寺本年庙会摊贩将加限制》,载《申报》1934年4月5日。

市政府交涉时均可以此自重,为本阶层牟取更多的权益。

其二,在国家意识、民族主义和地方权益的抉择中,市政府毫不犹豫地选择了后者。在民众与租界当局的屡次交涉中,市社会局都没有明确表示支持民众和士绅的行动,职局的不回应可视为对租界当局禁止设摊的支持,也与一直以来所提倡的破除迷信相吻合。但是,浴佛节当日,沪上各机关、学校均有组织地派员赴寺服务,"共申庆祝"①,即表明了上海市政府的真实态度:"从劝导入手",以避免人民对于地方政府的"恶感"②。当摊贩对社会秩序的影响发展为社会共同关注的问题时,各方积极配合租界拟定有利于秩序稳定的限制办法,市公安局也主动参与摊贩管理和秩序维护③。这也再次证明:对于现代化后发国家来说,首要的是要获得现代化所需的合法的公共秩序。

取缔迷信营业的初衷与结果的戏剧性变化表明:对于地方政府来说,与社会进步相比,民生经济、地方安宁才是最重要的。这一原则将在市政府禁止迎神赛会的活动中继续发挥效用,这一次地方政府走得更远,甚至直接将中央权威弃置一边,产生的后果远非身处其中的市政府可以想象。

二、禁止迎神赛会与地方秩序④

作为一种民间信仰活动,迎神赛会具有全民性、反规范性、迷信性、奢靡性,对政府的威权统治已然构成潜在威胁,禁止迎神赛会、规范民间俗信行为成为政治统治的内在诉求。1894年6月,孙中山在《上李鸿章书》中即称"迎神赛会"为"冥冥一大漏卮",号召当政者把它与鸦片一起禁绝⑤。1912年,上海县民政长官在清明节前夕,特出示晓谕,称"无知者藉口逐疫驱瘟,而铺张扬厉,甚无谓也",并科学地解释疾疫是由于"公众卫生之不讲,与鬼神无尤",要求"务农者应努力春耕,其它各业

---

① 《静安寺今日浴佛胜会》,载《申报》1931年5月24日。
② 君苏:《述一般人信仰城隍之热烈》,载《申报》1929年2月25日。
③ 工部局的限制设摊办法出台后,市六区公安局在香汛期间加强保卫,维持交通。《昨日浴棚节静安寺前人山人海》,载《申报》1934年5月21日。
④ 此部分内容经修改已刊,参见艾萍:《民国禁止迎神赛会论析——以上海为个案》,载《江苏社会科学》2010年第5期。
⑤ 广东省社会科学院历史研究室编:《孙中山全集》第二卷,中华书局1981年版,第10页。

亦当精勤乃业,谋裕民生,其可以有限之金钱,再投于虚无之地"①。政府耐心劝导、民众对于革命前途满怀希望,"迎神赛会之举,光复后此风稍敛"②。然而,随着北洋政府倒行逆施的复古行动,迎赛之风沉渣再起,并呈愈演愈烈之势,引起国民党的高度重视。1919年到抗战全面爆发前,上海地方政府禁迎赛的历程可以分为三个阶段:第一阶段(1919—1927),从严禁到弛禁;第二阶段(1927—1934),"毁庙"与"崇神";第三阶段(1934—1937),禁者自禁,迎者自迎。

(一) 从严禁到弛禁(1919—1927)

辛亥革命后,新旧势力的斗争从来就没有停止过。上海鱼龙混杂,势力多元,关于迎神赛会的禁止与反禁止斗争也更为激烈。除了由于民间信仰作为一种精神民俗,变革难度更大外,地方势力的介入也是一个重要原因,分为以下三种:

1. 士绅暗中帮助,迎赛免于夭折

1919年春,因前岁秋季丰收,为酬谢神灵,上海各地倡导迎赛者比往年更多,已定日期出会的即有定水庵、护海公、三庄庙、刘公祠、观音堂、社庄庙、东戚王庙七处。上海县知事沈实昌得知消息后,立即会同淞沪警察厅长徐国梁饬令所属严行禁止。3月5日,淞沪警察厅发布布告禁止迎神赛会,"倘敢违抗,将定为首之人拘拿来厅从重罚办,决不宽贷"③。淞沪巡警接到训令后,一面四处张贴禁令,一面召集各会首严令禁止,但有三处会首不肯出面劝阻,其中就有"声名最大"④的俗称三百六十行会的社庄庙会。社庄庙地处浦东东南,与南汇交界,参加出会的团体众多,会首来自上海、南汇、川沙、宝山四县,如果社庄庙会一出,难保各处不争相效尤。因此,县署除请淞沪处护军使抽调陆军步兵,预备警力协同巡警弹压。3月15日,警署传讯社庄庙庙祝丁裕卿,要求其出具结停止赛会,丁裕卿以"崇信佛教,实由大众发起","非一人所能为"相辩,宁受拘禁,也不愿出外劝导停赛⑤。当地绅董随即联名具保丁出外,并请示徐厅长出示晓谕,禁止出赛。4月9日,淞沪警察厅派兵亲临社庄庙,准备禁阻社庄庙会。洋泾绅董刘、潘二人以"人心皇皇,讹言四起,……深虑酿

---

① 《重申迎神赛会之禁令》,载《申报》1912年3月28日。
② 《官厅严禁迎神赛会》,载《申报》1919年3月6日。
③ 《官厅严禁迎神赛会》,载《申报》1919年3月6日。
④ 《查禁迎神赛会之县令》,载《申报》1919年3月28日。
⑤ 《浦东愚民之赛会热》,载《申报》1919年3月16日。

成祸变",力请当地警佐呈明上峰。第二天,兵士撤回原防地点,"人心始定"①。

在迎赛之前,政府不断发布禁令,并动用警力拘押组织者,但民间阻力强大,更有地方乡绅的暗自帮助,结果是政府释放赛会组织者,撤回警力。在预禁阶段,政府很快丧失主动权,赛会势在必行。

2. 士绅"居中"调停,赛会成功举行

1919年4月11日,社庄庙会如期举行。自清晨六时起巡游至晚折回社庄庙,各种抬阁、托香、戏剧、杂耍等应有尽有,市面热闹异常,盛况空前。淞沪巡警忙于应付由焚化纸锭造成的火警,因语言不通,骑警周纪胜被乡民殴伤。4月13日,浦东吴家厅照例赛会,当地警署派巡警前往禁止,乡民强将神像挪出,造成巡警与赛会乡民冲突,巡警开枪,乡民以砖石与巡警对抗,四位乡民受枪伤,群情义愤,"声言拆毁警局"②,在乡绅刘某的劝导、排解下,巡警准其迎神出赛,"并令沿途切勿滋事"③,庙会继续进行,巡游至次日凌晨两点。事后,各会首集议以"信教自由,载在约法"④为由,公举代表赴法庭起诉。这时,又是刘某派人四处劝导乡民静候解决。在多位乡绅的调停之下,警署与赛会乡民达成协议,乡民不再起诉开枪巡警,警署也不再追究社庄庙赛会中骑警被殴一事。到了中元节和下元节,各警所索性担当起"沿途照料"⑤的职责,这显然不是政府的本意。

政府虽然在预禁阶段失势,但并不意味着已经放弃对赛会的禁止态度。于是,在迎赛中不可避免地会发生政府与民众的冲突。这时,地方士绅再次"挺身而出",以第三方的身份调停冲突,政府执法者的地位殊为尴尬,赛会继续向有利于民众的方向发展。

3. 士绅化解危机,赛会走向合法化

1920年清明节之前,淞沪警察厅再次布告禁止迎神赛会,劝导说:"为首的假托名目,敛钱自肥,而人民等终岁勤劳,所得几何?何必甘为所愚,将此有用之钱,费之于无益之地。"⑥要求所属随时查禁,一体遵照。然而,由于前一年中元节、下元节

---

① 《社庄庙迎神赛会纪》,载《申报》1919年4月13日。
② 《浦东吴家厅出会肇祸》,载《申报》1919年4月14日。
③ 《浦东吴家厅出会肇祸七志》,载《申报》1919年4月22日。
④ 《浦东吴家厅出会肇祸续纪》,载《申报》1919年4月15日。
⑤ 《昨日迎神赛会纪》,载《申报》1919年11月23日。
⑥ 《禁止迎神赛会之警厅布告》,载《申报》1920年3月27日。

时,三巡会已在警厅所在地的邑庙举行,警厅的禁令遂成具文。政府虽言之淳淳,社会上难保不熟视无睹,"复活"后的迎神赛会如沉渣泛起,再难平息。

这一次的三巡会中,地方乡绅继续发挥作用。浦东张家楼赛会中,地方商团成功阻止了乡民与教民的冲突。政府碍于地方势力的强大,对于迎赛之事,"阳则出示禁止,而阴纵之"①。除派警力沿途维持秩序外,还处理起会首敛钱自肥的诉讼②。到中元节时,淞沪警厅没有再发布类似的禁令,赛会在徐厅长的谕令下,改变出巡时间,上午八时迎神出巡,下午三时回庙③。表面上看,赛会因政府政令、配合社会秩序维护的需要改变出巡时间,实际上宣告:政府在第一回合的禁止与反禁止的斗争中败北。警厅的谕令在事实上默许了迎赛的行为,赛会以遵守政令的形式解决了一直困扰其顺利进行的合法性问题。

辛亥革命后,上海地方政府对迎赛的态度从严禁走到弛禁,"煌煌禁令,竟无效力可言""一懈之后,即等于废弛"。④ 1926 年清明节前,在闸北商民一再申请下,戒严司令部明令照准赛会⑤。政府正式放弃对赛会的行政介入。每届江湾赛会、龙华香讯,上海铁路局均加开专车多辆,方便市民前往观会,迎赛成为传统节令期间一道别样的风景。

(二)"毁庙"与"崇神"(1927—1934)

迎赛的合法化,是北洋政府屈从民间习惯和地方势力而采取的一种无可奈何的行为,这正显示了北洋政府政治控制力的软弱。南京国民政府以重视政治控制闻名,自然不能容忍此类"与革命威信之旨相背驰"⑥的行为,对迎神赛会的禁止也在破除迷信声中重提,国民党各级党部在这次禁止运动中扮演了主要角色。从上海特别市政府成立之日起,打倒城隍等诸神信仰的言论即不绝于耳,破除迷信的声浪日高。1929 年重建后的国民党上海党部以少壮派为主,"干劲十足",且"意志坚强"⑦,

---

① 正言:《回复迎神赛会为上海之退化》,载《申报》1920 年 12 月 14 日。
② 《清明节迎神赛会之种种》,载《申报》1920 年 4 月 5 日。
③ 《中元节出会纪》,载《申报》1920 年 8 月 29 日。
④ 《警厅禁止迎神之效力》,载《申报》1920 年 4 月 5 日。
⑤ 《闸北客民昨迎都天神会》,载《申报》1926 年 4 月 15 日。
⑥ 《上海市政府训令第 9345 号为准市执委会请饬属查禁迎神赛会令仰查禁由》,载《上海市政公报》第 100 期(1931 年 8 月 30 日)。
⑦ 参见[法]安克强:《1927—1937 年的上海——市政权、地方性和现代化》,张培德、辛文锋、肖庆璋译,上海古籍出版社 2004 年版,第 24—32 页。

对地方政府有"监督""指导"之责,对于市政府在禁止迎神赛会中外强中干的表现十分不满。在急于坚持本党的主张、贯彻训政纲领的市党部领导下,上海各地衍生出一场旨在消除迷信神迹、轰轰烈烈的"毁庙"运动。这场运动不仅关系上海新旧势力的斗争,而且涉及中央权威与地方利益的博弈,地方政府、地方势力与国民党地方党部的矛盾因此有了激化的媒介,导致这场斗争也更为错综复杂。

1928年7月,成立刚满一年的上海特别市政府在市党部的授意下,发布第1641号训令,令公安局严加取缔每年中元节的水陆道场,"以期永绝根株,发扬党治"①。接着,市党部决定全面动用政府强力,以决绝的姿态对待迎赛,要求市社会局、公安局联合行动,拆毁各地淫祠邪祀。由于神祠存废标准不一,由地方党部发起、政府强力迫于"党义"参与的"毁庙"运动后果严重,"任意毁灭,任意行动,纠纷丛生"②。1929年初,宝山县党部人员亲自动手,窃走城隍神像头颅,民众聚集在县政府要求"取缔窃手",直到县长表示"愿竭尽全力,奉群众之意,从事侦探窃者",并予以"处分",众人才退去。

地方政府在"毁庙"运动中,不知不觉站在了维护者一方,看起来不可思议,却是政府权衡利弊之举,不合法理却合情理。地方党部自然不会善罢甘休,在内政部废除神祠条例的支持下,邀集县政府、教育局、公安局、建设局、交通局、县校、城西学校、师范学校等十余团体,几乎囊括了地方政府的所有职能部门,迅速组织了废除神祠委员会,共商破除迷信办法,将宝山县境内所有神像尽数拆毁。"覆巢之下,理无完卵",在政府明令保存之列的关岳神像也被捣毁③。县城的工作结束后,毁庙运动继续向乡间推进,在乡间演变为一场激烈的对抗。在罗溪,神像被悉数藏起;在杨行,参与毁庙的杂货店被乡民砸毁;在月浦,民众打伤废除神祠的小学教员④,焚毁捣毁朱家庙神像的小学校⑤,并在庙前积集,"手持耡锄,预备抵御"⑥。

致力于维持地方秩序的地方政府再也不能任由其继续发展下去,纷纷上呈中央请示解决办法。1930年4月,国民党中央执行委员会秘书处向各地各级党部函

---

① 《上海特别市市政府训令第1641号》,载《上海特别市市政府市政公报》第13期(1928年8月)。
② 《省令禁止民众擅自处分寺庙》,载《申报》1929年1月23日。
③ 王沿津:《废除神祠声中之宝山》(上),载《申报》1929年1月21日。
④ 王沿津:《废除神祠声中之宝山》(下),载《申报》1929年1月22日。
⑤ 《乡人迷信火毁乡校》,载《申报》1929年4月14日。
⑥ 王沿津:《废除神祠声中之宝山》(下),载《申报》1929年1月22日。

发《神祠存废标准》，将神祠分为先哲类、宗教类、古神类、淫祠类四种。对于先哲祠庙、宗教神祠，"一律保护，以志景仰"。对于古神类和淫祠类神祠，均"从严取缔，以杜隐患"。至于旧日祭祀仪式，"一律不能适用"，废除烧香拜跪冥镪牲醴等旧的礼节，特别禁止男女进香朝山、寺庙抽签礼忏、设道场、放焰口等陋俗①。迎神赛会崇奉的大多数神灵均为被政府视为伪托之神或无崇祀意义的古神，祭祀时，烧香、跪拜、冥镪等等齐上阵，完全不合国民党党部的规定标准，其寺庙庵堂自然被视为淫祠邪祀，应在被打倒、禁毁行列。

《神祠存废标准》出台后，市党部以上海特别市执行委员会名义不断发函要求市府各局配合行动，先查明所有淫祠邪祀，再悉数拆毁。市政府一方面承认：神祠、迷信赛会的存在，"阻塞进化，贻误生命，诚为训政前途之障碍"，应该予以取缔，以启民智；另一方面，提出了无法实施的两个理由：① 乡间交通不便，详细调查，"非短时期所能竣事"；② 迷信心理根深蒂固，民智未开之时，"若骤施拆除，其维护力自必坚强，而予反动派以煽惑机会影响治安"，有碍地方防务。所以，市府提出由社会局令市政委员转命地保调查，同时由市教育局令地区党部各学校向民众宣传破除迷信，以"减少无谓之反对"②。

市政府将巡警、军队等强制性国家机器资源更多地用于地方秩序的维持，对于地方党部要求的公安局直接参与的毁庙行动，则直接交给地保和党部下属的学校。因此，在毁庙运动中，我们看到的多是市党部及其下属学校的身影。直到 1930 年 7 月底，市政府才向内政部检送了由公安局查明的《上海市淫祠邪祀调查表》，表中统计，上海市共有淫祠邪祀 52 个③。前述社庄庙、钦仰赐殿、吴家厅等均不在调查表中，地保的统计数字大大少于实际数据。据报载，1931 年 2 月，一次就捣毁沪西浦淞、法华、漕泾三区五圣庙 400 余所④，全市的淫祠邪祀应该不会只有区区 52 个，由此可见地方政府对于此次调查敷衍塞责的态度。

主张禁止的仅少数人，信仰的却是广大民众，力量对比悬殊显而易见。没有地

---

① 中国第二历史档案馆编：《中华民国史档案资料汇编》第五辑第一编文化（一），江苏古籍出版社1991年版，第495—506页。
② 《函上海特别市执行委员会第1504号为漕泾区各地迷信神道崇奉五圣转行所属认真宣传破除迷信由》，载《上海特别市政府公报》第56期（1930年6月10日）。
③ 据《上海市淫祠邪祀调查表》统计，中国第二历史档案馆编：《中华民国史档案资料汇编》第五辑第一编文化（一），江苏古籍出版社1991年版，第510—513页。
④ 《沪西四百余所五圣庙拆毁》，载《申报》1931年2月3日。

方政府的大力支持,没有地方精英的积极配合,市党部孤军奋战的"毁庙"运动结果可想而知。神像"形迹虽毁,而信仰未衰。庙堂中之偶像可除,亦能强禁人民之不供诸方寸间耶？一旦有机可乘,则捐资重塑,直为指顾间事"①。1927年12月,在沪上闻人黄金荣、杜月笙、张啸林的巨金资助下,曾被火烧毁的城隍庙大殿经17个月的修建竣工,开光典礼盛况空前②。《上海市淫祠邪祀调查表》中列出的已知建立年代的淫祠邪祀有47个,其中有13个为南京国民政府成立后所建,比例近28%。有一所陈大仙庙,竟修建于1929年5月,正是"毁庙"运动风起云涌之时。此外,上海的静安寺浴佛盛会、龙华香讯、三官诞日等诸多迎赛活动仍然照行不误,兴旺异常,市政府照例发布禁令,待赛会之日,沪上警察仍旧担当维持秩序之职③。

(三) 禁者自禁,迎者自迎(1934—1937)

1934年3月,蒋介石在南昌启动以"礼义廉耻"为宗旨,倡导生活生产化、军事化、艺术化的"新生活运动"。各地纷纷成立新生活运动促进会,配合中央政府的行动。4月1日,上海市新生活运动促进会成立,并通过章程和新生活公约,规定"以提倡明礼义、知廉耻、负责任、守纪律、重清洁、守时间,以期复兴中华民族为宗旨"④。迎神赛会这一民间信仰行为不仅与上海现代都市形象严重错位,与刚刚启动的新生活运动也是格格不入,"严禁迎神赛会"应该是地方和中央一致的举措。然而,实际并非如人们想象的那样,结果是禁者自禁,迎者自迎。

1. 市政府政令形同虚设

1934年清明节之前,上海各地又有迎神赛会的预备、组织。4月3日,上海市公安局、社会局联合发出布告,称"迎神赛会,虚糜民财,提倡迷信,向干禁例"⑤,通令取缔。一方面,鉴于此前的屡禁屡弛,政府禁令早已没有威信可言,民众对此置若罔闻;另一方面,当时另有一件大事和新生活运动同样引人注目。1934年,在国府要人倡议、社会各界赞助下,班禅大师将于4月28日在杭州灵隐寺设坛主持时轮金

---

① 君苏:《述一般人信仰城隍之热烈》,载《申报》1929年2月25日。
② 《城隍庙昨行落成礼》,载《申报》1927年12月19日。
③ 《禁赛江湾镇神会,戴区长发帖布告》,载《申报》1931年5月14日;《龙华道上仕女如云》,载《申报》1929年4月13日;鸿雁馆主:《如火如荼之浴佛节》,载《申报》1931年5月27日;《三官诞之临时市集》,载《申报》1931年9月10日。
④ 任建树主编:《现代上海大事记》,上海辞书出版社1996年版,第579页。
⑤ 《公安社会两局禁止迎神赛会》,载《申报》1934年4月3日。

刚法会,以"消除国内的灾祸,祈祷世界的和平"。一时舆论哗然,人们提出:"举行城隍会是一种迷信,应该禁止。但修建法会,不也同样是一种迷信,是应该取缔的吗?"同样是劳民伤财,同样期望以意识形态的方式获取此岸的幸福,迎神赛会被"严令"禁止,时轮金刚法会却受政府赞扬、支持,"只许州官放火,不准百姓点灯"①。政府对于时轮金刚法会和民间庙会的截然相反态度,让致力于破除迷信、推广科学的有识之人陷于困惑之中。正如江绍原在给周作人的信中写道:"不彻底的破除迷信运动,早已知其不能成功。民众的程度固然不够,即领袖们亦何尝够格?"②破除迷信的推行者转眼间成了迷信的宣扬者,严重影响到禁迎赛的效果,政府权威和效能再一次受到质疑。

2. 市党部改变策略

新生活运动启动后,上海党部对于迎神赛会的态度是:以劝导的方式"严禁"迎神赛会。对于市党部来说,此时的境况与1929年时已大相径庭,由于在1931—1932年抵制日货中,"以党的官员严重受挫而告终"③,市党部已经失去在社会事务和教育中的优势地位,国民党地方党部和市政管理机构之间的关系逐渐缓和。何况,此前党部在破除迷信运动中的毁庙行为并没有取得明显效果,反而已经引起激烈冲突,对地方党部与地方政府、地方势力的关系少有裨益。同时,上海党部也意识到,仅仅依靠教育、劝导的力量,很难在短期内消除迎赛行为,只有督促地方政府运用政治强力,继续破除迷信之路。1934年5月上旬,中央执行委员会民众运动指导委员会特定《民俗改善运动大纲》,其中特别强调"以和善态度""加以劝导",纠正民众不良习俗④。此后,我们已很难看到国民党党员冲锋在前、激烈的毁庙焚神行为。

1934年清明节,江湾照例举行迎神赛会,发生了一起阻止迎赛、焚毁神像事件,这次冲锋陷阵的已经不再是国民党党员,而是江湾救火会会员。4月30日晚,江湾救火会队长许良佐等人率领全体队员,并号召闸北四段及吴淞、虹镇各救火会,阻止正在迎赛的神像回庙,劈伤敲头锣者,至凌晨终将三尊神像焚毁。此事发

---

① 梦若:《破除迷信乎提倡迷信乎》,载《申报》1934年4月10日。
② 张挺、江小蕙编:《周作人早年佚简笺注》,四川文艺出版社1992年版,第383页。
③ 关于这一时期市党部和市政府的关系,参见[法]安克强:《1927—1937年的上海——市政权、地方性和现代化》,张培德、辛文锋、肖庆璋译,上海古籍出版社2004年版,第32—33页。
④ 蔡鸿源主编:《民国法规集成》第40册,黄山书社1999年版,第433页。

生后,各方态度、反应各异。市民方面,极示愤懑,臂缠黑纱,以示哀悼,呈请地方法院严惩凶手,并恢复神像。商民方面,呈请市商会主持公道,并停付江湾救火会补助金①。救火会方面很快对此做出反应,将许良佐等救火会会员的行为定义为纯粹的个人行为,是"未经本会准许,擅自行动"②。并组织整理委员会多方活动,很快从是非焦点中解脱出来,避免成为民众和地方势力的公敌。市党部对于迎神赛会的定论是:"提倡迷信,此为极端;破坏新运,莫此为甚",认为此次事件"不但大快人心,且未引起事端,处置时机,极为适当"。并将其作为迎赛已引起"一般反感"③的佐证,要求市政府从肃风纪和新生活运动前途考虑,重申迎神赛会禁令。

政令"严厉",具体操作方式"温和",迎神赛会只能继续"禁而不止",依然在民间沿袭下去。清明节期间,上海各地的迎神赛会像以往一样有声有色,闸北都天大帝万福胜会盛况,"空前未有之"④,参加游行的团体众多,参加者达到十万人。浦东的迎赛活动更加别出心裁,参加者均为十一二岁到十八九岁的青少年,由于观众过多,有碍治安,政府勒令在市郊田野举行。城隍出巡、浴佛节香汛,仍是沪上独特的风景,巡警忠诚地担当维持秩序的角色⑤。

(四) 中央权威和地方利益的考量

从政治统治角度来看,将政治控制力渗入民间社会,推动国家意识下移,是国家强化政权权威的有效途径。一方面,国家权威的强化有利于地方秩序的稳定;另一方面,国家意识推行不当或触动习惯势力,极有可能引起民间强烈的反弹。地方政府在中央权威的长效利益和地方秩序的眼前急务权衡中,自然会选择后者。因此,从这一角度出发,很快发现迎赛久禁不止的政治原因。

首先,南京国民政府时期的市党部与市政府权责不明,禁止迎赛事倍功半。

---

① 上海救火会为民间组织,向来靠民捐民办。虽然从 1930 年 1 月开始,救火会便置于公安局的监督、指挥之下,但由于市政府财政并不稳定,依靠市政府提供经费维持活动十分困难。因此,民间资金仍然是救火会财政的主要来源。参见[日]小浜正子:《近代上海的公共性与国家》,葛涛译,上海古籍出版社 2003 年版,第 170—174 页。
② 《江湾迎神赛会焚毁神像事件》,载《申报》1935 年 5 月 4 日。
③ 《市党部严禁迎神赛会,函市政府布告取缔》,载《申报》1935 年 5 月 4 日。
④ 《闸北与浦东昨均迎神赛会》,载《申报》1934 年 5 月 14 日。
⑤ 《一年一度浴佛节静安寺前热闹》,载《申报》1934 年 5 月 19 日;《静安寺浴佛节拥挤》,载《申报》1935 年 5 月 9 日;《今日邑庙城隍出巡》,载《申报》1935 年 8 月 13 日;《昨日迎赛城隍会》,载《申报》1935 年 10 月 28 日。

南京国民政府时期,党部在意识形态上是政府官员的思想指导,但在具体政策实施时需要地方政府职能机关的大力配合。按照国民党的党义和宗旨,迎神赛会作为一种迷信行为,已经对其意识形态和国家政权的建构构成威胁,必须加以严禁。但是市社会局和公安局却没有法律依据来"究办"违禁其意志的群众,更没有有力的措施来严惩为首之人,从事迎神赛会的群众反而会从法律中寻求帮助,解决迎赛中的诸多事宜。如以"信教自由"寻求迎赛的合法性,以"人身自由"起诉禁赛的巡警,以法律途径解决迎赛中会首的徇私舞弊行为等。所以才会出现会首被拘留后又被保释,且未受任何责罚的情况,甚至负责维持地方治安的警力要和会首协商迎赛的地点和时间。

其次,市党部与市政府立场不同,破除迷信在实际操作中事与愿违。

南京国民政府时期,市党部期望以禁止迷信活动来促进其意识形态向民间下移,关注的是如何贯彻国民党的革命精神,为国民党政权的巩固建构坚实的意识形态基础,其构建政府权威这一出发点与地方政府并无不同。然而,在实际操作过程中,取缔迷信营业即将产生的巨大威力,让市政府立即止步,从民生经济和社会稳定两方面考虑,予以变通办理亦在情理之中。禁止迎赛的行为对地方治安造成周期性的冲击,并引发流血事件,这更是市政府所不愿看到的。民生经济、地方秩序,这些都是影响地方政府构建政府权威的重要因素,也是上海市政府首先要考虑到的。至于国民党党义的维护、革命精神的落实并不是地方政府考虑的重中之重。所以,在破除迷信运动中,市政府表面严禁而实际弛禁,外在强硬而内在妥协,这样的表现确实不能让市党部满意,却完全符合地方统治的需要。

破除迷信的高潮在1928年和1929年之后渐渐平息,南京国民政府延续了传统专制王朝对正统宗教符号的祭祀行为,崇祀孔子、关帝、岳飞等,举行时轮金刚法会祈福禳灾。1934年7月,上海连日无雨,旱灾形势严峻,市沪西漕泾区市政委员杨心正在民众压力下发布布告,禁屠祈雨①。这种对民间的妥协或许可以令地方政府在稳定社会秩序方面有所裨益,但处于"更加尴尬和难堪的境地"。南京国民政府在推翻北洋军阀统治的基础上建立,国家政权公开宣布提倡"现代性""理性""科

---

① 《沪西漕泾区断屠祈雨从今日起》,载《申报》1934年7月3日。

学",民间信仰在国民党政权意识形态中毫无合法性可言,这种"泾渭分明的不妥协态度,常常导致自己处于民众的对立面,也常常反过来,使自己为社会平衡而不得不采取的妥协行为,失去合法性理据"①,最终使行动的结果与目标产生严重的偏离。涤荡旧俗的行动没有达到清除旧权威体系的目标,对迷信的"解构"也并没有对政权的"建构"产生积极效应,旧的权威体系尚未清除,并不坚实的新政治权威却在这一过程中逐渐流失。

第三节 新俗铸模的困境
——以推行革命纪念日为例②

1927年,南京国民政府时期的上海市政府成立后,在"立新"这一向度上做了大量的工作。如果要对各个方面的具体操作及实施效果作全景式描述,无疑是十分困难的。推行革命纪念日、改造岁时习俗是其中贯彻始终、最具展演性的民俗。纪念日原是对于重大事件或值得纪念的人、事的纪念日子,可以是个人行为,也可以是集体行为。当政府有意识地推行由国家订定的纪念日,使之成为全国性的典礼和节日,用于传播和灌输政治文化时,纪念日即成为政府进行政治社会化、奠定合法性基础的一种重要手段。因此,民众对纪念日推行的反应不仅是新俗铸模效果的反映,也是一种共同的"长期政治文化"形成程度的标准,由此可以作为政权合法性的主要检验③。以革命纪念日的推行为例,探讨市政府的"立新"过程,不仅是可行的,也是必要的。

"任何社会,为了能存在下去,必须紧密地围绕保持其制度完整的这个中心,成功地把思想方式灌输进每个成员的脑子里"④。北洋政府时期,开创了由政府确立

---

① 郑振满、陈春声主编:《民间信仰与社会空间·导言》,福建人民出版社2003年版,第5页。
② 此部分内容经修改后已刊,参见艾萍:《国民政府时期革命纪念日论析》,载《广西社会科学》2012年第11期。
③ 李普赛特曾指出,对合法性的主要检验,是看特定国家形成一种共同的"长期政治文化"的程度,主要是指全国性典礼和节日。参见[美]西摩·马丁·李普赛特:《政治人——政治的社会基础》,张绍宗译,上海人民出版社1997年版,第58页。
④ [美]安东尼·奥罗姆:《政治社会学》,张华青、孙嘉明等译,上海人民出版社1989年版,第317页。

并推行各种体现国家意识的纪念日的先例。南京国民政府时期,这一政治社会化的方式继续被广泛运用并发挥到极致,这一时期确立和推行的纪念日数量之多、力度之大是以往任何政府所不曾有过的,本节将具体探讨纪念日的确立、推行及在上海地方的操演过程与效果。

一、革命纪念日的确立

南京国民政府时期,纪念日由国民党中央宣传部负责草拟,由国民党中央执行委员会常务委员会(以下简称"中常会")决定。政党是"人们借以追求权力和赢得或丧失权力的机构"①,纪念日期及相关纪念办法由国民党拟定,即表明政府已将纪念日视为权力运作的一种重要方式,政治性成为纪念日的先赋身份。1929 年 7 月 1 日,中常会通过了《革命纪念日及其仪式和宣传要点案》,共确定了 28 个纪念日。由于纪念日过多,有关各方无暇顾及。一年后,中常会发布《革命纪念日简明表》及《革命纪念日史略及宣传要点》,经 1934 年和 1935 年两次修正,共确立 20 个纪念日(见表 2-4)。抗战全面爆发后,南京国民政府订定的纪念日共有 23 个,即在国定纪念日中增加 7 月 7 日抗战全面爆发建国纪念、8 月 27 日孔子诞辰纪念和 9 月 9 日总理第一次起义纪念。

表 2-4 南京国民政府革命纪念日简表

	日期	名 称	宣 传 要 点	纪 念 办 法
国定纪念日	1月1日	中华民国成立纪念日	1. 辛亥革命及前后各地革命运动之经过及其因果; 2. 总理就临时大总统宣言中重要意义; 3. 中华民族复兴之意义; 4. 封建专制与民主政治之比较。	各休假一天,全国一律悬旗扎彩提灯志庆,各地党政军警各机关各团体各学校均分别集会庆祝,并由各该地高级党部召开各界庆祝大会。

---

① [美]安东尼·M.奥勒姆:《政治社会学导论——对政治实体的社会剖析》,董云虎、李云龙译,浙江人民出版社 1989 年版,第 4 页。

续　表

	日　期	名　称	宣 传 要 点	纪念办法
国 定 纪 念 日	10月10日	国庆纪念日	1. 国庆日之意义； 2. 讲解总理遗著中之双十节纪念； 3. 讲述民国元年前一年武昌首义之情形与今后应有之努力。	各休假一天，全国一律悬旗扎彩提灯志庆，各地党政军警各机关各团体各学校均分别集会庆祝，并由各该地高级党部召开各界庆祝大会。
	5月5日	革命政府纪念日	1. 讲述民十时代军阀与帝国主义之暴乱情形； 2. 说明总理就职总统之原因及其护法之精神； 3. 说明总理为国为民之大无畏精神与吾人应有之努力。	全国一律悬旗庆祝，各地党政军警各机关各团体学校均分别集会纪念，并由各该地高级党部召开各界纪念大会，十一月十二日放假一天。
	7月9日	国民革命军誓师纪念日	1. 讲述国民革命军成立之历史及其使命； 2. 讲述本党此次北伐经过及其重要意义； 3. 说明本党历次出师北伐宣言重要意义。	
	11月12日	总理诞辰纪念日	1. 讲述总理生平革命之重要事略； 2. 演讲总理学说； 3. 演讲三民主义。	
	3月12日	总理逝世纪念日	1. 讲解总理遗嘱及自传； 2. 讲述中央执行委员会接受总理遗嘱经过事实及第一届中央执行委员会第三次全体会议发出之宣言训令； 3. 讲述总理逝世后本党工作之概要与今后应有之努力。	全国一律举行追悼纪念，停止娱乐宴会，各地党政军警各机关各团体学校均分别集会纪念，并由各该地高级党部召开各界纪念大会，不放假。
	3月29日	革命先烈纪念日	1. 讲述各革命先烈为国牺牲之事略； 2. 讲述各革命先烈生平之言行； 3. 阐扬各革命先烈之特殊精神。	是日休假一天，全国一律下半旗纪念，由各高级党部召集当地各机关团体学校分别祭奠所有为革命而死之烈士并举行纪念大会。

续　表

	日期	名　称	宣　传　要　点	纪念办法
国定纪念日	5月9日	国耻纪念日	1. 讲述"五九""八二九""九七"国耻及"五三""五卅""六二三"惨案之始末； 2. 讲述订立各种不平等条约之经过及废除不平等条约之意义； 3. 讲述帝国主义者对华之野心； 4. 解释本党对外政纲并阐明其意义。	全国党政军警各机关团体学校一律分别集会纪念，停止娱乐宴会，并由当地各高级党部召开民众大会，兼作废除不平等条约运动，不放假。
	12月25日	云南起义纪念日	1. 述云南起义情形； 2. 述封建专制与民主政治之比较。	全国一律悬旗纪念，并由各地高级党部召开各界纪念大会，不放假。
本党纪念日	3月18日	北平民众革命纪念日	1. 日本帝国主义勾结军阀摧残中国之情形与辛丑条约所与吾人之耻辱； 2. "三一八"惨案之经过情形； 3. 民国元年以后军阀帝国殖民之罪恶。	由各地高级党部召集党员开会纪念，各机关团体学校可派代表参加，不放假。
	3月23日	先烈邓仲元先生殉国纪念日	1. 讲述邓仲元先生生平事略； 2. 讲述邓仲元先烈殉国情形； 3. 阐扬仲元先生从事革命之精神。	
	4月12日	清党纪念日	1. 本党十三年改组后容共之意义； 2. 共产党之罪恶； 3. 本党铲共清党之经过情形； 4. 阐明以三民主义打倒共产主义之意义。	
	5月18日	先烈陈英士先生殉国纪念日	1. 英士先生之革命历史； 2. 英士先生在上海殉国之原因及其情形； 3. 阐扬英士先生之革命精神。	

第二章 破旧立新与秩序重建(1927—1934) *117*

续 表

	日期	名 称	宣 传 要 点	纪念办法
本党纪念日	6月16日	总理广州蒙难纪念日	1. 讲述关于陈逆炯明谋反一切经过情形； 2. 讲述总理蒙难时一切情况； 3. 说明总理大无畏之革命精神为吾人所宜矜式。	由各地高级党部召集党员开会纪念，各机关团体学校可派代表参加，不放假。
	8月20日	先烈廖仲恺先生殉国纪念日	1. 仲恺先生之革命事略； 2. 仲恺先生殉国之前因后果及其精神； 3. 说明仲恺先生之人格及其为党为国之革命精神。	
	9月9日	总理第一次起义纪念日	1. 讲述本党革命之起源； 2. 说明总理初次失败后中国之政治环境及当时革命势力； 3. 讲述陆皓东烈士之事略。	
	9月21日	先烈朱执信先生殉国纪念日	1. 执信先生革命事略； 2. 执信先生殉国情形； 3. 执信先生之人格及其革命精神。	
	10月11日	总理伦敦蒙难纪念日	1. 说明总理初次失败后中国的环境及当时革命的势力； 2. 讲述总理在伦敦蒙难之经过； 3. 讲述总理伦敦蒙难记之要点。	
	10月31日	先烈黄克强先生逝世纪念日	1. 讲述黄克强先生革命事略； 2. 讲述克强先生艰辛奋图之革命精神。	
	12月5日	肇和兵舰举义纪念日	1. 述肇和战役之意义与经过； 2. 阐扬肇和战役之拥护民国慷慨踔厉的精神； 3. 说明滇黔起义袁逆灭亡实受肇和战役之影响。	

资料来源：内政部总务司第二科编：《内政法规汇编·礼俗类》，1940年，第3—4页；立法院编译处编印：《中华民国法规汇编·杂件》第12辑，1934年，第38—46页；《审计部上海市审计处关于修正革命纪念日简明表增加全国一律下半旗之规定》，上海市档案馆藏，卷宗号：Q123-1-220；《上海财政局关于革命纪念日》，上海市档案馆藏，卷宗号：Q432-1-96

这一时期,国民党确立的 20 个各类"革命纪念日"中,包括 9 个国定纪念日和 11 个本党纪念日,明确表明政府以纪念日强化政治体系的初衷。除二月份外,每月均有纪念日,纪念日设立的数量之多、举行的频率之频繁绝无仅有。虽然革命纪念日同样是以制度时间的形式,周期性进行国家意识的集中传播,但与北洋时期相比,这一时期革命纪念日的政治意识更加浓厚。

首先,突出孙中山的地位,将"孙中山""总理"作为国民党独占的政治象征符号加以运用①。在国民党时代,"总理"成为"孙中山"独占的政治符号。19 个纪念日中,有 5 个纪念日直接以"总理"命名,涵盖孙中山一生中诞辰、革命、逝世三个重要生命历程。此外,中华民国成立纪念日、国庆纪念日、革命政府纪念日的主要纪念内容之一也是总理革命精神。

其次,确定明确的纪念主题,自上而下统一播布政治理念。19 个纪念日共有 58 条宣传要点,平均每个纪念日主要宣传 3 条事项。其中,宣传革命先烈革命精神的有 27 条,纪念、宣传孙中山一生革命业绩 14 条,针对军阀、帝国主义和共产党的分别为 8 条和 4 条。纪念日宣传要点的规定,利于各地方政府和地方党部开展更有针对性的宣传,便于实际操作。同时,由于纪念日是以全国统一的形式举行,处于南京国民政府统治地域内的民众都可以在同一的时间内,接受一次政治理念的密集熏陶,其功效与简单的日常宣传不可同日而语。

再次,政治系统广泛参与,具有强烈的示范效应。纪念日的纪念办法中对南京国民政府统治下的党政军警各机关、团体和学校都有明确规定,包括休假、集会、举行纪念仪式等。公务人员是政府形象的代表,他们对纪念日的参与,不仅有广泛的示范作用,也对活动的正当性、合法性作出明示;以团体为依托的地方精英的参与,是纪念活动在地方成功运作的保证;各级学校是中央党部直接主管下的部门,也是政治社会化最系统化的、强有力的影响因素,在纪念日的集

---

① 关于孙中山政治象征符号的建构及国民党寻求合法性的权力技术的研究,已有陈蕴茜先生的《合法性与"孙中山"政治象征符号的建构》(《江海学刊》2006 年第 2 期)、《空间重组与孙中山崇拜——以民国时期中山公园为中心的考察》(《史林》2006 年第 1 期)以及《植树节与孙中山崇拜》(《南京大学学报》2006 年第 5 期)等文章专门论述;陈先生的另一篇文章《时间、仪式维度中的"总理纪念周"》(《开放时代》2005 年第 4 期),从时间、仪式双重维度研究总理纪念周对孙中山符号的建构与传输。另外,李恭忠的《"党葬"孙中山:现代中国的仪式与政治》(《清华大学学报(哲学社会科学版)》2006 年第 3 期)及其《中山陵:一个现代政治符号的诞生》(社会科学文献出版社 2009 年版),以孙中山奉安大典作为现代仪式政治的典型案例。这些均给笔者很大的启发,谨此致谢。

体活动中,充分展示纪律、规则和权威,影响的不仅是在校学生,也波及学生的家庭。

第四,采取多种纪念方式,内化国家意识。从纪念方式来看,主要有放假、悬旗扎彩提灯(或下半旗、停止娱乐宴会)、集会三种形式。节日放假制度始于汉代①。传统社会的节日休假一般根据民间岁时节令而来,节假日的各项活动更多的是为了体现官吏的亲民姿态。革命纪念日中,政府各机关、团体、学校一般会利用这些假期进行纪念仪式的建构和操演,明"休"暗"忙"地将政治时间的效率发挥到最大化。

悬旗扎彩提灯也是古已有之。纪念日纪念办法中对旗帜的悬挂均有明确规定,如在纪念总理逝世、哀悼先烈和国耻纪念时,要求下半旗、停止娱乐宴会。下半旗是以国家名义表示对死者的哀悼、纪念;停止娱乐宴会则以个人的禁欲表示对死者的纪念、尊敬②。国家和个人两大主体共同参与纪念日的时间生活中,实现政治意识的播布和内化。

集会是政治意识常用的播布场域。集会将社会成员集中于一定的时空场域,通过共同回忆群体的经历,间接激发个体记忆,"消除可能导致个体彼此分离和群体相互疏远的记忆",形成共同的时空记忆,使人们"在想象中重演过去来再现集体思想"③。通过集会这种社会机制存储并解释关于过去的记忆,形成集体记忆,可以增强群体的凝聚力,有助于共同奋斗目标的形成。因此,对于政治统治来说,集会是把"双刃剑",南京国民政府可以利用集会强化党化意识;同时,也要积极防备各种政党、团体利用集会传播异己思想,对现行秩序构成威胁。所以,革命纪念日时,纪念大会一般都是由各地高级党部组织召开,预设集会基调,以话语霸权的方式使纪念活动朝着政府的既定目标运行。

---

① 《汉书·薛宣传》载:"日至休吏。"即冬至和夏至日放假,且假期还不止一天。《后汉书·礼仪志》记载,"冬至前后,君子安身静体,百官绝事,不听政","日夏至,礼亦如之"。

② 涂尔干(Emile Durkheim)指出:"哀悼仪式不仅仅是由对死者充满真诚的遗憾所构成的,此外,它还包括严厉的禁欲和残酷的祭祀。这种仪式不仅要求采用伤感的形式来悼念死者,还要求人们殴打自己,抓伤自己,割破自己。"参见[法]爱弥尔·涂尔干:《宗教生活的基本形式》,渠东、汲喆译,上海人民出版社2006年版,第378页。我国古代在亲人逝世时也有守孝、祭祀等各种表示哀悼的活动。在现代的哀悼仪式中,虽然已没有如此这样的自残自伤行为,但禁欲却是不变的主题。

③ [法]莫里斯·哈布瓦赫:《论集体记忆》,毕然、郭金华译,上海人民出版社2002年版,第43页。

二、纪念日的推行

与传统岁时节令相比,纪念日的数量并不占优势①,纪念活动也并不特别丰富。而且,纪念日由政府强行设立,没有传统节令那样的天然地位和社会空间;没有长久历史文化传统的积淀,群众性更无从谈起。那么,为了秩序重建的目标,政府是如何铸模出一套新的节庆民俗,并以此实现政治空间的社会化、制度时间的生活化呢?

(一)运用行政力量冲击传统岁时节令存在的基础,为纪念日的运行预设法统性地位和社会空间

新式纪念日是为实现政府政治意识下移而设,它们的运行需要广泛的合法性基础和社会空间。而传统岁时节令的存在无疑是新节日体系植入的巨大障碍。因此,政府在确立革命纪念日的同时,即积极消解传统岁时节令的影响。

1. 查禁旧历书的印制、销售与使用,消灭传统节令运行的时间文本

当时民间流行的旧历书都是阴阳合历,具有浓厚的封建迷信色彩。1929年7月,南京国民政府通令"不得再于十九年历书及日历内附印旧历,以利国历之推行"②。不久,行政院发出训令:今后的历书不再附旧历,各地书店不得再印制、发行旧历书;各地编制的新历书必须完全用阳历年月日,不准有任何阴阳合历的痕迹。对旧历书的查禁从禁印、禁售上同时进行。上海人口众多,旧历书的使用频繁自不待言。令当局颇为头痛的是,上海也是旧历书的主要印制地,并行销各地。商家常常利用上海多元的统治格局印制、销售历书,且不乏各国侨民利用独特的身份印制、销售旧历以渔利的情况,查禁活动尤为艰难。市党部往往要会同社会、公安两局与租界当局交涉,要求其协同行动,查禁旧历书③。由于事及国家外交,因此,

---

① 传统节令参见附录一:《上海传统节令简表》。
② 《上海特别市市政府市政公报》第25期(1929年7月20日)。
③ 见《上海特别市市政府训令第1006号》,载《上海特别市市政府公报》第39期(1929年12月10日);《上海特别市政府训令第2679号为教育部咨请查禁日侨印售阳阴合历历书转饬查明严禁由》,载《上海特别市市政府公报》第40期(1929年12月20日);《函日本驻箚上海总领事重光葵第1003号为取缔日商经营之味之素阴阳日历案由》,载《上海特别市公报》第45期(1930年2月20日);《上海市政府公函第2220号为请转饬侨民不得再印阴历历书或包庇情事以重历政而教睦谊函达查照备理由》,载《上海市政公报》第75期(1930年12月20日)。

只能以"制止""没收""销毁"为处罚手段,从政府公报中所记载的案例来看,屡禁不止的现象较为普遍。但政府厉禁的姿态已经昭示,旧历书已被剥夺合法地位,传统以神诞日为主要节令的节日体系也被视为国家体制外的时间节点。

2. 编制、印行新历书

对于政府来说,取缔旧历书后,最为急迫的就是印制和推广新历书。上海向来就有编制历书行销各地的传统。1929年9月,上海市政府即编撰印行新历书①,编成发行的《民国十九年新历书》与旧历书迥异。新历书封面为红蓝黑三色,以红色为主色,符合传统民俗习惯;封面上端印中华民国国旗,下端印上海市区全图;里页印有总理遗像、遗嘱。每月一张(即两页)相对印,便于查阅。历书正文第一页印制市政府组织及各局职掌及地点、电话等。每月日历上列各种纪念日,次印日期、星期、朔望、节候及日出入时刻,另印有各局提供的市民常识。为便于市民计算年龄起见,于历书中加印一百年新(阳)旧(历)对照表②。新历书处处体现了政府的政治理念,国旗、总理、纪念日、色彩等多种象征符号综合运用,以强烈的视觉冲击强化个体记忆,试图以新的观感消退人们对旧历书的留念。由于新历书美观、大方、实用,首批印行数万册,不到一个月便销售一空。

3. 改变与传统节令相关的商家结账习惯

传统岁时节令法统地位的丧失并不意味着从民众生活中的隐退。由于岁时节令不仅是与日常相对的时间节点,而且与人们的生产生活密切相关,因此,必须改变我国商界长期以来形成契约文书、结账日期等均以旧历进行的惯例。1929年公布的《推行国历办法》中规定:"凡商家账目,民间契约,及一切文书簿据等,一律须用国历上之日期,并不得附用阴历方有法律上之效力。"③从当时的社会反应来看,商家对于契约文书须用国历日期反应并不激烈,但结账日期的变更

---

① 新历书的编撰程序为:先由中央研究院制成国历样本;然后,市社会局根据其他各局提供的相关材料编成历书;最后由市库拨款付印,交给各书坊代为发售;或招商承印发行。《上海市社会局印行历书文书》,上海市档案馆藏,卷宗号:Q215-1-6065;《上海特别市政府训令第2677号为准内政教育两部咨复该局请示关于编印新历各点酌拟解决办法转饬知照由》,载《上海特别市市政府市政公报》第40期(1929年12月20日)。

② 《上海市社会局印行历书文书》,上海市档案馆藏,卷宗号:Q215-1-6065。

③ 中国第二历史档案馆编:《中华民国史档案资料汇编》第五辑第一编文化(一),江苏古籍出版社1991年版,第436页。

却波折不断①。1931年,行政院第23次国务会议议决,以国历一月末日为总收解期,其他两个结账期为五月末、九月末②。从日期来看,阳历五月末、九月末、一月末与阴历的端午、中秋、新年接近,比较符合商家的习惯,可以减少推行过程中的阻碍、拖延。更重要的是,明确以国历日期介入经济领域,进一步消解传统节令在生产活动中作为重要节点的广泛影响。

4. 废止旧历年节习俗活动

传统的岁时习俗一时间尚难清除,为减少改造节日体系的阻力,南京国民政府采取的方法是"挪"和"移",即将旧历年节的习俗和活动,统统移到阳历年节进行。《推行国历办法》中规定:"移置废历新年休假日期及各种礼仪点缀娱乐等于国历新年","各地人民应将废历新年放假日数及废历新年前后所沿用之各种礼仪娱乐点缀,如贺年、团拜、祀祖、春宴、观灯、扎采、贴春联等一律移置于国历新年前后举行"③。然而,在民众看来,改的不仅仅是一个日期,而是附属于日期之上的整个民俗文化生活和习惯,旧历年节仍然热闹异常,国历年节遭到的是"冷漠观望,消极对抗"④。

查禁旧历书,颁行新历书,改变商家结账日期等属于政府职权范围,为政治控制力可以明确操作的事项,符合当时融入世界、文明进步的大趋势。因此,并未引

---

① 1929年年终,由于时间紧迫,在上海各商会的申请下,市政府为顾及商情,将结账日期予以变通,展缓一个月至次年1月29日。此后商界的收解期依然遵行旧历。到了1931年,为避免商家继续观望,期仍以旧历年节结账,"置先总理之主张及本党数年来之努力于不顾",市社会局从商情、农情两方面考虑,提议:自1931年起,将全国工商业会计年度,改为自3月1日起,至翌年二月末日止,每年三次结账收解期分别为6月末、10月末、翌年2月末。这项提议经市商会向各行业公会征集意见,钱业公会针对2月末结账立即提出其"不适当"的三处。认为,按照社会局的提议,以二月末日为总结账期,就表面观之,似乎宽假时日,予商民以从容准备,不知过与不及,其窒碍相等;盖农产之收入及销售,以节气论,至一月间,均可完全藏事,农民以所得之代价,作偿还商店之货款,全国各地几成定例,若迟至二月末日始行结账,历时既久,所得代价往往已充他项之消耗,则商店收账势必发生困难,其不适当者一;时至二月末日,农将从事春作,商在旺进春货,正金融调剂之时,而反以收解结束之期,其不适当者二;钱业惯例,每于总结账后,须经过整理调查手续,方得开始营业,而整理调查之时间,最短亦需半月,若以二月末日为结账期,则钱业放账当在三月半以后,对于各业进展,必受影响,其不适当者三。提议以一月末日为总结账期。《上海特别市市政府市政公报》第36期,1929年11月10日,第51—52页;《呈请规定商家结账收解期限》,载《申报》1931年2月16日;《钱业公会复市商会函总结账期主张》,载《申报》1931年3月16日。

② 《确定结账收解日期》,载《申报》1931年5月29日。

③ 中国第二历史档案馆编:《中华民国史档案资料汇编》第五辑第一编文化(一),江苏古籍出版社1991年版,第435页。

④ 关于废止旧历年节中政府与民众的冲突,具体参见左玉河:《从"改正朔"到"废旧历"——阳历及其节日在民国时期的演变》,载《民间文化论坛》2005年第2期。

起民众的反感与抗拒,成效也是十分明显。然而,当政府举措触及民众日常及岁时风习时,实际情况比预想的复杂得多,这从上文中政府禁止迎神赛会的波折可以得到佐证。尽管如此,政府已经通过一系列的废历运动,剥夺了旧历年节的合法性,使之在国家政治生活和日常经济生活中日益边缘化,为新式纪念日的置入预留了法统地位和社会空间。

(二) 征用传统节俗仪式,建构革命纪念日

传统节令的强大生命力主要来自悠久的历史文化传统,其中蕴含的人文意义非短时期可以酝酿。对于这一点,政府的行政力量也无法改变。长久的文化传统非短时间可以酝酿,而外在形式却可以迅速造就。传统岁时节令的一个重要特征是对各种仪式的操演。仪式可视为与日常相对的超常态①,由特定的时间、空间和行为构成独特的时空场域。传统岁时节令具有时间的周期性、空间的广泛性、行为的狂欢性,仪式具有穿越时空的全民影响力,这一切正是政府建构新式纪念日时积极寻求的。而"仪式不仅具有可塑性,而且在发挥有效作用时具有极端的一般性"②。因此,利用仪式能够相互替代的特点,从传统岁时习俗中汲取有效因子,甚至直接征用民间仪式,将传统仪式与新式纪念日相融合,营造出既有政治理念,又有传统节日氛围的"场域",不失为以间接的、暗示的方式进行政治社会化,从而实现新俗铸模、秩序重建的一条捷径。

1. 从政治时间到社会时间:纪念日的时间设定

仪式是象征性的、表演性的一整套行为方式,对时间和空间都有特定的要求。我们一般都把时间视作直线式的事件,具有不可逆性。然而在许多初民中,"时间周而复始,季节在时间流逝中循环往复,每年重现从前的情景",时间又具有周期性、循环性。"时节性宗教礼仪就是这种无穷循环的稳定标志……通过密切地接近

---

① 涂尔干把仪式看作是人类宗教现象的重要组成部分,认为宗教就是由信仰(思想方面)和仪式(行为方面)两个范畴组成的。他说,对于宗教信仰者来说,整个世界被划分为两大领域,一个领域包括所有神圣的(sacred)事物,另一个领域包括所有凡俗的(profane)事物。作为宗教构成因素的仪式,属于神圣事物,如果仪式不具有一定程度的神圣性,它就不可能存在。参见[法]爱弥尔·涂尔干:《宗教生活的基本形式》,渠东、汲喆译,上海人民出版社 2006 年版。
② [法]爱弥尔·涂尔干:《宗教生活的基本形式》,渠东、汲喆译,上海人民出版社 2006 年版,第 366—367 页。

神圣性力量,为时间和大众提供了周期性神圣化的机会"①。现代国家很快将时间的这一特点运作到政治统治中,纪念日的设置即征用了传统节令仪式的"周期性神圣化"力量,以每年一次的频率反复"重现行为变成社群特别关注点的某些特别时刻"②,形成人们脑海中的刻板印象。在周而复始的运行中,纪念日政治时间即成为周期性的"神圣时刻"。

现代国家已经将时间广泛运用为一种社会运行手段③。南京国民政府很快利用自上而下、组织严密的政治系统,将纪念日这一政治时间运作为社会的制度时间④。纪念日办法中规定:中华民国成立纪念(1月1日)、总理逝世纪念(3月12日)、黄花岗七十二烈士殉国纪念(3月29日)、孔子诞生纪念(8月27日)、国庆纪念(10月10日)、总理诞辰纪念(11月12日)均放假一天,休假的包括各地党政军警各机关、团体、学校,甚至银钱业。同时,内政部明确规定:"对于旧历节令,一律不准放假。"⑤这样一来,传统节令虽然在数量上居多,但在整个假日闲暇体系中,传统节令失去了重要的仪式时间,革命纪念日因政府法令的强制干预,具备了充裕的仪式时间,明显占据优势地位,得以成功介入体系化的社会时间表中,成为日常生活的时间节点。

有了集体的重复记忆,有了充裕的仪式时间,纪念日社会时间化之路渐趋明朗。

2. 纪念堂:纪念日的仪式空间

仪式空间作为参与者与"他者"对话的空间,对仪式的神圣性至关重要。仪式空间既有固定的,也有流动的。民间神诞庆祝日时,以固定的寺庙("座会")或流动

---

① [美]罗伯特·F. 墨菲:《文化与社会人类学引论》,王卓君、吕迺基译,商务印书馆1991年版,第234页。

② [美]保罗·康纳顿:《社会如何记忆》,纳日碧力戈译,上海人民出版社2000年版,第74页。

③ 吉登斯指出,"时间表是最重要的现代组织手段之一,它要求并且刺激着以数量化的时间来调节社会生活⋯⋯一个时间表就是一种时一空秩序设置,而时一空秩序设置则是现代组织的核心"。[英]安东尼·吉登斯:《民族—国家与暴力》,胡宗泽、赵力涛、王铭铭译,生活·读书·新知三联书店1998年版,第215页。

④ 所谓"制度时间"(institutional time),是指根据组织或机构的作息而制定出的不同的时间表及对时间表的不同分割,是组织或机构成员共同遵守的时间。转引自陈蕴茜:《时间、仪式维度中的"总理纪念周"》,载《开放时代》2005年第4期。

⑤ 中国第二历史档案馆编:《中华民国史档案资料汇编》第五辑第一编文化(一),江苏古籍出版社1991年版,第425页。

的路由("游会")作为仪式空间,以强化对鬼神的信仰。政府举行革命纪念日的纪念仪式时,一般会择定一固定地点召开纪念大会,有的采取集体游行的方式,强化政府塑造的孙中山、三民主义、国民党、革命等政治象征符号。流动的仪式空间一般只需要预先设定路线,固定的仪式空间则需要特别营造。

(1) 直接建造纪念性建筑

1927年后,全国各地均营造了各类纪念性建筑,特别突出的是为纪念孙中山而建造的中山公园、中山纪念堂、孙中山铜像等。上海青浦、川沙、嘉定、崇明、长宁等地均建有中山公园①。《大上海计划》中,中山纪念堂被列为重点建设项目之一。1933年,市政府大楼建成,楼前有可容10万人集会的广场,北面建中山纪念堂,前竖孙中山铜像。中山纪念堂和孙中山铜像成为市政府的标志性建筑,也是各种纪念集会的举行场所。

(2) 改邑庙为纪念堂

1929年"毁庙"运动中,上海特别市执行委员会在区党部的提议下,"拟将市内无益之邑庙改为因革命而牺牲之烈士祠",认为"实为一举两得之事"②。市政府随即设立邑庙产业整理委员会,以推行邑庙改纪念堂工作。实际上,因庙产不明、户名不清,这一工作难以推行③。

(3) 利用现有场地,塑造纪念仪式空间

在中山纪念堂建成之前,上海市各种大型的革命纪念日纪念活动一般在市党部礼堂、市民众教育馆、南市新普育堂举行,或借用市商会大礼堂举行。为在现有

---

① 青浦中山公园1927年由曲水园改建而成,位于青浦县城东北角,原为邑庙灵园。川沙中山公园位于今浦东新区川沙镇旧城区的西南部,约于1931年建,面积十余亩(1万平方米左右),园东西呈长方形,坐西面东,园西中央建中山纪念堂。嘉定中山林公园位于嘉定县黄渡镇西南,面积2亩多(1 300多平方米),1928年3月,为纪念孙中山逝世3周年,由盛俊才、夏琅云等发起,在银杏山庄旧址筹建中山林公园,当年建成,园中建有中山礼堂。崇明堡镇中山公园原址在崇明县北堡镇海滨厂东侧,占地30余亩(2万多平方米)。民国18年由当地乡绅龚亚虞捐资辟建。1944年,建于1914年的原兆丰公园改名为中山公园,位于现在的长宁区。

②《上海市政府第131—140次市政会议议程汇编》(第三册),上海市档案馆藏,卷宗号: Q1-5-569。

③ 1929年,湖社拟将管内的寿圣庵改建为英士纪念堂都困难重重,其他的该庙建堂工作进行的困难可想而知。寿圣庵位于公共租界内的北京路,庙产属于湖社。1929年,湖社呈请将寿圣庵改建为英士纪念堂,国府核准后训令江苏省政府、上海特别市政府办理。但该庙僧徒一直盘踞不让。在公共租界临时法院的干预下,政府动用行政力量,才将原圣寿庵中僧徒迁移出庵。《寿圣庵改建英士堂》,载《申报》1929年12月25日。

的条件下,尽量发挥纪念仪式的功能,市党部对仪式空间进行了精心的布置。以1934年国庆纪念日为例,上海市党部借用市商会大礼堂作为庆祝大会召开地点。会场布置为:"大门前悬国民党党旗、中华民国国旗及白布横额,上书'上海市各界代表举行国庆第二十三周年纪念大会',场内礼台上,亦悬国民党党旗、中华民国国旗暨总理遗像,上悬白布横额,字样与前同,四壁满贴标语,景象甚严肃。"①其他各种国定或本党纪念日的纪念空间布置均以严肃、庄重为基调,悬置国民党党旗、中华民国国旗和总理遗像是每个场地布置中不变的主题。南京国民政府对"孙中山"这一政治象征符号推崇备至,不仅由于可以利用"孙中山"的巨大能量调动社会各种力量,达到增强群体内聚力②,以消除各种离心思想的功用。更重要的是,孙中山一直被国民党定义为党的"总理",在政府权威信仰资源不足的情况下,国民党将自己宣扬为孙中山的"伟大的遗产""总理精神之所寄",利用孙中山的巨大个人魅力,希望全社会对孙中山的无比崇敬移情为对国民党的政治认同,所谓"总理生前,我们一切的行动决诸于总理,总理死后,我们一切的行动决诸于党,现在我们的党,便是我们的总理一样"③。国民党党旗、中华民国国旗等其他政治象征符号也被广泛运用于仪式空间的布置④,国民党充分利用它们的强大感染力,达到加强政治统治的目的。

3. 仪式:纪念日的纪念过程

有了预留的社会时间,有了适当的纪念空间和可供利用的政治象征符号,政治信仰的下移需要的是程式化的仪式,以行为的操演实现仪式的功能,即在特定群体或文化中沟通(人与神之间,人与人之间)、过渡(社会类别的、地域的、生命周期的)、强化秩序及整合社会⑤。当人们履行了仪式职责重新返回到凡俗生活中以后,

---

① 《明日国庆纪念大会》,载《申报》1934年10月9日。
② [荷] A. F. G. 汉肯著:《控制论与社会》,黎鸣译,商务印书馆1984年版,第103—104页。
③ 鸣一:《我们同志要怎样纪念总理》,载《总理逝世二周年纪念大会纪念册》,第18—19页。
④ 南京国民政府规定:国定纪念日及政府另行指定悬旗之日期,均应悬挂中华民国国旗。上海市警局为整饬市容及观瞻起见,定有划一办法,其要点:一、中华民国国旗定纵长三·八四市尺,横五·七六市尺,旗杆长一一·五二市尺,直径一市寸,白色配以金黄色球顶;二、悬旗用三角架装于门楣左上方,高度以垂下最低旗角离地十市尺为准,旗杆与门楣成四十度角度,其装屋顶垂直旗杆者,一律拆除;三、一,二,三,十,十一,十二月份晨七时悬旗,晚五时降旗,其他月份为晨五时悬旗,晚六时降旗。中华民国国旗污损或式样不合者,应予更换。中国工商服务社印行:《京沪宝鉴·上海宝鉴·警察》,1949年版,第8页。
⑤ 郭于华主编:《仪式与社会变迁·导论》,社会科学文献出版社2000年版,第1页。

勇气和热情增加了,"这不仅是因为我们与一种至上的能量之源建立了联系,而且也因为我们度过了一段不太紧张、自由随意的生活,我们的体力得到了恢复"①。

在革命纪念日的纪念仪式中,政府即征用了民间仪式的诸多要素②,建构出用于推行国家意识的政治仪式。各种纪念仪式大体相似,基本仪式包括:

① 奏乐;
② 全体肃立;
③ 唱国民党党歌;
④ 向国民党党旗、中华民国国旗及总理遗像行最敬礼;
⑤ 主席恭读总理遗嘱;
⑥ 静默;
⑦ 主席报告;
⑧ 演说;
⑨ 呼口号;
⑩ 散会。③

纪念仪式的每一仪节均有深刻的内涵和功能。

纪念仪式举行时,首先以音乐营造仪式氛围,有助于进入仪式空间的群体迅速受之感化,进入仪式状态。

全体肃立,通过对身体紧张和情绪兴奋的暗示,令人们迅速进入严肃的状态,准备仪式的正式操演。国民党党歌是原黄埔军校校歌,由孙中山作词,歌词完全是

---

① [法]爱弥尔·涂尔干《宗教生活的基本形式》,渠东、汲喆译,上海人民出版社 2006 年版,第 363—364 页。
② 美国人类学家沃勒斯(Anthony Wallce)指出,文明社会中神学宗教仪式构成的基本要素包括:祈祷、音乐舞蹈、生理体验、布道、朗诵经典、模拟、圣物和禁忌、设宴、牺牲、集会、神灵启示、符号象征。孙秋云主编:《文化人类学教程》,民族出版社 2004 年版,第 305—308 页。
③ 这是国庆纪念日举行的基本仪式,由于仪式具有能够相互替代的特点,在其他纪念总理逝世、先烈殉国或国耻等表示哀悼、悲愤的纪念日时,纪念仪式也基本相似,只是,将音乐定为哀乐,并增加献花圈、祭文的环节。《今日各界庆祝国庆》,载《申报》1929 年 10 月 10 日;《前日国庆纪念国难声中,停止娱乐》,载《申报》1931 年 10 月 12 日。

三民主义政治思想的直白说教与表达①。在革命纪念日的纪念仪式中,国民党党歌始终是仪式的主题歌,试图以富有节奏感的乐曲形式进行三民主义党化教育,将三民主义、国民党、中华民国塑造为三位一体的形象,深入民众内心。

向国民党党旗、中华民国国旗及总理遗像行最敬礼,即三鞠躬礼,不仅是政府推广鞠躬礼的重要方式,也是一种身体语言记忆的方式。这比话语和图像更容易在人脑记忆层中刻下痕迹,使国民党、中华民国、总理的神圣形象得以长久保存。

总理遗嘱是孙中山对中国革命的总结,也是国民党未来发展的行动指南。全文不过一百余字,文白兼用,凝练而通俗,便于记忆且富于感染力,符合仪式语言易于重复、易于预测的要求②。总理遗嘱在国民党各种重要场合、学校、团体各种集会时都要诵读,早已家喻户晓,不仅国民党人、政府职员、知识分子,甚至普通百姓也能全文背诵。在纪念仪式时,再次由主席恭读,以重复记忆唤起民众的崇敬之情。同时,群体的诵读更能形成集体记忆,使参加者形成"我们"的群体概念。

恭读总理遗嘱后要全体静默,一般为三分钟。这三分钟实际上是让参加者沉浸在与"孙中山"、与共同参与者、与自己内心对话中。与"孙中山"进行心灵对话,追忆总理的革命历程,感悟总理遗嘱的真知灼见;与共同参与者进行心灵沟通,确立共同的奋斗目标和行动纲领;与自己内心对话,自省工作、学习、生活。以类似于宗教忏悔的仪式营造出纪念仪式的庄重氛围。

接下来由大会主席进行报告,为行文起见,现将1933年上海市国庆纪念大会时,主席蔡洪田所作报告全文录入:

> 今日是中华民国二十二年国庆日,在二十二年以前的今天,本党先烈,起义于武昌,推翻满清,创立中华民国,追忆在满清最后三年,那时因政治的腐败,迭受各帝国主义的侵略,致民生凋敝,国势衰弱,先总理有鉴于此,觉非实

---

① 国民党党歌歌词为:三民主义,吾党所宗,以建民国,以进大同。咨尔多士,为民前锋。夙夜匪懈,主义是从。矢勤矢勇,必信必忠。一心一德,贯彻始终。
② 《总理遗嘱》全文为:余致力国民革命凡四十年,其目的在求中国之自由平等。积四十年之经验,深知欲达到此目的,必须唤起民众及联合世界上以平等待我之民族,共同奋斗。现在革命尚未成功,凡我同志,务须依照余所著《建国方略》《建国大纲》《三民主义》及《第一次全国代表大会宣言》,继续努力,以求贯彻。最近主张开国民会议及废除不平等条约,尤须于最短期间促其实现。是所至嘱!

行革命不足图存救亡,经若干次的奋斗,本百折不挠的精神,再接再厉,于二十二年前的今天,在武昌起义,而中华民国成立,遂定十月十日为国庆节,这天在党史上国史上是最光荣的一天,值得我们热烈的庆祝。惟本年的国庆,则外侮内乱交迫,奉命不必铺张,所以很简单的庆祝,但是庆祝国庆的意义,不在于形式,再者,中华民族,经若干次数的危急时期,二十二年中,大好的山河,不知失去多少,兹者匪患尚未肃清,而日人仍步步的得寸进尺,迭来侵扰,处此局面之下,国人应该快快觉悟,所以今天庆祝国庆,一方面庆祝,一方面当为国努力,共图强国之道,并注意:① 农村之复兴;② 全国交通之建设;③ 提倡国货;④ 巩固国防等云云。①

报告全文主要包括三个部分:① 追忆"共同的过去",主要是总理及先烈的革命历程和革命精神;② 勉励"共有的现在",以强烈对比的语言描述当时国家面临的内忧外患;③ 努力"我们的将来",强调努力的方向为农村复兴、交通建设、经济发展、国防巩固几个要点。很明显,追忆过去是为了让纪念仪式的参加者形成"共同体"的概念,以此为现状的"共有"奠定基础,以饱满的精神投身于"我们"未来的事业。换言之,"纪念过去,在于创造将来"②。仪式不仅是表达性的,也是建构性的③。纪念仪式的功能之一即通过"共同回忆长期分离的群体成员的事迹或成就"④,激发共有的时间记忆,对存储于社会机制中的"过去"进行解释,清除那些不利于政治意识推行的个体或群体记忆,引导参与者沿循预设的共同记忆道路前行,重整集体记忆。

最后的一个仪节为呼口号,也是整个纪念仪式的高潮部分。经过前面各个仪节的酝酿,已为共同呼喊口号营造出庄重、一致的仪式氛围。口号语言一般言简意赅,易于重复、易于操作,在不同的纪念仪式场合都可运用,且富于感染力、穿透力,

---

① 《前日国庆纪念盛典》,载《申报》1933 年 10 月 12 日。
② 《全市庆祝国庆纪念》,载《申报》1934 年 10 月 12 日。
③ 哈布瓦赫曾经指出:"尽管集体记忆是在一个由人们构成的聚合体中存续着,并且从其基础中汲取力量,但也只是作为群体成员的个体才进行记忆。"([法] 莫里斯·哈布瓦赫:《论集体记忆》,毕然、郭金华译,上海人民出版社 2002 年版,第 43 页)推而论之,不仅个体记忆具有多样性,群体记忆也同样如此,一个社会中有多少群体,就有多少集体记忆,其中不乏可能导致个体彼此分离和群体相互疏远的记忆。
④ [法] 莫里斯·哈布瓦赫:《论集体记忆》,毕然、郭金华译,上海人民出版社 2002 年版,第 304 页。

有的甚至具有煽动性,极易激起参加者的集体情绪,进行共同行动。这一时期的纪念仪式的口号一般极具现实意义,其内容主要为驱除外侮、勘除内乱、经济建设等,最后两句口号均为"中国国民党万岁、中华民国万岁"①。有的口号以问答的形式出现,给参加者更强烈的心理暗示,其效果也更加明显。如九一八事变后,各地在每年的9月18日都要举行相应的纪念活动。在总理纪念周集会和朝会时,由主席或校长与全体到会者共同完成以下口号问答,最后再由主席或校长领导高呼"打倒日本帝国主义"口号三遍。在这种一问一答的对话中,以否定回答的形式强化口号的力量。

  问:你忘记日本占据我们的东三省吗?(主席)
  答:永不忘记!(参加者)
  问:你忘记日本屠杀我们的同胞吗?
  答:永不忘记!
  问:谁是我们的敌人?
  答:日本帝国主义者!②

三、纪念日的现实操演

  纪念日是在政治力量的推动下,由中央和地方、政府和民众共同完成的仪式操演③。通过广泛的仪式教育,引导人们获取、形成、传播和延续以社会政治文化为基

---

  ① 如国庆纪念大会的口号随时局变化,年年更新。1931年的口号为:① 纪念国庆,要维护和平统一;② 纪念国庆,要不忘国难;③ 纪念国庆,要不忘水灾;④ 纪念国庆,要抵御外侮;⑤ 驱逐日兵出境;⑥ 对日经济永远绝交;⑦ 打倒日本帝国主义;⑧ 中华民国万岁;⑨ 中国国民党万岁。1933年的口号是:① 积极生产,充实国力;② 勘除赤匪安定社会;③ 准备实力收复失地;④ 拥护政府实施建设工作;⑤ 打倒日本帝国主义;⑥ 中国国民党万岁;⑦ 中华民国万岁。1934年的口号:① 十月十日,是中华民族复兴的纪念日;② 纪念国庆要推行新生活;③ 纪念国庆要剿灭赤匪;④ 纪念国庆,要努力生产建设;⑤ 准备实力收复失地;⑥ 拥护革命领袖蒋委员长;⑦ 中国国民党万岁;⑧ 中华民国万岁。《前日国庆纪念国难声中,停止娱乐》,载《申报》1931年10月12日;《前日国庆纪念盛典》,载《申报》1933年10月12日;《全市庆祝国庆纪念》,载《申报》1934年10月12日。
  ② 《上海市教育局关于总理逝世纪念周、九一八纪念日的纪念办法及修正纪念日简明表与宣传要点》,上海市档案馆藏,卷宗号:Q235-1-338。
  ③ 每次的纪念日都是自上而下执行的,首都由中央党部协同南京国民政府召集首都各级党部、各团体、学校代表举行典礼,各省、各特别市由当地高级党部协同当地政府召集当地党部、各机关、团体、学校代表举行纪念典礼,有的纪念日还举行群众性游艺活动。

本特征的政治信念、政治准则和政治价值,实现维持或变革现有政治体系的功能,这正是一种典型的政治社会化手段。然而,在具体运作过程中,纪念日本身的缺陷与地方政府、民众、社会团体等不可抗因素相结合,直接影响到中央藉此进行政治社会化的效果。

(一)纪念办法不具强制性,直接影响到纪念日在地方的具体操作

中常会发布的《革命纪念日简明表》及《革命纪念日史略及宣传要点》中虽然明确规定了各类纪念日的具体纪念办法,但没有相应的行政处罚措施,地方政府在具体的操作中,完全可以根据实际情形变通处理。上海环境特殊而敏感,在各种国耻纪念日时,市政府既要运用纪念仪式唤起广大民众的爱国热情,也要注意将民众的爱国热情控制在可能的范围之内,以免对社会秩序构成威胁。

以"九一八"纪念为例,中央规定的纪念办法为:各机关、工厂、商号、学校一律下半旗,各游艺场所均停止娱乐,以资志哀;是日上午十一时停止工作,起立静默五分钟,誓雪国耻;各机关、党部、工厂等照常工作,各学校照常上课,并于是日上午举行集会纪念①。这套纪念办法中,前几项较容易执行,至于最后一项:集会纪念,在上海执行起来就不那么简单了。一·二八事变后,日本帝国主义势力正式进驻上海,"九一八"纪念集会极容易成为大规模反日运动的酝酿基地,引起社会动荡。上海市政府从民族情感和地方秩序双面考虑,只能折衷处理。1932年9月17日,"九一八"纪念前一日,上海市教育局要求各机关、学校遵行纪念仪式办法。9月18日,教育局派人视察各校纪念仪式举行情况,共调查了七所学校,只有三所学校在校礼堂召开纪念会,其他四所学校未曾举行纪念仪式,其中一所学校为位于日居地虹口区北四川路的私立广肇初中。一·二八事变时该校曾受重创,8月底学校开学之际,学生人数已大受影响,已报名的也恐怕"九一八"周年在即,"人存戒心",迟迟不来校上课,附近居民亦属"惊弓鸟"。学校从学生安全考虑,在纪念活动安排上予以变通:9月18日当天放假,并叮嘱学生"深居家中,不许外出,以避免遭遇意外之变事";19日再到学校补行纪念会。对于这种迫于形势变通纪念活动的现象,市政府和地方党部只能予以默许。1935年,市党部党务委员吴醒亚、潘公展等人从上海所

---

① 《上海市教育局关于总理逝世纪念周、九一八纪念日的纪念办法及修正纪念日简明表与宣传要点》,上海市档案馆藏,卷宗号:Q235-1-338;《今日何日"九一八"二周惨痛纪念》,载《申报》1933年9月18日。

面临的国内、国际环境考虑,更是提出"免除或更改"纪念周集会及朝会时有关"九一八"口号问答的建议①。

(二) 纪念日内涵广泛,为社会团体分割资源创造契机

中常会虽然对纪念日的宣传要点、纪念办法作了规定,但没有对纪念仪式内涵作具体要求,为地方政府、社会团体借革命纪念日强化地方意识、团体精神创造了契机,以湖社对陈英士殉国纪念的参与即可看出端倪。

表2-4所列革命纪念日中有多个纪念日以纪念人物为主题,除孙中山之外,5月18日先烈陈英士殉国纪念日在上海尤其受到重视。陈英士即陈其美(1878—1916),浙江吴兴(今湖州)人,是国民党内元老级人物,自同盟会成立之时即追随孙中山进行国民革命,反清"其功最大",讨袁"坚毅不挠",是近代中国著名的民主革命家,被孙中山倚为"民国长城"②"吾党唯一柱石"③。蒋介石与陈英士曾同在上海青帮共事,私交甚笃,曾经宣布:"我们国民党是中华革命党孵生出来的。中华革命党是总理创造的,总理创造中华革命党,也得陈(英士)烈士许多助力来的。所以我们追溯国民党领导革命的成功,我们第一纪念总理,第二是要纪念陈烈士,没有陈烈士,就没有国民党。"④因此,国民党十分重视对陈英士的祭奠,是国民党中央宣扬革命精神的现实需要。

同时,陈英士与上海有极深的渊源。辛亥革命前,陈英士即往来于浙沪及京津等地,从事革命活动,并加入青帮。此后,又在上海办报宣传革命。武昌首义后,陈英士在上海积极响应,事成后被推举为沪军都督。二次革命时,任上海讨袁军总司令。1916年被刺死于上海寓所。陈英士的一生大部分时光是在上海度过的,上海是其从事革命工作的主要场所。因此,陈英士即是上海荣誉的象征,市政府对于陈英士的纪念尤为热衷。陈英士为浙江湖州人,湖州同乡团体——湖社也将陈英士视为湖州革命历史传统的杰出代表人物,强化对陈英士革命精神的祭奠和陈英士

---

① 《上海市教育局关于总理逝世纪念周、九一八纪念日的纪念办法及修正纪念日简明表与宣传要点》,上海市档案馆藏,卷宗号:Q235-1-338。

② 广东省社会科学院历史研究室编:《孙中山全集》第二卷,中华书局1982年版,第10页。

③ 何仲箫编:《陈英士先生纪念全集》下集,载《近代中国史料丛刊》第53辑,文海出版社1977年版,第553页。

④ 何仲箫编:《陈英士先生纪念全集》下集,载《近代中国史料丛刊》第53辑,文海出版社1977年版,第553页。

形象的集体记忆,可以起到浓化乡情、凝聚同乡、扩大社会参与的作用。陈英士殉国纪念日在上海具体实施过程中,除了上海市政府和党部的功劳外,更重要的是,已经具备现代社团性质的湖社在其中发挥了重要作用:

第一,参与纪念空间的构建和重组。早在1927年,湖社即电告政府,提出纪念陈英士的四种纪念办法:一、南京建立英士图书馆;二、上海铸铜像;三、湖州开办英士学校;四、杭州设立专祠。南京国民政府基本上采纳了湖社的建议,杭州、南京、湖州的纪念设施逐次设立。上海的纪念设施在陈蔼士(陈英士胞弟)等的要求下,终得政府批准并资助五万元,江苏省政府资助三万元,上海特别市及浙江省政府各拨款二万元①,共12万元。1929年,在上海临时法院的干预下,政府动用行政力量,将原圣寿庵中僧徒迁移出庵②,上海的英士纪念堂终于由湖社庙产寿圣庵改建而成。后来,市政府在湖社的积极呼吁下,又在西门中华路方斜路路口建陈英士纪念塔,每逢陈英士殉国纪念日开放一天,供民众参观。

这样一来,每逢陈英士殉国纪念日,上海至少有三类纪念空间:① 国民党党部组织的各界纪念大会(一般在各级党部礼堂或新普育堂举行),是党员及社会各机关、团体、学校、民众代表纪念陈英士的场所;② 陈英士纪念堂,湖社社员和湖州旅沪学校学生在此举行纪念活动;③ 陈英士纪念塔,供普通民众参观游览。一方面,由于"空间是权力运作的基础"③,上述三个纪念空间虽有重合、交叉之处,却最大可能地将不同层次人士网罗进纪念空间,政府完全可以充分运用已经造就的纪念空间进行权力的运作,全方位展开政治意识的播布;另一方面,三类纪念空间的组织者和仪式参与者均呈多元化。空间的分割,为不同"声音"的流传创造了机会。政府无法保证所有的纪念仪式均按照预设的程序播布同一的政治意识,地方意识、团体精神、民间声音都有了传播的可能。这对于致力于重建秩序的中央政府来说,并不是一个好消息。

第二,半官方的纪念仪式操演。随着现代化进程的不断推进,社会公共领域也必将随之扩大,南京国民政府以强势国家的姿态渗入、管理社会。然而,无论政府

---

① 郭绪印:《老上海的同乡团体》,文汇出版社2003年版,第604页。
② 《寿圣庵改建英士堂》,载《申报》1929年12月25日。
③ 福柯、保罗·雷比诺:《空间、知识、权力——福柯访谈录》,载包亚明主编:《后现代性与地理学的政治》,上海教育出版社2001年版,第13—14页。

效能如何,其对社会的介入始终是有限的。更何况,民国社会环境动荡,南京国民政府无法克服各种弊病,"强势"的姿态只能让政府陷于更加尴尬的境地。社会中间组织的存在不可避免,在一定程度上成为社会的"减压器",缓解了社会震荡。湖社作为当时上海实力较强的一个同乡团体,虽然依附于政府,但并没有丧失其作为民众代言人的宗旨,亦是政府和民众沟通的重要通道,陈英士纪念设施的设立即是在湖社的提议下成为现实。每年5月18日,在国民党举行纪念仪式的同时,湖社也在陈英士纪念堂中举行盛大的纪念仪式。礼堂布置以庄严、肃穆为基调,纪念仪式与市党部的如出一辙,且参加者众多①。湖社的半官方性质和它拥有的灵活的社会动员力,使政府无法小视,使其可以游刃有余地参与纪念空间的构建和纪念仪式的操演。有了成功建议的先例和政府的配合,湖社具备的社会整合力也更加强大。

(三) 纪念日数目繁多,节庆新俗难以造就

1939年,朱公振编著的《本国纪念日史》中将纪念日定义为:"凡是一件事情已经过去,或是一个人已经死掉,可是这件事情和这一个人,对于国家社会人类,确是有很大的关系,使得我们不忍把他忘掉,应该深深纪念着的,那么就把这件事情发生或是成功的日子,这个人的生辰和死期,作为一个纪念的日子。年年到了此日,大家便用种种方法去纪念他;这个纪念日子就叫做纪念日。"②随着时间推移,纪念日不断增加。1931年出版的一本时人记载的纪念日日记中,按照"国定""本党""普通"三个类别列出的纪念日即有38个③,尚不包括各省市根据地方情形,确定的对本地有重大影响的"地方纪念日"。频繁的仪式操演和直白的政治宣讲让地方政府颇感疲惫,对于高级党部的各项要求也无法一一严格执行,民众的冷漠、排斥、抗拒与日俱增,纪念日的政治教化功能也大大减弱。

---

① 每逢5月18日,陈英士殉国纪念日时,上海市党部和湖社都会分别举行纪念会。市党部召集各界在枫林桥市党部大礼堂举行纪念大会,大会秩序一般为:① 开会;② 唱国民党党歌;③ 向国民党党旗、中华民国国旗及总理遗像行最敬礼;④ 主席恭读总理遗嘱;⑤ 为先烈陈英士先生静默三分钟志哀;⑥ 主席报告;⑦ 演说;⑧ 呼口号;⑨ 礼成。湖社同人于陈英士纪念堂举行公祭,会场设于湖社大礼堂内,台上有陈英士遗像,遗像之前摆放花圈、鲜花等。公祭仪式为:① 开会;② 奏哀乐;③ 唱国民党党歌;④ 向国民党党旗、中华民国国旗及总理遗像行最敬礼;⑤ 主席恭读总理遗嘱;⑥ 静默三分钟;⑦ 公祭;⑧ 报告先烈事略及逝世经过;⑨ 演说;⑩ 家族致谢;⑪ 奏哀乐;⑫ 散会。参加者除湖社社员外,尚有湖州旅沪中小学学生等。《陈英士纪念会市党部及湖社分别举行》,载《申报》1933年5月19日;《沪各界昨纪念陈英士》,载《申报》1934年5月19日。
② 朱公振编著:《本国纪念日史》,世界书局印行1939年版,第1页。
③ 黄一德:《纪念日的日记》,上海儿童书局总店1931年版,第2页。

仪式是双向度的政府与民众互动的过程,因此,每次纪念日时,党部不仅举行纪念大会,更要求各团体、学校、民众代表积极参与。有些以庆祝为主的纪念活动会后通常有各民众团体的节目表演,如电影、独角戏、丝竹、武术、歌舞、群众提灯游行等①。这些都有理由成为吸引民众积极参与的动力,也是纪念日实行初期民众参与较多的原因。

然而,随着国民党党化意识的不断强化,对于社会控制的要求不断提升,纪念日越来越成为国民党三民主义精神的"宣讲会",社会娱乐功能被严重削弱。为了将纪念日具有的节日反规范性威胁降到最低,保证纪念仪式在国家可控范围内举行,市政府绞尽脑汁。每逢纪念节日,特别是五月革命纪念周期间②,市政府严厉禁止一切群众游行,以及未经许可之集会结社。各处军警严令以待,全市戒严。1931年,日本发动侵略战争时,国内适逢江淮大水灾,加上军阀混战,国民党中央以"国难期间,不应铺张"为由,通令市党部除召集各界代表开会庆祝外,"一切娱乐宴会,一律停止"③。此后两年一直沿用1931年的做法(直到1934年新生活运动开始后,各种庆祝游艺才得以恢复)。连最为隆重的国庆纪念也不能幸免,除照例放假、召开纪念大会外,提灯会、群众游行、游艺活动一概取消,新增的节目是"戒严"④。

传统节令遭禁止,新式纪念日失去可供娱乐的节日特质,年复一年的"国耻国难"中,少了节日狂欢这个重要的"调节器"和"安全阀",沉闷的社会生活让人们不禁发出呐喊:"我们是青年,我们不愿做僵尸!"⑤纪念日越来越失去吸引力,仪式操演也越来越流于形式,其政治社会化的功能也无法得到充分发挥,秩序重建更无从实现。

数目繁多的纪念日,冗长烦琐的纪念仪式,单调乏味的纪念内容,政治意味浓厚的纪念空间,这一切让纪念日不可能成为传统节令的有效"替代品",反而越来越

---

① 《明日国庆纪念大会》,载《申报》1934年10月9日。
② 南京国民政府定"五三""五四""五五""五九"四纪念日为五月革命纪念周,自5月3日至5月9日止。由各地高级党部召集各地党政机关及各团体、学校代表举行纪念大会,纪念济南惨案、五四运动、总理第二次就大总统职以及国耻纪念。
③ 《上海市政府训令第9905号为奉院令国庆纪念典礼照例举行其他一切娱乐宴会一律停止转行遵照并饬属遵照由》,载《上海市政公报》第104期(1931年10月10日)。
④ 曹聚仁:《我们的国庆日》,载《申报》1933年10月10日。
⑤ 徐永泊:《国庆,我们是倦了》,载《申报》1933年10月10日。

流于形式。如"默哀"这一仪节被广泛应用于公私集会,民众"误解为政府功令,勉强举行,草率了事",早已失去默哀的仪式功能①。"恭读总理遗嘱"被"轻亵滥用",举凡游艺娱乐场所及婚丧仪式中均恭读总理遗嘱,毫无神圣性可言。仪式的神圣性是其区别于日常最大的标识,也是其巨大能量的重要来源,神圣性的降低,直接导致仪式功能的消退。

由于在纪念仪式中,民众并没有自己的话语权,当民众无法以自己的方式参与仪式的构建,并从纪念节日中获得身心愉悦的感受时,民众对纪念日的疏离感、排斥感与日俱增,人们即以最感性的认知和行动对政治仪式进行解构。如唱国民党党歌时,多数人"呆若木鸡";静默引起人们直觉的反感:"要哭,还是痛痛快快的哭一场好,这种文绉绉的无声无息的静默,现在幸亏是五分钟,假如延长到十分钟,或二十分钟,大家不就要睡熟去吗?"②南京国民政府也不得不对各项纪念日进行归并,并简化纪念仪式③。

在革命纪念日的推行过程中,国民党充分利用了仪式教育的功能,凭借娴熟的政治社会化手法,成功地将革命纪念日打造成社会生活中的一种新民俗,社会各界的广泛参与即为明证。然而,任何一种新俗的铸就都需要一个长期的过程,革命纪念日的推行也不能例外。同时,在具体执行过程中,地方政府的随意变通、社会团体的积极介入、广大民众的消极敷衍,众多不可控因素的出现,直接干扰了国民党党化意识形态的统一化和普遍化,新俗铸模陷入困境之中,即使"官学两界,对于阳

---

① 《审计部上海市审计处奉中执委会函为关于各种集会仪式经决议嗣后除总理纪念周及纪念总理暨先烈先哲之集会外一概勿庸默哀》,上海市档案馆藏,卷宗号:Q123-1-456。
② 黄一德:《纪念日的日记》,上海儿童书局总店1931年版,第4—5、22—23页。
③ 1929年2月,南京国民政府以训令的形式对恭读总理遗嘱的范围作出规定:(一)凡本党各级党部各级政府及民众团体一切正式集会行之;(二)凡由本党各级党部所召集各种正式集会行之。1937年6月,中常会第44次会议决议,嗣后除总理纪念周及纪念总理暨先烈先哲之集会外,一概无庸默念,以贻整肃。1938年3月1日,第五届中央常务委员会第70次会议通过《各项革命纪念日暂行归并举行日期表》,将3月23日邓仲元先生殉国纪念、5月12日胡展堂先生逝世纪念、5月18日陈英士先生殉国纪念、8月20日廖仲恺先生殉国纪念、9月21日朱执信先生殉国纪念、10月31日黄克强先生逝世纪念归并到3月29日革命先烈纪念日;10月11日总理伦敦蒙难纪念、6月16日总理广州蒙难纪念归并到9月9日总理第一次起义纪念日;12月5日肇和起义纪念并于12月25日云南起义纪念。经合并后,举行的革命纪念日包括:1月1日中华民国成立纪念日、2月12日总理逝世纪念日、3月12日总理逝世纪念日、3月29日革命先烈纪念日、5月5日革命政府纪念日、5月9日国耻纪念日、7月9日总理第一次起义纪念日、10月10日国庆纪念日、11月12日总理诞辰纪念日、12月25日云南起义纪念日,共10个。内政部总务司第二科编:《内政法规汇编·礼俗类》,1940年,第2、4页。

第二章　破旧立新与秩序重建(1927—1934)

历全年令节亦不过聊循故事,留一新历之名色而已"①。秩序重建的历程艰难而曲折,国民党人尚需不断努力。

从 1927 年 7 月到 1934 年 2 月,南京国民政府时期的上海秉承重建秩序的统治理念,从破旧和立新两个向度上进行民俗变革的历程。然而,立的根基不固,破的措施不力,具体执行中又枝节蔓生,破旧立新的历程充满波折,陷入困境。政府权威依然停留在权力层面,坚持"一党专政"的南京国民政府仍然无法化解合法性危机,实现权力向权威的顺利转化。如何改变这种局面？南京国民政府采取的措施是：① 针对民俗内涵丰富、需相关职能部门联合行动的特点,新建一个自上而下、兼具协调与行政能力的变革系统,以组织的构建打破地方政府现有行政系统的羁绊;② 针对民俗的"民"性,以系统化的社会运动,进行广泛的社会动员,力求改变变革过程中认同缺失、参与度不高的局面。为此,从 1934 年开始,国民党启动了一场系统化推行的变俗变政运动——新生活运动,权威构建和维系的历程开始进入第二阶段。

---

① 《川沙县志》(二十四卷·民国二十六年上海国光书局铅印本),载丁世良编：《中国地方志民俗资料汇编·华东卷》,北京图书馆出版社 1991 年版,第 26 页。

第三章 化民成俗与社会进步
（1934—1937）

从1934年到1937年是南京国民政府变俗变政的第二阶段。在这一阶段，政府以武力、政权和主义为后盾，建立了自上而下、网络化、立体式的推行组织，以系统的名义推行社会运动，进行了广泛的社会动员，使得"化民成俗"①成为这一时段变俗历程中最显著的特质。对于南京国民政府来说，以此进行社会整合、推动文明进步，远比旋起旋落的破旧立新更具吸引力。

本章第一节和第二节将对变俗系统的建构和社会动员的过程进行评析。当然，社会动员并非都会产生正面效应，其间也不可避免地出现异趋，由此产生了整合的需要。在合法性资源不足的情况下，以政治整合推动社会进步成为上海必须解决的一大难题。政府采取的措施为：一是在社会整合力尚未崛起时，政府运用政治整合力试图唤醒市民现代意识的群体觉醒，引导民间力量积极参与社会革新，促使社会整合力的养成，集团结婚的举办就是一个典型案例；二是在双轨制制度环境下，向租界学习，积极引入新的社会管理机制，充分发挥政治治理职能，丧葬礼俗的革新即是明证。因此，本章最后两节分别以集团结婚和丧葬礼俗为例，展示特殊时代背景下，政治整合力运作的场景。

---

① 《礼记·学记》中云："君子如欲化民成俗，其必由学乎！"指出统治者要教化百姓，形成良好的风俗习惯，一定要从教化入手。教化是通过"教"而使对方"化"。因此，教化绝对不是简单的知识灌输和声色俱厉的训诫，而是循循善诱的启迪、润物无声的感化和不动声色的暗示，是教育者通过言行谈吐，身体力行，渐渐影响被教育者，使之慢慢地、由内而外地发生根本性变化的过程。

第一节　变俗变政的系统建构①

1934年2月19日,蒋介石在南昌行营扩大总理纪念周发表《新生活运动之要义》的演说,历时15年的新生活运动正式拉开序幕。南京国民政府期望运用政治系统的资源和力量,以"中华民族固有之德性——'礼义廉耻'为基准"②,从衣食住行等基本生活入手,改善民众的生活习惯与基本素质,最终达到"救国"与"复兴民族"的目标。可见,政治性和复古性是新生活运动的典型特征。根据《新生活运动纲要》规定,从1934年2月新生活运动启动到1937年抗战全面爆发前,新生活运动的推行可分为两个时期:第一个时期的中心内容是要实现社会环境的整齐清洁,其主要推行事项是"规矩"与"清洁";第二个时期,除继续推行规矩运动及清洁运动外,主要推行事项为"三化"运动,其内容为:生活军事化、生活生产化、生活艺术化。

新生活运动的目的"即在求今后之生活方式,渐入有秩序有组织之坦途"③。换言之,政府意在通过一场新生活运动,构建一个变俗的组织系统,以系统化的方式推进民俗变革。所谓风以动之,教以化之,又佐以武力与政权,才可以排除障碍,推行政治。"组织既是一种容器,又是容器中的内容:既是机构,又是过程"④。以新生活运动进行的民俗变革,即包含了两种状态,政府不仅建构了作为"容器"和"机构"的推行组织,而且将社会运动作为组织的"内容"和"过程",以组织化的方式进行社会动员。

从1934年2月新运启动,到1937年8月上海新运因抗战全面爆发而中断,按照推行系统的建构,可将这段时期分为两个阶段:第一阶段(1934.2—1934.7),从新运启动到新运促进会改组前,这一阶段为系统初建、宣传为主时期;第二阶段(1934.7—1937.8),从上海新运促进会改组成立到淞沪抗战全面爆发前,这一阶段

---

① 此部分内容经修改后已刊,参见艾萍:《以组织的名义:上海市新生活运动论析》,载《贵州社会科学》2012年第11期。
② 中国第二历史档案馆编:《中华民国史档案资料汇编》第五辑第二编政治(五),江苏古籍出版社1991年版,第762、774页。
③ 唐学咏:《新生活与礼乐》,正中书局1934年版,第34页。
④ [法]埃哈里·费埃德伯格:《权力与规则:组织行动的动力》,张月译,上海人民出版社2005年版,第3页。

为组织加强、逐步推进时期。

一、第一阶段(1934.2—1934.7)：系统初建，宣传为主

1934年2月21日，新生活运动促进会首先在南昌成立，标志着民俗变革正式以系统的名义全线推进。蒋介石将"合乎礼义廉耻，适于现代生存的新生活运动"视为"目前救国建国与复兴民族一个最基本亦最有效的革命运动"，要求全国党政军学商各界共同推进。具体进程为：首先，"订立组织大纲，改组全国各地新运会，并示以进行之轨范"，然后，"分期渐进，逐步推行，由己及人，由浅入深"，"由机关团体学校及公共场所等处作起，而渐次推及全体社会"①。自中央到地方，成立各级新运促进会，很快将这一设想付诸实施。

上海被认为是现代中国和南京国民政府时期中国的一个"展示窗口"②，上海市新生活运动促进会很快成立。时任上海市市长的吴铁城早年毕业于九江同文书院，在林森的介绍下加入同盟会，先后参与辛亥革命、二次革命、护法运动。1926年，参加制造中山舰事件。1930年，中原大战时，奉命出关并成功争取张学良支持蒋介石，深受蒋的信赖。身为南京国民政府高级官员，又与蒋介石关系密切，吴铁城对于蒋介石亲自发动的新生活运动积极响应。1934年3月12日，在上海市第六届植树典礼上，吴铁城发表题为《新生活运动与民族革命》的演讲，指出："新生活运动正是'身体力行'总理遗志的时机；实行新生活运动，才能挽救民族危亡，振兴民族精神，造就新国民，建设新国家。"③接着，吴铁城亲任筹备主任，市政府秘书长俞鸿钧任秘书主任，吴开先为总务主任，陶百川为宣传主任④，党、政、军联合行动，共同发起组织"新生活运动促进会"。经过12天的紧张工作，4月1日，上海市召开新生活运动促进会成立大会，通过了章程和新生活公约。变俗事项正式被纳入全新的系统中，由上海市新生活运动促进会统一部署。

---

① 中国第二历史档案馆编：《中华民国史档案资料汇编》第五辑第二编政治(五)，江苏古籍出版社1991年版，第759、774页。
② [法]安克强：《1927—1937年的上海——市政权、地方性和现代化》，张培德、辛文锋、肖庆璋译，上海古籍出版社2004年版，第175页。
③ 上海市新生活运动促进会编印：《上海市新运辑要·论著》，1937年，第3页。
④ 上海《晨报》社编印：《新生活专刊》，1934年，第86页。

第三章 化民成俗与社会进步(1934—1937)

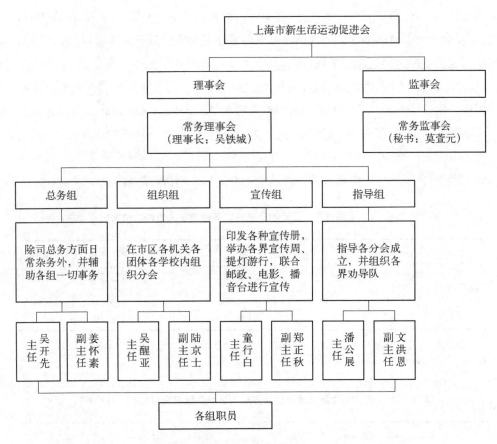

图 3-1 上海市新生活运动促进会组织系统图(1934.4—1934.7)

资料来源：据新生活运动促进总会编：《民国二十三年新生活运动总报告》，载沈云龙主编：《近代中国史料丛刊三编》第 53 辑，文海出版社 1989 年版，第 374—375 页；上海市新生活运动促进会编印：《上海市新运辑要·会务报告》，1937 年版，第 17—19 页；《新生活运动促进会昨日举行成立大会》，载《申报》，1934 年 4 月 2 日等编制

上海新生活运动促进会下设理事会和监事会两个机构。理事会为执行机关，监事会为监察机关。理事会设理事 79 人，候补 41 人，推选常务理事 21 人，组织常务理事会，市长吴铁城亲自担任理事会会长。监事会设监事 41 人，候补 17 人，推选常务监事 11 人，组织常务监事会，会中仅设秘书一人，聘请常务监事莫萱元兼任，其办事人员均由监事会各职员兼任。

从上海新运总会常务理事人员构成来看(见表 3-1)，21 个常务理事中，国家控制系统内(市政府、市党部、军界)的有10人,社会各界人士(商界、学界、传媒界)11人,社会人士甚至略多于公务人员。但从理事会主要机构领导人来看(见表3-2),除市长吴铁城亲自担任理事长外,理事会下设4个组8位正副组长中,有7人来自党政机关,其中6人为常务理事,只有宣传组副组长由明星影片公司的老板郑正秋担任。每一组的领导基本上都是按照市党部人员＋市政府具体职能部门领导的方式搭配。可见,在理事会中,虽然党政军机关人员在数量上并不占优势,但在新运理事会主要机构中担任要职。而且,上海市新生活运动从一开始即由市政府和市党部联合行动,至少可以减少前一阶段变俗中党与政的诸多冲突。

表3-1 上海市新生活运动促进会常务理监事人员构成情况表（单位：人）

	市政府	市党部	军界	商界	学界	传媒界	工界	工部局
常务理事	3	4	3	4	6	1	—	—
常务监事	—	1	—	1	3	4	1	1

资料来源：据上海市新生活运动促进会编印：《上海市新运辑要·会务报告》,1937年版,第18—19页及相关资料编制。

表3-2 上海市新生活运动促进会主要人员职务概况表(1934.4—1934.7)

理事会		监事会	
常务理事	原机关职务	常务监事	原机关职务
*吴铁城(理事长)	上海市市长兼警备司令	莫萱元(秘书)	市党部委员
*吴开先(总务组组长)	市党部委员	陈济成	上海各中学教职员联合会负责人
*姜怀素(总务组副组长)	市党部委员	张蕴和	《申报》总主笔
*吴醒亚(组织组组长)	社会局局长	朱学范	总工会主席
*陆京士(组织组副组长)	市党部委员	俞佐廷	市商会常务理事
*童行白(宣传组组长)	市党部委员	奚玉书	上海公共租界工部局董事

续 表

理 事 会		监 事 会	
常务理事	原机关职务	常务监事	原机关职务
*郑正秋(宣传组副组长)	明星影片公司创办人	翁之龙	同济大学校长兼上海市立医院院长
*潘公展(指导组组长)	教育局局长(市党部委员)	王新命	《晨报》总主笔
文鸿恩(指导组副组长)	公安局局长	蒋建白	上海各大学教职员联合会负责人
—	—	方焕如	《外论编译》社社长
—	—	林众可	《大学》月刊编辑

注：加*者为常务理事
资料来源：据《新生活运动促进会昨日举行成立大会》，载《申报》1934年4月2日；《上海地方志》等资料编制

　　常务监事11人中，除秘书莫萱元来自市党部外，其他10人均来自社会各界。包括学界3人(陈济成、翁之龙、蒋建白)，传媒界4人(张蕴和、王新命、林众可、方焕如)，工界1人(朱学范)，商界1人(俞佐廷)，以及一名公共租界工部局董事(奚玉书)，没有一人来自政府职能部门。这也比较符合现代国家进行社会改革的一贯做法，即以政府职能机关为执行部门，以社会团体和社会舆论作为监察部门。然而，此时的上海，工会、商会在国民党政权改组或重组下，已经"很难真正作为民意的代表，对体制的一些现状发出疑问"①，而且监事会的各项支出都依靠理事会的拨款，这样的监事会如何对理事会的执行事项作出监察，着实令人担忧②。

　　这正表明：新运的启动主要靠政权力量系统推进，体现出东方现代化自上而下的行政推动型特征。与之前相比，由新运促进会推行的民俗变革推行方式更加系统化，推行的效果更加明显，有以下三点体现：

---

① [日]小浜正子：《近代上海的公共性与国家》，葛涛译，上海古籍出版社2003年版，第262页。
② 如：第二次常务监事会曾议决常务理事会开会时"应通知本会监事列席"，但7月24日常务理事会第三次会议时，并没有邀请监事到场。上海市新生活运动促进会编印：《上海市新运辑要·会务报告》，1937年，第68—74页。

(一) 从系统本身来看,具有较完备的组织建构

一方面,上海市新运促进会下设理事会和监事会,理事会由总务、组织、宣传、指导四个组组成,分工明确。理监事会网罗了党、政、军、社会各界人士,拥有巨大的权力资源,此后民俗变革开始呈现出系统性和计划性的特征。至1934年7月20日前,新运促进会共在市区各机关、各团体、各学校内组织了25个分会,拥有会员8 800余人,尚有更多未经核准成立的新运团体。另一方面,上海市新运促进会刚刚成立,理监事的工作都是通过不定期的会议展开,组织性、系统性仍需强化。从1934年4月理监事会成立到1934年7月上海市新生活运动促进会改组前,常务理事会共开会三次,常务监事会共集会五次①,很多议案尚停留在计划阶段。

(二) 从推行广度来看,由上而下,由公务人员开始,渐及普通民众

吴铁城在上海新运促进会成立大会上即表示:"发起者以身作则,首先实行,为人民榜样。"②重视政府公务人员的模范作用。1934年4月25日,常务理事会第二次会议决议:"组织分会第一期先从军警公务员学校工厂分别组织。"③至7月20日新运促进会改组前,上海市共成立新运分会25个,在各团体中的数额分配明显呈不均衡态势,学校、教育界分会最多,达15个;政府机关8个(包括市社会局分会1个,市公安局分会1个,市教育局分会1个,各区分会5个);工会、商会中新运分会为数寥寥(市商会和码头工人分会各1个)④。由于工会、商会为工人、商人自愿加入的组织,组织对个体并没有直接的统属关系,自上而下的行政推行系统在此并不能充分发挥效能,因此,工会、商会中新运分会组织不发达也是可以预知的。

(三) 从推行深度来看,由浅入深,前期以宣传为主,逐步从思想落实到行动

从1934年2月到1934年7月,短短4个多月中,上海市新运促进会的工作"侧

---

① 常务理事会的三次会议,第一次为1934年4月5日(即在理监事联席会议后举行),第二次为1934年4月16日,第三次为1934年7月24日。常务监事会五次集会时间分别在1934年4月11日、4月25日、5月9日、6月13日和7月13日。上海市新生活运动促进会编印:《上海市新运辑要·会务报告》,1937年,第68—74页。
② 《新生活运动促进会昨日举行成立大会》,载《申报》1934年4月2日。
③ 上海市新生活运动促进会编印:《上海市新运辑要·会务报告》,1937年,第70页。
④ 上海市新生活运动促进会编印:《上海市新运辑要·会务报告》,1937年,第66页。

重宣传方面",其他工作成效不大①。党政机关、学校、社会团体等组织的力量都积极参与先期宣传动员,"以唤起社会明了新运"②,传统传播方式与报纸、广播、电影等现代媒介相结合,共同发挥信息的传播效能。不足的是,各项规章条例一般都参照南昌及各地成规,尚未充分考虑到上海一地推行新运的不同,结果,"宣传方面以尚未深入"③。

因此,接下来的工作主要是:① 进一步强化推行机关的组织性和系统性,以便更高效的进行具体工作;② 将新运工作推行到普通民众。这都有待改组后的新生活运动促进会继续推进。

二、第二阶段(1934.7—1937.8):组织加强,逐步推进

根据《新生活运动纲要》的规定④,1934年7月,各地新运促进会纷纷进行了改组。上海市新生活运动促进会经过改组后,以更加系统化的组织继续前一阶段未完成的工作。

首先,政府职能部门更多介入推行事宜。改组后,上海市新运促进会所有理事会监事会等一律结束,聘任吴铁城为上海市新生活运动指导员,并向各机关、团体选聘干事9人。包括:市政府俞鸿钧(干事),市党部吴开先(书记),社会局吴醒亚

---

① 新运宣传工作进行的有声有色,宣传组共印发标语传单5万张,印发公约纲要运动等小册子12万本;在4月9日至15日,举办各界宣传周,规定第一日为各学校,第二日为各工厂及工会,第三日为各商店及商会,第四日为各农区及农会,第五日为各党政机关,第六日为家庭,第七日为一般市民;并于第七日举行市民代表大会,晚间提灯游行,参加者达数万人,是日本埠来往邮件,加盖新生活运动戳,以资纪念;电影界于宣传周内公映新生活标语,播音台于这周内广播新生活公约。但其他工作进展不大,如:上海市新运促进会理事会第二次会议即通过议案,在江湾或吴淞设立新生活实验区。实验区要求选择一处交通便利、风气淳朴、户口适当、村落密集的小村落,计划以三年为完成期,由卫生、教育方面进行规矩运动、生计运动、保甲运动,达到"教""养""卫"三大目的,预算经费包括每月办公费500元、事业费500元,以及临时募集金等。计划内容"头绪万端",但经费有限,"力不从心",结果是"有待于来日之努力"。新生活运动促进总会编印:《民国二十四年全国新生活运动》,载沈云龙主编:《近代中国史料丛刊三编》第53辑,文海出版社1989年版,第715页。

② 上海市新生活运动促进会编印:《上海市新运辑要·会务报告》,1937年,第75页。

③ 上海市新生活运动促进会编印:《上海市新运辑要·会务报告》,1937年,第75页。

④ 《新生活运动纲要》规定:省市县会应由省市县中最高行政长官主持之,以省党部、民政厅(或社会局)、教育厅(或教育局)、公安局及军事机关各派高级人员一名,社会各公法团亦各派负责人员若干人共同组织之,以资划一。中国第二历史档案馆编:《中华民国史档案资料汇编》第五辑第二编政治(五),江苏古籍出版社1991年版,第769页。

(常务干事),教育局潘公展(常务干事),公安局文鸿恩(推行股股长),军界杨虎(常务干事),学界张寿镛(设计股股长),工界陆京士(调查股股长),商界俞佐廷(干事)。后来,文鸿恩、吴醒亚相继逝世,新运促进会干事经调整,增加到 11 人,其中市党部 1 人,市政府及各局主要领导 6 人,淞沪警备司令部 2 人,学界、商界人士各 1 人。从 1934 年 7 月到 1937 年 3 月,先后有 16 人担任过上海市新运促进会干事,除张寿镛、俞佐廷、王晓籁外,其余 13 人均来自党、政、军机关系统。市政府社会局、财政局、卫生局、公安局、警察局、工务局等各重要职能部门主要负责人纷纷担任新运促进会干事,并兼各股股长职务,这也预示着市政府力量将更多地介入新生活运动中,改组前以市党部、地方政府联合行动,以宣传为主的推行方针也将发生变化。

改组后的新生活运动促进会工作重点由宣传转向指导和具体实施。从 1934 年 7 月到 1937 年 2 月,上海市新生活运动促进会共举行了 15 次干事会议,平均每两个月即召开一次干事会议,每次干事会均有超过半数以上干事参加,陆京士、张寿镛、潘公展、杨虎、吴铁城、蔡劲军、俞鸿钧均参加过半数以上的干事会①。新运的各项工作计划、议案均由干事会讨论实施,很多工作都通过与会的干事直接分交各职能部门办理②。但由于新运促进会的办事人员多为来自其他部门的兼职人员,在工作实际推行过程中,难免会出现事务繁多、顾此失彼,且无法协调统一行动的困境,急需组织专门工作人员,上海市青年服务团应运而生。

表 3-3　上海市新生活运动促进会指导员及历任干事一览表(1934.7—1937.3)

姓　名	上海市新生活运动促进会职务	原机关职务
吴铁城	指导员	上海市市长
吴开先	常务主任干事	上海特别市党部党务监察委员

---

①　据统计,新运促进会干事参加干事会议的次数分别为：吴铁城 7 次,潘公展 11 次,张寿镛 14 次,杨虎 15 次(8 次由他人代),俞鸿钧 6 次(2 次由他人代),吴开先 9 次,吴醒亚 8 次,姜豪 4 次,徐桴 1 次(由他人代),陆京士 14 次,蔡劲军 10 次(5 次由他人代)。上海市新生活运动促进会编印：《上海市新运辑要·会务报告》,1937 年,第 80—180 页。

②　以 1935 年 5 月 29 日第八次干事会为例,干事蔡劲军提出六项议案,包括：① 本市广告标语张贴应如何整理案;② 厕所应如何添设案;③ 晒衣应如何取缔案;④ 摊贩应如何整理案;⑤ 菜场应酌添数处案;⑥ 垃圾箱应如何增添与改善请公决案。最后议决分别由公安局、卫生局、工务局核办或整理。上海市新生活运动促进会编印：《上海市新运辑要·会务报告》,1937 年,第 98 页。

续 表

姓 名	上海市新生活运动促进会职务	原机关职务
吴醒亚	常务主任干事	上海特别市社会局局长
潘公展	常务主任干事	上海市社会局局长
杨 虎	常务干事	淞沪警备司令
张寿镛	常务干事	光华大学校长
徐 桴	干事兼总务股股长	上海市财政局局长
陆京士	干事兼调查股股长	淞沪警备司令部军法处主任
李廷安	干事兼设计股股长	上海市卫生局局长
文鸿恩	干事兼推行股股长	上海市公安局局长
文朝籍	干事兼推行股股长	上海市公安局局长
蔡劲军	干事兼推行股股长	上海市警察局局长
姜 豪	干事兼书记	上海特别市党部监察委员
俞佐廷	干事	上海市商会主席
俞鸿钧	干事	上海市政府秘书长
王晓籁	干事	上海市商会主席
沈 怡	干事	上海市工务局局长

资料来源：据上海市新生活运动促进会编印《上海市新运辑要·会务报告》，1937年，第77—78页编制

其次，从学生和党员入手，以期将新运工作逐步推行至民众。1935年2月，上海市新生活运动促进会从全市党员、学生军、童子军中征集团员，组织成立上海市青年服务团，充分利用党员和青年学生的力量，以组织的形式推动新运工作。共征得团员4 270人，分为427组，规定每周日下午二时到四时轮流服务两小时①。团内

---

① 上海市新生活运动促进会编印：《上海市新运辑要·会务报告》，1937年，第227页。

设有文书、事务、组织、指导、考核等股干事,并设团长(新生活运动促进会调查股长兼任)、副团长(新生活运动促进会推行股长兼任)、总干事各1人,以下分设11个分团,分布各区,各分团领导组合方式为:各区党部常委(分团长)+公安局推荐聘任(副分团长)。

为推行"三化"运动,总会要求各地机关建立全面推行新运的组织——劳动服务团。1936年4月,在陆京士的提议下,经第13次干事会讨论,上海市新生活运动促进会决定将本市的青年服务团改组为劳动服务团。凡上海市内各机关、学校、农工商职业团体,以及文化团体慈善公益团体,"其社员及职员满五十人以上者",都必须分别组织新生活劳动服务团①。然而,直到1937年,上海市仅成立了20多个劳动服务团②,推行效果并不理想。

由此可见,这一时期的民俗变革更多的是利用新建的系统推行。即以上海市新生活运动促进会为中心,借助政府的行政力量等权力资源,依托机关、学校、社团等组织,按照政府行政系统网络全面推进。改组前,以党、政、军共同组成执行机关——理事会,以商、学、工等社会各界人士组成监察机关——监事会。变俗变政一开始就是以党和政的力量为主,但也吸纳社会团体的资源(姑且不论这种资源占多大比重)。改组后,市政府重要职能部门纷纷介入组织系统,有利于各项事务落于实处。在此基础上,政府开始充分利用组织的巨大能量,在新运会下设青年服务团,首先将国民党党员和学生军这两大"觉悟"较高、易于动员的群体纳入组织中;再以劳动服务团的形式将新运组织嵌入机关、学校、社团等既有组织中,借此实现推行系统的网络化。

这种推行系统对于民俗变革有利有弊。其优势在于:① 在社会运动尚未兴起之时,政府行政力量全面介入、广泛推行,可以在较短时间内强化民众记忆,造成"全市市民对于新生活运动之意义印象殊深"③;② 利用既有的、自上而下的行政系统推行社会变革,可以使决策贯彻执行极有力度,渗透力极大,往往能起到立竿见影的效果,这是其他社会力量所难以达到的;③ 政府公务人员、国民党党员、学校教

---

① 《国民党上海市执行委员会有关各团体识字教育问题的训令及各团体设立识字学校办法、组织新生活劳动和公约》,上海市档案馆藏,卷宗号:Q118-5-26。
② 上海市新生活运动促进会编印:《上海市新运辑要·会务报告》,1937年,第261页。
③ 上海市通志馆年鉴委员会编:《上海市年鉴》(1935年)"B",中华书局1935年版,第1页。

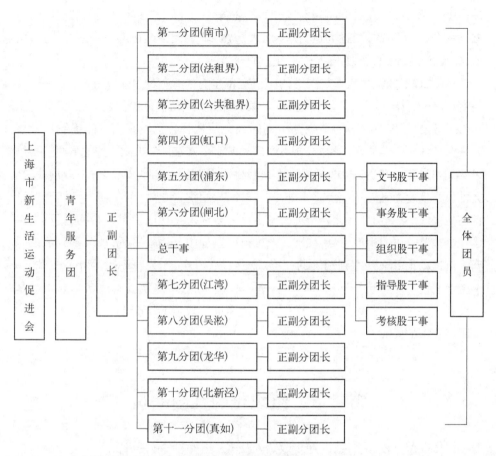

图3-2 上海市新生活运动促进会青年服务团系统图

资料来源：据上海市通志馆年鉴委员会编：《上海市年鉴》(1936年)"B",中华书局,1936年版,第99—100页；《新生活运动的组织及活动的文件》,上海市档案馆藏,卷宗号：215-1-71编制

职员、学生等相比较民众而言,总体知识水平较高,并经受国民党多年党化教育的熏陶,更容易认同并服从政府的调遣,成为首批执行者。因此,杨永泰①定出的策略

---

① 杨永泰(1885—1936),北京政法专门学校毕业。辛亥革命后当选广东省议会议员、国会议员,参加护国运动、护法运动。护法失败后,在广东担任省财政厅长、广东省长等职,并参与组织政学会,这个小派别后来发展为政学系。1928年,蒋介石北伐成功后,杨永泰在黄郛的举荐下,成为蒋介石的重要幕僚,是智囊团的首席智囊。1932年,随蒋到江西行营任行营秘书长,在蒋介石发动新的"围剿"时,向蒋献了很多计策。在他的建议下,"新生活运动"自南昌启动,并推行全国。

是：针对"政治的中心干部和社会上一部分的知识分子"的"移风"做起,"以身作则,推己及人,上行下效,由近而远,由小而大",达到"全社会全民族"的"易俗"①。由此,减少新运推行的阻力,降低民俗变革的成本。

然而,过多依赖行政系统网络的民俗变革也有先天不足和后天弱点:首先,民俗变革从一开始就不具备独立性,一旦某个系统环节出现问题,将会影响全盘工作。事务繁多、组织松散的新生活运动促进会及其分会也没有相应的强制行政权力来保证各项工作的切实到位,新生活运动流于形式在所难免,民俗变革期望与结果的偏差也随之产生;其次,虽然上海市新生活运动促进会从成立之初并没有将社会动员的重要力量——社会团体排斥在领导者、组织者之外,但在新生活运动这项旨在化民成俗的运动中,社会精英尚未占据主要地位是显而易见的事实,新运失去了社会精英阶层的积极参与,在向民众推行的过程中又困难重重,社会基础薄弱的新生活运动也就难以达到预设的社会动员效果;再次,作为一场政治社会改革,民俗变革需要广泛的社会动员。同时,民俗之"民性"直接决定了其改革本质上就是一种社会动员。由此可见,通过变俗来变政要进行双重的社会动员,社会动员决定着民俗变革的成败。

第二节 组织化的社会动员

民俗变革从根本上说,即在于改造人及其社会生活,能否进行广泛的社会动员是这一变革成败的关键。新生活运动中,南京国民政府开展了多项社会运动,无论是前期的"规矩"与"清洁"运动,还是后期的"三化"运动,都是以组织化的社会运动进行广泛的社会动员。

在"规矩""清洁"运动中,政府充分运用新运促进会青年服务团的组织系统予以推行,从表3-4可以看出,新运促进会青年服务团的主要工作事项即是保障公共场所的"规矩"和"清洁"。市政府还创造性地将上海市传统的卫生运动与新运相结合,推行起来事半功倍。这一点在后文的卫生运动中将详细阐述。

---

① 杨永泰:《革命先革心,变政先变俗——本年六月十三日在收复县区地方善后讲习会讲演》,载《新生活运动促进总会会刊》第1期(1934年8月)。

表3-4　上海市新生活运动促进会青年服务团服务要点表

期 数	服 务 项 目	目 标
第一期	整顿市容——指导行人	清洁整齐
第二期	整顿市容——交通秩序	
第三期	整顿市容——车站码头	
第四期	卫生运动——菜馆茶楼	
第五期	卫生运动——旅馆	
第六期	卫生运动——理发所	
第七期	整顿市容——里港居户	

资料来源：据上海市新生活运动促进会编印《上海市新运辑要·会务报告》，1937年，第239—249页编制

在"三化"运动中，上海市新运促进会拟定了《上海市各机关实行三化生活办法》，"以各机关公务人员为市民表率"[1]，从政府机关开始实施，再推及民众。与前期"清洁""规矩"运动相比，"三化"运动的运动范围已从公共场所扩展到个人私人生活领域。在生活军事化方面，不仅对公务人员的工作时间作了规定，甚至规定个人作息时间；对工作衣着、态度的规定无可厚非，进而干预公务人员个人装扮、爱好等，就有以政治强权干涉个人权利之嫌。在生活生产化方面，提倡国货、厉行节约、摈弃迷信都是建设国民经济及社会进步的合理化要求，但强制要求公务员储蓄或保险，限制待客礼节却在情理之外。在生活艺术化方面更是对个人的工作、学习、娱乐等方面提出种种要求。以生活军事化的重要内容——守时运动为例，蒋介石在《新生活运动之中心准则》中即要求："自个人的起居作息以致多数人的社会集团的活动，一切都要严格的遵守时间。"[2]然而，由于中国大部分地区仍以农业生产为主，工业文明中时间的效率性并没有完全显示，加上长久以来形成的习惯并非朝夕之间可以改变，即使在新运的大本营——南昌，"守时"运动的推行效果也并不理

[1] 上海市新生活运动促进会编印：《上海市新运辑要·会务报告》，1937年，第157页。
[2] 新生活运动促进总会编印：《新运十年》第三卷，1944年，第12页。

想。1934年3月,新运总会调查了南昌40个政务机关单位实行新生活的情况,令人满意的只有12个,其中,"最大的毛病,是不遵守办公时间,有上午十时,职员仍未到齐的"①。

难能可贵的是,由于上海典型的商业社会特质,"时间经济"早已成为沪上一种普遍认同②。新运促进会改组前,第一次监事会提出的一个重要议案就是:嗣后关于本市各机关团体学校集会应一律遵守时间案,以后每次监事会都强调"尤须注意时间"③。1934年12月28日,根据市教育会的提议,改组后的第四次新运促进会干事会议议决通过,"各界集会应先举行对表礼以遵守时间"④。新生活劳动服务团成立后,其经常工作之一也是"守时运动"。据上海市新运促进会先后对各机关推行"三化"生活情况的考核,1935年10月第一次考核,29个机关中,"遵守时间完全做到者"19个,10个机关"较过去确已进步但尚难完全遵守",比例达34%。1936年8月第三次考核,38个机关中,有26个机关全体都能遵守时间,其他12个机关中只有极少数人不能遵守时间⑤。"时者金也"并付诸实际行动中,即是一个巨大的进步。

笔者将以识字运动和卫生运动为案例,进一步说明政府以组织化社会运动变俗的过程。识字运动和卫生运动被蒋介石列为复兴民族的七项运动之首⑥。识字运动以改造人本身为主,卫生运动旨在改造人的社会生活。以这两次运动为例,既可以展示组织化的过程和内容,又可以检验民俗变革中社会动员的效果。

一、识字运动

为什么要推广识字运动?其一,是提高国民素质的根本条件。当时中国不识字人数比例高达80%,要养成现代国民,必须从推广识字教育入手;其二,是其他社会改革的前提,也是社会进步的桥梁。对于社会上陋俗旧染弥漫的情况,不断有人

---

① 新生活运动促进总会编印:《新生活运动》,1934年,第110页。
② 杨鼎鸿:《时间经济》,载《社会月刊》第1卷第27期(1926年4月)。
③ 上海市新生活运动促进会编印:《上海市新运辑要·会务报告》,1937年,第70页。
④ 上海市新生活运动促进会编印:《上海市新运辑要·会务报告》,1937年,第86页。
⑤ "生活军事化"的一项重要事项是"遵守时间",上海市新生活运动促进会编印:《上海市新运辑要·会务报告》,1937年,第172—173、198—201页。
⑥ 复兴民族的七项运动包括:识字、卫生、保甲、造林、筑路、合作和提倡国货。蒋介石:《政治建设之要义》(1935年9月15日在峨眉军训团演讲)。

疾呼："欲革其风，非普及教育不可"①，而"识字教育实为一切教育之基础"②；其三，是实现三民主义的基础。要唤起民族意识，鼓舞民族精神，必须从识字教育入手，复兴民族；民主政治的基础在于人民的政治知识，只有推广识字教育，才能真正实现民权主义；民生问题的解决有赖于科学进步，只有进行识字教育，才能灌输科学知识，改进民生③。因此，推广识字运动成为1927年国民党政权在为底层社会老百姓服务的任务中主要考虑的任务之一④。

上海不仅与中国其他地方一样，地方当局必须执行中央政府的计划和任务。同时，作为中国的经济文化中心和最为现代化的城市，市政府认为，上海不仅应该首先实施识字运动；而且，应"随时随刻抱着有绝对成功之信念"⑤。

从上海市政府成立到抗战全面爆发前，市政府先后举行了两次识字运动。第一次由市教育局于1928年12月举办，至次年1月，先后开办了45所民众学校，共招收学生2 396人⑥；同时，市社会局也将"农民识字"作为乡村三大运动之一⑦。但由于市府初立，建设多端，识字运动并未取得明显效果。1935年7月1日，市政府从复兴民族、示范全国、造成现代市民出发，再次举办识字运动，并将其作为社会建设年的一部分。市政府的目标是："期于一年内使全市四十余万文盲，(特区在外)均有识字机会，顺便教以常识指导及公民训练，期于短时期内，尽成健全国民。"⑧与第一次相比，这一次识字运动的目标更高，力度更大，计划也更为详备。

（一）推行步骤

首先，另立组织。

市政府改变识字运动由教育局一家主办的惯例，在市政府原有行政系统之外，

---

① 《月浦里志》(十五卷·民国二十三年铅印本)，载丁世良编：《中国地方志民俗资料汇编·华东卷》，北京图书馆出版社1991年版，第82页。
② 参见《上海市识字运动调查》，载李文海主编：《民国时期社会调查丛编·文教事业卷》，福建教育出版社2004年版，第384页。
③ 参见《上海市识字运动调查》，载李文海主编：《民国时期社会调查丛编·文教事业卷》，福建教育出版社2004年版，第384页。
④ 参见[法]安克强：《1927—1937年的上海——市政权、地方性和现代化》，张培德、辛文锋、肖庆璋译，上海古籍出版社2004年版，第146页。
⑤ 上海市通志馆年鉴委员会编：《上海市年鉴》(1936年)"B"，中华书局1936年版，第60页。
⑥ 蒋太华：《识字运动后应收之效果》，载《申报》1929年1月28日。
⑦ 市社会局将劝导植树、驱除蟊虫、农民识字作为乡村三大运动。《市社会局之乡村三大运动》，载《申报》1929年1月26日。
⑧ 上海市通志馆年鉴委员会编：《上海市年鉴》(1936年)"B"，中华书局1936年版，第60页。

再造一新组织,将市政府各职能部门均网罗其中,以党、政、学联合的力量推行。1934年4月1日,上海市政府组织成立识字教育委员会,作为识字运动的"总枢"①,直隶于市政府。委员会定为19人,包括市长、秘书长、教育局长、公安局长、社会局长、市政府主管科长、公安局主管科长、社会局秘书、教育局科长3人、教育局督学3人,以及市党部代表5人,由市长担任委员长②。4月25日,市党部决定组织成立上海市识字教育协进会,策动全市党员及全市社团协助推行识字运动。另外,识字教育委员会还在全市市立中小学设立识字教育服务团,组织教员训练所,作为培养教员的机构。

其次,设立专项经费。

经过七年的发展,到1935年,市政府初立时捉襟见肘的财政状况已有所改变,一·二八事变的创伤也渐渐平复。识字教育委员会预算经费为170 000元,经市政府核减,定为149 920.70元③,与政府在军事、工商业方面的投入远远不能相提并论。但是专项经费的拨付,保证了识字运动得以事权统一、独立进行下去。

再次,逐步推行。

识字运动的推行可分为四个阶段:宣传、调查、开办学校、强制就学。

第一阶段,宣传。市政府所做的努力十分到位,从时间来看,在识字运动启动之前,识字教育委员会就进行了长达三个月(4月至6月)的宣传活动。从对象来看,市政府将识字运动的动员对象界定为全体民众,并将1934年5月1日到5月7日设为识字运动宣传周。这七日分别定为工界宣传日、电播宣传日、商家宣传日、游艺宣传日、电影宣传日、学界宣传日、农界宣传日,无论是识字者,或不识字者均被纳入其中。从方式来看,既有政策讲演、集会动员,又有各种游艺活动,形式多样,波及面广。

第二阶段,调查。识字教育委员会首先将上海市(华界)划分为22个识字教育区,每区设一个办事处,办事处成立后的第一步主要工作即为调查区内成年失学人数,作为设立学校地址与授课时间的根据。调查结果显示:全市不识字人口有

---

① 上海市通志馆年鉴委员会编:《上海市年鉴》(1936年)"B",中华书局1936年版,第60页。
② 《上海市识字运动调查》,载李文海主编:《民国时期社会调查丛编·文教事业卷》,福建教育出版社2004年版,第376页。
③ 上海市通志馆年鉴委员会编:《上海市年鉴》(1936年)"B",中华书局1936年版,第62页。

434 452 人,其中,88%以上为成人①。

第三阶段,开办学校。为慎重起见,识字教育委员会在大规模开办识字学校之前,特定沪南和江湾两区为试验区。接着,根据调查结果,在 22 区内共设立了 220 所学校②。此外,识字教育协进会自办或监督设立 723 所识字学校,识字教育服务团有 180 余团,均以识字教育为职志③。这样,在全市共开办了一千多所学校。

第四阶段,强制入学。由于成人忙于生计,根本无暇顾及识字读书,无形中增加了识字运动推行的难度。因此,在这一阶段,政府不仅加大宣传攻势,有力的制裁更是识字教育委员会的惯用手法,订定的处罚办法包括罚款或劳役④,并由公安局具体执行。

(二) 推行效果

一方面,从已掌握的资料来看,识字运动取得了明显的成功。按照原定计划,首期入校接受识字教育的人数即有 12 万人以上,成人班学时为 2 个月,儿童班学时为 4 个月⑤。这样一来,短期内达到预定目标(使全市 40 余万不识字者认读 600 字),应该不是难事。1935 年 7 月 1 日,识字教育委员会设立的学校开始招收第一届学生,220 所学校共招收学生 54 542 人,考虑到乡区正值农忙,学校多设立于城区。8 月 30 日,学业结束,儿童班和成人班共有 36 099 人顺利通过考试,及格率达 66%。第二届识字学校将学期延长为三个月,及格率上升到 71%⑥。到 1937 年 4 月,在识字运动周开始之后近两年里,市政府宣布,有 257 571 人参加识字中心举办的学习,这占到识字运动对象的 59%。不过,识字运动没有停止,同一资料来源显

---

① 据《上海市识字运动调查》有关数据计算,李文海主编:《民国时期社会调查丛编·文教事业卷》,福建教育出版社 2004 年版,第 395 页。
② 李文海主编:《民国时期社会调查丛编·文教事业卷》,福建教育出版社 2004 年版,第 400—401 页。
③ 上海市通志馆年鉴委员会编:《上海市年鉴》(1936 年)"B",中华书局 1936 年版,第 68—69 页。
④ 识字教育委员会规定:"应受识字教育之民众于接到识字学校入学通知后,其无故延不入学,除强令入学外,并科以 2 角以上 5 元以下之罚金。或服两小时以上 5 日以下之劳役,无故旷课者亦同。其因故中途请假经识字学校核准者,须于指定时间内补习之,前项处分成年男女罚其本人,未成年者罚其家长。"李文海主编:《民国时期社会调查丛编·文教事业卷》,福建教育出版社 2004 年版,第 408—409 页。
⑤ 李文海主编:《民国时期社会调查丛编·文教事业卷》,福建教育出版社 2004 年版,第 426、408—409 页。
⑥ 第二届共招收学生 55 327 人,应考者 38 259 人,及格者 27 085 人,及格率为 71%。参见上海市通志馆年鉴委员会编:《上海市年鉴》(1936 年)"B",中华书局 1936 年版,第 68 页。

示,新开了83所学校①。长时段、大规模识字运动的推行,首先,有利于提高民众的基本素质。通过短时期的集中训练,让不识字的人"账也会记了,信也会写了,浅近的报也会看了",养成"健全的国民"②;其次,识字是市民进一步学习和不断提高自身素质的基础;再次,识字教育亦是政治文化播布和内化的重要手段。

另一方面,也有很多原因制约着识字运动的顺利进展。如:识字课本包含大量政治教育内容,深奥且与民众生活相去甚远;成人机械记忆能力较弱,迫于生活压力,根本无法专心识字;乡间没有钟表作为上课的标准时间,不能按时上课现象普遍存在;民众对于教育并没有迫切的渴望。"恶习甚深,教室内谈话,成为常见现象"。还有妇女抱着小孩上课、哭叫吵喊③,"扫除的旧文盲比续增的新文盲不相上下"④。然而,最重要的是,识字教育与民众生活之间发生了尖锐的冲突。识字教育委员会订定的《劳工识字教育实施办法》中明文规定:"应受识字教育之工人如至二十五年七月一日仍未受识字教育,应即日勒令停止工作,俟其补受识字教育时,始准恢复工作。"⑤大多数工人为维持全家生计,"要做夜工,倘若读了书,就得扣工钱。……如果拿不到毕业证,下月起便跑不进工厂"⑥。以改进民生、培养健全国民为目标的识字教育却成了民众的沉重负担,这是推行者也无法预料的结果。

二、卫生运动

对社会生活进行改造,要从改造人的生活环境入手,上海市政府决定首先要改变不卫生的生活习惯。上海市民素有端阳节祛虫、春节掸尘习俗。从清末开始,民间就开始宣传讲究卫生、移风易俗。进入民国之后,中华基督教青年会、沪西公社、中华慈幼协济会、中国防痨协会等社会团体先后多次举办卫生运动,以图片展览、

---

① 参见[法]安克强:《1927—1937年的上海——市政权、地方性和现代化》,张培德、辛文锋、肖庆璋译,上海古籍出版社2004年版,第147页。
② 李文海主编:《民国时期社会调查丛编·文教事业卷》,福建教育出版社2004年版,第406页。
③ 李文海主编:《民国时期社会调查丛编·文教事业卷》,福建教育出版社2004年版,第429页。
④ 茅盾主编:《中国的一日·上海市》,载《民国丛书》第三编第92辑,上海书店1989年版,第10页。
⑤ 李文海主编:《民国时期社会调查丛编·文教事业卷》,福建教育出版社2004年版,第419页。
⑥ 茅盾主编:《中国的一日·上海市》,载《民国丛书》第三编第92辑,上海书店1989年版,第53页。

电影等方式宣传预防疾病、育婴、扑灭蚊蝇等卫生知识。卫生运动作为普及卫生知识、改变卫生观念、强国健民的重要手段被民间提倡。1928年4月28—29日,成立不久的上海特别市政府举办了上海市第一届,也是全国首次卫生运动,以形式多样的宣传活动和免费的体格检查引起民众广泛兴趣,并得到卫生部的认可通告全国推行,规定是年起每年12月15日举行大扫除,卫生运动从上海走向全国。

国民党中央执行委员会系统地阐释了卫生运动的意义。首先,卫生运动"是民族解放的基本工作"。南京国民政府认为要摘掉"东亚病夫"的帽子,要"增加人口""充实中国民族的力量",其先决条件为"提倡卫生",只有解决了卫生问题,才能"把卫生事业普及到全民众,人人得到健康的身体,然后人口才可以增加,民族才可以图存"①;其次,提倡卫生是"巩固民生主义的基础"②。卫生可以防患人的生命遭受疾病、死亡的威胁,与民生主义相辅相成;再次,政府"负有指示人民向康健的大路上去走的责任"③。显而易见,国民党中央主要是从民族复兴的角度来理解卫生运动普及的必要性和重要性的。这一时期,各地推行的卫生运动政治意味浓厚,卫生教育开始突破民办格局,被正式列入政府议事日程。

上海市政府对卫生运动的理解更加深入一层,曾在第14届卫生运动宣言中指出:"拥有三百万居民的东方大都会上海市,有最现代的建筑物,最前线的交通工具。然而这大都会居民的生活方式怎样,他们的健康怎样,我们如果检讨市民的日常或享乐生活,我们不难发现他们在最不规则的不卫生的习惯中,度着麻醉或颓废的享乐生活,不分日夜的狂赌跳舞,以至于征妓宿娼,使他们精神委顿,体质羸弱;另一面复有许多为生活而挣扎的市民,在最不卫生的环境或工作中度生。同时我们绝对不能否认我国民众对于卫生太忽略了,至少是太不注意了,他们几乎都有传统的不卫生的恶习惯。"④因此,举办卫生运动不仅为了民族复兴,完成政治任务,更重要的是:以卫生运动普及公共卫生知识,灌输公共卫生意识,革除不科学的、不健康的陋习,以健康的卫生观念引领现代生活方式,推动社会文明进步。

从1928年到1937年抗战全面爆发前,上海市政府实际上共举办了13届卫生

---

① 中国国民党中央执行委员会宣传部印:《卫生运动宣传纲要》,1929年,第1—9页。
② 中国国民党中央执行委员会宣传部印:《卫生运动宣传纲要》,1929年,第9页。
③ 中国国民党中央执行委员会宣传部印:《卫生运动宣传纲要》,1929年,第22页。
④ 上海市通志馆年鉴委员会编:《上海市年鉴》(1936年)"T",中华书局1936年版,第6页。

运动(第八、十、十一届因一·二八事变未举办)。

表 3-5 1928—1946 年上海市政府举办卫生运动一览表

时 间	名 称	主要内容
1928.4.28—29	上海特别市卫生运动大会	卫生宣传、卫生商品展览、公开检查身体
1928.12.15—25	上海特别市第二届卫生运动大会	卫生宣传、全市大扫除、清道考成、拒毒宣传
1929.5.15	上海特别市第三届卫生运动大会	清道夫分段大扫除比赛、儿童卫生、口腔卫生
1929.12.25	上海特别市第四届卫生运动	清道游行扫除、通告市民大扫除
1930.5.15	上海市第五届卫生运动	清道夫清道比赛、卫生宣传
1930.12.15	上海市第六届卫生运动	年前大扫除、卫生宣传
1931.5.15—21	上海市第七届卫生运动周	卫生宣传、注射霍乱预防针
—	上海市第八届卫生运动	(未举办)
1932.5	上海市第九届卫生运动	专重闸北等战区大扫除、闸北免费注射防疫针
—	上海市第十届卫生运动	(未举办)
—	上海市第十一届卫生运动	(未举办)
1933.12.25	上海市第十二届卫生运动	清道扫除
1934.6.19—25	上海市第十三届卫生运动大会	卫生宣传(重点防痨)
1935.6.15—23	上海市第十四届卫生运动大会	卫生宣传、禁毒禁烟、防止疯狗病
1936.6.15	上海市第十五届卫生运动	卫生宣传、预防注射、清洁扫除。适逢儿童年,增加儿童健康比赛等
1937.7.6	上海市第十六届卫生运动	卫生宣传、提灯大会汽车游行

资料来源:《上海卫生志》编纂委员会编:《上海卫生志》,上海社会科学院出版社 1998 年版,第 216—217 页

从卫生运动的举行时间来看,一·二八事变前,市政府每年举行两次,一次在五月中旬,疫病多发季节;一次按照卫生部的规定,定于12月中旬。一·二八事变后,每年只举办一次,除第12届外,均于春夏之交举办。

从卫生运动的内容来看,一般包括:卫生宣传、卫生防疫、清洁运动几项,由于"唤起民众、铲除卫生上之弱点为本党下层工作必须先行之要务"[①],因此,卫生宣传是历届卫生运动的主要内容,宣传手段包括报纸、传单、广播、讲座、展览等多种形式。《申报》《新华日报》等都曾辟有卫生专版或专栏,刊载的内容主要有:传染病报告(使人民了解传染病的传播途径、流行及危害,从而注意预防和治疗);当地及各地的卫生事业消息(不仅使当地人民了解该地卫生局之工作及其行政旨趣,而且能与其他各地加强交流,互通信息);卫生谈话(即于一定时日,在报纸上发表通俗卫生谈话,如卫生常识、传染病之预防方法等材料,随时令而变更);医药卫生顾问栏(即在医药卫生范畴内,作人民之顾问,而引导人民上正轨,并使其明了卫生之一般情形,养成其良好卫生习惯)[②]。中航公司派飞机散发传单;电台广播卫生知识,并请专家作卫生讲座;唱片公司灌制卫生歌曲在电台播放;卫生运动筹备会举行卫生图画、标语征集竞赛;举办卫生展览会等。卫生运动以灵活多样的宣传攻势向民众灌输公共卫生意识,取得了一定的效果。每届卫生运动,仅展览会的参观人数就达十万人次[③],但民众卫生习惯的养成尚难判定。

三、社会动员及其效果[④]

从社会动员的类型来看,主要包括组织化动员和市场化动员两种方式。前者利用政治体制的力量去动员国家垄断的那部分资源,包括组织动员与政策动员;后者从社会中提取能量对自由流动的资源进行动员,包括传媒动员、参与动员与竞争动员。以新生活运动为载体的民俗变革,具有明显的组织化痕迹。以组织化动员方式为主、市场化动员方式为辅,是这一时期社会动员的典型特征,亦可以称之为

[①] 上海市通志馆年鉴委员会编:《上海市年鉴》(1936年)"T",中华书局1936年版,第6页。
[②] 任学丽:《简论近代中国民众卫生教育》,载《西南交通大学学报》第4卷第5期(2003年9月)。
[③] 上海市通志馆年鉴委员会编:《上海市年鉴》(1936年)"T",中华书局1936年版,第6—11页。
[④] 此部分内容经修改后已刊,参见艾萍:《社会动员的缺憾:上海市新生活运动失败原因初探》,载《中北大学学报》(社会科学版)2021年第5期。

"强制性"社会动员。在强制性社会动员中,政治权力主体占领导地位;动员的核心内容是"国家意识";动员方式带有鲜明的"灌输"和道德教化特性;动员结果追求高度的集中同一性。强制性政治动员的长处在于,"它能够在任何必要的时候集中精力于既定的目标,并有效地动员广大群众及全社会的资源为此而奋斗,而且在强制性动员模式下,决策贯彻执行极有力度,渗透力极大,往往能起到立竿见影的效果,在一些情况下能产生其他执政方式难以企及的施政效能"①。

从1934年新运启动到1937年抗战全面爆发,短短三年时间内,上海市政府在民俗变革方面取得了一定的成效。潘公展充分肯定新运给上海带来的新气象,"华界各处,道路力求清洁,来往行人,衣履力求整齐,各机关学校,服装朴素简洁,每遇集会,迅速而守秩序,这种朝气蓬勃的现象,均为前所未有"②。1935年和1936年,新运总会两次派出视察团来沪视察。第一次自1935年3月17日至22日,共五天,时间较短,重点考察机关、学校、团体实行新运情况。视察结束后,团长徐庆誉对上海的成绩做出了较高的评价,称"上海秩序安定,市容整饬,足见贵会推行新运,已有相当收获"③,并对上海市政府机关的工作效率大加赞赏。1936年4月9日,总会第二次视察由钱大钧亲自带队,也充分肯定了上海的成绩。上海市政府与上海新运促进会联合组织的第15届卫生运动大会更是受到新运总会的书面嘉奖。各公共场所"颇见秩序齐整,黄包车夫虽在烈日下奔驰,钮扣亦不敢放开"④。新运所追求的有秩序的生活在沪上得以初步实现。

但这些改变与执政者的期望之间仍然有差距⑤。新运实行两年后,"到处都可以看到新运的标语,而很少看到新运的实效;到处都可以看到推行新运的团体或机

---

① 徐彬:《论政治动员》,载《中共福建省委党校学报》2005年第1期。
② 上海市新生活运动促进会编印:《上海市新运辑要·论著》,1937年,第29页。
③ 上海市新生活运动促进会编印:《上海市新运辑要·会务报告》,1937年,第94页。
④ 梦若:《本市各机关施行三化生活》,载《申报》1935年9月2日。
⑤ 1935年2月18日,蒋介石在新生活运动推行一周年之际,出席南昌励志社开幕典礼上说:"在过去一年中,新生活运动虽已普及全国,但是实际的成效还是很少。所以外国人批评我们,说我们中国一般从事新生活运动的人,只会贴标语、做文章,不能实实在在去做。"新生活运动推行两周年,蒋介石在1936年2月19日《新生活运动二周年纪念之感想》一文中,再次表达了他对新生活运动推行的实际情况的不满。他说:"我在去年一年间,周行的地方不少,所到之处,都留心观察我们新生活运动实际工作怎么样,一般社会情形,和国民生活,较之未推行新运以前,有没有进步。我敢说,除了极少数的地方以外,一般对于清洁整齐的两件事,尚且没有切实的做到。尤其是在都会之中,不论街上路上,到处都看得见醒醒凌乱的现象。特别是在公共场所或交通要点,如码头车站之类,一般上下往来的人,看不出曾经受过(转下页)

关,却是很少看得见有多数国民确实受了新生活运动的效果"。新运并没有达到国民党人的预期目的。那么,为什么最强势的社会动员没有达到最佳的动员效果呢?

蒋介石归结为:"若不是第一期的基础不确实,就是第二期的努力有欠缺,若不是推行干部和负有领导责任者没有尽到职责,就是受指导的一般国民,还没有深切了解新运意义的重要。"①这只是道出了新运没有取得进步的部分原因,从社会动员这一层面来看,其主要原因在于:

首先,社会动员的目标同广大社会成员的普遍兴趣相脱离,导致社会动员难以发挥应有的效用。

社会动员,是指人们在某些经常、持久的社会因素影响下,其态度、价值观与期望值变化发展的过程②。一般包括四个特征,即广泛的参与性、兴奋性、目的性和秩序性。以新生活运动为组织依托的民俗变革具有明显的目的性和秩序性,"以最简易而最急切之方法,涤除我国民不合时代不适环境之习性,使趋向于适合时代与环境之生活。质言之,即求国民之生活合理化"。但在20世纪30年代内忧外患深重之时,将民族复兴的希望寄托在"食衣住行"合乎"礼义廉耻",认为使全国人民过上"军事化的共同一致的新生活"③是复兴民族的强大力量,完全忽视了人民生活和社会发展的实际需要。当时就有人指出,"'衣食足'是'知礼义'的一个唯一前提条件",在乡村经济破败、城市生产停滞的情况下,"人民的生计"才应该是政府关注的焦点,比推行新生活运动更有意义的是推行一个"使一般人民能'衣食足'能'富'的政策"④。

(接上页)秩序训练的样子。而负有指导责任者如宪兵,警察,保甲长之类,也不能积极的尽到职责,甚至于熟视无睹,反不如农村乡间还有几个地方比较整洁,能够实行这个运动。至于公务机关,照理应该为一般社会与民众的表率,公务员又是比较有知识,而又负领导责任的。但是照我观察所得,能切实做到新生活运动的要求,能够有秩序且有精神,而无愧为现代生活的标准者,实在是很少很少。我们现在到处都可以看到新运的标语,而很少看到新运的实效;到处都可以看到推行新运的团体或机关,却是很少看得见有多数国民确实受了新生活运动的效果。至于一般社会能在食衣住行中表现礼义廉耻的四维,其生活方式能够达到军事化,生产化,艺术化,而且厉行劳动服务,且具备互助合作的品德,爱国家爱民族的现代精神,那当然是更少了。"蒋介石这些话说明了新生活运动的推行并没有取得令他满意的效果,与他最初的预想产生了相当的距离。参见温波:《重建合法性——南昌市新生活运动研究(1934—1935)》,学苑出版社2006年版。

① 中国第二历史档案馆编:《中华民国史档案资料汇编》第五辑第二编政治(五),江苏古籍出版社1991年版,第784页。
② 郑永廷:《论现代社会的社会动员》,载《中山大学学报》2000年第2期。
③ 中国第二历史档案馆编:《中华民国史档案资料汇编》第五辑第二编政治(五),江苏古籍出版社1991年版,第761页。
④ 瘦子:《新生活运动》,载《申报》1934年3月16日。

社会动员的目标同广大社会成员的普遍兴趣相脱离,导致的结果是正常的社会动员中便会缺少广泛的参与性和兴奋性这样两个重要的成分。实际上,这时的社会动员仅仅是靠政府建构的行政系统和强力推行的社会运动予以安排的,这样的社会动员只能是假象性的社会动员。它虽然在形式上井然有序,甚至是轰轰烈烈,但从完整的意义上来看,它并不是真正的社会动员,因而无法取得实际的积极作用①,更谈不上对政治统治和社会进步产生实际的效果。蒋介石将各项事业没有进步的主因归结为:"第一,是缺乏真诚;第二,是缺乏热烈。"②恰恰道出了这种强制性社会动员缺乏广泛的社会认同和社会参与的内在不足。

其次,缺乏兴奋性的社会动员具有明显的应急性特征,无法取得长久的功效。

新运作为政治任务,由行政系统层层推进,让众多机关、学校、团体疲惫不堪,许多地方为应付上峰的视察临时动员推行新运。"新运跟着通告来"③的情形屡见不鲜。1936年4月15日,新生活运动开始后的第三年,上海新运促进会联合市公安局、保安处、保卫委员会等机关,进行了一次全市清洁运动,由青年服务团具体办理,市长吴铁城、新运促进会干事潘公展、杨虎、陆京士、张寿镛、李廷安、姜豪等人亲自参加扫除活动。市政府之所以如此兴师动众地举办这次清洁运动,其中一个重要原因是由于新运总会的视察团正在上海视察。所以,社会局还特别发文,要求各社团注意准备,"以资表率"④。这种临时性、表面性动员的推行效果可想而知。新运促进会常务主任干事潘公展也不得不承认,"沪市华洋杂处,行政又不统一,藏垢纳污之地,在所难免。数十年相沿之积习,欲于一朝一夕之间扫除净尽,自属不易"⑤。在短短数月间,清洁、规矩运动只能在机关学校、集会场所有所成效,第一次总会视察团视察时,团长徐庆誉在指导讲话中也指出:各机关办公室方面尚知注意卫生清洁,"至于厨房毛溷等处,大家都欠注意"⑥。

再次,没有民众广泛参与的社会动员,动力不足,难以为继。

新运将新生活的主体——民众设定为推行对象,在具体实施过程中,主要依靠

---

① 参见吴忠民:《重新发现社会动员》,载《理论前沿》2003年第21期。
② 中国第二历史档案馆编:《中华民国史档案资料汇编》第五辑第二编政治(五),江苏古籍出版社1991年版,第784页。
③ 金戈:《新运视察漫谈》,载《新运导报》1937年第9期。
④ 《为新运总会视察团来沪视察仰注意准备由》,上海市档案馆藏,卷宗号:Q117-23-16。
⑤ 上海市新生活运动促进会编印:《上海市新运辑要·会务报告》,1937年,第93页。
⑥ 上海市新生活运动促进会编印:《上海市新运辑要·会务报告》,1937年,第94页。

政府行政系统,人为割裂了政府与社会团体、民众的联系。著名政治学家李剑农认为:中国的民众,几千年来,站在积极的政治活动范围以外,除了到最困苦的时候,对于某一方面表示消极的反对意思外,绝没有积极主动的意思表示①。由于新运先天推行目标的偏差,下层民众对于新运并不能产生高度认同感。新运总会视察团在视察过程中曾发生这样一件事:视察团在路上遇到一个随地吐痰和靠右边走的人,于是问他:"为什么不守新运的规律呢?"得到的回答是:"今天又不是'星期日',你们为什么又要我新生活呢?"由于新运纲要中已经规定"一切运动,只可在公余及休假等闲暇之时间行之"②,因此,很多新运劳动服务团都每逢星期日那一天出动,在街道指导行人,维持秩序,久而久之成了一种习惯,可是对新运持疏离、漠视态度的老百姓们却误以为:"每个星期里,只是星期日才要守新运纪律的,星期日以外,可以随便。"③本应成为新生活实施主体的公众不知不觉成为新运的边缘化人物。在上海,新运更是受到嘲讽、谐谑的待遇④,以此进行的社会动员也就缺乏了应有的渗透力,难以获得持续的动力和资源。

第四,作为新运领导者的政府机关人员并没有充分发挥"模范"的作用。

在新运推行之初,社会各界人士即将风俗扭转的希望寄托在领导者身上。"我们以为现在新生活运动的提倡,与其说是领袖们的'施行新政',毋宁说是他们应尽的义务"⑤。1934年,上海市新运促进会第三次干事会议议决通过文鸿恩提议的《新生活改革礼俗之规定》,从婚礼、丧礼、寿礼、宴会、送礼几方面加以规定,去除繁文虚礼和无端浪费,倡言改革。对此,有人大加赞赏,称之为"礼俗革命之第一声"⑥;另有人认为:这项规定"善则善矣",但"顾于严格实施之道,似未计及,则仍有美中不足之遗憾。盖徒有规则,而无实行之道,与无规则,又何以异"。因此,提

---

① 李剑农:《中国近百年政治史》,商务印书馆1995年版,第371页。
② 中国第二历史档案馆编:《中华民国史档案资料汇编》第五辑第二编政治(五),江苏古籍出版社1991年版,第770页。
③ 金戈:《新运视察漫谈》,载《新运导报》1937年第9期。
④ 新生活运动中,上海一位巡警的日记中记载道:当在维持秩序时,要求人们按照新生活运动的规定,靠左边走时,随时都可以听到各种不同的"怪语":"哦!忘记啦。忘记啦。呵!新生活!"甚至有摩登少女对着我指上指下,评头论足的,大笑不止。吴钧:《我今天的日记》,茅盾主编:《中国的一日·上海市》,载《民国丛书》第三编第92辑,上海书店出版社1989年版,第14页。
⑤ 廷:《新生活运动与领袖》,载《申报》1934年3月10日。
⑥ 禅:《礼俗革命之第一声》,载《新人周刊》第1卷第9期(1934年)。

出"此事实须从上层阶级做起,而政界要人,尤须以身作则"①。再次将风俗变革的先导者推向风口浪尖。然而,在实际生活中,本应成为模范的公务人员却首先去做"堕落的勾当"②,无法成为众人效仿的楷模;各项工作最主要的推行者——警察态度恶劣,甚至采用不合法的暴力手段对待民众③,新运的形象黯然失色。政府期望以新生活运动复兴民族的愿望自然无法实现,革命权威在向绩效权威的转化过程中再次受阻,严重挫伤了政党执政的有效性。

第五,新生活运动预设的政治性和复古性在上海都市中尤为格格不入。

上海是典型的商业社会,新生活运动鲜明的政治目的和浓厚的政治色彩在一切以经济利益为衡量标准的现代上海也黯然失色。上海人崇尚的是:"航空奖券着头彩;二十五万变成五十万;坐汽车,吃大菜;洋行里厢做买办;政府里厢做大官。"④新生活运动不仅没有带来触手可及的经济效益,而且干扰了人们的日常生活,很多下层公务人员收入微薄,难以维持生计,但"三化"运动中明确规定:"强迫实行公务员储蓄或保险。"⑤食不果腹而储金不变的情况不在少数⑥。此外,为应付各级新运视察团的视察,各项支出也随之增加,向来讲究实惠的上海人对此颇为不满,"'枵腹从公'这名字很好听,饿着肚子真的干得动事吗?"⑦新运形式上井然有序,甚至是轰轰烈烈,但缺乏广泛社会认同和社会参与,难以取得实际的积极作用,因此,可以称为"假象性的社会动员"⑧。频繁度过高的新运活动令上

---

① 恒:《读新生活运动会改革礼俗办法有感》,载《申报》1934年10月29日。
② 影呆:《公务人员与娱乐场》,载《申报》1934年4月7日。
③ 新运中,上海警察纷纷走上街头,整顿市容,它们挥舞着木棍赶走小贩,对不守秩序者大打出手。参见怀疑:《整顿市容》,茅盾主编:《中国的一日·上海市》,载《民国丛书》第三编第92辑,上海书店出版社1989年版,第29页。
④ 茅盾主编:《中国的一日·上海市》,载《民国丛书》第三编第92辑,上海书店出版社1989年版,第22页。
⑤ 上海市新生活运动促进会编印:《上海市新运辑要·会务报告》,1937年,第161页。
⑥ 时人描述,一名低级警务人员每月工资约为10余元,基本开销包括:储金1元,恤金0.18元,伙食4.83元,请客0.25元,训练队胶鞋0.75元,被单0.70元,洗澡0.10元等,关饷时除去各类开支,只余1.97元,根本无法养活妻小。参见敬言:《关饷》,茅盾主编:《中国的一日·上海市》,载《民国丛书》第三编第92辑,上海书店出版社1989年版,第6—8页。
⑦ 茅盾主编:《中国的一日·上海市》,载《民国丛书》第三编第92辑,上海书店出版社1989年版,第60页。
⑧ 所谓社会动员,是指有目的地引导社会成员积极参与重大社会活动的过程。社会动员一般具有四个特征:广泛的参与性、一定程度的兴奋性、目的性和秩序性。一般来说,正常的社会动员是有组织、有秩序地进行,而不是杂乱无章、失去控制的进行。如果仅仅是为了刻意造成某种社会声势,而(转下页)

海人深感厌烦,逐渐形成一种麻木的心理状态,久而久之,"随便他批评"成了时人对待各级视察的一般态度,人们抱怨道:"什么新生活旧生活,还不是为了老生活。"①客观上造成了一种潜在的负效应,阻碍了日后社会动员的有效启动。同时,以"礼义廉耻"为基准的复古特质在上海更是难以得到认同,这一点将在第四章中详细分析,此处不再赘述。

综上所述,新生活运动开始后的民俗变革,充分利用强制性社会动员,取得了一定的效果。问题在于,强制性政治动员需要一个坚实的合法性基础才能发挥最大功效。显然,南京国民政府并不具备这一特质。20世纪30年代的中国,正处于日本侵华的危机中,政府本可以再次祭起"民族主义"这面大旗,以抗战全面爆发作为变革的主旨,获得广泛的社会认同和强大的社会能量。但国民党在动员事项上,放弃"民生"这一"根本";在动员目标上,屏蔽"民族"这一"急务";在动员方式上,排斥"民权"这一"主旨"。新生活运动表面繁华,内在却危机四伏,强制性社会动员缺乏应有的广度和深度,难以实现政府推动社会进步、夯实合法性基础的终极目标。

对于正处于"总体性社会向分化性社会转型"时期的上海来说②,除了社会动员力之外,社会整合也是社会变革中不得不考虑的重要因素。处于社会中心体的市政府必须要小心处理政治整合和社会整合这两套不同层面、不同功能的整合系统之间微妙的关系,消除异趋,从而在中央执政有效性严重不足的情况下,继续获得现代化的必需品——"稳定的社会秩序",顺利构筑现代都市的梦想。由此我们将转入对于社会整合力的考察。

(接上页)忽视了现代化进程本身的实际需要,使社会成员的目标同广大社会成员的普遍兴趣相脱离。这样,正常的社会动员中的四个特性便会缺少广泛的参与性和一定程度的兴奋性这两个特性。在这样的社会动员中,社会成员不可能有着真正的投入,也无法形成真正的兴奋。实际上,这时的社会动员仅仅是靠某种行政系统强行予以安排的。这样的社会动员只能是假象性的社会动员。它虽然在形式上井然有序,甚至是轰轰烈烈,但从完整的意义上来看,它并不是真正的社会动员,因而无法取得实际上的积极作用,更谈不上有效地推进现代化进程。参见吴忠民:《重新发现社会动员》,载《理论前沿》2003年第21期;吴忠民:《社会支撑力与中国的现代化》,载《江海学刊》1995年第5期。

① 茅盾主编:《中国的一日·上海市》,载《民国丛书》第三编第92辑,上海书店出版社1989年版,第60页。

② 参见忻平:《从上海发现历史——现代化进程中的上海人及其社会生活1927—1937(修订版)》,上海大学出版社2009年版,第131页。

第三节　政治整合与社会整合[①]
——以集团结婚为个案

广义的整合是通过政治整合和社会整合两个层次来实现的,如何保障两种整合系统有机互补,形成一种良性互动的整合机制,是政府面临的重要现实问题。这一时段系统化的民俗变革中,政府开始有意识地以政治整合力引导民间力量积极参与社会革新,试图将社会整合力纳入政治整合轨道。如在变俗系统的建构中,积极吸纳民间力量;在各项社会运动的推行中,广泛发动民众。这一时期,上海市政府推行的集团结婚即为政府成功运用政治整合力引导社会整合力的一个典型案例。

集团结婚又称集体婚礼。近年来,这一简朴而隆重的新式婚仪早已被广大民众认同,并成为国人举办婚礼的一种重要选择,也是政府服务社会的一种重要方式。20世纪30年代,集团结婚首先出现于上海,并迅速风靡全国。目前对于这一问题的关注,有的把它看作民国时期婚仪改革的一个里程碑[②],有的更侧重于考察1935年上海首届集团结婚的情况[③]。在这场轰动一时的婚仪改革中,政府行为的干预和作用不容忽视,从一定程度上讲,没有政府的积极倡导、举办、管理,就没有集团结婚的兴起与发展。

一、政府引领与集团结婚的出现

新生活运动中,上海市政府的一大举措即举办集团结婚。政府积极运作的根本原因还是在于"变俗以变政",以风俗的变革推动各项新政的推行,正所谓"因集团结婚之故,使政府与人民多一联系,则人民敬爱政府,政府引导人民,上下融洽,

---

[①] 此部分内容已修改出版,参见忻平主编:《城市化与近代上海社会生活》,广西师范大学出版社2011年版,第320—331页。
[②] 伍野春等:《民国时期的集团结婚》,载《民国档案》1996年第2期。
[③] 陆茂清:《近代中国第一次集体婚礼》,载《文史精华》1996年第3期;李凯鸿:《"集团结婚"的由来》,载《民国春秋》1994年第3期。

然后各项新政可以推行无阻"①。所以,集团结婚不可避免地带有示范性、引导性。

从1935年4月至1937年4月,这段时期上海的集团结婚主要由社会局主办。其基本程序为:社会局登报通知登记报名,然后进行调查核准,并在报纸上公布参加者名单。典礼前一日举行典礼演习,最后,由市长、社会局长证婚,正式举行集团结婚典礼。

首先,社会局规定举办典礼地点、时间等诸多事宜。

举办地点定于上海市政府大礼堂(只有第11届例外,因1936年12月1日上海市普通考试在上海市政府礼堂举办,这届典礼改在市中心区的市立体育馆举行)。举行典礼时间,原来拟定每年元旦、孔子诞辰、双十节、总理诞辰,以期以典礼加深民众对于国家和政府权威的认同。但每年四次的结婚典礼远远不能满足新人需要,1935年2月7日公布的集团结婚办法中规定每月第一个星期三为集团结婚日。后来因为民间习惯,第四届起改为每年二月、四月、六月、十月、十二月的第一个星期三举行,每年五次②。从1935年4月到1937年4月,上海市政府社会局共举办了13届集团结婚典礼。

其次,社会局规定了集团结婚参加者资格、缴费数额、参加办法、参加人数限额等。

社会局规定:凡上海市民举行结婚礼者都可申请,申请表免费向社会局索取。当时上海一场普通的传统婚礼平均花费约200元③。以年均收入500元的普通工人家庭计算,一次婚礼就要耗去年收入的40%,远远高于普通家庭的承受能力。而抗战全面爆发前,每对参加集团结婚典礼者只需缴纳20元登记费,加上礼服的制作或租用费用,每对新人最多花费40.6元,最低只需23元④,相当于当时普通工人一个月的薪水,这样一来充分扩大了申请人的范围。具体手续包括:申请参加集团结婚人带最近全身四寸照片各二张,二寸半身照片各一张以及图章亲自来社会局填

---

① 颜文凯:《新生活集团结婚的意义》,载《社会半月刊》第1卷第8号(1934年12月)。
② 《上海市社会局布告》,载《申报》1935年5月12日。
③ 《各地农民概况——上海附近》,载《东方杂志》第24卷第16号。
④ 每对参加集团结婚典礼者须缴纳20元登记费,由美亚织绸厂承制的礼服男子的甲种15元,乙种12元;女子礼服甲种5.6元,乙种4.2元,如因贫困无力购备的也可向厂家租用,租费每件1.5元。这样算来,参加一届集团结婚,每对新人最多花费40.6元,最低只需23元。根据《集团结婚规定礼服式样》,载《申报》1935年2月16日计算。

具申请书,并随缴结婚费用20元;经社会局核准后,参加者于结婚前五日内由主婚人带同介绍人、结婚人亲自来社会局,在结婚证书上盖印①;典礼前一日参加社会局举办的典礼演习;正式参加集团结婚典礼。这样,上海市政府从结婚登记申请、核准、公布、颁证几方面入手,逐步对婚姻进行国家统制②。参加典礼的人数也有限额,前三届都在50对上下,第四届起由于修改了典礼举行时间,一时参加者众多,达到了142对,考虑到市政府礼堂的容积,自第五届起,社会局规定参加典礼者限额为100对③。1936年3月,为让更多的结婚人有参加典礼的机会,社会局规定在登记日期内报名人数满150对时,额外的参加人准于下月第一个星期三继续举行典礼一次,每次仍不得超过100对④。

表3-6 1935—1937年上海市政府社会局举办集团结婚典礼概况表

届次	时间	结婚对数(对)
一	1935年4月3日	57
二	1935年5月1日	34
三	1935年6月4日	50
四	1935年10月2日	142
五	1935年12月4日	111
六	1936年2月5日	94
七	1936年4月1日	100
八	1936年6月3日	99
九	1936年10月7日	100

① 《上海市政公报》第153期(1935年2月10日)。
② 在此之前,上海市公安局曾通令"所属区域内居户,遇婚丧喜庆等事,必须令该户主,预为报告各本管区所,以资备考而使整理户口在案",但"因循不报者亦不在少数"。《婚丧喜庆须报警》,载《申报》1929年2月3日。
③ 《上海市政府公报》第162期(1935年11月10日)。
④ 《上海市政公报》第167期(1936年4月10日)。1936年11月的第十届集团结婚即是由于第九届报名人数超过限额而举行。

续 表

届 次	时 间	结婚对数(对)
十	1936年11月4日	100
十一	1936年12月2日	127
十二	1937年2月3日	84
十三	1937年4月7日	121

资料来源：李凯鸿：《"集团结婚"的由来》，载《民国春秋》，1994年第3期

再次，对集团结婚的仪式也有详细规定，充分考虑政府权威与民间力量的和谐、统一。

仪式是象征性的、表演性的一整套行为方式。上海市政府拟定的结婚仪式主要包括：① 奏乐；② 来宾入席；③ 证婚人入席；④ 主婚人入席；⑤ 结婚人入席；⑥ 行集团结婚礼，结婚人各向对立行三鞠躬礼；⑦ 证婚人印发结婚证书，结婚人一次具领，仍退入原位；⑧ 证婚人发给纪念品；⑨ 礼成。① 通过对集团结婚仪式的规定，不仅简化了传统的、烦琐的婚姻仪式，更为重要的是逐步瓦解传统的婚姻仪式对人们的影响，让参加者形成共同的集体记忆，强化民众心中的国家权威。

仪式作为一种操演，往往对参与者及其着装、空间位置及行为均有诸多要求。对于集团结婚的参与者，虽然法律上规定，婚姻只需结婚当事者自行决定，并不必须有家长的同意或家长参加结婚仪式，但政府为顾及现行大家庭制度及民众的习惯，仍订有主婚人在场参加。在礼服的采用上，虽然中山装、西服等早已出现，长袍马褂在国民军北伐的时候更是在被"打倒"的行列，但在集团婚礼的典礼中，新郎着蓝袍黑褂，新娘则白衣披纱，参加典礼的市政工作人员也均着蓝袍黑褂，以示典礼的庄严、隆重。玄色马褂赫然成为一种礼服。在礼堂布置上，当中置放总理铜像，两边置国民党党旗、中华民国国旗，整体采用中国传统的喜庆色——红色为主色调，以红毯铺地，以红带、喜烛作为装饰，并以宫灯引领新人入席，兼具政治理

---

① 《上海市政公报》第153期(1935年2月10日)。

念与民间特色。婚礼开始后,新人首先向总理遗像及国民党党旗、中华民国国旗行最高礼——三鞠躬礼,然后新郎、新娘再相对立两鞠躬①。集团结婚中,证婚人发给新人的纪念品为银制可分合的太极图形,底嵌国花,盛放纪念品的盒上印有上海市新生活集团结婚纪念品字样②。抗战胜利后,集团结婚的纪念品甚至改为给每对新人赠送发放一本《中国之命运》③。于是,在典礼中可以看到典型的中式马褂与西式的婚纱并列,传统的红烛映照下,新人行现代的鞠躬礼,中与西、新与旧竟没有一丝不和谐地同时出现。很多新人参加完集团结婚典礼后继续参加传统的婚宴④。

正当集团结婚逐渐成熟并在各地广泛发展之际,1937年抗战全面爆发,在沦陷区的上海,由南京国民政府继续主办集团结婚显然已不合时宜,所以到抗战胜利之前,上海的集团结婚主要由湖社⑤、宁波同乡会、浦东同乡会等同乡会举办,一种专门以办理结婚为业的集团结婚社也随之出现。直到抗战胜利后,上海市政府才重新回到集团结婚的举办者行列。

二、政府管理与集团结婚发展

抗战胜利后,1945年12月25日,上海市社会局在市中正中路浦东大厦举办了战后第一届集团结婚,定名为"胜利纪念集团结婚",上海市市长钱大钧亲临证婚,有42对新人参加了这次简单、隆重的集团婚礼。此后,从1945年12月到1948年5月,近三年的时间内,上海市政府社会局和民政局只举办了7次集团结婚典礼,与抗战全面爆发前三年即举办13次的频率不可同日而语,而且参加人数锐减,甚至因参

---

① 《首届集团结婚昨在市府举行婚礼》,载《申报》1935年4月4日。
② 《今日举行集团结婚演习》,载《申报》1935年4月2日。
③ 《社会局呈送第三届集团结婚典礼用费概算书》,上海市档案馆藏,卷宗号:Q6-16-364;《上海社会举关于举办第二届集团结婚经费》,上海市档案馆藏,卷宗号:Q6-16-385。
④ 根据社会局典礼结束后的调查显示,首届集团结婚后调查了其中的16家,其中设一桌酒席的1家,二席的3家,三席的1家,四席的4家,五席的2家,六、七、八席的各1家,大宴宾朋的仅1家,由朋友公宴的1家,家家都宴请宾客。《市社会局派员访集团结婚人》,载《申报》1935年4月6日。
⑤ 湖社是湖州六邑旅沪商民的同乡组织,成立于1924年。湖社下设事务部、组织部、研究部、宣传部、教育部、实业部、公益部及社员俱乐部等机构,并在吴兴、南京、武汉、苏州设分社,上海解放后结束活动。

加人数过少、筹备不及而不得不改期①,越发显得官办集团结婚的冷清。

表 3-7　1945—1948 年上海市社会局、民政局主办集团结婚概况表

主 办 者	届 次	时　　间	结婚对数(对)
社会局	第一届	1945 年 12 月 25 日	42
	第二届	1946 年 3 月 3 日	45
	第三届	1946 年 10 月 10 日	32
	第四届	1946 年 12 月 12 日	21
	第五届	1947 年 4 月 4 日	24
民政局	第一届	1948 年 1 月 1 日	21
	第二届	1948 年 5 月 20 日	5

资料来源:上海市档案馆藏,卷宗号:Q1-12-1511,Q6-10-417,Q6-10-426,Q6-10-416,Q6-10-420,Q6-10-424,Q119-5-68

随着参加市府举办的集团结婚人数的减少,社会局、民政局举办典礼的成本也越来越高。历届典礼用费一般先由主办机关支出,如果收入多于支出,多出费用滚存至下届典礼使用;如果费用不足即由主办机关垫付。抗战全面爆发前,每对参加

---

① 1946 年 2 月,社会局在战后第一届集团结婚成功举办的基础上,确定每年分春、夏、秋、冬四季举办四期集团结婚典礼,分别在 3 月 3 日、5 月 5 日、10 月 10 日和 12 月 12 日举行。1946 年,社会局只举办了三届集团结婚典礼。1947 年,原定于 3 月 3 日举行的第五届集团结婚典礼,因为 3 月 3 日恰为农历二月十一日,俗称杨公忌日,市民碍于迷信,填表申请参加者仅五对,即使这五对"亦有可否改期之请求,将来难保不临时退出",社会局因为人数太少,不便举办,只好呈请市府改在四月四日儿童节举行。第六届集团结婚应于 1947 年 5 月 5 日举行,但依照 1942 年 11 月 1 日内政部颁布的《集团结婚办法》第三条规定"每次之日期、地点应参照当地习惯、环境酌定,并应于举行婚礼前二个月公告之",刚刚筹办结束第五届集团结婚的社会局显然已不得不延期举办第六届,并提议"延至或并至十月十日国庆日"举办。《上海市社会局集团结婚办法等文件》,1947 年 9 月,上海市民政局成立,社会局主管的礼俗行政业务移交民政局接管。民政局在成立之初,恐不及筹备第六届集团结婚,提议仍由社会局办理,社会局认为,民政局既已成立,"仍由本局办理未妥"。《上海社会局第一届集团结婚仪式》,结果,民政局筹备的第一届集团结婚于 1948 年元旦才在市参议会大礼堂举行。民政局主办的第二届集团结婚原定 3 月 3 日举行,但因为礼俗部门经费预算未奉批准,不得不改期至 5 月 20 日在威海卫路新生活俱乐部大礼堂举行。上海市档案馆藏,卷宗号:Q6-10-426;上海市档案馆藏,卷宗号:Q6-10-428;上海市档案馆藏,卷宗号:Q6-10-415。

典礼者缴费20元,由于参加人数众多,加上开支较为简单,社会局为典礼所垫付的费用总体来说并不多,有时还可多出费用滚存至下届典礼使用。抗战胜利后,由于参加人数锐减,而开支项目日多,由档案资料所见收支来看,社会局主办的前四届都是支出超过预算收入(第五届开支资料尚缺,但从参加人数来看,也是由社会局垫付居多)。在社会局经费支绌的情况下,礼堂、礼服等一切设备"事事仰求",与商办集团结婚服务社相比,"反觉相形见绌"①。而各种商办集团结婚服务社及团体自

表3-8　上海市集团结婚部分收支简表(1935—1948年)　　(单位:元)

	届　次	登记费总收入(缴费对数×每对缴费金额)	支　出	滚存(+)或垫付(-)
抗战全面爆发前	第一届	1 140(57×20)	1 129.43	+10.57
	第二届	700(34×20)	786.53	-75.96
	第三届	1 000(50*×20)	1 124.85	-122.81
	第四届	2 840(142×20)	2 296.89	+420.30
	第五届	2 220(111×20)	1 651.33	+988.97
	第六届	1 880(94×20)	3 354.72	-485.75
	第七届	1 960(98*×20)	1 896.35	-422.10
抗战全面爆发后	第一届	84 000(42×2 000)	239 730	-155 730
	第二届	90 000(45×2 000)	216 900	-126 900
	第三届	640 000(32×20 000)	2 000 000	-1 360 000
	第四届	420 000(21×20 000)	1 039 980	-619 980

　　注:抗战全面爆发前第三届新生活集团结婚典礼参加人有54对,但费用支出计算书上列收入项,结婚人为50对,疑为预算数;第七届参加典礼人数为100对,但费用支出计算书上列的收入以98对计
　　资料来源:上海市档案馆藏,卷宗号:Q6-16-364、Q6-16-385、Q6-18-156

---

①《上海市政府转发中央政府关于婚丧仪仗办法、集团结婚行礼仪式与追悼会仪式的文件》,上海市档案馆藏,卷宗号:Q1-12-1656。

政府举办之初即举办集团结婚,上海沦陷时,更是主要由这些集团结婚服务社及其他团体举办集团结婚。经过多年实践,这些团体都具备了一定的经验,往往以华丽的礼堂、精美的礼服、优美的乐队以及较完善的婚礼服务赢得了更多新人的青睐。

鉴于上述情况,上海市政府逐步退出了主办者行列,开始以合办、管理的身份继续办理集团结婚,并对其进行监督、指导。很多婚礼服务社也乐于与政府合办,或邀请市政府领导和社会闻人证婚,以提升知名度,吸引新人参加。1948年元旦,民政局主办的第一届集团结婚采用了与上海青年馆合办的形式,在民政局登记的有21对新人,另有34对在青年馆登记,这一届集团结婚也就被称为"上海市民政局第一届、上海青年馆第51届联合集团结婚",其公告中打出"礼堂高雅、供应全新礼服、赠送婚照婚书""恭请章士钊大律师证婚"的字样,明显是社会团体一向的宣传策略。1947年11月成立的国民联合节约婚礼社,不仅在礼堂布置、礼服式样、证书设计、婚宴菜式等方面下足功夫,更重要的一项噱头是"敦请本市政府首长及社会领袖证婚,以昭郑重",实际上也成为其抬高婚费的重要资本。婚礼社以此为理由,所收婚费"比民政局青年馆竟大一二倍"①,以"节约"为旗号的婚礼社婚费并不节约。正如市民政局所说,私家经营及团体举办者中"不无草率行事,专以营利为目的"②的,失去以集团结婚推动婚俗变革,进而实现改革旧有风俗礼节,以实现"变俗以变政"目标的本意。

1949年1月,上海市民政局拟订的《上海市管理集团结婚补充办法》正式公布,从对举办方资格的审核、举办手续的审定、收费的核准到参加者名册存档、举办时的派员指导,以及违反规定的处罚措施等各方面对集团结婚进行监督、指导。为让办法的精神真正传达于各界,民政局不仅分别通知各集团结婚服务社,而且于1949年3月18日召集各主办集团结婚社团负责人举行谈话会。另外,根据内政部1942年颁布的《集团结婚办法》第五条规定,"申请登记之男女双方均应缴验合格医师所出之健康证明书"。1947年上海市政府收到条文后,于1949年1月正式公布了《上海市民婚前健康检查实施办法》,要求申请结婚的男女应于结婚前三十日内赴市立

---

① 《上海社会局第一届集团结婚仪式》,上海市档案馆藏,卷宗号: Q6-10-415。
② 《上海市政府转发中央政府关于婚丧仪仗办法、集团结婚行礼仪式与追悼会仪式的文件》,上海市档案馆藏,卷宗号: Q1-12-1656。

医院或政府认可之公私立医院实行体格检查,取得婚前体格检查证明书后,会同填具申请书,呈请医院核发结婚健康证书。举行婚礼时,男女结婚人应将结婚健康证书交于证婚人,由证婚人当众宣读。卫生局根据医院的检查表上注明的"暂缓结婚""不能结婚""可以结婚"三种情况区别对待。为消除民众的疑虑,卫生局还提出"男女双方不必在同一医院或同一时间行之"①,所有检查费用完全免费,最大可能保证民众接受婚前健康检查,极具现代优生观念。

三、集团婚礼的特点

婚姻作为男女结成夫妻关系的一种制度性安排,是产生家庭和亲属的前提和基础。婚礼作为婚姻缔结的仪式自然受到社会的重视,历代礼制中都有关于婚仪的规定,但如南京国民政府这样大规模亲自主持婚仪革新的较为鲜见,政府在这一本应由民间力量主导的社会整合中发挥作用,具有民间力量所不具备的优势与特点。

(一)集团婚礼实行的时空范围及频率

1935年首届集团结婚大获成功后,这种新的典礼随即风靡各地,南京、杭州、芜湖、北平、天津纷纷仿办,甚至广西、云南等边远省份也开始提倡并陆续办理。1942年,内政部即根据上海、南京等各地举办集团结婚的有关资料,详加研究,拟订《集团结婚办法》分行各地遵办,一时间,各地集团结婚进展更为迅速。抗战全面爆发后,由于上海市政府举办集团结婚最早、办法最成熟,而且经验丰富、成绩颇著,嘉义市政府为改革风俗、提倡新生活,例行节约、适应民众结婚简便起见,来函请惠赐集团结婚办法②。1948年,缅甸华侨服务社为改良侨胞婚丧陋俗及节省靡费着手,也请上海市政府赐集团结婚应用办法,以供参考③。

自1935年到1948年,除因沦陷时期被迫中断外,上海市政府一直积极举办集团结婚。直到商办集团结婚服务社发展成熟,政府从环境、经济多方面考虑才逐步退出集团结婚主办者行列,这正是集团结婚强大生命力的表现。抗战全面爆发前,

---

① 《上海市管理集团结婚办法及婚前健康检查实施办法等文件》,上海市档案馆藏,卷宗号:Q119-5-63。
② 《上海市社会局集团结婚办法等文件》,上海市档案馆藏,卷宗号:Q6-10-428。
③ 《上海市管理集团结婚办法及婚前健康检查实施办法等文件》,上海市档案馆藏,卷宗号:Q119-5-63。

短短三年举办了 13 次集团结婚典礼,举办之频繁为世人关注。抗战全面爆发后,政府更多担负集团结婚的监督、管理工作,亲力主办的典礼并不多,三年内市政府只举办了 7 次。但在上海广大乡村,政府仍是主要的主办者。1946 年,地处上海市郊较为偏僻的上海市第三十一区(浦东高桥)制定集团结婚简则①,报市政府批准后施行。自 1947 年 1 月 1 日第一届举办后,以每月一次的高频率施行,并视结婚者的多寡临时择期举行典礼,到 1949 年 1 月,高桥区已举办 14 届集团结婚典礼。为满足地处更为偏远的高行镇保民参加集团结婚的需要,高桥区又向市民政局申请增设高行镇一处为举办集团结婚典礼地点,从第 15 届起,与高桥区区公所分上下午同日举行典礼②。集团结婚已不仅仅是市区的专利,而是从市区走向郊区、乡镇,真正实现了市政府以此为示范,达到普遍化的目的。

(二) 集团婚礼参加者情况

从参加集团结婚人的籍贯来看,江浙籍及上海本地人约占 80%,这主要是与地理位置有关,江浙离上海较近、移民较多在集团结婚的参加者中也得到了反映。广东籍人士也占较大比例,这不仅是因为上海的广东移民较多,而且也与广东开埠较早、风气较为开化相关。以首届集团结婚参加人为例,男女不同省的 21 对,占总数的 37%,同一省的也往往来自不同地区③。婚姻圈的扩大不仅有利于血统的改进和人口身体素质的提高,同时也对各地文化交流和上海习俗演变产生积极影响。

由表 3-9 可知,集团结婚的参加者以 21—25 岁居多,抗战全面爆发前还有很多参加者年龄在 17—20 岁之间,抗战全面爆发后,这一年龄段的人数明显减少。与传统婚礼中男女年龄仅十五六岁相比,可说是一个很大的进步,同时也使民法第 980 条"男未满十八岁,女未满十六岁,不得结婚"的条文得以贯彻。

从职业和受教育水平来看,抗战全面爆发前,参加集团结婚的不乏受过高等教育的从事公务、教育、医药、法律等行业的人士。抗战全面爆发后,男子中从商比例较多,女子中以从事家务者居多;大多数参加者都受过中小学教育,也有少量大学、私塾

---

① 《上海市社会局集团结婚办法等文件》,上海市档案馆藏,卷宗号: Q6-10-428。
② 《上海市管理集团结婚办法及婚前健康检查实施办法等文件》,上海市档案馆藏,卷宗号: Q119-5-63。
③ 《上海市政公报》第 156 期(1935 年 5 月 10 日)。

表 3-9 集团结婚参加者年龄统计表　　　　　　　　（单位：人）

届次	参加人年龄	17—20岁	21—25岁	26—30岁	31—35岁	36岁以上	资料来源
抗战全面爆发前	第二届(1935.5.1)	20	30	18	1	1	上海市政公报第157期，1935年6月10日
抗战全面爆发前	第四届(1935.10.2)	108	127	35	12	2	上海市政公报第162期，1935年11月10日
抗战全面爆发后	第一届(1945.12.25)	18	17	21	6	—	《四十二对新人缔结胜利良缘》，载《申报》，1945年12月26日
抗战全面爆发后	第二届(1946.3.3)	13	43	21	8	5	上海市档案馆藏，卷宗号：Q6-10-417
抗战全面爆发后	第五届(1947.4.4)	7	17	18	3	3	上海市档案馆藏，卷宗号：Q6-10-423

出身或失学的①。如果说集团结婚刚刚举办时，因为其"省钱而又体面"，而"最配上海一般青年男女的胃口"，因此在社会上倍受欢迎，并且"迅速而普遍的变成最摩登的名词"②，所以各个阶层人士趋之若鹜的话，到了后来，集团结婚越来越成为社会普通大众减少婚礼开支的一项重要选择，所以更多的社会中下层人士加入其中，部分实现了市政府以集团结婚破除婚礼中奢靡浪费恶习、改善社会风气的初衷。

（三）从政府主办到社会接盘

政府从主办到管理，社会各界从认同到参与，集团结婚成功实现自上而下的推广。首先，政府从经济、传统等各方面考虑，无法始终居于主办者行列；其次，更为关键的是，政府举办集团结婚的初衷即是以此达到推广新式婚俗的目的，所谓"集团结婚只是婚约结婚的示范，只是变政先变俗的举隅"③。因此，在社会认同、支持

---

① 《市社会局核准公布首届集团结婚名单》，载《申报》1935年3月10日；《上海市社会局第二届集团结婚》，上海市档案馆藏，卷宗号：Q6-10-417；《上海社会局第五届集团结婚公告及新闻稿》，上海市档案馆藏，卷宗号：Q6-10-426。
② 《从历史上观察集团结婚》，载《社会半月刊》第1卷第8号(1934年12月)。
③ 《集团结婚登记的限制》，载《社会半月刊》第1卷第8号(1934年12月)。

第三章 化民成俗与社会进步(1934—1937) 177

并接盘后,政府主动退出主办者行列完全符合当初的设想;再次,无论是各种厂矿企业,还是湖社、宁波旅沪同乡会等同乡组织,均从集团结婚出现之初即积极响应、广泛参与。1935年,集团结婚办法刚刚公布,上海康元制罐厂即于3月9日召集全体职工大会,提出该厂职工参加集团结婚办法①。中国纺织建设公司上海第六纺织厂不仅每年为本公司员工举行两次集团结婚典礼,而且创作了集团结婚婚礼礼歌,歌中唱道:

  佳偶天成,今日恰是良辰。夫妻好合,如鼓瑟琴。以爱为本,敬为经,家奇国治良基定。
  集团结婚,现代精神,两性合作,勇往前进,民族前途多光明,大家欢庆,大家欢庆。②

  1936年元旦,湖社在上海同乡团体中首创"同乡集团结婚"。每年分春夏秋冬四次,婚礼在湖社社所内举行,由湖社委员长和执行委员会主席主婚,结婚者中只需一方隶属湖籍即可参加。在上海沦陷时期,湖社仍坚持举办典礼,且将登记费降为12元,仪式也进一步简化,吸引了众多同乡参加。自1936年元旦至1943年4月18日,湖社共举办了22次集团结婚③。宁波旅沪同乡会、无锡旅沪同乡会等团体纷纷向湖社索要有关简章,效法实行"同乡集团结婚"。据档案记载,宁波旅沪同乡会共举办过140届同乡集团结婚典礼,有近700对男女以集团结婚的形式完成婚礼④。绍兴七县旅沪同乡会从1937年起开始举办同乡集团结婚,其中1939年12月第4届至1944年11月第22届共有337对新人参加集团婚礼,1947年11月第32

---

  ① 康元制罐厂职工参加集团结婚办法,分为在市府及该厂举行二种,凡加居本市或结婚以后将挈眷居沪者,均须申请参加,并应力求俭约,不得广筵宴客,愿赴市府者,所须参加费洋二十元,由该厂赠与,愿在该厂者,每二个月一次,由厂预定日期,布置礼堂,准备结婚证书,酌备茶点,请经理为之证婚,一切费用,概归该厂负担,如有家境富裕,情势所限,未能遵行者,须先捐薪三月,苟故意违拗,不愿遵行者,当罚薪四月,概予拨充慈善费用。当经大会表决,全体一致赞成,并即拟定布告施行。《康元制罐厂职工实行集团结婚制》,载《申报》1935年3月13日。
  ②《中国纺织建设公司与上海第一印染厂关于高级职员停发技术津贴、大学毕业生来厂工作、集团结婚表格留样等来往函件》,上海市档案馆藏,卷宗号:Q192-17-331。
  ③《湖社主办第六届同乡集团结婚申请书及贺辞》,上海市档案馆藏,卷宗号:Q165-3-7;《湖社举行团拜集团结婚等文件》,上海市档案馆藏,卷宗号:Q165-3-11。
  ④《宁波旅沪同乡会办理历届集团结婚参加人姓名通知》,上海市档案馆藏,卷宗号:Q117-4-41。

届至 1948 年 5 月第 34 届共有 37 对参加集团婚礼①。

由此可见,集团结婚在政府引领和社会支持下,顺利走向平民化。集团结婚作为一种新式婚俗已逐渐受到社会广泛认同。据统计(见图 3-3),集团结婚举办的第一年就有 788 人参加典礼,当年上海华界男婚女嫁数共 6 461 人②。参加政府主办的集团结婚人数占到了 12.2%,1936 年这一比例上升为 22.1%③。如果加上各种同乡会以及工厂厂矿、企业等举办的集团结婚,以集团形式举办婚礼的比例将会更高。

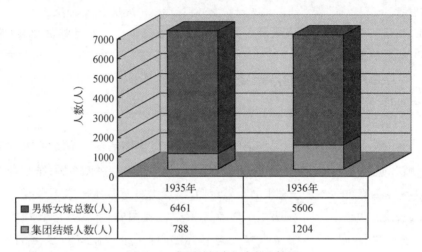

图 3-3　集团结婚参加人数比较图

四、集团结婚的社会效应

始于 20 世纪 30 年代的集团结婚,对于促进社会风气的流变起到了重要作用,也构成了上海现代化进程中的一个缩影。其俭约、文明而又不失隆重、庄严的做法在上海大获成功,引起广泛的社会反响。

---

① 《绍兴七县旅沪同乡会第 30 届报告》《绍兴七县旅沪同乡会第 32 届报告》,上海图书馆藏,转引自郭绪印:《老上海的同乡团体》,文汇出版社 2003 年版,第 581 页。
② 邹依仁:《旧上海人口变迁的研究》,上海人民出版社 1980 年版,第 134 页。
③ 1936 年,参加市府举办的集团结婚人数为 1 240 人,当年上海市华界男婚女嫁数为 5 606 人。参见邹依仁:《旧上海人口变迁的研究》,上海人民出版社 1980 年版,第 134 页。

第一,政府以集团结婚为示范,促成婚仪的革新及社会风气的流变,"变俗以变政"。

上海自开埠以来,现代化设施日益建立,商业日趋发达,人口日增,身为弹丸之地,却"富商大贾,云集麟从,以佻达为风流,以奢豪为能事"①。奢侈作风不仅在社会上层中流行,更弥漫在各个阶层人们的生活中。在婚礼中倾其所有,甚至举债成婚的事例屡见不鲜。1930年,上海市政府曾对上海140户农家进行了详细调查,96家举债者中有45家为婚丧费用而举债,占举债总家数的47%②。为婚嫁负上沉重的债务早已成了普通人家公开的秘密。上海各地的地方志中也对婚礼的奢华进行了更为形象的描述,婚嫁时"争索聘礼,簪必金珠,衣必锦绣,笙箫鼓乐,结彩张灯,邻里亲族筵宴累日"③。奢侈、靡费的婚礼不仅是社会风气浇漓的反映,亦是普通人家的沉重负担之一,日益受到社会广泛关注,社会呼吁四起,时人多已认识到婚嫁无益之费最多,各种促使婚嫁礼仪由奢趋俭的主张纷纷出现④。在社会舆论的呼吁、民间团体的推动之下,当时的报纸上不时登载时人践行俭约婚嫁的事例,兹不赘述。

在这样的环境下,身为风俗改革领导者的政府再也不能熟视无睹,更何况政府一向认为"要知道每一国的情形,首先便要注意到风俗,而要达到每一国家的统治,也非首先注意到风俗不为功"⑤。"化民成俗""移风易俗"差不多成了历代政府的一贯主张。上海不论在所属江苏省还是独立为特别市以后,都不曾放弃过整治社会婚丧筵宴奢侈浪费风气的努力,只是这种努力更多的针对政府直接管辖之下的公务人员以及权能范围内的各酒馆、饭店等奢侈作风的物化载体,至于广大民众的思

---

① 葛元煦、黄式权、池志澂:《沪游杂记·淞南梦影录·沪游梦影》,郑祖安、胡珠生标点,上海古籍出版社1989年版,第140页。
② 《上海百四十户农家调查》,载《社会月刊》第2卷第5号。
③ 丁世良编:《中国地方志民俗资料汇编·华东卷》,北京图书馆出版社1991年版,第12页。
④ 有的主张革除婚嫁时的聘礼、妆奁,把妆奁的费用送女子到职业学校里去学了一种相当的职业,以培养女子的独立经济地位,对于女子的独立人格的养成与子女的培养不无裨益。有的主张改革酒席、宴请为茶话会,认为这样"既可节省经济,又仍得宾主之欢,其所费较酒筵之费相去悬殊,是诚一举两得"。至于婚丧礼物的赠送,也有主张送礼券,并限定款额,以贯彻俭约。一些致力于婚嫁改良的民间团体也纷纷出现,将上述主张付诸实践,如松江婚嫁改良会的章程从文定、聘礼、妆奁、亲迎、酬应各方面力行俭约,并要求会员劝导会外亲友,共同改良。在胡朴安先生的提倡下,有鉴于"婚丧虚耗金钱,不独于人有益,且引导习俗,日趋于奢侈"。俭德储蓄会组织婚丧节制社,其章程达15条,具体规定了婚丧柬帖发送的范围、礼金的限额以及处罚办法等。枫江:《妇女妆奁问题》,载《申报》1923年4月26日;志中:《喜庆酒筵改茶话会之商榷》,载《申报》1923年5月18日;《俭德储蓄会组织婚丧节制社》,载《申报》1927年12月30日。
⑤ 中国第二历史档案馆编:《中华民国档案资料汇编》第三辑第一编文化(一),江苏古籍出版社1991年版,第449页。

想意识和民间俗尚中牢固的"倾其所有"只为一次婚丧礼仪的传统,市政府只能停留在劝导这一层面①。民间对此也颇有微辞,"社会习尚之不善,亦官厅教化之未先"②。直到集团结婚的出现才改变了政府的尴尬境地。集团结婚不仅俭约、经济,而且新颖、时尚,一经出现即如注入一股清新的空气于浇漓的社会,有利于政府的政治统治与革新。

第二,政府可以利用政治权力,调动各种有效资源,进行社会动员,革除旧式婚礼中与现代文明发展极不相称的弊端,运作集团结婚,塑造现代、文明、进步的政府形象。

旧式婚礼倍受谴责的弊端主要有:一、婚礼仪式过于烦琐。筹备、举办婚礼需行聘送奁、傧相乐工、宴请宾客等诸多事宜,需要结婚人及其家庭、亲友投入大量的时间和精力,乡村中还可以利用农闲时节娶妻嫁女,现代都市早已没有了乡村社会中由季节带来的闲暇时间,仪式较为简单、符合现代都市生活节奏的新式婚礼也就易受人们欢迎;二、旧式婚礼中的诸多陋俗在追求"现代""文明"的都市尤显不协调,成为现代都市进行曲中不和谐的音符。如"合八字""闹新房"、迎娶仪仗的使用,以及滥发请柬、不遵守时间、行跪拜礼等。上海市政府的历届领导人都对举办集团结婚热心支持、积极参与。1934年底至次年1月,吴铁城一连三次主持市政会议,经不断修改补充,最后于1935年1月26日第274次市政会议上通过《上海市新生活集团结婚办法》,决定是年4月3日由社会局主办第一届新生活集团结婚。此后上海市市长吴铁城、俞鸿钧、钱大钧,社会局局长潘公展、吴醒亚都曾参与集团结婚的各种组织活动。

为塑造全新的政府形象,相对于在推行阳历和新订度量衡制上,以行政命令为

---

① 1921年9月,江苏省即训令淞沪警厅婚丧礼仪务从俭约,并令地方政府与明达士绅通力合作,参考乡规民约,共同将遵办情形举报。上海特别市成立后,市政府对于习尚特别是婚丧礼仪中的奢靡风气也是颇为关注,1928年10月,上海市政府即训令社会局"各项礼式品数亟宜确定限制,诸从节俭"。同年12月,上海市法规委员会修正并通过了《庆寿及宴会馈赠办法》,经市政府第99次会议决后交社会局办理,责成市军政各机关人员及各区市政委员等公务人员以身作则,切实推行俭约的婚庆、寿筵典礼。1929年9月,上海特别市财政局核准公布了《上海特别市财政局征收筵席捐规则》,规定凡在上海市区域之内以酒菜为营业者每次筵席的价值满三元的均须纳捐,其税率定为百分之五。这一法规的出台实际上动用了国家税收杠杆来限制婚丧应酬的奢华、无度,在一定程度上对婚嫁宴请进行了限制。1933年1月,国民党中央民众训练部制定了《革除公务人员婚丧寿宴浪费暂行规程》,以规章制度的形式对政府机关工作人员的奢侈浪费行为进行干涉。《上海特别市政府市政公报》第16期(1928年11月20日);《上海特别市政府市政公报》第31期(1929年9月20日)。

② 《婚丧礼仪务从俭约之省令——奢侈习俗之针砭》,载《申报》1921年9月20日。

主相比,政府在推行集团结婚中采用的社会动员方式要温和、巧妙得多。在动员方式上采用分区分界宣传,政府领导亲自证婚,亲力亲为,并利用名人效应,邀请海上闻人杜月笙、王晓籁等偕家眷前往观礼。

在动员途径中,借用报章、杂志、演讲、展览、电影、标语种种途径来扩张声势,使民众到处都能收到暗示,自然会潜移默化地了解、认同、参与集团结婚。1934年12月,集团结婚办法草案尚在拟定中,《社会半月刊》第1卷第8期上即刊出《集团结婚特辑》,登载有关集团结婚的文章多篇,为新生活集团结婚造势,其中就有后来参与集团结婚施行工作的颜文凯等人的文章[1]。同时,上海及全国各大报刊也争相报道集团结婚将要施行的消息,如《申报》《上海晨报》《民国日报》等。以《申报》为例,1935年2月7日,《申报》以《四月三日举行第一届集团结婚典礼——在极度俭约之经济支配下,举行极度庄严之结婚仪式》为题进行报道。此后,自2月7日至4月3日典礼的正式举行,在短短不到两个月的时间内,《申报》先后13次以"集团结婚"为标题,全程跟踪报道第一届集团结婚筹备、举办情况[2],上海市政府、市社会局关于这次婚礼的布告也相继出现在上海各大报纸上。在典礼举行当日还邀请美国派拉蒙、米高梅、福克斯等影片公司现场摄制新闻片。从第四届开始,由市广播电台向全市现场直播典礼全过程。媒体的宣传作用是不可估量的,某些情况下,媒体可以使社会运动合法化并且改变公众对运动的看法[3]。一届集团结婚参加者多不过百人,观礼者数百人[4],但通过媒体可以让成千上万人了解集团结婚,政府的形象也被无限放大。市政大厅举办婚礼,市长、社会局长证婚成为"隆重""庄严"婚礼的必需,有利于塑造现代、文明、进步的市政府形象。

---

[1]《集团结婚特辑》,载《社会半月刊》第1卷第88号,1934年12月。
[2]《四月三日举行第一届集团结婚典礼》,载《申报》1935年2月7日;《集团结婚规定礼服式样》,载《申报》1935年2月16日;《首届集团结婚手续办竣者四十余家》,载《申报》1935年2月25日;《参加集团结婚男女社会局开始调查》,载《申报》1935年3月3日;《市社会局核准公布首届集团结婚名单》,载《申报》1935年3月10日;《首届集团结婚礼仪式庄严隆重》,载《申报》1935年3月24日;《集团结婚新夫妇达五十六对》,载《申报》1935年3月28日;《首届集团结婚下月三日举行》,载《申报》1935年3月31日;《今日举行集团结婚演习》,载《申报》1935年4月2日;《今日举行首届集团结婚》,载《申报》1935年4月3日;《首届集团结婚昨在市府举行礼》《昨日典礼隆重之新生活集团结婚》,载《申报》1935年4月4日;《市社会局派员访集团结婚人》,载《申报》1935年4月6日。
[3] [美]戴维·波普诺:《社会学》(第十版),李强等译,中国人民大学出版社1999年版,第609页。
[4] 社会局在每届集团结婚举行前还向广大市民出售观礼券,以第一届为例,发出观礼券700余张,很多人因为礼堂无法容纳的原因而不能观礼。

毫无疑问,政府在集团结婚的出现及发展过程中,充分发挥了政治管理的重要作用,取得明显的社会效果,无论对社会风气的扭转,还是政府形象的塑造都是一个新的起点。集团结婚实施之初,政府即在强大行政力量的支持下,充分考虑民间力量的能量,调动各种社会资源参与典礼的构建,使集团结婚迅速获得顺利发展的条件。在民间整合力崛起之后,政府适时调整定位,行政力量逐步退出集团结婚的具体实施过程,开始发挥监督、控制、指导作用,保证集团结婚按照正确的轨道继续健康运行。由此可见,在民间整合力量尚未崛起时,政府运用政治整合力试图唤醒市民现代意识的群体觉醒,引导民间力量积极参与社会革新,促使强大社会整合力的养成,不失为一条有效的社会改革途径。

同时,在上海独特的"双轨制"制度环境下,包括民俗变革在内的任何社会变革都不能不考虑到租界的存在及影响,租界的客观存在是整合的关键。接下来,笔者将以丧葬礼俗的演变为例,展示双轨制制度环境下的社会整合场景。

第四节　双轨制下的整合效应
——丧葬礼俗的演变[①]

由于租界的建立和租界制度的发展,造成近代上海始终处在华洋两种制度并存的"双轨制"特殊制度环境中,整合亦在这种特殊的制度环境中磨合。一方面,租界现代化的城市管理机制对华界绅民造成最直观的强烈冲击,西俗提供给国人完全不同的现实体验,引发国人对都市中传统民俗的重新思考。另一方面,租界西方城市设施和管理理念与都市民俗发生碰撞与冲突,传统民俗在现代都市中开始艰难的调适。这种整合是一个复杂过程,传统民俗与西式风俗互相影响、相互渗透,新与旧、中与西的纠葛与磨合贯穿始终。向租界学习,引入西俗,改良传统习俗,亦是政府在特定的制度环境下实现有效整合的一种途径。

丧葬礼俗在社会整合中作用最重要。在整个传统民俗体系中,丧葬礼俗涉及宗法观念和民间信仰两大要素,其顽固性最强,变革难度最大,直到今天,丧葬改革

[①] 此部分内容经修改已刊,参见艾萍:《双轨制下民国公墓制的创建——以上海为个案》,载《华中师范大学学报》(人文社会科学版)2012年第3期。

仍是民俗变革事项中最为棘手的问题之一。丧葬礼俗是人生的五大重要礼俗之一，其中蕴涵了人们对此岸世界的认识，以及对另一种生命形式——彼岸世界的信仰，不仅有整合社会、集体的社会功能，也有对于个体精神的心理功能，其整合作用最重要。因此，变革丧葬礼俗成为政府进行整合的必然途径。实际上，变革丧葬礼俗的呼声由来已久。鸦片战争后，西方公墓制随租界的建立而传入，让以儒家思想为指导的传统丧葬礼俗有了不同的参照系。南京国民政府统治的建立，第一次将现代公墓制在中国变为现实。上海在开埠后工业化发展最为迅速，传统丧葬礼俗与现代丧葬理念的冲突最为剧烈，处于社会中心体的市政府，无论是从变革民俗、趋向现代文明方面考量，还是从整合社会、巩固统治出发，丧葬礼俗变革都势在必行。

一、中西冲突与冢舍问题

公墓和殡仪馆是现代城市中不可缺少的公共设施。开埠前的上海，和中国大多数地区一样，并不具备这种工业化与城市化发展的产物，义冢和丙舍(殡舍)在大多数城镇中担负着为同乡、同行和无主尸骸提供丧葬服务的职能，也是都市中联络乡情的重要手段[①]。

上海开埠后，英法等国纷纷开辟租界，不少冢舍也被圈入界内，随着租界各项建设的展开，冢舍问题成为中外纷争的焦点之一。一方面，丧葬服务已成为现代都市生活设施的必需品；另一方面，与传统有太多纠葛的义冢、丙舍逐渐暴露出与"现代性"不相适宜的一面。对于这一点，来自异域的侵略者更早认识到，采取的处理手段也更为决绝。早在1862年，法租界公董局就运用收买的办法，清除了坐落在法租界南端的福建会馆的丙舍。1874年和1898年，法公董局为清除其界内的四明公所丙舍，先后制造了两次"四明公所血案"[②]。1922年，公董局为扩建中法学校，欲

[①] 中国人是世界上最热爱自己家乡的民族之一，浓厚的乡土观念、传统的宗法制度、祖先崇拜与牢固的自然经济基础相结合，"叶落归根"成为漂泊异乡人的共同心愿。同乡、同行客死他乡后，其亲属总是尽力把灵柩运回故乡，实现死者归葬故乡的心愿，这也是很多在沪的地缘性会馆、公所成立的动因之一。一时难以扶柩还乡者，即由会馆、公所设立丙舍寄厝棺柩，待时机成熟时再行扶柩归乡，凡无力运棺回籍者，则安葬于义冢（一般称为山庄）。一些社会慈善团体也将施棺、寄棺、助殓、办理掩埋作为重要的慈善事务经营。

[②] 关于两次四明公所血案情况可参见唐振常主编：《上海史》，上海人民出版社1989年版，第347—350页。

收购毗邻的同仁辅元堂引起民间团体抗议。为什么租界当局对于冢舍如此关注？华界人士对此又为何如此敏感？

（一）冢舍与中外丧葬观念

国人对于丧葬历来持以下几种观念：① 入土为安，死者为大。生者对于死者有着深厚的敬意与惧意，一旦入葬，绝不轻易动土，以生者扰乱死者的清静，更是不可想象的，"窃思死人遗骸为马车践踩，行人搅扰，实属骇闻惨见之事，若使挖移遗骸，更为吾华人不忍行之事也"。因此，法公董局以开筑马路要求冢舍迁葬棺木和遗骸是很难得到国人认同的。② 血缘、地缘与业缘紧密结合。冢舍多由会馆、公所为客死他乡的同乡、同业者而设，一旦迁葬，不仅涉及生与死孰轻孰重的问题，还涉及传统三缘网络。会馆、公所中所设冢舍与同仁辅元堂、普善山庄等义冢性质不同，后者主要埋葬无主尸体，而前者与会馆、公所中的异乡人有着千丝万缕的联系，"非亲族即朋友，凡有子孙者日后皆须领归"，一旦迁葬，"无人辨认，他日棺主向领何以交代？"因此，租界当局对同仁辅元堂的收购行为引起的是民间团体抗议，对会馆、公所冢舍的行动却直接导致血案的发生。③ 设置冢舍是一种传统的慈善行为，推己及人，筑路、迁葬，"不特死者不安，抑且生者抱恨"①。因此，四明公所的抗议行为会得到沪上普通市民的广泛支持。在这样的观念下，公董局的迁葬、筑路自然会遭到激烈的反抗。更何况，当时的上海，现代殡葬服务尚未启动，冢舍的设置也是市政设施不可或缺的一部分。

对于丧葬，来自不同社会文化背景的西方人有着不同的理解：① 葬死者于清静之地，让死者灵魂得以安息。针对华人认为迁葬会扰乱死者清静的观点，西方人认为：租界中心地带为"人稠户密、市面争趋之所，究非安魂定魄之方，若使其远离繁华似更较为妥善也。故如谓安祖之语而论，究不如迁至租界之外，俾旷野清静可妥先灵耳"②。② 文明的差异与优劣。正处于工业化和城市化进程中的西方人对于中国殡葬习俗中所表现出的乡土意识和入土为安、祖先崇拜观念等，感到难以理解，普遍认为其中"浸透着迷信观念"③，甚至将其与中国的愚昧和落后联系起来，因

---

① 《第一次四明公所血案档案史料选编》，载《档案与史学》1997年第1期。
② 《第一次四明公所血案档案史料选编》，载《档案与史学》1997年第1期。
③ ［美］何天爵：《真正的中国佬》，鞠方安译，光明日报出版社1998年版，第106页。

此,对于中国人"敬奉祖先的观念,自当表示相当敬意,但不能放弃了欧洲的文明"①。以西方的文明方式为唯一的文明衡量标准,与之相左的意识和行为,租界当局一律视之为"不文明",这种强烈的"文明优劣论"更是其强势文化的反映,只会激起更加强烈的民族主义意识,使丧葬观念这一文化领域的冲突演变为民族冲突、政治对抗。

(二) 冢舍与城市生存空间

自租界建立以来,西方侵略者即不断谋求扩展。随着租界内各种现代化工厂的建立,土地资源有限,而人口日增,人地矛盾日益突出。冢舍设立于寸土寸金的市区内,客观上造成死人与活人争夺生存空间的格局,与国人对于死者的重视相比,基督教文明更加重视现实生活中的生者,"在生人以无病安康为要,若在已故之人须在郊外幽寂之地为妥"。因此,租界当局在规划统治区域内的市政设施时,即仿照本国,"实愿各坟场均在人户稠密之外也"②,将最具价值的生存空间让给生者。以外侨最早设立的山东路公墓为例,山东路公墓设立于1844年,1846年与广隆洋行交换后,其位置靠近外滩,在今山东中路、汉口路、山西中路、九江路之间。随着租界的发展,这里成为上海城最中心的地带,公墓北边沿边空地用于拓宽九江路,西南角被划出用于工部局卫生处下属机关的办公地,西北角被用于建造公共厕所。这样,山东路公墓面积由原来的14.1亩缩减为8.1亩③。租界当局对于安葬本国人士的公墓尚能不断缩减面积,那么,对于阻碍现代道路延伸和市政建设进行的冢舍自然毫不留情。更何况实力的悬殊与文化差异相纠葛,偏见与漠视让租界当局在生存空间的抉择中,毫不犹豫地选择生者,冢舍的去留自然要服从整个市政建设的规划。

(三) 冢舍与公共卫生

从卫生防疫角度来看,近代上海的防疫技术尚未达到足以预防疫症的程度,在城市人群密集的中心地带寄存棺柩、埋葬遗骸,确实是城市公共卫生的巨大隐患。

---

① 上海通志馆编:《上海通志馆期刊》第1卷第2期(1933年9月),载沈云龙主编:《近代中国史料丛刊续辑》第39辑,文海出版社1977年版,第388页。
② 《第一次四明公所血案档案史料选编》,载《档案与史学》1997年第1期。
③ 关于山东路公墓变迁情况,可参见郑祖安:《"山东路公墓"的变迁》,载《档案与史学》2001年第6期。

消除停棺不葬的习俗,尽快掩埋尸首,消灭疫症的传播途径也是非常必要的预防措施。1849年,法租界建立时,对位于其界内的四明公所义冢极为反感,表示:"这些坟墓是传染疾病的巢穴,特别是在炎热季节。"表示为了消灭这些坟墓不惜进行任何尝试,"不管这种尝试多么艰巨"①。1878年,法租界公董局又致函该国马浪公使,除"要求公使尽力照顾法租界的利益以外,还请代向中国当局提议嗣后应严禁四明公所寄厝棺木,董事会因其有关租界上的卫生,不得不非常注意"。1890年夏,上海附近发生虎烈拉疫症,该局董事萨坡寒又致函领事曹登说:"当此时疫流行的过程中,租界边沿有了这类秽物的存在,的确是公共卫生上一种长期的威胁。"②但冢舍是否真的传播疫病,西方人之间认识也并不一致。如法领事曹登率同医生白朗博士前往丙舍实地考察,白朗认为,四明公所所寄1000具棺柩棺木完好,无腐烂液汁流出,也没有窒息的瓦斯发生,内部空气流通,地面清洁干净,据此得出"这种寄柩对于公共卫生并无任何危险"③的结论。其实,各会馆、公所殡舍停柩时也规定单薄之棺木随到随埋,"所寄棺柩以二寸厚为最低限度,倘棺木朽薄或未用封口漆者,概不收纳"。"所寄棺柩如业见渗漏朽腐情事,随时通知该家属,限日前来涂补"④。但囿于各种原因,会馆、公所并不能保证所有寄存棺柩的完好无损,符合公共卫生要求。市区内,停柩不葬、浮厝,甚至露天停棺、尸骨外露的现象仍屡见不鲜。不难想象,这样的棺柩处理方式对于公共卫生会产生什么样的后果。

(四) 冢舍的经费来源

冢舍一般由同乡、同业团体和社会慈善团体设立,经费主要来自同乡、同业和社会捐助。以普善山庄为例,1913年,王骏生、李谷卿等人发起集资购地置义冢地于闸北太阳庙北(今普善路200号以西一带),义务收殓、埋葬路毙、幼尸、孤独老人。施材不论土、客籍,旨在向全社会普施善举。其经费来源主要有以下几种途径:① 各方善男信女的捐献。"在旧社会有一种传统的善恶观念,认为施舍棺材是阴功积德的大善事,由此有钱人乐于施舍,另有基本捐助户,每年定额捐助几百元或千

---

① [法]梅朋、傅立德:《上海法租界史》,倪静兰译,上海译文出版社1983年版,第469—470页。
② 上海通志馆编:《上海通志馆期刊》第1卷第3期(1933年12月),载沈云龙主编:《近代中国史料丛刊续辑》第39辑,文海出版社1977年版,第708—709页。
③ 上海通志馆编:《上海通志馆期刊》第1卷第3期(1933年12月),载沈云龙主编:《近代中国史料丛刊续辑》第39辑,文海出版社1977年版,第709页。
④《通如崇海区五县旅沪同乡会馆寄柩章程》,上海市档案馆藏,卷宗号:Q117-19-31。

元以上"。② 山庄生产各档寿材,对外经营现卖和预订业务,经营所得利润作为施材的经费来源之一。③ 举办义演、义卖活动。山庄每年总要举办两三次义演,邀请当时南北京剧名角如梅兰芳、余叔岩、谭富英、马连良、周信芳、盖叫天及上海著名票友,或其他剧种如越剧、沪剧、滑稽、歌唱等各界名演员和名歌唱家举行各派义演大会串,义演收入除去必要开支外,都捐作山庄经费;或者,邀请名伶名票举办电台广播募捐会,请著名画家捐赠作品,举办义卖画展等①。由此可见,普善山庄经费的主要来源是社会捐助。同乡、同业团体所办冢舍经费主要依靠会馆、公所的经常性收入。由于这些团体举办冢舍都是慈善性质,经费来自社会捐助自然无可厚非。问题是,社会捐助虽可在较短时间内集中有效的社会资源,兴办慈善事业;但社会捐助无法保证冢舍资金的持久性和系统性,完全依靠社会慈善团体举办丧葬服务并不是现代社会发展的方向。建设多端,对资金的要求不仅是数目庞大,而且是"源源不断",在普善山庄董事大会上,大会主任王骏生就呼吁各位董事:"竭力帮助,藉资维持。"②并非以营业为主的慈善团体在多年从事此项业务后,也往往有力不从心之感。

可见,中外丧葬观念的不同导致冢舍问题成为中外关注的焦点,冢舍因其对城市中心公共空间的占据、对公共卫生无法回避的影响,以及资金来源上先天的弱点,已经成为现代都市中不和谐的音符。1874 年 5 月,第一次四明公所血案发生后,经外交交涉,直到四年后的 1878 年 8 月才得到解决,结果是法租界放弃原筑路计划。1897 年 7 月,第二次四明公所血案发生,一年后,中法即达成协议:确立法租界的扩张;维持四明公所土地权;四明公所坟地不得掩埋新尸或停柩,原有旧坟亦应陆续起送原籍;在四明公所地面上可以开筑交通上所要的道路③。解决第二次四明公所血案所用的时间远远少于第一次,这固然是侵略者强权政治的反映,但 1895 年后,北京等地大规模爆发流行的瘟疫已经让国人谈"疫"色变,对于市中心区的冢舍也开始有所顾忌。死者固然需要尊重,但也要考虑到生者的身体健康。冢舍远离繁华,移居市郊势在必行。更何况,租界的公墓制已经让国人看到了一种完全不同的丧葬方式。

---

① 郑镜台:《普善山庄和街尸收殓》,载《20 世纪上海文史资料文库》(7),上海书店出版社 1999 年版,第 373 页。
② 《普善山庄董事会纪》,载《申报》1929 年 4 月 15 日。
③ 唐振常主编:《上海史》,上海人民出版社 1989 年版,第 350 页。

二、租界与公墓制引入

随着租界的建立,西方侵略者将现代社会的一整套市政设施和管理体制也"复制"到19世纪40年代的上海。西方人同样拥有对彼岸世界的信仰,随着寓居上海的外侨逐年增多,为解决死有所葬的问题,1844年,出现了第一个由外侨开办的公共墓地——山东路公墓,这是中国近代以来由外国人在中国开办的最初的殡葬服务(公墓)设施①。到1937年,工部局在上海已开办了山东路公墓、浦东公墓、军人公墓、八仙桥公墓、静安寺公墓、虹桥公墓六处。军人公墓所葬皆为太平天国时(1862—1865年)在上海阵亡的英军士卒,军人公墓、山东路公墓、浦东公墓先后于1865年、1871年、1904年停葬;其他三个公墓仍不断接纳葬者。

与中国传统的丧葬制相比,西方公墓制具有以下不同之处。

(一) 服务对象的不同

中国传统丧葬具有明显的针对性,根据服务对象的不同,选择不同的葬制。本地居民葬礼一般由亲族中人安排,"家必专茔,窆必独穴,无族葬或公墓之制"②;会馆、公所所设冢舍多以同乡、同业为主要服务对象,很多同乡团体的寄柩章程中都规定,以本籍旅沪同乡为限,"外籍概不收寄"③,附设的义冢埋葬的多是无力运柩回乡的旅沪人士;同仁辅元堂和普善山庄等慈善团体专门收埋马路无主尸棺、浮厝。租界内的公墓主要为在沪的各国外侨提供服务,但并不排斥华人,如1935—1937年,就有49名华人基督教徒葬于虹桥公墓内④。公墓制的服务对象比中国传统丧葬的服务对象更加广泛。

(二) 殡葬方式的不同

中国历史上主要有五种殡葬方式:土葬、火葬、水葬、天葬、悬葬,最普遍的形式

---

① 王夫之:《殡葬文化学——死亡文化的全方位解读》下册,中国社会科学出版社1998年版,第595页。
② 《月浦里志》(十五卷·民国二十三年铅印本),载丁世良编:《中国地方志民俗资料汇编·华东卷》,北京图书馆出版社1991年版,第81页。
③ 《通如崇海区五县旅沪同乡会馆寄柩章程》,上海市档案馆藏,卷宗号:Q117-19-31;徽宁会馆的寄柩章程中也明确规定,"以徽宁两属同乡为限,外棺自不得寄"。《上海特别市政府公报》第4期(1927年)。
④ 《上海公共租界工部局年报》(1937年),第483页。

是土葬。上海地区由于地理环境的特殊性,虽以土葬为主,但川沙、崇明等临海地区还有一种特殊的殡葬方式,即葬棺三年后,将棺中尸骨检出,装入甏中,封盖重葬①。各种丙舍、义冢仍以传统的土葬为主。租界中的公墓兼用土葬和火葬,表3-10中所列的静安寺公墓从1898年开葬,到1937年抗战全面爆发前,共葬6 327圹,其中火葬1 044圹,占总葬数的16.5%,1937年当年的火葬数甚至超过了土葬数。从公共卫生角度来看,土葬是直接将尸体放入棺内埋葬,天长日久,木制尸棺和尸体都会腐烂,是环境卫生的巨大隐患。1924年,广东大本营建设部长林森就指出:"吾国埋葬之俗,误解慎终报本之义,于殓饰务求其厚,于坟场务尚其闳,耗有用之财,夺生产之地,停馆浅葬,尸骸暴露,风日蒸扬,则秽恶尸气漫于空气之内;雨潦浸润,则腐化尸质混入饮料之泉,小则妨碍健康,大则酿成疫疠,在常人每多不

表3-10 工部局所设各公墓统计表(1937年)

公墓名称	开葬时间	停葬时期	共葬圹数	1937年所葬圹数	尚 余 圹 数				
					预定者		未预定者		贫民部分
					头等	二等	头等	二等	—
山东路公墓	1846年	1871年	469	已停葬	—	—	—	—	—
浦东公墓	1859年	1904年	1 783	已停葬	—	—	—	—	—
军人公墓	1862年	1865年	305	已停葬	—	—	—	—	—
八仙桥公墓	1869年	—	3 869	19	337	50			
静安寺公墓	1898年	—	5 283及火葬1 044	74及火葬90	465	38	111	1	
虹桥公墓	1926年	—	2 104	158	145	11	247	517	139

资料来源:《上海公共租界工部局年报》,1937年,第484—485页

---

① 《川沙县志》(二十四卷·民国二十六年上海国光书局铅印本),《崇明县志》(十八卷·民国十九年刻本),载丁世良编:《中国地方志民俗资料汇编·华东卷》,北京图书馆出版社1991年版,第25、84页。

察,而其害实无比伦。"①火葬是将尸体火化后,骨灰存入盒中,消灭了疫病的传播源,明显优于土葬。而且,租界内公墓的棺制较小,还有以铅为材质的,墓穴统一规划,每穴所占面积较中国传统墓穴小,这一点对市区土地日益紧张的上海城市来说,也是尤为重要的。

(三) 管理体制的不同

冢舍一般由同乡、同业会馆的理事会或慈善团体的董事会管理,对于理事会或董事会成员进行政策倾斜,如经常务理事会通过或理事长许可,可以免费寄柩;董事会成员及其家属可入超等殡舍寄柩等。这些规定人为地将殡葬分成三六九等,殡葬管理尚未走上现代管理渠道。山东路公墓在租界建立后,一开始由非官方的"上海公墓管理委员会"管理,由于没有固定经费,逐渐有入不敷出之忧。1866 年,公共租界工部局在卫生处设公墓股,这是上海第一个殡葬行业的行政管理机构。以后,法租界公董局的公共卫生救济处也负责公墓管理事宜。租界的公墓从自发走向现代行政管理。

(四) 丧仪的不同

外侨每遇葬事,一般发布告周知亲友,葬礼举行之时,工部局医官和各种殡葬服务人员均需到场,各司其职。公墓内备簿籍,"载明某人葬埋地段及方向记号,备家族或关系人查阅之便"②。由神职人员或教友主持入殓仪式,入殓后即举行入葬仪式,所有人员衣着庄重、神情肃穆参加葬礼。入殓、祭奠、入葬都以简单、庄重为基调,表达生者对死者的纪念与哀思。

中式葬礼从报丧、入殓,到祭奠等,均有各种相应的繁杂仪式,这些都是传统文化的体现,无可厚非。关键是对丧仪的重视到了无以复加的地步,导致的是停柩不葬、浮厝、厚葬久丧等各种陋习,与现代社会极不相称,沪上的"大出丧"更是将庄严、肃穆的葬礼变成一出闹剧。两相比较,生活于都市中的上海人自然会呼吁"缙绅先生"仿"西国墓场","提倡"公墓③。另外,公墓设于市郊清静之地,远离市区;冢舍一般居于市中心区域,与居住区混杂。

因此,公墓与传统冢舍相比,地理位置更加合理,服务对象更加普遍,殡葬方式

---

① 广东省社会科学院历史研究室编:《孙中山全集》第十卷,中华书局 1981 年版,第 261 页。
② 上海泰东图书局印行:《老上海》(下),出版时间不详,第 14—15 页。
③ 胡祥翰、李维清、曹晟:《上海小志·上海乡土志·夷患备尝记》,吴健熙、施扣柱标点,上海古籍出版社 1989 年版,第 74 页。

更加科学,管理体制更加现代,丧仪更加简单。对一个有数百万常住人口的近代都市来说,冢舍与居住区混杂,不仅妨碍公共卫生和城市公共设施建设,也有碍观瞻和市政管理,折射出的是传统与现代、生者与死者两对矛盾。如何既改造传统习俗,又不触动社会秩序的稳定?如何既满足各个阶层的安葬需求,又不妨碍城市的发展?这是当时的上海市政府面临的一个棘手问题。

三、学习西方:市政府的殡葬管理

上海特别市成立前,地方当局对于殡葬方面基本上没有什么明确的管理思路。1927年7月,上海被划为特别市,殡葬设施的建设和殡葬事务的管理也被纳入整个市政建设规划中,向租界学习,禁革冢舍与建设公墓双管齐下成为政府革新丧葬礼俗的基本思路。1927年10月21日,南京国民政府内政部颁布《公墓条例》,要求各市县政府于市村附近选择适宜地点设立公共墓地。按照当局拟订的"大上海计划",行政、工业、商业、商港和住宅等区内禁止新建丙舍。为解决客籍寄柩丙舍、准备回籍安葬的问题,将沪北大场区、沪西浦淞区、沪东浦东区划为丙舍区,以疏散市内的寄柩;同时,积极筹设建筑公墓。其基本步骤为:

(一) 调查丙舍

根据南京国民政府内政部的要求和上海城市发展的需要,1928年10月25日,上海市通过了《取缔市内设立殡房及义冢并善后办法案》,规定:① 本市内殡房及现存若干处内容如何由卫生局调查,如有年久棺木应勒令迁出葬埋并取缔,以后不准在繁盛市区添设殡房,一面由工务局计划公墓区域;② 在本市繁盛区域内之义冢须限期勒令迁葬,至筹设火葬处问题,由公用、卫生两局计划①。1928年11月,卫生局在全市进行了一次丙舍情况调查(见表3-11)。

由表3-11统计,全市共有丙舍40个。其中,同业公所举办的有息影公所(殡葬业)、扶济会(米豆业)、水炉公所(熟水业)、长生公所(西服业);慈善团体举办的有放生局、普善山庄、延绪山庄;同乡会馆、公所举办的有33个,占绝大多数。这再次证明,丙舍的服务对象主要为旅沪客籍人士。40个丙舍共有殡房

---

① 《上海市政府市政会议议决录(第1—27次)》第一册,上海市档案馆藏,卷宗号:Q1-5-584。

表 3-11 上海特别市卫生局调查丙舍表(1927 年 11 月)

名　称	地　址	殡房间数	现停棺数	停棺年限	有无坟地	管理机关
放生局	陆家浜	70 间	1 000 余具	纳费者不限期,免费者二年	善育堂对面火车站及漕河泾置有坟地	慈善团
息影公所	刘坟街	1 间	无	无定章	无	仁济堂
徽宁会馆	斜桥南	230 间	1 512 具	六年	一百亩	徽宁会馆
江阴公所	江阴街	20 间	150 具	一年	无	特组董事会
泉漳会馆	龙华路	32 间	84 具	三年	十余亩	董事会
金庭会馆	大兴街	7 间	78 具	三年	无	董事会
嘉平宝善公所	斜桥东	48 间	700 余具	三年	四亩	值年
莫□山善堂	丽园路	56 间	400 具	二年	四亩	董事会
浙台公所	新西路	12 间	600 余具	一年	无	董事会
善长公所	新桥街	100 余间	1 000 余具	二年	无	董事会
四明公所	新桥街	310 间	10 000 余具	一年	无	改组委员会
湖南会馆	制造局路	34 间	200 具	免费二年,收费不限年	二处	本会馆
潮州五邑山庄	东车站后	33 间	110 具	六年	有	潮州会馆
通如崇海会馆	斜土路	28 间	300 余具	一年	无	同乡会
扶济会	斜土路	40 间	600 具	三年	三亩	米豆业扶济会
□会山庄	斜土路	147 间	402 具	特别及头等一年,普通三年	山庄四周皆有坟冢	董事会
水炉公所	斜土路	10 间	百具	三年	一亩八分	董事会

续 表

名　称	地　址	殡房间数	现停棺数	停棺年限	有无坟地	管理机关
□南山庄	斜土路	2 间	20 余具	二年	—	广肇公所
集义公所	丽园路	220 间	80 具	一年	—	苏属同乡会推值年
浙金□善堂	丽园路	40 间	500 具	一年	二亩	董事会
常州会馆	制造局路	25 间	80 余具	一年	无	同乡会
京江公所	方斜路	77 间	936 具	三年、一年	在打浦桥	董事会
海昌公所	共和新路	45 间	311 具	一年	在大场	同乡会
普善山庄	普善路	2 间	无	无	在彭浦乡	慈善善堂
吴江会馆	普善路	30 间	172 具	三年	无	同乡会
扬州公所	普善路	81 间	1 738 具	二年	在谈家桥	扬州八邑公所
江淮公所	谈家桥	67 间	172 具	二年	谈家桥庙宇三间	同乡会
徐州会馆	董家浜	无	无	—	在董家浜	同乡会
广肇山庄	广肇路	25 间	300 具	三年	三十亩	广肇公所
江宁六邑丙舍	金陵路	110 间	2 700 具	本籍二年，外籍一年	在谈家桥	同乡会
钱江会馆	井亨路	4 间	178 具	三年	无	董事会
平江公所	平江桥	212 间	1 170 具	二年	无	同乡会
嘉□会馆	太阳庙	43 间	275 具	三年	无	同乡会
湖州会馆	止园路	60 间	500 具	二年	无	同乡会
延绪山庄	会文路	45 间	2 324 具	三年	无	董事会

续　表

名　称	地　址	殡房间数	现停棺数	停棺年限	有无坟地	管理机关
锡金公所	中兴路	65 间	2 340 余具	三年	无	同乡会
长生公所	会文路	10 间	456 具	二年	三亩	农业公所值年
绍兴会馆	宝山路	120 间	550 余具	二年	无	董事会
蜀高会馆	北江湾路	2 间	40 余具	三年	八亩	蜀高公所
四明北厂	□浜路	250 间	8 000 余具	一年半	无	四明老公所
附注	本表所列各丙舍系饬由卫生巡长就其服务区内查报,其未派有卫生巡长之区尚未调查合并					

注:"□"表示原字模糊,无法辨认

资料来源:《附录》,载《上海特别市市政府市政公报》第 10 期,1928 年 4 月,第 17—18 页

2 619 间,最多的四明公所有 310 间殡房,平均每个会馆、公所、山庄有 65 间殡房,共停棺 4 万多具,最长的停棺达六年,短的也有一年,有的丙舍对于纳费者甚至不限停棺年限。数目众多、规模庞大、管理不善的丙舍,"实与浮厝同"①,对于城市形象、公共卫生、市政建设都是极大的妨碍。一方面,丧葬制度的改革,势在必行,市政府不得不动用行政力量,卫生局、工务局、社会局、公安局等职能部门必须联合行动,共同完成清除障碍的任务;另一方面,要在短时间内完成迁移丙舍、埋葬棺柩的任务,牵涉的不仅是会馆、公所、慈善团体的利益,更重要的是对传统丧葬礼俗的触动。"兹事体大,各处俗尚不同,欲求折衷至当,殊非易事",且"矫枉过正,人情不安"②,稍有不慎,导致的将会是社会秩序的紊乱。因此,市政府只能权衡利弊,一方面加强对冢舍的规划、管理,一方面学习西方,筹建公墓。

(二) 限制丙舍

市政府取缔停柩的第一步是"限制丙舍"。1928 年 12 月,上海特别市政府公布了《上海特别市取缔丙舍规则》,重点考虑丙舍"地点是否相宜,有无妨碍卫

---

① 上海市政府秘书处编印:《上海市市政报告》(1932 年 7 月—1935 年 6 月),1936 年,第 9 页。
② 景藏:《丧葬制度》,载《东方杂志》第 17 卷第 8 号(1920 年 4 月 25 日)。

第三章 化民成俗与社会进步(1934—1937) 195

生"。凡建筑或翻修丙舍须经市政府卫生局核准,由工务局发给工程执照;并对丙舍设置地点、停柩年限等作了详细规定,要求丙舍远离工厂、学校各公共场所及住宅区,不得妨碍商业和市政发展;寄存棺柩以十年为限,逾期由丙舍代为立碑埋葬①。可见,新建丙舍要符合市政规划和公共卫生两个标准。至于丙舍周围已成闹市或已经划入市区的,"则禁止再收新柩,并通知寄柩家属限期迁葬"②。

从内容来看,规则并不具备很强的可操作性:其一,没有明确规定丙舍迁移和逾期无主尸棺安葬的费用如何解决。在特别市初建、政府财政支绌的情况下,只能依靠民间筹集资金,政府仍然无法改变殡葬业的无序状态;其二,对违背规则者的处罚措施不明确,无法做到"酌量惩罚";其三,处罚机关定为卫生局,但卫生局不具备行政强制力,无法"强制执行"。因此,这一规则并没有达到预设的效果。1934年3月,市政府又公布了《修正上海市取缔丙舍规则》,明确规定新设丙舍只能在划定的丙舍区域内建筑,已设丙舍地点如与公共卫生发生妨碍,由卫生、工务两局令其停收尸棺,五年内择地迁移③。1934年11月,市府发布通告要求按照前项规则规定,1936年6月前,所有丙舍一律迁入指定丙舍区域。实际上,在传统丧葬观念尚未改变、新式公墓尚未建筑之前,政府对传统丙舍的限制、迁移也是无法奏效的。

(三) 取缔浮厝、停柩

沪上民间惑于风水或无力安葬,常有停棺不葬、浮厝田野的,以致棺木朽腐,尸骨暴露,疫气播布,特别是在春令时节,易造成疫病。1929年春,卫生局即联合公安局催埋尸棺、浮厝④。1929年4月19日,南京国民政府内政部颁布《取缔停柩暂行规程》,要求各地方官署参照公墓条例规定,择定适宜地点为公共停柩场所;所有棺柩待葬期限为六十日;逾期不葬者由慈善团体代葬,费用由死者亲属或关系人承担,并处以罚款⑤。这一规程一方面将埋葬费用归由个体承担,减轻了慈善团体的

---

① 上海特别市市政府秘书处编印:《上海特别市市政法规汇编》第2集,1929年11月,第380页。
② 上海市政府秘书处:《上海市政概要·卫生》(1934年),载沈云龙主编:《近代中国史料丛刊三编》第42辑,文海出版社1988年版,第5页。
③ 上海特别市市政府秘书处编印:《上海市政法规汇编》第7集,第285—286页。
④ 《市卫生局催埋尸棺》,载《申报》1929年4月6日。
⑤ 蔡鸿源:《民国法规集成》,黄山书社1999年版,第248页。

压力;另一方面,对于待葬期限的限制明显是不切实际的,且不论停葬风俗的骤然更改不易做到,即使民众群起支持,因路途遥远,运柩回籍所用时间也往往不止六十日。然而,很多会馆、公所还是积极响应这一规程,沪上淮安六邑会馆更是于同日在《申报》上登载催柩回籍的通告。随后,上海市卫生局、公安局会同布告:"限各尸主在五月底前,将未葬之柩,自行安葬,逾期仍不遵行,无论浮厝地点,是私是公,概由公安局饬警会同同仁辅元堂及普善山庄二慈善团体强制运埋。"①急切取缔浮厝、改革殡葬的态势比中央的《取缔停柩暂行规程》有过之而无不及,其结果自然是一缓再缓。

为此,市政府也多次召开取缔浮厝会议,议决"凡南市闸北两处浮厝即由慈善团体着手埋葬",寄存于丙舍的有主棺柩限于1929年11月15日前自行迁葬或运回原籍,逾期不遵行的由慈善团体一律迁葬②。但会馆、公所发布的通告对其成员没有强制的法律约束,五年后,前述淮安六邑会馆仍在发布同样的催柩回籍通告,要求各逾期未领柩的家属一律缴费领回,坐视不理的由会馆代为用磁罐拾骨或连柩迁出埋葬③。于是每年春天,市县政府照例会发布取缔浮厝、限期埋葬的布告,同仁辅元堂、普善山庄仍忙于调查、掩埋浮厝、棺柩的事务。

直到1936年,新运视察团第二次来沪视察后,出示的视察意见表中共列出15项"不合新运之处",其中八项都是关于露天停棺的。浦东南路、打浦路、日晖港路、会文路、普善路、青阳路、鲁班路等处处停有尸棺,"重重叠叠,暴露地上,枯骨腐肉,奇臭难闻"④。停柩浮厝的习俗很难靠一纸法令、布告顷刻消除。

(四) 筹建公墓

租界中的公墓环境清静、整洁,管理完善,让国人有了现实的效仿对象。中国人开办的第一家公墓——万国公墓,出现于上海也是可以想见的。1909年,浙江上虞人经润山在徐家汇虹桥路购地20亩,于1913年辟墓穴6 000余,初名薤露园。后被沪杭甬铁路占用。1917年,薤露园由经妻汪国贞西移至张虹路购地重

---

① 《布告取缔市内浮厝》,载《申报》"市政周刊"1929年5月4日。
② 《上海特别市公安、卫生局布告》,载《上海特别市政府市政公报》第36期(1929年11月10日)。
③ 《淮安六邑会馆催柩回籍紧急通告》,载《申报》1934年4月4日。
④ 《新生活运动的组织及活动的文件》,上海市档案馆藏,卷宗号:Q215-1-71。

第三章　化民成俗与社会进步(1934—1937)

建,名薤露园万国公墓。此后,就有人提议,墓地"改良之法以设公共墓地为最善……若在内地为之,费必不多,且因此培养森林巨材,于经济上殊有益也"①。然而,政治动荡、经济萧条之际,政府尚无暇顾及公墓建设,民间也不乏反对公墓的声音②。直到南京国民政府奠定统治后,公墓由于关系到市政建设和公共卫生,逐渐受到政府的关注。

在政府的倡导下,公墓建设初现端倪。1928年10月,内政部颁布《公墓条例》,要求各市县政府于市村附近选择适宜地点设立公共墓地;其面积、深度由市县政府统一规定;各墓距离,左右不得过六尺,前后不得过十尺;由市县政府统一编号公共墓地,并派员管理;墓碑上须注明葬者姓名、籍贯、殁葬年月日;非经墓主同意,不得起掘③。这一规定几乎是西方国家公墓制的翻版。1929年底,上海市土地局会同卫生局勘定高行、漕泾、浦淞、江湾四处墓址,囿于经济能力,"先从江湾一处着手"④,使市中心区域内坟墓得以迁移。然而,仅这一处市立公墓的建筑也颇费周折⑤,1935年3月市立第一公墓建成,占地约140亩,环境清静,交通便利,配置完备,建筑费用15万元,共有穴位3 000个。7月,公墓开放售穴,每穴售价60元⑥,这一价格远低于租界内的公墓穴位费⑦。公墓内分为收费区和免费区两种,收费区面积占全部墓地三分之二,免费区面积占三分之一。从公墓穴位售价和穴位设置可以明显看出市立公墓的非营利性、公益性,这对于公墓制的推广也是十分必要

---

① 伧父:《墓地》,载《东方杂志》第14卷第12号,1917年12月15日。
② 如平津浙省同乡会曾电浙省政府,"不能提倡公墓而破坏私墓,地为民有,且纳丁税,若涉讼而充公,使祖宗邱墓,不能保存,与民生民权主义背谬,此政策有百害而无一利,徒起奸人谋夺侵占垄断之渐,浙同乡会一致否决,应请即日收回成命"。《平津浙人反对公墓政策》,载《申报》1928年7月2日。
③ 《内政部颁布公墓条例》,载《申报》1928年10月22日。
④ 《上海特别市政府训令第3955号为筹设公墓一案令仰会同早日收用墓地并将工程早为计划以重卫生由》,载《上海特别市政府公报》第51期(1930年4月20日)。
⑤ 筹建之初,因市库一时无法拨付全部款项,只得将工程按照先后缓急分为二期进行,第一期工款需七万元,市府令财政局拨付。财政局先后共拨付41 700元,尚有3万余元缺口。1931年6月,公墓开始兴筑。"一·二八"期间,"京沪铁路移建上海车站计划有使用该公墓一部分基地之议,是以工程停顿颇久"。战后,财政局以"财政支绌,而支出浩繁,实无此余款可供应付",提议暂缓公墓工程。直到1934年8月继续兴工,次年3月完工。上海市政府秘书处编印:《上海市市政报告·卫生》(1932年7月—1935年6月),1936年,第7页;《上海市政府指令第2052号为卫生工务局请筹拨市立公墓工程经费一案提交二百〇八次市政会议议决录案令仰遵照由》,载《上海市政公报》第123期(1932年8月10日)。
⑥ 《市立第一公墓将开放售穴》,载《申报》1935年7月24日。
⑦ 1932年,公共租界工部局核定其公墓费用为:界内住户白银30～90两不等,非界内住户60～100两不等。《布告第4150号为修正墓地费事》,载《上海市公共租界工部局公报》第2期第52册,1931年12月9日,第658页。

的。1934年,市府将万国公墓收为市立。但墓穴缺口仍十分严重,市立公墓远远不能满足市民的殡葬需求。据统计,1929—1936年,上海月死亡达1 600余人①,除部分运回原籍或就地火葬外,约有一半左右就地荒葬,全年需近万穴,加之各丙舍的4万多寄柩要安葬。由于存在庞大的社会需求,政府对此大力提倡,一些人也视之为有利可图的行业,并仿照租界中的殡葬服务设施,开办了面向社会各阶层的私立公墓,政府在规划、建设市立公墓的同时,更加注重对私立公墓的限制、管理。

(五) 管理私立公墓

据统计,1935年,在市卫生局注册的18家公墓中,只有市立第一公墓和万国公墓为公立,其余16处均为私立公墓。从成立时间来看,私立公墓中,10处建于上海特别市成立之前,绝大多数为教会举办(10处中有8处为教会合办);市府成立后,这一比例明显减少,1928年后建的6处私立公墓中,只有2处为教会举办。从资本额和面积来看,私立公墓的资本总数从数千元到十几万元不等,面积也大小各异,其中不乏与市立第一公墓不相上下的。从墓穴种类和售价来看,私立公墓中有近三分之一为非营业性质,专为教友服务;盈利的公墓墓穴也与市立公墓墓穴售价相当。一些公墓更在报纸上登出广告为自己招揽生意,"墓地高燥,管理严密,交通便利,取价公道,详细章程,函索即寄"②。

私立公墓以租界公墓为效仿对象,按照西方殡葬方式建立,同样拥有便利的交通、卫生的环境、公道的价格、严密的管理,在市立公墓无法满足社会需求的情况下,私立公墓迅速发展,并在数量上取得优势地位势为必然。市立第一公墓建成后,市府对所有私人呈请设立营业性质的公墓,"一律不准再行设立,以示限制"③。然而,现实的需要让政府的禁令形同虚设,到解放初,上海私营公墓有100余家④。

---

① 据《旧上海"华界"按月人口出生数与死亡数》(1929—1936年)计算,载邹依仁:《旧上海人口变迁的研究》,上海人民出版社1980年版,第136—138页。
② 《万年公墓广告》,载《申报》1934年4月22日。
③ 上海市政府秘书处编印:《上海市市政报告·卫生》(1932年7月—1935年6月),1936年,第7页。
④ 向明生编著:《殡葬习俗与指南》,上海文化出版社1992年版,第71页。

表 3-12　上海市注册公墓一览表(1935 年)

	公墓名称	地址	成立时期	资本总数	面积	墓穴总数	墓穴种类及其售价
	圣墓堂公墓	沪南天主堂路	1846 年	教会合办	9 亩 6 分余	322 穴	非营业性质
	基督教会公墓	斜桥	清同治年间	教会合办	10 亩余	—	非营业性质
	圣公会公墓	闸北谈家桥	1902 年	教会合办	14 亩	—	非营业性质
	浸礼会基督教徒墓园	宋公园路	1907 年	国币 38 100 元	21 亩余	—	一律 40 元
	天安堂公墓	闸北谈家桥	1908 年	—	8 亩 7 分	—	非营业性质
私立公墓	旅沪广东中华基督教公墓	江湾路翔殷路	1918 年 5 月	由广东中华基督教会拨给	7 亩 3 分 6 厘	420 穴	分前中后三列，前列每穴 50 元，中列 25 元，后列 10 元
	上海公墓	淞沪路	1924 年	国币 11 万元	约 200 余亩	约 1 万穴	不分种类，每穴售价 50 元
	基督协记乐园公墓	庙头镇	1926 年 6 月	国币 4 300 元	6 亩 3 分余	—	—
	中国公墓	吴家巷	1927 年 1 月	国币 8 万元	78 亩 4 分	3 843 穴	一律售价 50 元
	广东浸信会公墓	淞沪闸殷路	1927 年 8 月	国币 4 300 元	5 亩 5 厘	—	会友每穴 35 元，非会友每穴 45 元
	永安公墓	霍必兰路	1928 年 4 月	国币 15 万元	72 亩	除免费区 195 穴外，共有 2746 穴	一律售银 65 两

续　表

	公墓名称	地　址	成立时期	资本总数	面积	墓穴总数	墓穴种类及其售价
私立公墓	江西公墓	徐长桥	1928年10月	国币8 000元	36亩	—	—
	息焉公墓	沪西新泾巷	1929年	—	24亩		非营业性质,专供上海天主教教友营葬
	万年公墓	漕河泾	1930年2月	—	28亩	—	—
	青邑诸巷会天主教教友公墓	中山路第一号桥堍	1930年3月	国币3万余元	35亩		分三区,自40元至60元
	浦东久安公墓	洋泾区盛家行	1932年	国币5万元	60亩		分甲乙丙三种,甲种50元,乙种40元,丙种30元,每穴保管费5元
市立公墓	万国公墓(1934年收归市立)	虹桥路	1916年	银10万两又国币12 000元	94亩	4 000穴	规银85两
	市立第一公墓	江湾高境庙	1935年3月	15万元	140亩	3 000穴	每穴60元

资料来源:据上海市政府秘书处编印:《上海市市政报告·卫生》(1932年7月—1935年6月),1936年,第7—8页。上海市通志馆年鉴委员会编:《上海市年鉴》(1935年)"V",中华书局1935年版,第42页编制

有鉴于此,市政府在市立公墓尚未发展之前,必须适时调整方针,将殡葬改革的重点从筹建市立公墓转移到管理私立公墓上来。1930年10月31日,第168次市政会议讨论通过了《上海市管理私立公墓规则》,对私立公墓建筑地点、面积、设计图样、墓穴规格、价格、性质均作了详细规定,由卫生局、工务局全程监控私立公

墓的建筑、营业,特别规定:"私立公墓不得附设类于丙舍之房屋。"随后,市卫生局对各私立公墓现有停柩待葬情况进行了调查,结果是:"各私立公墓虽均无正式丙舍名称房屋之设备,然停柩待葬之房屋大半均有设置,且多停有棺柩。"①由于棺柩入葬公墓、认穴、筑坟须一定时日,待葬房屋也是公墓的必须设置之一,但长此以往,待葬房屋有成为变相丙舍之嫌。因此,后来正式公布和修正的《上海市管理私立公墓规则》中,明确规定:"私立公墓附设之暂行停柩待葬之房屋至多不得过三间,每间停柩不得过五具,停放不得过三十天,倘超过规定间数及具数,每间或每具罚金五十元,仍令将超出间数拆改,具数掩埋。"②然而,寄柩仍是众多会馆、公所的主要业务,沪地冢舍不见减少,反而有增加的趋势。

现在,我们可以看出,市政府双管齐下的丧葬改革并没有如预想的那样迅速取得成效。限制丙舍、取缔停柩是丧葬改革的必经步骤,但政府没有充足的财力建设公墓,冢舍的存在合理而不合法。市立公墓无法满足社会殡葬需求,私立公墓应运而生,并占据绝对优势,市府对私立公墓的管理是必须的,更是一种无可奈何之举。市内及郊区大量无主尸首、无人承领浮厝的掩埋,病亡军人的葬埋等仍由慈善团体出面解决。据统计,沪上慈善团体按举办的慈善事业分类,施棺的有28个,办理寄棺的9个,助殓的4个,办理掩埋的10个③。同仁辅元堂1931年9月一个月就收埋大小棺1 300多具④,普善山庄的规模更大,拥有3辆蓝十字标志(圆形蓝色底白色十字)的收殓卡车,每天在城市街头兜驰,收殓街头尸体⑤。这正是政府殡葬管理上有心无力的佐证。政府希望运用行政力量介入殡葬事业,将公墓制纳入整个市政建设整体规划中,但财力有限,建设多端;政局动荡,积习难改,政府只能立足于对私立公墓的管理,浮厝、停柩的治理更多依赖社会慈善团体的力量,法令所表现出的决绝态度和实际操作中的权宜之计,再次让政府执政的有效性遭到质疑。

---

① 《上海市政府市政会议议程汇编(第161—170次)》第6册,上海市档案馆藏,卷宗号:Q1-5-572。
② 上海特别市市政府秘书处编印:《上海市市政法规汇编》第4集,第282页。
③ 上海市通志馆年鉴委员会编:《上海市年鉴》(1936年)"T",中华书局1936年版,第134页。
④ 《同仁辅元堂善举报告》,载《申报》1931年10月7日。
⑤ 郑镜台:《普善山庄和街尸收殓》,载《20世纪上海文史资料文库》(7),上海书店出版社1999年版,第373页。

四、现代性与丧葬礼俗

传统的殡葬设施由于资金、管理、环境等诸方面限制，无法一步到位，以行政力量干预传统的丧葬礼俗，使之向现代转型却是以"现代性"为标识的南京国民政府无法推卸的责任。相对于在公墓制实施上含糊其词的表现，政府在革新丧仪过程中所表现出的"现代"取向更加强烈，其遇到的阻力也更大。这种干预主要体现在殡葬方式和丧葬仪式两个方面：

（一）火葬与殡仪馆：殡葬方式与地点的新变化

火葬这种殡葬方式在中国古已有之。战国时期，文献中已有关于火葬的记载[①]，宋时，民间的火葬习俗在江南地区业已流行，正如顾炎武所说："火葬之俗，盛行于江南，自宋时已有之。"[②]中原地区受传统文化的影响，火葬被视为"风俗之害"遭政府严禁。上海崇明等地有死后火葬，"骨灰贮乌瓶"[③]的习俗，也被视为"恶俗"，民国以前已经革除。1927年，公共租界工部局购置了新式火葬机炉，开始在静安寺公墓内附设火葬处，"尝试的大多还是西人"[④]。1935年3月，国民党中央民众训练部制定的《倡导民间善良习俗实施办法》和翌年10月行政院公布的《公墓暂行条例》中都有提倡火葬的内容。但国人对火葬的接受比公墓制要晚得多，不仅是由于观念的根深蒂固，也是由于并不成熟的实际操作过程。

当时上海主要有两处火葬场，一处位于北新泾的普善山庄，主要用来焚化路上收集的遗尸，火葬方式较简陋，"只是在地下掘了一个潭，把死人放在上面，下面架起柴火来烧"；另一处位于静安寺公墓内，《上海市大观》中详细描述了火葬处的情形：

> 静安公墓的最南端，矗立着一所浅红砖瓦砌成的小礼拜堂，火葬处就是在

[①] 《墨子·节葬下》载："秦之西有仪渠之国者，其亲戚死，聚柴薪而焚之。"仪渠国在今甘肃庆阳一带，为羌族部落。
[②] 《日知录·火葬》卷15。
[③] 《崇明县志》（十八卷·民国十九年刻本），载丁世良编：《中国地方志民俗资料汇编·华东卷》，北京图书馆出版社1991年版，第84页。
[④] 屠诗聘：《上海市大观》（中），中国图书杂志发行公司1943年版，第120页。

小礼拜堂的后背,火葬处只占房屋三间,一间会客室,一间火葬室,另一间就是放置骨灰的供藏室。整个的火葬室是一个大概二十英尺阔,三十英尺长,十五英尺高的长方形房间,下面是地层,上面是楼房,都是用来调节空气的。房正中就砌着火葬的炉子,右旁是小太平间,炉子全部都是用红色的火砖砌成的,高度与屋子齐,阔里约有六英尺,中间是火穴,四面都砌没,只剩前面的铁门开了用来放尸体进去,下面留空准备完毕后盛骨灰的匣子抽出来。

火葬的手续,很简单,先把尸体放在粗钢丝架成的床上,炉子前面的铁门吊起后,就将钢丝床放进火穴,关上了门,就可以把门下面的十个煤气开关开启,一千度的火力就向躺在钢丝床上的尸体喷去。①

火葬一具尸体大约需要两到三个小时,骨灰匣可以暂存骨灰供藏室中,再葬入公墓中。这样的火葬方式对于遵从儒教、以孝为本的中国人来说,无疑是难以接受的。一方面,工部局规定,火葬时禁止民众参观②,加深了国人对于火葬的隔膜与恐惧;另一方面,火葬的费用也并不如想象的那样便宜,焚化一具尸体的费用为银50两,加上骨灰贮存瓮和寄存壁龛的费用,共需银90两③。一处公墓墓穴需银60元,按照新式方式进行殡葬共需银约180元④,尚不包括讣闻、款客、各种服务人员等各种费用。而20世纪30年代,上海一次传统葬礼所需费用大约为200元⑤。从费用来看,火葬也并不占优势。因此,直到新中国成立前,采用火葬处理尸体的主要是一些佛教人士、外国人以及无主尸体。华界并未建成一所火葬场,火葬制度自是无法推行。

从殡殓地点来看,中国人死后一般在家中进行入殓事宜,西人从卫生方面考虑,一般在殡仪馆中进行殡殓。19世纪末,美国籍苏格兰裔人韦伦斯在新闻路28号设松茂洋行,专理外侨殡殓,"国人几无问津者"。1914年,美国人施考托创办万

---

① 屠诗聘:《上海市大观》(中),中国图书杂志发行公司1943年版,第120页。
② 《布告第4030号为颁布静安寺公墓火葬所规则事》,载《上海市公共租界工部局公报》第1期第8册,1930年12月3日,第108页。
③ 《布告第4150号为修正墓地费事》,载《上海市公共租界工部局公报》第2期第52册,1931年12月9日,第658—659页。
④ 按照当时物价,90两白银换算成银元,大约为120余元。
⑤ 吴一恒、陈叔英:《上海附近》,载《东方杂志》第24卷第16号。

国殡仪馆,虽则"一切均以华人风俗习惯为主,以便招徕国人"①,但由于风俗习惯的差异,仍然没有赢得国人的认可。1918年,上海当地士绅杨祥林、杨兆墉创办的大同公所开业,兼营寄柩业务,中国人的殡殓地点开始有了新的变化,这也是第一家国人开设的非正式殡仪馆。1930年5月,上海出现了第一家国人开设的正式殡仪馆——安乐殡仪馆。1932年11月,以恢复中华传统礼仪为口号的中国殡仪馆开幕,其广告词中写道:"本馆以应社会之需求,审慎终之意义为唯一宗旨,而房屋宏广,制造精美,术优良,迎送稳妥,文采高超,设置周备,费用低廉,运输迅速,训练有方,交通便利。"②其业务包括接尸、整容、着衣、停柩、入殓、寄柩,以及出售棺木寿衣,代办运柩入葬,延请僧尼诵经,代叫赁器筵席等,既遵从传统风俗,又考虑到公共卫生,中西结合,逐渐得到民众接受,殡葬事务日益市场化。时人评价,殡仪馆"没有一点骇人的气象","严肃而美观"③。

1934年5月,地处法租界徐家汇的上海殡仪馆开幕,不仅交通便利,而且为富有和寒素之家均提供适当的殡葬服务。6月,上海天气炎热,疫疠流行,死亡者骤多,上海殡仪馆也业务大忙。丧家认为殡仪馆的服务"既节省光阴,又经济便利,一举数便"④。截至新中国成立前夕,上海共有大小殡仪馆约30多家⑤。

(二) 公祭:丧仪的新起点

丧礼以外在的仪式内化为人内在的情感,表达人们对于死者的哀悼与思念,应以庄重、肃穆为基调。此时,沪上的丧礼却以"大出丧"最为流行,这让致力于建设经济、文明的现代都市的市政府无法容忍。1935年,上海市市长吴铁城曾批评说:"我们看现在上海街上出丧的仪仗,有许多地方真与喜事一样,而且仪仗本来是用以表示庄严的,却由一般极不像样的人充之,精神姿态固都不整,穿的服装尤是无奇不有,军乐队所奏的音乐,往往丧事奏喜乐,喜事奏丧乐,十足的表现出我们社会的没有规则与没有礼节。"⑥因此,丧礼改革的第一步为禁止沿用含有封建色彩或迷信性质的仪仗。1929年8月,市政府颁布《上海特别市取缔婚丧仪仗暂行规则》,割

---

① 屠诗聘:《上海市大观》(中),中国图书杂志发行公司1943年版,第120页。
② 《中国殡仪馆广告》,载《申报》1932年12月11日。
③ 阚删:《吊丧有感》,载《申报》1935年9月21日。
④ 《疫疠流行死亡滋多,上海殡仪馆业务大忙》,载《申报》1934年7月29日。
⑤ 《上海民政志》编纂委员会编:《上海民政志》,上海社会科学院出版社2000年版,第358页。
⑥ 《社会建设中婚丧礼节问题》,载《申报》1935年2月12日。

断丧礼中与封建王朝的联系①,但规则的颁行并没有影响沪上借丧事大出风头的势头。1934年6月,市公安局颁布的《上海市公安局核发仪仗通行许可证办法》规定,凡在市内举行婚丧等事,用仪仗整队游行的必须向市公安局申请许可证,由公安局审核通过,发给通行许可证后方可进行仪仗游行②。这项规定主要针对仪仗中的封建仪式,至于讣闻中所列的前清官衔,系叙述个人一身资历,与沿用旧式仪仗牌匾,招摇过市,荧惑世人耳目者有别,内政部建议"暂从免议"③。

新生活运动开始后,上海市新运促进会制定的《新生活改革礼俗之规定》中对于丧礼的规定是:遵守时间、丧家不设酒食、不得滥发讣告、讣告不得列叙前清官衔、禁用各种不必要仪仗④。新运总会制定的丧礼改革办法第六条也规定:"举殡时应废除不必要之仪仗。"⑤由于缺乏具体的处罚措施,这些规定并不具备很强的可操作性。政府已经意识到改革丧仪非一日之功,在新的婚丧礼制尚未制定并推广之前,对于民间旧习过于"强制",结果不仅不会促使现代性的增长,反而会引起社会秩序的动荡,因此,以"劝导"求得"逐渐改革"⑥不失为聪明的办法。

政府只能从制定、实施、推广新丧仪方面努力,才能褪去旧习中的封建意识,给丧仪注入新鲜的血液。自民国初期以来政府致力推行的追悼会仪式此时得到广泛推广,南京国民政府将追悼会称为"公祭",规定对有功德于社会国家者,在举行国葬、公葬或私葬的时候,可集众举行公祭。由于各地公祭仪式无一定准则,"往往狃于旧习,自为风气,参差不一,殊不足以昭定制",在上海特别市执行委员会的呈请下,1935年6月,内政部拟定了统一的公祭礼节,具体仪式为:(一)全体肃立;(二)主祭者就位;(三)奏哀乐;(四)行祭礼三鞠躬;(五)献花;(六)默哀读祭文行

---

① 《上海特别市取缔婚丧仪仗暂行规则》中规定下列仪仗冠服不准使用:具有官衔之灯扇执事;前清冠服及皂隶衣帽;含有封建色彩之旗锣伞盖。上海特别市市政府秘书处编印:《上海特别市市政法规汇编》第2集,1929年,第162页。

② 上海特别市市政府秘书处编印:《上海市市政法规编》第7集,第44页。

③ 《上海市政府训令第11695号为准内政部咨奉院令关于取缔旧式讣闻仍列废清官衔一案情形请查照转饬遵照由》,载《上海市政公报》第151期(1934年12月10日)。

④ 《上海市社会局等关于推行新生活运动及各项问题的通知训令》,上海市档案馆藏,卷宗号:Q117-28-16。

⑤ 《新生活运动史料》,《革命文献》第68辑,商务印书馆1975年版,第243页。

⑥ 《上海市政府训令第11695号为准内政部咨奉院令关于取缔旧式讣闻仍列废清官衔一案情形请查照转饬遵照由》,载《上海市政公报》第151期(1934年12月10日)。

三鞠躬礼;(七)奏哀乐;(八)礼成。① 这种新式丧仪简单、经济,又不失庄重、肃穆,参加者可以在仪式过程中共同回忆逝者的事迹、精神,形成一种内心的激励力量。因此,政府往往有意利用追悼会仪式的这种功能宣扬国家意识,对民众进行党化教育。国民党闻人逝世后,各地政府都会相应举行追悼仪式,对于有特殊功勋或重大贡献的,更是以国葬礼礼遇之。

  示范效应很快产生明显的效果。到20世纪二三十年代,举行追悼会已成为丧仪中的一种风气,无论是政府官员、海上闻人,还是烈士和被难同胞,人们纷纷举行追悼会来进行祭奠,较大规模的追悼、公祭活动即有多次,参加者多达10余万人,少则数千人不等。但这种仪式在普通民众中推行尚需假以时日。

表3-13 上海市主要追悼、公祭活动一览表(1925—1946年)

追悼会	时间	地点	参加人数
顾正红烈士追悼大会	1925年5月24日	闸北潭子湾	1万余人
五卅惨案周年纪念大会	1926年5月30日	南市公共体育场	6万余人
杨桐恒烈士追悼会	1932年1月10日	南市公共体育场	不详
追悼淞沪抗日阵亡将士及被难同胞大会	1932年6月12日	市商会大礼堂	不详
阮玲玉追悼会	1935年3月14日	万国殡仪馆	20万余人
上海各界公祭"一·二八"无名英雄墓	1936年1月20日	市商会大礼堂	近万人
茅丽瑛烈士公祭大会	1939年12月17日	万国殡仪馆	近千人
追悼谢晋元烈士	1941年4月25—29日	胶州路兵房	10万余人
公祭昆明死难烈士	1946年1月13日	玉佛寺	万余人

---

① 《内政年鉴·礼俗篇》第四卷,商务印书馆1936年版,第2页。

续 表

追悼会	时 间	地 点	参加人数
悼念"四八"烈士	1946年4月30日	玉佛寺	不详
李公朴、闻一多公祭大会	1946年10月6日	静安寺	千余人

资料来源：《上海民政志》编纂委员会编：《上海民政志》，上海社会科学院出版社，2000年版，第108—110页。《上海青年志》编纂委员会编：《上海青年志》，上海社会科学院出版社，2002年版，第400页。《上海妇女志》编纂委员会编：《上海妇女志》，上海社会科学院出版社，2000年版，第632页

在双轨制的制度环境下，借鉴租界管理体制，调适传统民俗，引入新式西俗，是政府继续发挥政治整合力进行整合的一种途径。这种整合方式也取得了一定的效果，市政府殡葬管理的起步和社会上丧葬仪式的部分变化即是这种整合成效的明证。然而，囿于各种因素，这种特殊制度环境下的整合无法充分实现整合的效能，进步与异趋同在，政府合法性权威最终无法建立。

从1934年新生活运动开始，政府主导下的民俗变革进入系统化时期。以新运系统为推行系统，以社会运动为推行内容，"化民成俗"成为这一时段民俗变革的典型特征。在社会动员方面，政府采取强制性社会动员，倡导合理化的健康生活；在政治整合上，政府一方面以政治整合力引导社会整合力参与民俗革新，另一方面，在双轨制制度环境下，借鉴租界经验，继续发挥政治整合力的强大能量，调适旧俗，倡导新俗。因此，民俗变革在推动社会文明进步方面，取得了一定的成效，但由于政府合法性资源不足，社会动员和社会整合都没有完全发挥效能，无法实现权力向权威的转化。

第四章 进步与秩序：民俗变革效果与制约因素分析

南京国民政府建立十年，上海以民俗变革进行了一系列重建秩序、推动进步的努力，希望藉此实现构建和维系政府权威的政治统治目标。在政府权力和民众反应双重作用下，一方面，民俗变革取得了一定的成效，国家现代性增长，社会趋向文明进步；另一方面，民俗变革并没有达到政府构建权威、巩固统治的终极目标。究其根本原因在于：其一，从共时性角度来看，中央权力在地方具体实施过程中，与上海所具有的地方张力发生化学反应，变俗发生转向，产生难以预料的结果；其二，从历时性角度来看，传承性是民俗文化的一个显著特征，极具刚性的政府权力遭遇韧性十足的社会民俗，变俗的效果也要大打折扣。因此，本章将对权力视野下民俗变革的效果及原因进行分析。

第一节 变俗变政的效果

变俗变政，换言之，即：革新陋俗，提倡良俗，在寻求社会文明进步的同时，实现构建和维系政府权威的政治建设目标。因此，变俗变政的结果可从进步和秩序两个层面进行评判：一是对于社会文明进步的作用；二是对于秩序维护的效能。在第一个层面，南京国民政府十年的变俗变政促进了现代性的增长和社会文明进步；在第二个层面，变俗变政尚未实现政府巩固统治的终极目标。

一、变俗：现代性增长的动力

现代性的增长是社会文明进步的显著标志。什么是现代性？福柯认为，现代性应该被理解为"一种态度"①,其最基本的内涵是一种现代理性精神,包括科学主义和人文主义。欧洲文艺复兴时期,以科学精神反对宗教蒙昧,以人文精神反对神权压迫,现代性成为西方进入现代社会的原动力。现代性亦是中国走向文明进步的重要动力源。

民俗变革促进了现代性的增长。从本质上看,民俗变革即是一场深层的"社会—文化"改造。有学者指出,民国时期的"社会—文化"改造,实际上是为了向全社会提倡"理性"的生活方式与价值观②。政府的民俗变革有助于社会生活中现代理性精神的植入,对于科学主义和人文主义的培育都有所裨益。

(一) 民俗变革凸显以人为本

政府主导下的民俗变革,有一个突出的现象,即革新有损人的身心健康的风俗。同时,大力倡导有益人发展的风俗,集中体现了人文主义的基本精神③。

自辛亥革命以来,提倡人道和人性即成为政府变革民俗的一个基本取向。在封建社会里,小生产方式的自然经济、高度中央集权的封建政治和浓厚的宗法观念,都强调君权、神权、族权和夫权的崇高地位,人的身心健康、自由发展受到压抑。近代以来,资产阶级以西方自由、平等、博爱的理性原则为依据,要求恢复人的平等权利和地位,重新认识人的价值。南京临时政府时期,从中央到地方都颁布了一系列革除旧染污俗的政令,旨在解除束缚人性发展的封建锁链,恢复和提高人的地位和尊严。但迫于情势,很多措施停留于纸上,未能完成人性的解放。

南京国民政府成立后,政府的民俗变革继续强调人的价值、尊严与自由。内政部的《禁止妇女缠足条例》(1928年5月10日)和《禁蓄发辫条例》(1928年5月17日)旨在解放人的身体,《废除卜筮星相巫觋堪舆办法》(1928年9月22日)和《服制条例》(1929年4月16日)意在革除束缚人身心发展的迷信思想、封建等级,这些法令规定无不昭示现代自由、平等精神。1934年,新生活运动启动时,蒋介石公开宣称运动的目标是"改革

---

① 福柯:《什么是启蒙》,载汪晖、陈燕谷主编:《文化与公共性》,生活·读书·新知三联书店1998年版,第430页。
② 王铭铭:《村落视野中的文化与权力——闽台三村五论》,生活·读书·新知三联书店1997年版,第50页。
③ 从文艺复兴时起,人本主义的释义不断变化,其基本意思是指以人为万物的尺度,强调人的价值、尊严与自由,"是一种以人为中心和准则(sanction)的哲学"。杨寿堪、李建会:《现代科学主义与人本主义哲学的基本特征及其走向》,载《学术月刊》2001年第11期。

过去一切不适于现代生存的生活习惯,培育"现代的国民""文明国家的国民"①。尽管现代国民养成的具体程度很难界定,但通过当时人们的日常休闲生活亦可见端倪。一项对中等学校休闲习惯的调查结果显示,学生中虽然不乏赌博、吸烟等不良习惯,但排在首位的休闲习惯仍为运动和阅读②。

在上海,现代、健康、文明的休闲活动更是受到前所未有的重视。1934年,市政府发行市政公债350万元用于中心区配套的体育、文化、卫生设施建设。一年后,市立体育场建设完毕,"建筑之伟大,范围之广袤,洵为最近本市之巨大工程,其于体育场中之地位,目下远东迨无与匹"③,成为人们日常休闲生活的重要场所。从表4-1来看,上海市每年都有1万人次以上在市立公共体育场参与体育锻炼,并呈逐年上涨趋势。从参与人群来看,包括男子、女子和儿童,其中,男子参与的人数较多,女子由于受到家务、职业、社会观念等的限制,很难享受到运动的权利。但在体育场参加运动的妇孺部人数也是逐年增长,到1936年度,甚至已经超过男子部,充分体现了体育运动的群众性和普及性。1936年一年之内,中华全国体育协进会在延平路设立的申园体育场就举行了各项比赛362次④,几乎每天都有比赛。以人为本的体育、休闲已成为一种生活方式进入上海人的日常生活。《中国的一日》中记

表4-1 市立公共体育场运动人数统计表(1933.7—1936.6)　　(单位:人)

时　　间	人　　数			共　计
1933.7—1934.6	男子部 699 327	妇孺部 517 465	国术部 40042	1 256 834
1934.7—1935.6	男子部 723 412	妇孺部 617 369	国术部 66 235	1 407 016
1935.7—1936.6	男子部 847 502	妇孺部 865 707	国术部 118 317	1 831 526

资料来源:上海市通志馆年鉴委员会编《上海市年鉴》(1937年)"T",中华书局,1937年版,第129页

---

① 中国第二历史档案馆编:《中华民国史档案资料汇编》第五辑第二编政治(五),江苏古籍出版社1991年版,第758—759页。
② 章柳泉:《中等学校休闲习惯之研究》,载李文海主编:《民国时期社会调查丛编·文教事业卷》,福建教育出版社2004年版,第695—701页。
③ 上海市通志馆年鉴委员会编:《上海市年鉴》(1936年)"A",中华书局1936年版,第4—5页。
④ 上海市通志馆年鉴委员会编:《上海市年鉴》(1937年)"T",中华书局1937年版,第128页。

载了一家影片公司职员日常一天的生活,其中,打球的2人,访友的3人,看电影、逛百货公司、听无线电、阅读、写生的各1人①。

(二) 民俗变革贯穿科学精神

民国风俗演进的总趋势是向着理性、健康的方向发展,科学精神贯穿始终。辛亥革命后,随着破除封建观念习俗活动的开展,反对神权迷信的斗争也出现高潮,政府和社会团体都致力于以科学主义反对神权迷信。新文化运动时期,"赛先生"成为启蒙者们最响亮的口号和最鲜明的旗帜之一,社会各界致力于通过破除鬼神迷信的宣传来普及科学知识,对广大民众迷信观念的淡化起了潜移默化的作用。

南京国民政府建立后,政府充分发挥引领、导向作用。一方面,不惜动用行政资源全面介入迷信破除中;另一方面,在加强宣传科学精神的同时,注重营造现代人文空间,向民众普及科学知识。尽管破除迷信的措施并没有取得圆满成功②,但对于迷信观念的淡化和科学思想的普及还是起了一定的作用。以破除护月迷信为例,沪上每遇月蚀,民众纷纷燃放鞭炮,救护月亮。据天文预报,1928年6月3日有月蚀发生。为破除迷信,改良风俗,上海市教育局自5月起即开始积极部署,制定了《破除迷信月蚀办法》四项,包括:① 印刷说明月蚀原因的传单,广为分送,藉增市民常识;② 会同公安局禁止民众在月蚀的时候燃放鞭炮;③ 通告各小学校在将近六月三日的一星期自然科学教材,即讲"月蚀",并令儿童广为传播;④ 请市政府宣传科宣讲队在将近六月三日的时候,宣讲问题,就采用破除民众对于月蚀的迷信③。6月3日,上海各大报刊纷纷刊载浅显易懂的"月蚀说明";市教育局派出多人走上街头散发传单,宣传科学知识;公安局出动警力查禁燃放鞭炮。这次活动取得了明显的效果,华界燃放鞭炮之声,"较往年的情形,已大相悬殊矣"④。此外,上海市政府建立了一批市立、公立的民众学校、补习学校、民众阅报室、图书馆、通俗演讲团等社教设施,大上海计划中将图书馆、博物馆、市医院等作为重要工程项目。1934年12月,上海市立图书馆和博物馆在江湾正式破土动工,次年下半年竣工并投入使用,面积3 470平方米,可藏书20万册。这些都成为改变传统俗尚、推广科学知识

---

① 茅盾主编:《中国的一日·上海市》,载《民国丛书》第三编第92辑,上海书店出版社1989年版,第39页。
② 见第二章第三节。
③ 《破除迷信月蚀办法》,载《申报》1928年5月10日。
④ 《华界市民破除迷信》,载《申报》1928年6月7日。

的重要人文空间。

到20世纪30年代，上海青年中涌动着一股学习科学知识的潮流。上海市共有各类公立、私立图书馆25所，共有图书50余万册，职员121人，平均每所图书馆的藏书不足3万册，职员不到5人，规模较小；但每天平均有13 057人进入图书馆参观、学习①。史量才创办的《申报》流通图书馆成立一年内，就有4万余人办理了阅览手续，出借图书约9万人次，起到了良好的社会教育作用②。有人曾对一个女子中学484名学生的课外生活进行调查，其中，最受欢迎的娱乐活动即为看书③。

二、以俗变政：任重而道远

自始至终，以俗变政都是民俗变革的一个重要目的。"为政治者，在上；风俗者，在下也者；政治者，由风俗酝酿而成；风俗者，由政治陶铸而出者也。故但改良国政而不改良风俗无益也"④。风俗改良是政制变革的先导，所谓"变政而不变俗，则政无由施；变俗而不变政，则俗无由化。盖政与俗决不能相离而论也"⑤。革命伊始，风俗改良即被强调到应有的高度，"若欲巩固共和民国，须使人民咸有共和之常识，而于社会上之旧风俗习惯，尤须改良之革除之，务使日臻于完善，日进于文明，而后我人民得享真正之共和幸福"⑥。新生活运动更是直接将中国的病根归结为人心风俗的颓败，提出："革命必先革心，变政必先变俗。"⑦

然而，通过前文对变俗历程的论述，我们可以看出，政府希望借变革民俗重建秩序的目标并没有实现。大规模的涤荡旧俗不仅没有清除陋俗旧染，反而对政府权威造成损害；大力推行的铸模新俗陷入困境之中；系统化的民俗变革亦没有达到应有的目标。秩序不稳定、合法性资源缺失成为困扰国民党时期的最大政治问题，

---

① 上海市通志馆年鉴委员会编：《上海市年鉴》(1936年)"L"，中华书局1936年版，第80页。
② 《量才流通图书馆互助会史料》，载《档案与史学》1998年第4期。
③ 吴榆珍：《一个女子中学的课外生活》，载李文海主编：《民国时期社会调查丛编·文教事业卷》，福建教育出版社2004年版，第669页。
④ 《风俗谈》，载《时报》1905年2月7日。
⑤ 孟晋：《论改良政俗自上自下之难易》，载《东方杂志》第1卷(1907年)。
⑥ 顾晨：《对于风俗改良研究之意见》，载《申报》1912年5月31日。
⑦ 杨永泰：《革命先革心，变政先变俗——本年六月十三日在收复县区地方善后讲习会讲演》，载《新生活运动促进总会会刊》第1期(1934年8月)。

正如有的学者指出:"国民党人施政无成效,……并不意味着国民党政权注定要被推翻;然而,却无疑预示着持续的不稳定。"①

以上海市政府最引以为豪的集团结婚为例,政府举办的集团结婚虽然在政治整合力引导社会整合力参与变革方面,取得了一定的效果,产生了广泛的社会效应,但同样也没有完成秩序重建、变俗变政的终极目标。一方面,新式集团结婚颇合上海人讲究经济、效率及出风头的要求,其推行自然没有遇到社会阻力,在政府的引领下,社会的趋从势为必然。经济、简单、新颖、庄严的集团结婚很快成为一种社会风尚,对社会风气的扭转、政府形象的塑造都是一个新的起点。另一方面,这种变革并不能从根本上改变传统的婚姻观念和婚姻构架的模式。传统的婚姻观念作为一种文化积淀的心理惯势和影响,已经内化到择偶、结婚的各个阶段。当时的报纸上最为常见的是这样的订婚广告:"我俩承某某两先生介绍,并得双方家长之同意,谨定于某月某日,在沪订婚,国难方殷,俗礼概免,特此奉告诸亲友公鉴。"②可见,婚姻构架仍主要以他人介绍、父母允命的传统模式进行,自由恋爱、自由结婚(包括婚仪自由)、自由组织或建立家庭并以爱情的消长决定婚姻的亡存尚未成为婚俗的实质性内涵。

为什么政府的强势介入并没有实现构建、维系权威的目标?各种主客观原因不一而足,掠去纷繁,从上海一地来分析,其根本原因可从共时性和历时性两个角度进行探究:其一为上海的地方性;其二为民俗的传承性。

第二节 上海地方性:一种共时性的考察③

上海在当时中国是最为现代的都市。在上海,英文"modern"有了它的第一个译音。因此,在一般中国人的日常想象中,上海和"现代"很自然就是一回事④。"上

---

① [美]费正清、费维恺编:《剑桥中华民国史》下卷,中国社会科学出版社1994年版,第188页。
② 佛:《订婚广告》,载《申报》1932年4月5日。
③ 此部分内容,经修改已刊,参见艾萍:《近代上海"摩登"的建构与想象——对"取缔妇女奇装异服"中政府行为的考察》,载《厦门大学学报》(哲学社会科学版)2022年第5期。
④ [美]李欧梵:《上海摩登——一种新都市文化在中国》,毛尖译,北京大学出版社2001年版,第5页。

海是摩登的发祥地,又是摩登的集中点。"①"摩登"成为上海的标志。因此,要探究这一时段民俗变革中上海一地的特殊性,"摩登"无疑是我们解决这一问题的钥匙。

服饰是"摩登"最集中、最典型的体现物。几乎在人类进入文明社会的同时,服饰就不再仅仅是驱寒蔽身之物,服饰成为人们身份、地位的外在表现,也是国民文化的象征。在衣食住行等基本生活需求中,食作为一种文化,要加以改变,不仅关系到不同人种的内在生理需求,更关系到几千年的饮食习惯;住、行受到地理环境、科技水平的限制,很难在短期内改变;衣,自古即具有多变的传统。因此,服饰摩登不仅是人类天性的反映,也是社会文明进步的"风向标";同时,对服饰的关注和考究是习俗内在轨范作用的重要体现,"如果我们在服装上没有能达到社会习惯所决定的标准,就会感到局促不安,这种感觉的敏锐程度,大概是没有别的方面的感觉可以比得上的"②。因此,在传统社会,服饰就是规定人们不得僭越身份的重要标识;在现代社会,从众心理又往往在服饰中得到表现。而且,服饰是"随时随地显豁呈露的,一切旁观者看到它所提供的标志"③,这一点正符合上海人体现自我价值的内在需求。当人们对于摩登的追求与政府对于权威的重视之间发生冲突并日趋升级时,行政干预再次显现。

一、"破坏摩登"④:取缔"奇装异服"禁令的出台

历代王朝更迭之时都会以"改正朔,易服制"表示革故鼎新的姿态。辛亥革命以来,历届当政者都颇为关注被视为社会风气"风向标"的服饰问题。1912年,成立不久的南京临时政府即颁布了《服制条例》,后来又对军人、公务人员、学生、铁路职员服饰等,做出相应规定。

南京国民政府成立后,继续对服制进行规范,强调使用国货和服式统一。鉴于礼制服装关系重要,而旧制"多沿满清遗规,参以欧美习尚,杂乱无章",1928年6月,内政部呈准南京国民政府会同前军事委员会、大学院、法制局及司法、工商、交

---

① 君惕:《摩登老太》,载《申报》1933年11月28日。
② [美]凡勃伦:《有闲阶级论》,蔡受白译,商务印书馆1964年版,第122页。
③ [美]凡勃伦:《有闲阶级论》,蔡受白译,商务印书馆1964年版,第122页。
④ 雅非:《破坏摩登》,载《申报》1934年3月31日。

通等部遴派专员组织礼制服章审定委员会,负责审定各种礼制服章,同时登报征取公意。1929 年 3 月,经内政部体察团草拟、礼制服章委员会审核,第 22 次国务会议决定:"礼服用长衫马褂,褂用玄色对襟,五钮,女用蓝色长袍,不用领章,材料纯用国货。外交官礼服照旧,惟帽上应改用青天白日国徽。""制服用中山装"①。同年 4 月 16 日,南京国民政府明令公布《服制条例》,分为礼服、制服、附则三章,共九条,对男女礼服、制服式样、长短、质料做出明确规定,式样以中式为主,"质料限用国货"②。

到新生活运动时期,服制被纳入整个新运体系中。新生活运动中,对于衣食住行的基本要求为:"整齐、清洁、简单、朴素。"无论是前期的"规矩""清洁"运动,还是后期的"三化"运动,服饰上的提倡节约和服用国货正是对摩登的公开抵制。1934 年 6 月 6 日,江西省政府在蒋介石的授意下,首先拟定《取缔妇女奇装异服办法》③,将"奇装异服"这一中性词赋以明显的性别含义。此后,南京国民政府各项取缔奇装异服的政令多是针对女性。办法从"风化"和"卫生"两方面,对衣裙长度、衣领高度、袖长、发长、发式等女性服饰细节都有具体规定。7 月,办法被修订为《取缔妇女奇装异服暂行办法》,并在南昌实行。各地从提倡国货、改善社会风尚考虑,纷纷响应。11 月 15 日,内政部正式制定了《取缔奇装异服办法》,作为全国妇女的服饰标准。该办法参照了南昌《取缔妇女奇装异服暂行办法》的主要条款,并添加"女公务员禁止烫发,染指甲"的规定④。1934 年 9 月,上海市社会局、教育局、公安局联合发

---

① 《内政年鉴·礼俗篇》第四卷,商务印书馆 1936 年版,第 11—13 页。
② 蔡鸿源:《民国法规集成》第 40 册,黄山书社 1999 年版,第 508 页。
③ 《取缔妇女奇装异服办法》主要内容为:① 总则:为取缔妇女有伤风化及不合卫生之奇装异服起见,特订定本办法。② 衣着方面:旗袍最长须离脚背一寸;衣领最高须离颚骨一寸半;袖长最短须齐肘关节;左右开叉旗袍,不得过膝盖以上三寸,短衣须不见裤腰;凡着短衣者,均须着裙,不着裙者,衣服须过臀部三寸;腰身不得绷紧贴体,须稍宽松;裤长最短须过膝四寸,不得露腿赤足,但从事劳动工作时,不在此限;裙子最短须过膝四寸。③ 装束方面:头发须向脑后贴垂,发长不得垂过衣领口以下,长发梳髻者听;禁止缠足束乳;禁着毛线类织成无扣之短衣;禁止着睡衣及衬衣,或拖鞋赤足,行走街市。④ 推行办法:本办法之推行,先自南昌市起。女公务员、女教员、女学生及男公务员之家属限半个月后实行;其他各界妇女,一个月后实行;本办法由省会公安局抄录,并制就传单挨户分送;妇女衣着装束不遵守本办法者,由岗警加以干涉,如有违抗者得拘局惩处。《赣省府订定取缔妇女奇装异服办法》,载《中央日报》1934 年 6 月 9 日。
④ 内政部正式制定的《取缔奇装异服办法》要点如下:长袍不得拖靠脚背,领高不得靠颊骨,袖长最短齐肘,衣叉迫近膝盖,短衣须着裙,胸腰臀不得绷紧,裤裙长须过膝,短发不得垂过衣领,女公务员禁止烫发,染指甲,禁着睡衣拖鞋上街;妇女衣着不遵守办法者,由岗警干涉,如有反抗,拘局罚办。见《内政部规定取缔奇装异服》,载《益世报》1934 年 11 月 16 日。

布布告,取缔奇装异服,要求男女服料尽量采用国货①。

在现代社会,国家出于整顿礼制、革新社会风气的需要,对服制作出相应规定,本来无可厚非。关键是,南京国民政府及各地方政府制定并实施的取缔奇装异服的条例,已经将国家权力延伸到个人生活领域。究竟是什么原因导致政府不惜动用国家行政资源,甘冒"干涉个人自由"的风险制定并实施禁令?

第一,都市摩登女性服饰趋向欧化,颠覆传统,对于社会风气产生强大的冲击力,亦无法契合新生活运动主旨。

在社会风气方面,摩登服饰为世人所指摘的主要有两点:① 奢侈;② 标奇立异,尽显女性曲线美。中国自古以来就有崇简抑奢的消费观,自晚清以来,随着城市化进程的不断演进,"一种模糊的身份系统"形成②,人的消费心理、消费方式冲破传统的身份限制,普遍意义上的、并非满足生活必需品的消费在上海成为可能。竹枝词写道:"乡下人,大开通,入门先问几点钟。衣裳烂破不要紧,金丝眼镜摆威风。借撮铜钱叉麻雀,吃口香烟吐雾与吞云。"③金丝眼镜、香烟都是典型的"外国制造",非普通百姓日常生活的必需品,带有明显的"奢侈"标记,学时髦成为一股普遍的社会风气。

服饰不仅是为了遮蔽身体,驱寒保暖。女性服饰趋向西化,踵事增华,身穿外国衣料制成的旗袍、西式大衣,脚着舶来的高跟皮鞋、肉色丝袜,涂上进口的脂粉、口红,头梳最时髦的爱斯头。另外,时尚多变,"花头忽大忽小,颜色忽黄忽绿,袖子忽长忽短,衣袂忽高忽低,贴边忽厚忽薄,外罩忽马甲忽而绒线衫……前季做就的衣服,不是不堪回首,便是恍同隔世"④。为支付高昂的外货,紧跟潮流,更换服饰,消费超出必需的生活范畴在所难免。人们指责这种消费失去革新风俗的本义,并指出:"妇女为国民之母,负教养子女之责,更宜崇尚朴素,以身作则",将女性服饰问题上升到民族前途的微言大义,要求官厅"予以制裁"⑤。

---

① 《上海市政府有关禁止奇装异服的布告及购用水泥应采用国货的通令》,上海市档案馆藏,卷宗号:Q235-1-360。
② [以] S. N. 艾森斯塔德:《现代化:抗拒与变迁》,张旅平等译,中国人民大学出版社1988年版,第9页。
③ 胡祖德:《沪谚外编》,上海古籍出版社1989年版,第206页。
④ 强生:《奇装艳服》,载《社会半月刊》第1卷第16期(1935年4月)。
⑤ 吴守拙:《矫正妇女服装之我见》,载《申报》1926年2月24日。

相比于奢侈而言,女性服饰尽显曲线美,以强烈的视觉感受给予人们更直接的冲击力,受到的批评言辞更为激烈,掀起的波澜也更大。旗袍自流行以来,逐渐从传统宽松式的满族民族服装演变为凸显女性身材的都市女性标准服饰,在上海各新装公司,以"紧、透、露"为特征的新款女装层出不穷。到 20 世纪 30 年代,"曲线的显明"已成为流行服饰"应有的条件之一",旗袍要"紧紧的裹在身上,走在路上,凡是胸部腰部臀部腿部,都可从衣服外面很清楚的一一加以辨别"①。夏天时,摩登女性都要用来自欧美的、薄如蝉翼的纱绸制成衣服,袒膝露臂,不仅凉爽异常,而且摇曳生姿,尽显女性体态美。摩登服饰既不同于传统服饰限制女性自由的装束(如裹足),也不同于掩饰女性性别特征的装束(如束胸),直接冲击中国传统"保守"的德行②,大胆演绎出女性特有的曲线美,不仅标志女性身体的解放,也标志女性性别意识的觉醒。因此,摩登服饰所带来强大的冲击力,影响的不仅是女性这一群体,更是社会这一全体。

守旧人士即将女性曲线美的展露视为青年"误入歧途"的主要"诱惑","败坏风化,莫此为甚",要求改良妇女服装,"以旧时衣裙为标准……上衣下裙"③。更有甚者,卫道之士将"摩登男女"视为"'浪子淫娃'的'别署'"④,疾呼"摩登足以亡国"。南京国民政府内政部训令,奇装异服"不惟有伤风化,亦且贻笑友邦","非严加取缔,不足以除恶习,而端风纪",要求各地"立予取缔"⑤。新生活运动的主旨为:"求国民之生活合理化,而以中华民族固有之德性——'礼义廉耻'为基准也。"⑥摩登服饰违反新运"简单朴素"的原则,亦无法契合当局一再重申的传统四德。因此,在运动之初就有人撰文指出:"新生活运动尤应让诸优闲生活中的摩登太太小姐们来先行。"由"摩登层来当先锋"⑦。政府取缔摩登、奇装异服的禁令随后出台。

第二,部分摩登女性竞尚摩登,以用舶来品为荣,严重违背政府和社会共同提

---

① 徐国桢:《上海生活》,世界书局 1933 年版,第 33—34 页。
② 林语堂先生指出,中国人的德性之一即为保守性,"每一个中国人,即从其外表上看来,未有全然不带保守之色彩者"。参见林语堂:《吾国与吾民》,陕西师范大学出版社 2002 年版,第 57—59 页。
③ 警愚:《改良妇女服装之建议》,载《申报》1932 年 9 月 17 日。
④ 立斋:《"摩登"的内容和形式》,载《申报》1933 年 12 月 5 日。
⑤ 《市府训令取缔奇装异服》,载《申报》1929 年 9 月 24 日。
⑥ 中国第二历史档案馆编:《中华民国史档案资料汇编》第五辑第二编政治(五),江苏古籍出版社 1991 年版,第 762 页。
⑦ 兹:《新生活运动与摩登妇女》,载《申报》1934 年 3 月 18 日。

倡的国货运动原则。

19世纪末20世纪初,随着中国资本主义生产的发展以及西方经济思想的传入,人们逐渐认识到发展工业、兴办实业对于国民经济的重要意义,"国货"思潮初步形成。1905年,爆发了反美爱国运动,抗议美国政府长期歧视凌辱旅美华工,进而发展到抵制美货运动。

南京临时政府成立后,积极鼓励民族工商业的发展,特别是一战期间,民族资本工业的发展进入"黄金时期"。1928年,孔祥熙出任南京政府工商部长,为"策励工商、提倡国货"起见,提出在上海筹办工商部中华国货展览会,"征集全国出品,陈列展览,以示奖励而资观摩"的设想①。政府行为的介入,使国货运动获得更多行政力量的支持,进入一个新的阶段。

纵观国货思潮及国货运动的发展历程,实际上包括了一个问题的两个方面:其一,抵制外货;其二,提倡国货。抵制外货主要是抵制非生产性消费品的输入,特别是当时充斥于国内市场的食品、服饰、日用品、奢侈品等外货。民族资产阶级认为,"购用消费的输入品",不能实现产品增殖,等于"虚掷金钱"②,不仅造成金钱外流,而且挤压民族工业的国内市场,对于国民经济也多有影响,因而坚决要求予以抵制。

在当时的人们看来,摩登即现代、时髦。为了追求摩登的效果,仿效西洋、使用舶来品不失为一种便捷的办法。现代科技的进步使上海与世界同步成为可能,据统计,日本时装在上海流行仅需一个月,巴黎的新款时装流行到上海也只需三个月③。于是,"现代女郎自顶至踵,几乎无一不洋——舶来品——流风所被,群相效尤,非此不得谓至'时髦'"④。是否使用舶来品成为摩登与否的必要条件,要摩登必须使用外国货,对外货的购用已经到了盲从的地步,舶来品、外国货,被认为"最是靠得住","不问其是好是坏,不论是什么东西,一定可以博万众欢迎,决不敢有人道个不字"⑤。

---

① 工商部中华国货展览会编辑股编印:《工商部中华国货展览会实录》第1编,1929年,第1页。
② 《生产之输入品》,载《农商公报》第2卷第6期。
③ 忻平:《从上海发现历史——现代化进程中的上海人及其社会生活1927—1937(修订版)》,上海大学出版社2009年版,第288页。
④ 太冷:《奇装异服的影响》,载《社会半月刊》第1卷第16期(1935年4月)。
⑤ 卯郎:《谈摩登》,载《申报》1934年8月24日。

上海被称为"时尚之都",摩登女性"不是别处可比"①,"摩登愈进步,而脂粉香水的进口愈多"②,对于外货的消耗居全国之冠。1933年为"国货年",洋货输入竟达9亿元,为海关入超空前之纪录,时人讥之为国人"购买洋货之力'与时俱进'"③。1934年被定为"妇女国货年",又是新生活运动的第一年。结果,"十一个月里,妇女化妆用品及衣饰用品,达200万件之多,而上海占到四分之三强,计160万元"④。"妇女国货年"运动进行得有声有色,新生活运动风起云涌,"但是一点也没有影响到太太小姐们爱漂亮的心,奇装异服之依然甚炽,便为显明的实例"⑤。客观地说,国家经济发展程度并不能完全依靠对外贸易的出超或入超来评定。而且,进口的奢侈品,也非全是中国妇女所消费,在华的外侨亦是一大消费群体。然而,崇尚摩登、购用外货毕竟公然违背了国货运动的原则,"徒尚形式的摩登,势必导向拼命购用外国化装品和一切奢侈品之一途"⑥。已经以行政力量介入国货运动的政府对摩登进行干预也是必然的。

第三,与民间团体关注社会风气、民族经济不同,南京国民政府更希望藉对于摩登的禁令,"革心变俗",为集权统治奠定基础。

1929年4月,南京国民政府服制条例颁行后,立即得到各方响应。各种同业团体、同乡团体、国货团体基于行业发展、国计民生出发,对服制条例中有关"质料限用国货"的项目最为欢迎。5月,上海商协绸缎业分会发出通告,要求绸缎同业中人"以身作则,首先服用国产蚕丝织品,矢志不服舶来品,以示表率"⑦。10月,绸缎、卷烟、肥皂、火柴四业联合呈请内政部颁布孝服限用国货条例,"提倡国货,以救实业,以杜漏卮"⑧。12月,中华国货维持会电呈内政、工商两部,切实制定服制限用国货条例施行细则,严定奖罚,通令各省市县政府及社会公安等局,出示布告,督率实行,"以救国难而保民生"⑨。

---

① 徐国桢:《上海的研究》,世界书局1929年版,第23页。
② 健民:《上海市之声色犬马》,《社会半月刊》第1卷第5期(1934年11月)。
③ 《国货周刊》,载《申报》1934年1月1日。
④ 杨德惠:《送妇女国货年》,载《申报》1934年12月27日。
⑤ 宸:《取缔妇女奇装异服》,载《申报》1934年6月1日。
⑥ 立斋:《"摩登"的内容和形式》,载《申报》1933年12月5日。
⑦ 《制服质料限用国货之通告》,载《申报》1929年5月25日。
⑧ 《四业呈内政部请颁布孝服限用国货条例》,载《申报》1929年10月19日。
⑨ 《国货会请实行国货服制条例》,载《申报》1929年12月19日。

新生活运动后,各团体抓住各种时机打击奇装异服的势头,推广国货。1934年12月,国历新年来临之际,上海市绸业公会呈请国府通令全国公务人员,"以身作则",遵奉服制条例,在日后喜庆丧葬等典礼场合,"均宜穿着国绸礼服,以资表率",以挽救"用夷变夏,于今为烈,国绸销量,日见减缩,洋货入超,与时俱增,国家经济命脉之膏血,已濒枯竭"的危机①。另有一些社会公益团体更为在意摩登服饰对于社会风气、道德心理的影响,如1932年7月组织成立的改良社会讨论会,曾在《申报》增刊上开辟专栏,鼓励会员发表议案讨论"改良社会,改良家庭,改良婚姻制度,改良个人生活等等"内容②,其中多次涉及男女服饰问题,建议服饰应尽量俭约,大方而不失雅观,以改良风俗③。

南京国民政府取缔奇装异服,提倡国货,除基于国计民生、社会风尚考虑外,更有深意。1929年9月,服制条例颁行后不久,内政部即在训令中公开表示,对奇装异服要严加取缔,"以期纳人民于轨物"④。1932年11月,中央委员陈肇英提出"提议重整服制严用国货案",认为"利权外溢、风俗内偷为立国之大病","补救之道,莫如重整服制,以定人心"⑤。可见,服制条例的颁布并不仅仅是为了国货运动和社会风俗的需要。

20世纪20年代末、30年代初,南京国民政府成立后不久,即从建立"一党专政"的集权统治出发,定下"攘外必先安内"的基本策略,"安内"主要是剿灭共产党,排除异己,建立并巩固独裁统治。蒋介石深知要做到这一点,仅仅依靠军事强力是远远不够的,变政必先变俗,革命必先革心,蒋介石将"合乎礼义廉耻适于现代生存的新生活运动"视为"目前救国建国与复兴民族一个最基本亦最有效的革命运动"⑥,以南昌开始,渐次推广至全国。

对此,杨永泰指出,中国病根不在政治制度本身而在人心风俗之颓败。因此,

---

① 《国绸礼服运动》,载《申报》1934年12月25日。
② 《拟组织改良社会讨论会小启》,载《申报》1932年7月22日。
③ 见《建议改良男子服式案》,载《申报》1932年7月23日;《改良男子服式的贡献》,载《申报》1932年7月30日;祖娥:《改良儿童服装提议》,载《申报》1932年8月12日;四维:《改良男女服装趋于俭约的我见》,载《申报》1932年8月20日;警愚:《改良妇女服装之建议》,载《申报》1932年9月17日。
④ 《市府训令取缔奇装异服》,载《申报》1929年9月24日。
⑤ 《上海市政府有关禁止奇装异服的布告及购用水泥应采用国货的通令》,上海市档案馆藏,卷宗号:Q235-1-360。
⑥ 中国第二历史档案馆编:《中华民国史档案资料汇编》第五辑第二编政治(五),江苏古籍出版社1991年版,第759页。

"革心变俗,是完成革命改革政治之最大前提"。如何最迅速、最有效地革心变俗呢？他提出了三条主张：一是"凡作之君者应兼作之师",特别要求各级领导做到；二是"由外形训练促起内心变化","我们要转移人心,就要注重外形的训练,来陶冶他们的好品性,就要改良日常的生活,来养成他们的好习惯"。"外部的生活方式改变了,内部的精神,自然随之而变。我们正可以利用此种感应的力量,同样的训练一般人的生活,使一般人内部的病态,不良的恶习,逐渐汰除。这是移风易俗最迅速最有效的方法"；三是借政治力量扫除社会恶习,他认为"任何一种政治,能否改进与推行,其先决条件,就要看风教之能否改良。我们就应该风以动之,教以化之,又佐以武力与政权,以排除一切教化之障碍或恶的势力,一切政治,才能顺利的推行"①。破坏摩登正是从外形训练入手,促进内心变化的最佳例证；政府三令五申,自上而下,层层推行的目的也正是因为取缔奇装异服是革心变俗"最速收效之方法"。

二、"摩登无罪"②：禁令推行中的上海特色

从服制条例的颁行,到取缔奇装异服法令的发布,南京、北平、太原、济南、重庆、汉口、蚌埠、广州等沿海沿江和内地的大中城市,都先后颁布了相关办法。北平、南京三令五申取缔奇装异服,以维风化。太原和济南的做法更加片面,为区别娼妓与良家女子,特令妓女佩戴桃花章,并特准烫发、着高跟鞋。济南公安局在军政长官韩复榘的授意下,制定《济南市奇装异服暂行办法》,并在国耻日派出大批岗警查禁奇装异服,"铁面无私,检查取缔"③。韩复榘还亲自召集值勤警长训话,要他们"毫不徇情、毫不客气、很勇敢"地去抓获"露肘露膝在街上行走的妇女"④。在四川,刘湘的21军军部下达了对妇女奇装异服进行禁止的命令。公文指出,那些自号新式的妇女"裸膝露肘""实属有乖风化",为恢复归全"礼义廉耻",而"厚民德""崇国体",所以必须让岗警随时随地予以干涉,"否则决不足以挽回颓风而励风俗"。重

---

① 杨永泰：《革命先革心,变政先变俗——本年六月十三日在收复县区地方善后讲习会讲演》,载《新生活运动促进总会会刊》第1期(1934年8月)。
② 徇子：《摩登无罪》,载《申报》1934年5月1日。
③ 《奇装异服与走私》,载《女子生活》第2卷第6期(1936年)。
④ 东山尹：《韩复榘与山东的"新生活运动"》,载《文史精华》1999年第4期。

庆的警士动手剪掉了着"奇装异服"妇女的裤子,甚至有警士采取"责打手心"的办法惩罚"奇装异服"的妇女①。"南天王"陈济棠文化取向相当保守,对取缔奇装异服自然不遗余力,并由此推广至禁止男女同泳,海军司令张之英、中枢绥靖委员范德星进而提议,施行禁止男女同行②。

从上述城市的具体操作过程来看,地方当局均以"改良社会风化,挽救世道人心"为推行重点,以高压的政策、极端的手段干涉女性的生活方式;从结果来看,禁令并没有达到预期的效果,禁者自禁,行者自行③。

与上述城市一样,上海市也颁布并不断重申了提倡国货、取缔奇装异服的禁令。其独特之处在于:

其一,与山西、山东、广州以改良风化为重点,南京、南昌、北平更多为变俗变政服务不同,上海市政府的禁令、布告自始至终、无一例外都以强调"提倡国货"为重点,而不盲目反对"摩登"。

自上海市政府成立到取缔奇装异服禁令发布,上海市政府始终关注提倡国货。1928年5月,市政府即先后以训令和布告的形式晓谕各局、全市民众:"提倡服装改用国货",指出:"多购一分外货,即国民经济上增多一分漏卮。"④1930年3月,社会局局长潘公展在第151次市政会议上提出:"以后凡公务人员不论男女,不问时令,其有参加祝典大会及长官初见礼、戚友婚丧喜庆等事,俱服国货礼服,以示庄重。"并提议市府通令各局人员务于短期内置备国货礼服⑤。1933年,第340次市政会议对中央委员陈肇英的"重整服制,严用国货"案进行讨论,决议:陆、海、空军人,警察,学生服装均应遵照南京国民政府之规定。1934年,取缔奇装异服禁令出台后,上海市社会局、教育局、公安局立即共同讨论取缔奇装异服、提倡国货具体办法,并

---

① 《济川公报》1934年5月16日,1934年5月27日,转引自袁家菊:《民国时期四川新生活运动与妇女奇装异服》,载《文史杂志》2006年第2期。

② 参见阿龙:《粤省禁止男女共泳》,载《申报》1934年7月14日;《观禁止男女同泳男女同行妙文而拟作禁止男女同床文》,载《申报》1934年7月24日。转引自夏蓉:《新生活运动与取缔妇女奇装异服》,载《社会科学研究》2004年第6期。

③ 有关取缔奇装异服的推行效果及推行不利原因,可参见夏蓉:《新生活运动与取缔妇女奇装异服》,载《社会科学研究》2004年第6期。

④ 《上海特别市市政府训令第1068号》《上海特别市市政府布告第41号》,载《上海特别市市政府公报》第11期(1928年5月)。

⑤ 《上海市政府第151—160次市政会议议程汇编》(第五册),上海市档案馆藏,卷宗号:Q1-5-571。

于9月联合发布布告,内称:"奇装异服,招摇过市,路人侧目,此种恶习,影响于社会风化至巨……值此社会经济衰落,男女服料,尤应尽量采用国货,藉资提倡,以挽利权";并由公安局通令各区严禁奇装异服①。1935年1月,上海市党部、市政府在绸缎业同业公会的电请下,通令所属工作人员"切实采用国绸礼服"②。

从禁令的内容来看,上海市政府对于奇装异服最大的不满还是在于其洋气十足,市场上洋货充斥,国货销路不畅。在上海独特的商业社会中,商品市场已成为影响经济发展、社会稳定的重要因素,洋货的优良品质让国货望尘莫及,许多民族工业只能以低廉的价格吸引消费者驻足,以民族主义情感激发人们的购买欲望。沪上很多工厂因此将工时从每天12小时延长为14—16小时,资方的理由是:"日纱跌价倾销,华纱销路都被夺去。华纱成本高贵,实难同日纱竞争,现在要求各工友帮忙,暂时增加二小时,勉强维持工厂,渡过这个难关!""你们不是痛恨日本人吗?不是要反日爱国吗?日本人正要打倒华纱,使你们没有工做呢!现在你们帮助厂房减低出品成本,就是表示我们中国'劳资合作'的团结精神,也就是抵日货救中国的爱国行动!"③然而,如此长时段、高强度的工作令劳方不堪忍受,导致的很可能就是劳资冲突的升级,这一点是致力于维护社会秩序稳定的市政府所不愿看到的,对服饰的关注更多从振兴实业、国计民生考量,正是上海市政府由衷的选择。

其二,与民间团体提倡国货焦虑、迫切的心情,以及山东、广东等地方政府激烈的措施相比,上海市政府的禁令颇有些漫不经心,推行手段也更为温和。

上海地方的民间团体对于服用国货、取缔奇装异服可谓不遗余力。中央的条例一经发布,上海各有关同业团体(如绸缎业、卷烟业、肥皂业、火柴业联合会等)、各国货团体(如中华国货维持会等)纷纷对所属行业人员作出服用国货的规定,并多次督促政府出台具体惩罚措施以供具体操作,要求政府公务人员首先以身作则,起示范作用。1930年8月,上海江浙丝绸机织联合会电呈内政部,言辞中对一年来服制条例的推行效果颇为不满,指出,政府应对没有遵令服用国货的公务人员,"治以违背法令之罪",明确要求国家以法令,而非政令的形式推行禁令;将外

---

① 《上海市政府有关禁止奇装异服的布告及购用水泥应采用国货的通令》,上海市档案馆藏,卷宗号:Q235-1-360。
② 《党政机关通令服用国绸礼服》,载《申报》1935年1月17日。
③ 茅盾主编:《中国的一日·上海市》,载《民国丛书》第三编第92辑,上海书店出版社1989年版,第76页。

货充斥、国货滞销、实业不兴的责任归咎于政府执行效果的不如人意。"苟能雷厉风行,则全国人民均以服用国货为荣,视西装为不敬,耻与为伍,如是,数年不特国产大宗实业得以恢复,而失业工人亦得以尽量安置,国家经济工商生计均赖是而维持。"①

在社会各界的倡议和努力下,1933 年被定为"国货年",1934 年和 1935 年又相继被定为"妇女国货年""学生国货年"。名称从针对社会全体,到具体指向妇女、学生,一方面,这是基于民族工商业者对目标市场的定位,妇女为社会的主要消费群,"一家所需物品,多由妇女来主管,今妇女不购国货,则国货当然不易发展"②;学生具有优良的爱国运动传统,"各校及工商界同学青年民族意识最丰富,爱国情绪最热烈"③。另一方面,名称的变换实际上反映了民族工商业者对于民族实业的焦虑,期望发动社会上一切可以发动的力量,挽救民族经济于危难之中。同时,这也是国货运动屡次推行不利的佐证。

新生活运动开始后,有了中央明确的法令支持,上海市商会及各同业团体更加积极督促市政府遵行内政部的禁令,再次申明:上海作为"各地表率",更应切实取缔奇装异服,维持风化;提倡采用国货,维护贫民生计。市公安、社会两局对于男女奇装异服,应"随时严格取缔,并限仅先采用国货"④。

为什么市商会要不断督促市政府执行这项禁令呢?首先,从市政府布告的内容来看,各项条文中一般都是要求所属及市民"互相劝导""藉资提倡",并没有规定具体的处罚措施。这样一来,公安局、社会局、教育局即使有心为之,也无具体条例可作根据,市面上当然也不会出现如重庆、广州等地那样警士惩罚"奇装异服"者的过激行为;其次,市政府多次强调的都是要公务人员以身作则,服用国货,具体如何担当示范、表率,条文中并没有具体操作指导。更何况,上海市政府多位领导都深受洋文化熏陶,黄郛、张群留学日本多年,各局领导有的游学海外,有的就学于教会学校,着西装是稀松平常之事,连《申报》为黄郛、吴铁城两位市长就职新闻稿配备

---

① 《上海市政府训令第 5247 号准内政部咨重申服制条例限制西装并饬全国各机关服务人员首先服用国货一案转饬遵照由》,载《上海特别市政府公报》第 63 期(1930 年 8 月 20 日)。
② 上海市通志馆年鉴委员会编:《上海市年鉴》(1935 年)"B",中华书局 1935 年版,第 13 页。
③ 上海市通志馆年鉴委员会编:《上海市年鉴》(1936 年)"B",中华书局 1936 年版,第 148 页。
④ 《取缔奇装异服,衣料须用国货》,载《申报》1935 年 7 月 1 日。

的照片都是他们身穿西装的身影①,上行下效,市府所属其他公务人员对于这些倡议自然是置若罔闻。在当时"以服西装为时髦,用洋货为体面"的潮流下②,着洋装、追求摩登已成为一种社会风尚,不痛不痒、没有具体处罚措施的倡议自然不可能取得明显效果,穿西装、乘汽车劝人购用国货的矛盾情形触处皆是。竹枝词中写道:"国货商场次第开,名人演说各登台。汽车手杖西装客,也为宣传国货来。"③

上海市政府向来以"民族复兴"和"全国示范"为城市形象的亮点,在这次取缔奇装异服行动中,市政府的表现却不尽人意,甚至不能让地方的民间团体满意。难道处于社会中心体的政府不应该满足社会团体对政权有效性的期望,扼制可能产生的游离于国家权力体系之外的权力阶层对社会中心体的离心倾向,继续构建政治统治的合法性基础吗?为什么在一片"破坏摩登"的声浪中,上海市政府要明禁暗弛,独善其身呢?

首先,上海人认为破坏摩登是"开倒车"的行为,结果只会导致社会倒退。

在上海,"摩登"获得的支持率无法得到精确的数据,但我们从当时的社会舆论和民众反应,可以看出社会上已经普遍意识到:摩登是时代发展的潮流。摩登是什么?上海人一语道破天机,摩登"不过站在时代前面,力求生活方式的'现代化'而已,不但意义平常,而且是二十世纪人类所迫切需要"④。中国传统社会已经肯定"变"是永远的法则;在现代社会,"变"的路径应该是:从"前现代的"到"现代的"。因此,"现代的"是社会发展、文明进步的趋势和方向。摩登即现代,摩登即是时代潮流,上海人已经敏锐地触摸到时代跳动的脉搏,断定:摩登已成为一种不为任何力量所左右的、不可逆的潮流。因此,"一个民族,一个国家,如其要想从衰迈龙钟的漩涡里挣扎起来,还须大大提倡'摩登'。""提倡'摩登',原是振国厉俗的第一条路"⑤。摩登可以救国,摩登开创的将是不同于以往任何社会的新局面。在上海,以奇装异服为代表的摩登具有的丰富内涵和内在张力得到了淋漓尽致的诠释和

---

① 《上海特别市政府今日成立》,载《申报》1927 年 7 月 7 日;《今日新市长吴铁城就职》,载《申报》1932 年 1 月 7 日。
② 《上海市政府训令第 5247 号准内政部资重申服制条例限制西装并饬全国各机关服务人员首先服用国货一案转饬遵照由》,载《上海特别市政府公报》第 63 期(1930 年 8 月 20 日)。
③ 顾炳权:《上海洋场竹枝词》,上海书店出版社 1996 年版,第 276 页。
④ 立斋:《"摩登"的内容和形式》,载《申报》1933 年 12 月 5 日。
⑤ 刘秉彝:《摩登论》,载《申报》1933 年 10 月 8 日。

发挥。

向来顺时而动的上海人自然不会赞成一切逆势而行的行为，他们断定："守旧的实行家，想用一种力量，遏止那展开的新局面，可是，结果未有不被新的潮流疾卷而去。"①新生活运动后，各地对于取缔奇装异服强制执行、严厉法办的例子不胜枚举。进而，由取缔奇装异服衍生出一股复古逆流，北平市府取缔男女同校，广州禁止男女同泳。上海人对这些行为的评价是"翻陈账""旧戏新做"②。奇装异服"有伤风化，非严行禁止，终无以挽回世道人心"的见解"未免过于迂腐"③；取缔男女同校"只能认为是摧残女子教育的手段"④，是"倒行逆施"⑤；取缔男女同泳"明明是一件开倒车的事"⑥，有好事者更是据此做出"禁止男女同行""禁止男女同床"的谐谑妙文刊载于报端⑦，极尽讽刺之能事。

其次，禁令背后的政府越位令市政府不得不小心从事。

在现代社会，服饰早已失去界定先赋身份的作用，如何穿衣着装是个人的自由。但"奇装异服"一词出现在政府禁令中，实际上是一种表面强硬、内在越位的行为，只会将政府置于不利境地。

一方面，禁令的出台，表明政府的价值判断标准已经介入人们个人生活领域，将本属于社会软控制的道德问题上升为政府职能范围内的法律问题，这是向来注重法律、自由的上海人无法接受的。刑法中并没有奇装异服妨碍风化的条文，抹粉涂脂、着绿穿红，"不但成文法中没有明文禁止，就是在习惯法上也不算触犯"⑧。"我们委实不相信一件新奇服装，会引起伤风败体之事。她们西洋妇女，十九皆是裸腿坦胸的，我们就未曾见过她们因此而伤及风化。难道中国人个个尽是急色儿，一看到女子某一段肉体，便会生起邪念。此真是中国人的耻辱"⑨。同样紧、露、透的服装在更加现代的西方国家没有引起所谓的风化问题，而在中国，政府却为此大

---

① 恂子：《摩登无罪》，载《申报》1934 年 5 月 1 日。
② 雅非：《破坏摩登》，载《申报》1934 年 3 月 31 日。
③ 梦若：《奇装异服有伤风化吗?》，载《申报》1935 年 9 月 11 日。
④ 行安：《平市取缔男女同校的纠纷》，载《申报》1935 年 8 月 8 日。
⑤ 碧梧：《取缔男女同学》，载《女声》第 3 卷第 13 期(1935 年 5 月)。
⑥ 阿龙：《粤省禁止男女共泳》，载《申报》1934 年 7 月 14 日。
⑦ 《禁止男女同行妙文》，载《申报》1934 年 7 月 19 日；《观禁止男女同泳男女同行妙文而拟作禁止男女同床文》，载《申报》1934 年 7 月 24 日。
⑧ 石音：《怪哉禁止女职员艳装》，载《女声》第 1 卷第 23 期(1933 年)。
⑨ 梦若：《奇装异服有伤风化吗?》，载《申报》1935 年 9 月 11 日。

动干戈,甚至出动军警强制执行,不仅干涉了人民自由,且有小题大做、转移视听之嫌。

另一方面,禁令将取缔的对象假想成了所有禁令阅读者,营造了一种心理上的对立情绪。当时的上海虽然以洋装为时髦,但对于大多数普通民众来说,着奇装异服仍只是一种奢望。占总人口 20% 左右的工人平均支出总收入的 7.5%(34.01元)用于衣着,4 口之家人均仅 1 件棉衣、2 件短衫、2 条单裤①。约占总人口 10% 的农业人口"往往自行纺纱织布以至制衣制被"②,更没有用于置备奇装异服的费用。从男子服装来看,虽然西装最为时髦,但在数量上仍以中式服装占优势,旧式商店职员、工人、苦力、游民,或长袍马褂,或旧布短衣;着西装者除外侨外,多为学生、新式商人、政府职员等各种社会中上层人士。至于女子奇装异服,一般是各类明星、中上层太太小姐、交际场中女性等的专利,普通女性"没有那种把自己打扮得妖异的欲望,即有,她们的时间精力也不许她们那样做"③。以最为无力的标语式的禁令禁止社会习俗,不仅暴露了国家法律刚性约束的弱势,及社会道德信仰的迷失;而且,这种行为已经将社会某一群体、某一部分的行为扩大到整个全体,其冷漠感、强制感只会令人产生疏远和抗拒。人们呼吁,政府和社会应该共同努力,美化多数中国人的衣食住行,"使少数人之摩登,变而为大众之摩登;而后生活才有意义,则摩登不当破坏,简直还该提倡;摩登万岁"④! 对于摩登的禁止、破坏,收获的却是人们对于摩登的崇拜与趋从,这一点恐怕也是南京国民政府始料未及的。

再次,南京国民政府与民众之间存在巨大分歧,市政府必须谨慎执行。

南京国民政府与各阶层民众的主要分歧在于:① 奇装异服是否有碍风化。政府禁令中屡次强调,取缔奇装异服是因为其妨碍到社会风化。然而,社会上对此看法不一。有的认为,"奇装异服,是一些不长进的妇女们,为了诱惑男性,博其欢心,以完成某种目的,所用的一种手段"。奇装异服"只是一种使精神麻醉,意志消沉的鸩毒物"。他们坚决拥护政府取缔奇装异服的主张,要求限制"挑拨民众的虚荣心与色情狂"的时装大会,取缔各种时装广告宣传,呼吁政府"运用整个的政治力量,

---

① 忻平:《从上海发现历史——现代化进程中的上海人及其社会生活 1927—1937(修订版)》,上海大学出版社 2009 年版,第 265 页。
② 《上海百四十户农家调查(四)》,载《社会半月刊》第 2 卷第 5 号(1930 年)。
③ 伊凡:《论"艳装与妇女"》,载《申报》1934 年 8 月 19 日。
④ 恂子:《摩登无罪》,载《申报》1934 年 5 月 1 日。

在统制的原则下,作出彻底改革的办法"①。另有人认为,"所谓奇装异服,在我们的目光看来,不过式样比较新奇而已,原值不得大惊小怪"②。② 奇装异服是否应该采取强制手段取缔。民间团体和政府从各方面考虑,主张强制执行。但更多的人认为女子的私人生活,如衣服鞋袜、身体发肤之类,要"坚决的拒绝任何外来权力的干涉"③。③ 革心变俗,还是变政变俗。政府从巩固集权统治出发,以外形训练促起内心变化,取缔奇装异服成为其革心变俗的重要策略。社会上却普遍认为,妇女奇装异服是社会环境的必然结果。"姨太太要讨富人的欢喜,不能不打扮,妓女要招揽主顾,不能不打扮,千金小姐要献出自己的贵重身价,不能不打扮,交际明星要在社会上胡调,不能不打扮,非妓女而染有妓女色彩者,也有其神妙作用,不能不打扮"④。因此,要禁绝妇女奇装异服,首先"得根本消灭妇女用此以取媚逢迎男子的心理,欲求妇女这一心理的除去,则赖乎事先将造成妇女纵欲享乐和肉体拍卖的社会基因予以废止"⑤。由此,社会关注的是政府如何改善人民生活、提高妇女地位、改革社会制度、优化社会环境,而不是舍本求末的革心变俗。

政令需要上行下达,切实执行,民众的反应也不能熟视无睹,地方政府究竟应该如何取舍？从资料来看,在这场取缔奇装异服、破坏摩登的运动中,上海市政府与民间已然达成了以下共识：① 反对奢侈,提倡国货。这一点在前文已经述及,不再重复;② 坚决维持社会秩序的稳定。1934 年 3 月,杭州出现所谓"摩登破坏铁血团"用镪水损毁男子西装、女子艳装,在不到两日的时间内,毁去"摩登服装"一千余件。在国货运动高涨的声浪中,上海人的反应首先是："这种行为终究是不合法的,而且也是不道德的。"然后坚决反对这种不合法的"怪团体"存在,"省得捣乱社会的安宁","使社会底秩序上要受到相当的影响"⑥。在"改良风化"与"社会秩序"的选择题中,上海民众毫不犹豫地选择以法律维持秩序。因此,市政府在具体执行过程中并不采用激烈手段,一方面,会减少来自民间的阻力,获得更多的民众支持;另一方面,为禁令的执行创造稳定的社会环境。在内容上侧重于"国货运动",将长久以

---

① 宝骍：《取缔奇装异服》,载《社会半月刊》第 1 卷第 1 期(1934 年 9 月)。
② 梦若：《奇装异服有伤风化吗?》,载《申报》1935 年 9 月 11 日。
③ 陈衡哲：《复古与独裁势力下妇女的立场》,载《独立评论》第 159 号(1935 年 7 月 14 日)。
④ 徐国桢：《上海的研究》,世界书局 1929 年版,第 27—28 页。
⑤ 宸：《取缔妇女奇装异服》,载《申报》1934 年 6 月 14 日。
⑥ 雅非：《破坏摩登》,载《申报》1934 年 3 月 31 日。

来积淀下来的民族主义情感与中央的行政命令相结合,在道德和法律的双重指向下,实现民族工商业的振兴和地方经济的发展,既是权宜之计,也是聪明之举。

三、摩登化:上海地方性探究

从"破坏摩登"到"摩登无罪",上海市政府将一场即将爆发于市政府与民众之间的激烈冲突成功化解,创造出禁令执行中上海特色。我们不禁要问:为什么摩登可以在上海悠然行走?上海人淡然地说出:摩登就是"现代的""时代的","仅一形容字而已","并无所谓好,亦无所谓坏"①。摩登在上海如此"平常",这正是上海一地的独特之处。

(一)摩登的形成

中国现代化的外源性直接决定了"摩登"一词从诞生之日起即具有浓郁的异域气质,只有在上海这样的经济环境、社会生活环境、人文环境中,才会产生"摩登"的概念与构想。

上海自开埠以后,即被誉为"得风气之先",逐步被纳入世界资本主义市场。辛亥革命以后,到 20 世纪 20 年代中期,上海进入一个经济初步繁荣的时期。城市中,现代工厂林立,外滩银行以及附近的九江路、宁波路一带构成了足以左右中国经济的近代金融中心②。在华侨资本的注入和推动下,城市商业展现出勃勃生机。1929 年世界经济危机爆发后,列强为转嫁危机,加强对华资本输出。据估计,1928 年上海外资工业的资本总额约 2.27 亿元,至 1936 年增至 4 亿元,8 年之中增长了 76.2%③。中国民族工业在国际危机冲击、内战困扰的夹缝中继续发展前进,1926—1936 年间的民族工业年产值,平均以每年 7% 增长着④。上海对外贸易在全国国际贸易总额中所占比重,20 世纪 20 年代为 40% 左右,跨入 30 年代后上升到 50%,1936 年更上升到 55.5%。同年,上海埠际贸易量也占国内贸易总量的 72%⑤。上海已经成为全国工业、商业、金融、贸易多功能经济中心,对于资本、市

---

① 珮珂:《摩登论》,载《女声》第 1 卷第 22 期(1933 年 8 月)。
② 唐振常主编:《上海史》,上海人民出版社 1989 年版,第 517 页。
③ 张仲礼主编:《近代上海城市研究》,上海人民出版社 1990 年版,第 342 页。
④ 徐新吾、黄汉民:《上海近代工业史》,上海社会科学院出版社 1998 年版,第 213 页。
⑤ 张仲礼主编:《近代上海城市研究》,上海人民出版社 1990 年版,第 312、148 页。

场、人口都产生巨大的集聚效应,为"摩登"的孕育创造了良好的经济环境,也是上海摩登的产生基础。

随着租界的建立,水、煤、电等现代公用设施和电车、公共汽车等现代交通工具迅速介入上海人的日常生活,上海拥有了中西文化共享的现代质素,一批与现代性相连的、新的公共空间瞬间出现,成为"摩登"生活上演的场景,这些场景包括电影院、舞厅、公园、跑马场、咖啡厅、百货公司等。

据统计,1927年,全国已有各种类型的影戏院156个,其中上海拥有39家,占全国电影院总数的25%。20世纪30年代上海电影院占国内电影院市场比重为四分之一左右①。上映的影片从最新的好莱坞大片,到阮玲玉、胡蝶等主演的国产影片,应有尽有。《申报》《良友》等发行量大、覆盖范围广泛的报刊也将影片预告、内容介绍、影星照片作为重要的刊登内容,看电影已成为当时一种普遍的休闲活动方式。

在20世纪30年代,上海舞厅业已发展到高潮阶段,舞厅数量稳步发展,舞女数众多,跳舞成为沪上"最摩登的消遣",政府要人、商场健将、名流淑媛,"辄以涉足舞场为乐"②。跳舞在上海成为一种屡禁不止的流行风尚。

开埠前,上海即有各种私园。20世纪20年代,租界公园逐步向华人开放,作为公众的户外娱乐休闲空间的公园迅速发展,公园拥有优雅的风景、现代的体育娱乐设施、轻松的环境,这一切使公园成为最具公共性的摩登空间。1930年单是上海公共租界9个大小公园接待的中外游客数量就达209万人,即上海市民中的66.52%到过公共租界的公园③。

赌博在中国有悠久的历史,上海的赌业兴盛也是全国闻名,"打麻雀、挖花、扑克三者,已成为公开的娱乐品"。"三百余万人口中,除小孩童稚外,至少限度约有半数嗜赌"④。在这样的社会环境下,跑马场、跑狗场、回力球场等以赌博为主的娱乐场所,一进入上海即受到追捧。

---

① 程树仁:《中华影业年鉴》,中华影业年鉴社,1927年版,第1页,转引自楼嘉军:《上海城市娱乐研究》(1930—1939),博士学位论文,华东师范大学历史系,2004年,第87—89页。
② 红艺:《跳舞潮》,载《申报》1934年8月16日。
③ 楼嘉军:《上海城市娱乐研究(1930—1939)》,博士学位论文,华东师范大学历史系,2004年,第95—96页。
④ 郁慕侠:《上海鳞爪》,上海书店出版社1998年版,第17页。

咖啡厅也是上海人体验现代生活方式的必要空间。与电影院、舞厅、公园不同的是,咖啡厅的环境氛围更加安静,带有一定的私密性,沪上很多咖啡馆都浸透异国文化的韵味,喝咖啡、听爵士乐,还有动人的女侍,当时沪上大学校园内外的咖啡馆,"无时不告人满为患"①。咖啡厅折射出的文化特别令知识分子为之心动。

百货公司的出现不仅开辟了现代的消费空间,也引入了一种全新的消费方式。相继开业的先施公司(1917年)、永安公司(1918年)、新新公司(1926年)、大新公司(1936年)被称为上海四大百货公司。百货公司外观华丽、装饰考究,以现代的声、光、电和形式多样的广告符号吸引人们的眼球,他们一般雇用漂亮和蔼的女职员为顾客提供消费服务,现代科技与人的情感相结合,打造全新的消费理念,逛百货公司很快也成为上海人热衷的现代生活的一部分。

被誉为"摩登"的现代生活正是在这些公共空间构建的现代场景中上演。1941年,一位上海中上层家庭的少爷的日记中记述了自己的闲暇娱乐生活。由于时局动荡,他又赋闲在家,因此,他开始学跳舞、学吉他,又去报名在"国际无线电学校"读书,这位青年在里面读电学、数学、日文等,学会了装收音机,后者在当时属于一项时髦的技术,对此他非常热衷和用心。其他的时间主要用于娱乐,玩的内容主要是和他的女朋友去看电影、看戏、逛马路、逛百货公司、逛公园及看书刊、听广播、走亲戚等②。日记反映的虽是20世纪40年代上海有闲阶级的生活,在战时尚能有如此摩登的娱乐休闲,可以想见战前上海中上层人士的摩登生活。他们的人数并不占优势,然而,对于社会风尚具有重要的引领作用,讲究"漂亮"成为社会一致的流行风气。

从20世纪20年代末到1935年,上海市社会局对上海一般工人的生活程度与家计情况进行了持续数年的跟踪定点调查。有学者对工人家庭杂费开支情况进行了详细分析,指出:包括卫生、医药、娱乐、教育、交通、社交等适应现代都市生活与人的发展的费用,占杂费总支出的30.10%,而且,即使是年收入最低的200—300元的工人家庭,也有每年0.63元的文化娱乐开支,相当于四口之家每人听一次地方

---

① 高列彭:《大学教育破产的声浪》,载《生活周刊》第6卷第2期(1930年12月)。
② 郑祖安:《1941年:一位上海青年的闲暇娱乐生活》,载《档案与史学》2003年第5期。

戏,逛一次大世界,或看一次电影①。由此可见,无论是马克思所强调的经济基础,还是属于上层建筑领域的社会生活方式,上海都具备了摩登的特质。

(二) 上海摩登:异化与象征

从19世纪中叶到20世纪20—30年代,经过近一个世纪的发展,上海已经为"摩登"的出现提供了充分的条件,"上海已和世界最先进的都市同步了"②。追求摩登已成为上海人体现自我价值和时代风尚的表现。什么是"摩登"? 怎样才"摩登"? 对当时的上海人来说,摩登就是"趋新""洋化"。因此,一切新奇、时髦的事物在沪上都受到推崇,一切西化、洋化的事物都被大力效仿。由此,上海摩登逐渐偏离了"modern"的本位,异化的上海摩登蕴涵着两大主题。

其一,洋化。上海洋人、洋货云集,西方的生活方式成为上海人对于"摩登"最现实的理解,"一般人对于外国人,总是特别钦仰……一般人见了染有洋气的时髦人,也就奔走相告,诒之曰开通,媚之曰新派"③。在服饰上,唯恐不够欧化,一切以模仿西洋人的装扮为时尚。男子服装以西装最为时髦,穿西装的大多是学生、教师、公司洋行职员、政府公务人员等,上海市历任市长黄郛、张群、吴铁城等在重大场合均着西装。时髦女子更以"年轻,漂亮,西装"为择偶的三大条件④。女子服装虽始终由旗袍扮演流行主角,但此时的旗袍与清代满族女性的旗袍已完全不同,注入更多的西方理念,最为突出的就是对女性曲线美的表现,并以贴身的剪裁、多变的款式很快赢得上海女性的青睐。后来,在寒冷的冬天,上海女子又模仿西式妇女,在旗袍外加上一件大衣御寒,代替原来的斗篷,更显高贵与典雅。沪上专门为时髦女性服务的"新装商店"一般会直接向外国预定专门研究妇女服装的杂志,再按照书中的图样裁制服装,打扮的越洋派也就越摩登。

摩登不仅成为一种社会价值取向,也成为一种价值判断标准。永安公司老板的女儿郭婉莹回忆说:"当时要是有人以为你是外国人,就是对你最高的评价。"⑤民

---

① 忻平:《从上海发现历史——现代化进程中的上海人及其社会生活1927—1937(修订版)》,上海大学出版社2009年版,第266页。
② [美]李欧梵:《上海摩登——一种新都市文化在中国》,毛尖译,北京大学出版社2001年版,第7页。
③ 徐国桢:《上海的研究》,世界书局1929年版,第29页。
④ 张固殿:《偶然的传种职务》,载《生活周刊》第6卷第6期(1931年1月)。
⑤ 陈丹燕:《上海的金枝玉叶》,作家出版社2000年版,第167页。

国时期,正是妇女解放运动声势高涨时期,人们根据其外在表现,本能把女子分为新旧两种,很多女性在尚未真正理解新女性的含义之前,为了表示自己的趋新姿态,也纷纷在形式上首先摩登化,无论是普通人的误解,还是女性自身对于摩登的误读,表现出来的新式女子为:

(1) 要染有三分洋气,洋气愈重,则愈妙。
(2) 能穿各种奇怪装束,愈怪愈妙。
(3) 要有一双善于表情的面孔,不必十分美丽,普通就够了。
(4) 最好能识几个 ABCD,不识也无妨;但其态度,总要做得似乎识几个 ABCD 的。
(5) 要有一个时髦女学堂的毕业生头衔,但不毕业也无妨。倘能够在时髦女校里当一个教员,自然更好了。
(6) 要能够搂着洋装男子跳跳交际舞,能够逼紧了喉咙唱几声"啊呀呀""喔唷唷"一类歌曲。
(7) 要爬得上讲演台,讲几句言不由衷的妇女问题,其态度以痛哭流泪为佳,其声调须抑扬顿挫有节,其主旨须对中国痛骂。
(8) 要能够谈谈爱情,写写情书。
(9) 要勇于离婚。
(10) 要阔绰。①

着洋装、讲洋文、读洋学、交际、跳舞、唱歌、演讲、恋爱、离婚等皆为旧式女子所不曾经历过的,洋派成为摩登的必要条件,这是中国社会转型时期的必然反映,中国现代化初期,只能以触手可及、触目皆是的西方方式为行动指标和模仿对象。

其二,创新。现代性的增长带来新的时空观,改变了传统的社会生活方式,新的物化环境、新的社会观念、新的科技产品不断涌进上海,养成了上海人趋新、趋时的现代个性,这种社会心理又进一步驱动新事物的出现和普及。时人评价:"上海人最喜用新字,无论何种店号、何项货品,若冠一新字于其上,遂觉件件皆新,一新

---

① 徐国桢:《上海的研究》,世界书局 1929 年版,第 36 页。

而无不新。"①对"新"的偏爱并不表示上海人喜新厌旧,西方进化论的思想被上海人通俗地演绎为:"人类文明无论是物质的或是精神的,'近代的'总是要比'非近代的'好,'新的'总比'旧的'好,这是因为人类文明天天在那里进步的缘故。"②对于文明、进步、现代的内在追求,外化为对"新""摩登"的趋从。因此,"上海滩上每逢产生一种新事业,只消时髦些、发达些,就会有人跟着学步,如潮水一般的蜂涌起来。……一窝蜂的性质已成为上海人的第二天性"③。在追赶现代文明的浪潮中,上海人争先恐后,"出风头""一窝蜂"成为全国家喻户晓的谚语,也是上海人趋新、趋时的真实写照。

中国经济现代化进程中的"第一"来自上海的甚多:中国近代工业中的第一家民族企业(发昌号铜铁机器车房)、第一家棉纺织业企业(上海机器织布局)、第一家机器造纸厂(上海机器造纸厂)、第一家家用电器厂(华生电器厂)、第一家百货公司(先施公司)、第一家销售制造西药的企业(中西大药房)、第一家自办银行(通商银行)、第一个商会(上海商业会议公所)、第一个商店自动扶梯(1936年大新公司)、最先运用电影作广告的商人(黄楚九)等,不胜枚举④。创新不仅是海派文化的内核之一,是上海城市现代化过程的巨大推动力,也是社会文明、进步的内在需要。以服饰为例,在内地,"一女子打扮得奇异一点,就得挨骂";在上海,"奇装异服,却有极大用场",可以用作商业上的广告,对于"繁荣市面,活动金融,有莫大的推进之力"⑤。

外在的创新需要与上海人内在的追求个性、摩登时尚心理相辉映,使得海派的"创新"具有明显的商业化特色,不求甚解、流于形式、急功近利、大胆超前。辛亥光复之初,沪上女子竟有以五色国旗制成女裤,以此为美,"而以妓院为尤甚"⑥。其标新立异令人咋舌。旗袍流行后,如何别出心裁,出其不意,更是让上海女子煞费心思,"花头忽大忽小,颜色忽黄忽绿,袖子忽长忽短,衣袂忽高忽低,贴边忽厚忽薄,

---

① 胡朴安:《中华全国风俗志》(下编),河北人民出版社1986年版,第213页。
② 刘秉彝:《摩登论》,载《申报》1933年10月8日。
③ 郁慕侠:《上海鳞爪》,上海书店出版社1998年版,第46页。
④ 张忠民主编:《近代上海城市发展与城市综合竞争力》,上海社会科学院出版社2005年版,第120—121页。
⑤ 李寓一:《奇装和繁礼》,载《申报》1934年12月29日。
⑥ 上海泰东图书局印行《老上海》(下),出版社、出版日期不详,第229页。

外罩忽马甲忽而绒线衫"①。往往原料不过几十元,而做工却要百余元,为的只是与众不同,吸引人的眼球。对于西洋服装样式,沪上各种新装商店也往往会加以适当的改制,以适应东方女子的身材和服饰习惯,也求得独一无二的效果,各类时髦女性为此袒膝露臂,用心研习,勇于尝试,正如竹枝词所言:"欲占人间风气先,起居服御用心研。矜奇立异标新式,不是摩登不少年。"②

摩登在上海已成为一种普遍化的趋势,"摩登大衣、摩登鞋袜、摩登木器、摩登商店、摩登按摩院、摩登建筑、摩登男女……这普遍化的现象是不胜指屈的,一言以蔽之:有物皆'摩',无事不'登'"!摩登已成为"时代的狂飙"③,将每个人都裹挟于其中,"这个年头,是摩登化的年头,一切一切,都非摩登不兴"④。

上海成为引领时尚潮流的中心地。上海人在身体力行摩登化的同时,也将摩登这一理念和追求目标播布到全国各地,"现在中国所流行的时髦服装,大都创行于上海,上海的确已占中国各地时髦服装变化的中心点,各地的时髦服装,可说都是从上海流传过去,在事实上差不多已成了一个固定的公例"⑤。"上海"在某种程度上已具有一定的品牌效应,成为与"内地"相对的一个概念。从而,不仅在空间上,更在时间上,上海与中国其他地方区别开来。"上海"在空间上成为与"内地"相对的"沿海"地区,更在时间上与内地产生时间差,代表着与内地"尚未现代化的都市"相对的"中国现代化的都市"。上海意味着"新的""摩登的"⑥,"欲言'摩登',便非上海化不可了"⑦。

上海"摩登"不仅为上海人体认,也被上海以外的人津津乐道。上海人、上海物品、上海的消费方式、上海的生活方式都带有"摩登"的魅力,"上海"对于他们来说,即是"摩登"。"同一种货物,上海也有,内地也有,而他们总喜欢在上海购买,似乎一件东西从上海买来,非特比较名贵,而且更是足以引以为荣耀一般的。"人们会将上海戏院的戏单"整整齐齐的"贴在公共场所或居室内的墙壁上,以此间曾有人到

---

① 强生:《奇装艳服》,载《社会半月刊》第 1 卷第 16 期(1935 年 4 月)。
② 顾炳权编著:《上海洋场竹枝词》,上海书店出版社 1996 年版,第 288 页。
③ 立斋:《"摩登"的内容和形式》,载《申报》1933 年 12 月 5 日。
④ 嘴张:《摩登饮料》,载《申报》1934 年 8 月 25 日。
⑤ 徐国桢:《上海生活》,世界书局 1933 年版,第 29—30 页。
⑥ 湖民先生:《上海女学生与内地女学生》,载《女声》第 1 卷第 24 期(1933 年)。
⑦ 樊仲云:《上海与内地》,载《浙江青年》第 1 卷第 11 号(1935 年 9 月)。

过上海,看过上海的戏剧为荣①。由此,完成从"摩登化"到"上海化"的移情。

第三节 民俗的传承性:一种历时性的考察

众所周知,传承性是民俗的一个主要特征,其主要来源于:首先,民俗是社会发展的产物,与一定社会的生产生活方式紧密相连,经济基础不变,传统民俗中的某些特色和要素即会得到相对稳定的传承。诚如钟敬文先生所说:"中国社会在数千年的发展中形成了自己的民俗文化特色。这种特色是通过我国民俗文化的稳定性体现出来的。比起世界上一些发达资本主义国家,我国的民俗文化的稳定性,主要是农业小生产制度的产物。"②中国经历了几千年的农业社会,19世纪中叶,帝国主义的坚船利炮虽然打开了古老帝国的大门,欧风美雨对传统的大农业民俗造成前所未有的冲击,但只要农业社会的经济基础尚未动摇,以农耕文明为载体的中国传统民俗中的某些特色、要素即会得到相对稳定的传承,具有超越个体的普遍性、跨越时空的稳定性。

其次,作为一种文化现象,民俗一旦形成,即具有与社会母体相区别的独特个性,并不会完全随经济基础的改变而改变。民俗"常常在社会发生变革若干年之后依然在人们的头脑里发生作用,并且支配人们的行为"③。这种现象,有的学者将其称为"文化滞后"。其实,民俗本身所具有的独立性、延续性已经使之成为一种"文化模式",它既受物质基础的制约,又使人们生活在民俗的物质世界和精神世界中,在"集体无意识"状态下接受民俗的轨范和调节。

再次,"传承"不仅是民俗文化的传递方式,亦是民俗的一个显著特征。民俗是与人类相伴而生,随社会发展而不断传承的生活文化,"民俗又是一种以传统的方式出现的、大规模的时空文化的连续体"④。这也意味着民俗具有与生俱来的时间上的历时延续性,民俗的传承性即意味着民俗的时空播布和代际流传是一个文化

---

① 徐国桢:《上海的研究》,世界书局1929年版,第3页。
② 钟敬文:《民俗文化学:梗概与兴起》,中华书局1996年版,第13页。
③ 司马云杰:《文化社会学》,中国社会科学出版社2001年版,第20页。
④ 陶立璠:《民俗学》,学苑出版社2003年版,第45页。

互动现象。对上一代或传播源来说是"传递",对下一代或传播客体来说就是"继承",这是一个能动的接受过程。每一代、每一个民俗的携带群体都会根据不同的社会生活需要,对民俗进行加工、改造,或增补,或删减,或融合,正是在这一能动的过程中,民俗呈现出与原生民俗不同的、新旧杂陈、表里不一,甚至相悖、变异的多元事项,成为不同时代、不同区域人类生活的共同伴生物,如同美国民俗学家布鲁范德所指出的,"自然,有些种类的民俗消失了,但新的东西又会迅速出现"①。民俗的强大生命力也正在于此。

在民俗变革中,传承性始终是决定成效的一个关键因素。有的变俗措施巧妙利用民俗的传承性特质,推行中事半功倍,如政府在推行革命纪念日时,积极利用传统节俗的传承性,征用民间仪式,快速实现制度时间向社会时间的转化。有的变俗措施与民俗的传承性发生正面冲突,效果也大打折扣,破除迷信、丧葬改革举步维艰即为明证。阻碍政府移风易俗的关键在于:中国传统民俗的一些基本质素仍在民俗事项中继续传承,主要是民间信仰和宗法观念的长期留存。

一、民间信仰长期留存

民间信仰是指民众对超自然世界和力量的信仰,包括围绕这些信仰而建立的各种仪式活动。自从人类文化出现以来,民间信仰即已普遍地发生在各个民族之间。上海地区的原始文化最早可追溯至新石器时代中期的马家浜文化,这也可以视为上海民间信仰的源头。到民国时期,上海一地的民间信仰已具有包罗万象的特征,自然崇拜、动植物崇拜、图腾崇拜、神灵崇拜、祖先崇拜以及巫术、占卜、祈禳、祭祀、禁忌等习俗,不但在人们的信仰活动中集中地表现出来,而且贯穿于人们物质生活和精神生活的各个方面。

民俗事项作为文化模式,一经形成,即成为生活的文化和观念的文化的复合体。与物质世界紧密相连的生活的文化,如衣食住行的习俗会随着经济生活的变化而改变,引起的社会反响也较为温和;而与精神世界联系密切的观念的文化,内化为人的愿望、期盼、信仰,即使生产力发展,科技进步,生存于惯制化生活方式中

---

① [英]J. H. 布鲁范德:《美国民俗学》,李扬译,汕头大学出版社1993年版,第21页。

的民众的"习惯"依然,这种信仰在某种程度上表现了人对自我发展、自我实现的永恒追求。正如马克思所说,"人的类特性恰恰就是自由自觉的活动"①。蕴涵于其中的民间信仰,无论是俗信还是迷信,都具备长期留存的特质。

(一) 俗信:作为民俗时间的新年②

安东尼·吉登斯明确指出,"时一空"秩序设置是现代组织的核心③。以数量化的时间调节社会生活是现代组织的手段之一。中国的现代化是典型的外源性现代化,致力于打造现代民族国家的南京国民政府很自然地将西方国家的发展范式视为现代化的必由之路,采用国际通行的历法以进一步融入世界成为时人的共识。自民国建立后,改用新历、废除旧历之声就不绝于耳。到20世纪30年代,民初历法上"二元社会"的状况仍然没有完全改变④。而且,由于政府对于阴历及其年俗坚决取缔的姿态,引发了新一轮的冲突。旧历新年与国历新年的斗争及最后的结果耐人寻味,完全可以作为俗信留存的典型案例。

1. 政府措施:坚决除旧布新

南京国民政府推崇政治强权,自然无法容忍北洋政府时期历法上形成的"二元社会"局面。因此,这一时期,政府的态度更加坚决,采取的措施更加激烈,力图全面清除旧历新年的民俗时间印记,强化作为时间节点的国历新年。1928年5月7日,由内政部长薛笃弼提议,内政部呈送南京国民政府的《废除旧历,普用国历办法》中规定:对于旧历节令,一律不准循俗放假⑤。1929年6月,内政部颁布《推行国历办法》,严令:"废历新年不准放假,亦不得假藉其他名义放假。"⑥一年之内,"旧历"已变为"废历",称呼的改变标志着政府对传统历法态度的变化,废止阴历势在必行。首先即以行政命令剥夺旧历新年可资庆祝的节日时间,将旧历新年时间与

---

① 《马克思恩格斯全集》第42卷,人民出版社1979年版,第96页。
② 此部分内容经修改已刊,参见艾萍:《国历新年与旧历新年之争——国民政府初期推行国历新年初探》,载《商丘师范学院学报》2022年第5期。
③ [英]安东尼·吉登斯:《民族—国家与暴力》,胡宗泽、赵力涛、王铭铭译,生活·读书·新知三联书店1998年版,第215页。
④ 关于民初历法上"二元社会"的情况,可参见左玉河:《评民初历法上的"二元社会"》,载《近代史研究》2002年第3期。
⑤ 中国第二历史档案馆编:《中华民国史档案资料汇编》第五辑第一编文化(一),江苏古籍出版社1991年版,第425页。
⑥ 中国第二历史档案馆编:《中华民国史档案资料汇编》第五辑第一编文化(一),江苏古籍出版社1991年版,第435页。

民众节假生活分割开来。

1930年为推行国历的第一年,为彻底消除旧历新年民俗时间的印记,上海市政府展开全方位的努力。在社会局的主持下,各有关部门代表举行三次会议专门讨论如何推行国历新年①。12月3日,第170次市政会议议决通过《推行国历新年办法》十项。由市政府布告国历新年休假日期、各业结账日期、将旧历新年各项庆贺活动移至国历新年举行;市政府秘书处联合公安局将国历新年办法印制成传单分发各户进行宣传;公安局负责取缔废历历本及各业习俗;市党部通知各报馆、工会推行国历,布告各界改"春联"为"新联";社会局布告工商界不得再于废历年终岁首袭用春节或其他名义停业休假,"如于废历年终岁首休假,其主动出于资方者,店伙工友之薪工按日加倍发给;出于工伙者,亦按日加倍扣薪"。教育局通令各学校教职员及学生于废历新年期间"非有疾病及重要事故不得请假,违则惩戒",并派员于废历年初向各学校严密调查;邮电局停发废历贺年电,停寄废历贺年信片;各报废历年终年首不得停刊,大力宣传废除旧历、推行国历的重要意义;各党政机关以身作则②。办法以各党政机关的联合行动,大规模介入民众节日生活,取缔与旧历新年相关的民俗事项,企图以政治强力的介入,使旧历新年这一时间节点失去民俗时间的意义。同时,借用旧历新年的各种传统仪式,加以改造,仿照旧历新年的庆祝方式,以公开的、集中的方式展演仪式,试图为新历新年营造出与旧历新年一样的节日气氛,使之具备新的民俗时间意义。

2. 实际效果:显性屈从与隐性抵制

坚决的措施很快有了成效,民初以来政府与民间在新年时相互调适的形象瞬间消失,取而代之的是民间对于阳历新年的显性屈从与隐性抵制。

在政府强力干预下,阳历新年受到前所未有的关注。阳历新年,被称为"元旦"。在这一天,政府机关、团体、学校等统一放假、开会庆祝。上海市总商会、各区商界亦纷纷悬旗,举行庆祝仪式③。1931年2月,社会局派员对上海各区学校推行

---

① 在上海市社会局的主持下,1930年11月3日、10日、17日,市党部、市政府、公安局、工务局、教育局、卫生局、财政局、公用局、港务局、社会局、市商会、日报公会代表举行三次会议,讨论推行国历新年办法,并将讨论论案提交市政会议议决。《上海市政府关于推行国历、组织国历研究委员会的文书》,上海市档案馆藏,卷宗号:Q215-1-19。
② 《上海市政府指令第8138号为据该局呈报推行国历新年办法经市政会议议决录案令仰知照由》,载《上海市政府公报》第75期(1930年12月20日),第22页。
③ 《各界庆祝元旦预闻》,载《申报》1928年12月30日。

国历新年情况进行调查,市区166所学校和乡区67所学校中各有7所停课①,绝大多数学校严格遵守政府推行国历新年的政令。民间在政府权力强制推行下,纷纷加入阳历新年的庆祝活动,"元旦"终于取得了渴望已久的节日气氛。

但是,在这种表面的祥和之下,却是暗流涌动,民间习惯势力之大、潜在抵抗力之长久是政府难以想象的。时人描述,在阳历新年,民间"看不出一点新年的景象了"②,"一点举动也没有"③。"官学两界,对于阳历全年令节亦不过聊循故事,留一新历之名色而已"④。而旧历新年,无论称为"废历",还是"古历""旧历",民间"对于这'历'的待遇是一样的:结账,祀神,祭祖,放鞭炮,打麻将,拜年,'恭喜发财'"⑤!不仅普通民众,即使自命为知识分子的也"随俗浮沉,不作除旧布新之念"⑥。各种消费、娱乐、交往、祭祀等活动均在旧历新年中进行。20世纪30年代,上海工人家庭支出,"全年中以一月份费用为最多……因为该月系旧历的新年时节"⑦。可见,无论政府如何明令禁止,老百姓依然生活在自己的民众时空中,冷漠对待新历新年,遵行千百年来的旧历新年俗尚,奏出一曲依旧热闹的新年交响曲,显性屈从之下潜伏着的是长久的抵制。直到如今,除夕仍然是中华民族最为重要的岁时节令。

3. 深刻原因:民俗时间的魅力

为什么政府行政强力干预的结果是民间的我行我素,甚至阳奉阴违呢?除了旧历作为自然时间对于生产生活的重要意义外,更重要的是,旧历新年已成为一种民俗时间,绝非生产生活方式的改变或时间的流逝可以左右。首先,新年具有超越时空的文化内涵。节日不仅是自然时间,它还记录着民族的传统和神话,具有明显的文化特性与社会意义,"时间的自然性质往往被它的文化性质所遮蔽"⑧。文化内涵往往成为节日的灵魂。旧历新年里,人们请各方神,祭历代祖先,天地神灵来到

---

① 《上海市政府指令第9424号呈报遵照本市推行国历新年办法办理经过各情形已悉由》,载《上海市政公报》第85期(1931年3月30日)。
② 东明:《从过年说起》,载《上海青年》第35卷第7期(1935年2月)。
③ 郁慕侠:《上海鳞爪》,上海书店出版社1998年版,第124页。
④ 《川沙县志》(二十四卷·民国二十六年上海国光书店铅印本),载丁世良编:《中国地方志民俗资料汇编·华东卷》,北京图书馆出版社1991年版,第26页。
⑤ 张承禄:《过年》,载《申报》1934年2月17日。
⑥ 曹文海:《废历过年杂谈》,载《申报》1934年2月10日。
⑦ 杨西孟:《上海工人生活程度的一个研究》,北平英文导报社1930年版,第35页。
⑧ 周星主编:《民俗学的历史、理论与方法》,商务印书馆2006年版,第152页。

人间,天地人沟通、协调,一起营造出一个热闹、祥和的世界,共同对付邪祟,维护人间幸福,祈福美好未来。这种信仰、情结已经融入人们的骨血中,无法分离。

其次,随着社会和历史的发展,新年的内容、表现形式和寓意不断发生变化,其内在能量得到进一步升华。在新年的节庆仪式中,达到家庭团聚、民族凝聚、国家认同的效果,在新年的娱乐活动中,人们身心愉悦,审美情趣提高。新年是新的起点,凝聚着民族文化传统和无穷的魅力,在这一时段,释放出日常衣食住行中民俗信仰活动所不具备的巨大能量,产生由点及面、由表及里的强大社会效应,很容易聚焦各方的注意力。因此,行政力量对此的干涉愈强,引起的社会反应也愈激烈。

由此可见,每个民族的历史、文化传统并非断裂的片段,"现代"并非无源之水,与"传统"更是一个无法分割的连续体,传统的民俗时间、民俗心理在现代化过程中会发生改变,却很难出现根本的断裂。中华民族的传统节令具有与生俱来的开放性、应时性,在传统向现代迈进的过程中,现代民族国家完全可以继承和发展传统节日,从中汲取民族凝聚、国家认同的精神力量,化为现代化的无穷动力。

(二) 迷信:民间医疗中的巫术

民间医疗中的巫术作为一种民间信仰,并没有因时间的推移和科学的普及而被现代医学驱逐殆尽。现代性增长的显著标志之一是科学主义的孕育和普及,在近现代的科学中,医疗与人类的身体接触最为密切,也是我们切身感受最深的。19世纪末20世纪初,上海租界当局已经在租界内实行免费接种疫苗,工部局还向上海各家华人医院免费赠送疫苗。到20世纪20—30年代,天花、霍乱、狂犬病等多种传染病在上海已经部分得到监控和预防。但困扰这个城市公共卫生情况改善的,不仅是现代医学发展水平的落后、公共卫生设施的匮乏等,还有迷信思想的根深蒂固。每遇疾病,乡俗信鬼延巫,用道士称为"解星辰",用村巫称"献菩萨",道士、巫师以"保福""烧替身"为病家驱禳祈福。明代高启作《里巫行》,对乡俗延巫驱病作了形象的描述:里人有病不饮药,神君一来瘟鬼却。走迎老巫夜降神,白羊、赤鲤纵横陈。儿女殷勤案前拜,家贫无肴神弗怪。老巫击鼓舞且歌,纸钱索索阴风多。巫言汝寿当止此,神念汝虔赊汝死。送神上马巫出门,家人登屋呼招魂①。辛亥革命后,这一状况并没有得到根本改变。民国时期,地方志中对于信仰巫鬼的记载仍俯拾

---

① 《法华乡志》(八卷·民国十一年铅印本),载丁世良编:《中国地方志民俗资料汇编·华东卷》,北京图书馆出版社1991年版,第12页。

皆是①,报刊上也不时刊登关于神方治病的报道②。

从这些记载中,我们可以看出上海地区民间医疗中巫术的一些特点:① 此类巫术主要由专职的巫觋、女巫,乃至僧道、方士等施行,呈现专职化趋势;② 巫术与俗神信仰纠葛在一起,禁咒符篆、焚香祈祷、降神驱魔各种方式普遍采用,这也再次证明了中国传统民间信仰的实用性,无论儒道僧教,只要可以有助于实现此岸世界的幸福,皆可拿来一用;③ 沪人巫鬼信仰普遍而浓厚,各地区、各阶层均信仰巫鬼,巫的地位甚至超过医生,延巫祷告祈福成为病家的首选,"疾则先祈祷而后医药"③。

政府和民间一致认为应该"禁绝延巫驱鬼祛病",但具体出发点却有不同。政府关注的是"灵丹妙方"致使"每年枉死者不可以数计",强调的是迷信对于民众身体的伤害④。民间主要是因为巫术治病"惑众敛钱",主要是针对巫术活动造成社会积贫积弱的经济危害。为什么会出现这种偏差呢?难道人的生命不是人们最应该予以关注的吗?

一个合理的解释是:政府通过比较,已经意识到现代医学的优越性所在,"枉死"成为官方认定的说法,但民间并没有意识到这一点。现代医学在广大民众中尚未普及,缺医少药并不是罕见的现象,人们对于现代医术的陌生感、疏离感、恐惧感依旧存在,没有了解、沟通、实践,何来认同、实施、趋从?因此,对于巫术的信从随处可见,人们患了感冒或小孩夜间啼哭,上海人会在墙壁上贴上"天皇皇,地皇皇,吾家有个小儿郎,路过君子念一遍,一吻困到大天光",和"出卖重伤风,一见就成功"⑤。更何况很多疾病也是当时的医学水平难以治愈的,在现代医学放弃其功能的场景下,人们就会感到困惑、迷茫,反应虽因人而异,但总会有一些人从那一瞬间

---

① 参见《法华乡志》(八卷·民国十一年铅印本);《川沙县志》(二十四卷·民国二十六年上海国光书店铅印本);《重辑张堰志》(十二卷·民国九年金山姚氏松韵草堂铅印本);《章练小志》(八卷·民国七年铅印本);《嘉定县续志》(十五卷·民国十九年铅印本);《月浦里志》(十五卷·民国二十三年铅印本);《宝山县续志》(十七卷·民国十年铅印本),载丁世良编:《中国地方志民俗资料汇编·华东卷》,北京图书馆出版社 1991 年版。
② 《取缔神方治病》,载《申报》1929 年 4 月 26 日;《仙法治病铁叉乱舞》,载《申报》1929 年 4 月 26 日;《许金馗迷信罪魁》,载《申报》1929 年 3 月 26 日;《通令严禁神方治病》,载《申报》1929 年 5 月 5 日。
③ 《章练小志》(八卷·民国七年铅印本),载丁世良编:《中国地方志民俗资料汇编·华东卷》,北京图书馆出版社 1991 年版。
④ 《取缔神方治病》,载《申报》1929 年 4 月 26 日;《通令严禁神方治病》,载《申报》1929 年 5 月 5 日。
⑤ 郁慕侠:《上海鳞爪》,上海书店出版社 1998 年版,第 61 页。

走向宗教和迷信的领域,其中"不惟乡里妇女为然,在士大夫亦且不能尽免"①。看来,革除迷信之风并不是仅仅提高经济发展水平、普及教育可以解决的。

直到如今,民间医疗中民俗与现代医学并行,仍是我们不得不承认的事实②,企图靠政令强行推进不仅会无功而返,往往还会引起更加剧烈地反抗。对于这一点,共产党人更有精辟的论断,毛泽东曾说过:"菩萨是农民立起来的,到了一定时期农民会用他们自己的双手丢开这些菩萨,无须旁人过早地代庖丢菩萨。共产党对于这些东西的宣传政策应当是:'引而不发,跃如也。'菩萨要农民自己去丢,烈女祠、节孝坊要农民自己去摧毁,别人代庖是不对的。"③这种真知灼见已经被历史所证实,仍是今天和未来的指导思想。

二、宗法观念影响深远

自中国进入封建社会后,确立于周朝的宗法制度即被统治者用于构筑家国同构的社会秩序,宗法体系日益完善,其影响已渗透到社会的每一个细胞,并随着时间的流逝和空间的流动,逐渐沉积和扩散到社会关系和价值系统的根部和每个枝蔓。直到现代浪潮西来,社会有机体中仍长期保留以血缘纽带维系着的宗法制度及其遗存和变种,传统的宗法观念拥有深厚的社会心理基础,仍然影响深远。宗法观念衍生出中华民族一个重要传统心态:家族至上,家外有家。以一种伦理集体主义强调个人对家庭、宗教和国家的服从义务。这一传统社会心理主要表现为:高度重视血缘关系和至高无上的孝亲情感。

南京国民政府统治时期,即使在拥有"国际都市"头衔、以开放著称的上海,也

---

① 《月浦里志》(十五卷·民国二十三年铅印本),载丁世良编:《中国地方志民俗资料汇编·华东卷》,北京图书馆出版社1991年版。

② 即使在现代医学高度发展的今天,民间医疗中的民俗仍然拥有很大的市场,各种媒体不时曝光人们在现代医学无力治疗的情况下,求助于神灵巫鬼;甚至从患病伊始,即将巫术作为治病的良方。为切身体验民间信仰的影响力,2006年9月,笔者以患者的身份访问了一位乡间的"道士",并采访了几位经"道士"治疗的患者。道士首先观色,然后断症,最后画好符篆嘱咐患者佩戴,患者们通常会自觉付给几十元到几百元的资费。有的患者认为其灵验,有的认为,"不灵验也没有什么坏处,试试也可以"。其中不乏受过高等教育者。道士告诉笔者:"出去的人(指:出外打工者)经常托人画符带过去,还有的人特地从城里来瞧(指看病),但要是真的大病还是应该去医院看的。"

③ 《毛泽东选集》第一卷,人民出版社1966年版,第34—35页。

可以看到宗法观念对民俗的长期影响力,政府的移风易俗、引领风尚行为也不得不充分考虑到无时、无处不在的宗法观念。因为它的存在,让政府的变俗历程充满艰辛,有的变革事项也只能浮于表面。

(一) 高度重视血缘关系

传统社会以严格的血缘关系确定男女、尊卑、长幼的不同地位,造成一种以家族为本位的"差序格局"①,对血缘的高度重视导致两性婚姻成为家庭、家族、宗族共同关心的公众事件。尽管配偶的选择在世界任何地方都没有完全自由的,但在中国这样宗法观念浓厚的国度,很多情况下,男女的情爱被消弭于宗族、家族之中。婚姻是"上以事宗庙,下以继后世",缔结婚姻是为了家族的兴盛和延续,无论是婚姻原则与范围,还是婚姻的缔结与消亡,都不再仅仅是当事人情感和生理的需要,而是染上了浓厚的宗法家族色彩。对于血缘、姻缘的高度重视没有也不可能依靠政府的一次婚俗变革得到改变。虽然新式婚礼、集团结婚在沪上成为时尚,但传统权威和秩序的威力仍令人不敢小视。笔者从《申报》上辑录了三个发生于上海现代工厂、学校内的自由婚恋事例,其结果都令人叹息。

> 事例一:《自由恋爱与自由结婚之界说》
>
> 浦东日华纱厂机器间加油之川沙人顾德明,与该厂女工金招弟,自由恋爱,并自由同居,又与金招弟同延律师登报,谓彼两人婚姻自由,他人不得干涉,但彼俩居于交通旅馆,致为招弟之母金吴氏(即金老太)与其赘婿金泉生得悉,遂报告捕房,将招弟领会,惟招弟于去年已许字于罗店施阿小为室,自经此一度风波后,金吴氏难负其责,乃于去冬十一月底将女送至婿家,先行洞房,至今年正月初五日,续行结婚礼,惟顾德明以金招弟原为己妻,突遭夺去,情不能甘,遂延律师具状,向地方法院控告,请求确认婚约有效及同居等情,迭奉开庭审理,辩论终结,昨经宣判,以原告主张之自由婚约,完全不合自由之正谛,谓为自由恋爱则可,谓为自由结婚则不合,故判决原告之诉驳斥。②
>
> 事例二:《寡妇再醮未成》
>
> 寡妇沈王氏,现年二十六岁,沪西虹桥人,生有子女各一,长女七岁,名大

---

① 费孝通:《乡土中国·生育制度》,北京大学出版社1998年版,第24页。
② 《自由恋爱与自由结婚之界说》,载《申报》1929年2月27日。

宝,次子五岁,名官宝,于上年二月,伊夫沈橘生病故后,因家贫无依,孤儿弱女,难以度活,乃于去秋央人介绍,入曹家渡日华纱厂为女工,将官宝托外婆钱王氏抚养,冬间遂与同厂工人某甲发生恋爱,赁屋于该厂附近居住,废历新年,将事告知沈氏族长,概将再醮某甲,以维生活,岂料族中以沈王氏不守贞节,夫故尚未除服,不应再醮为辞。①

事例三:《子女婚嫁问题的责任者》

江湾水电路广肇中学学生简立华,与某校女生何雪妹,自友谊而进于恋爱,对于婚姻问题,早已两相默契,惟被双方家长闻悉,阻止婚姻进行,简大受打击,乃偕何女士双双服毒自尽,近来因婚姻不遂而自杀德案件,可以说时有所闻,司空见惯,无足为奇。②

从上述事例可以看出:其一,三个事例都是讲述自由恋爱的故事,发生于20世纪二三十年代的上海工厂或学校中。工业革命后,现代大机器生产被广泛采用,使得从前深居于家族之内的妇女也有机会成为独立的劳动者参加社会生产,接受公开教育,男女的结合已经不再像从前那样是不平等的隶属关系,女性在经济上已经能够独立,思想上逐渐解放,她们当然要求与男子一样的社会地位,"终而性的方面,也要求了恋爱的自由"③。可见,社会化大生产和妇女直接参加社会生产是家族影响力弱化、自由恋爱出现的基础。

其二,事例中的"自由恋爱"故事一般发生于工厂、学校。现代工厂、学校成为自由恋爱发生的重要空间。工厂以机器生产、集体劳动为标志,来自不同血缘、地缘家族的男女被组织到同样的现代机器生产线中,客观上造成男女自由交往的环境;学校更是社会化、现代化的重要载体,为现代自由婚恋提供了滋生的空间。

其三,几位女性的"自由恋爱"都被家庭或家族扼杀,最终都以失败告终。20世纪二三十年代的上海,社交公开、自由恋爱虽已成为一种普遍的社会潮流,但一旦涉及婚姻这一有关家族利益的"公众的事件"④,情况立刻变得不那么顺畅。女工金

---

① 《寡妇再醮未成》,载《申报》1929年4月1日。
② 《子女婚嫁问题的责任者》,载《申报》1935年8月19日。
③ 萨孟武:《水浒传与中国社会》,北京出版社2005年版,第80页。
④ 费孝通:《乡土中国·生育制度》,北京大学出版社1998年版,第129页。

招弟虽与工厂工人顾德明自由恋爱、同居,并登报申明两人是"婚姻自由",最终却被金母轻而易举地拆散;寡妇沈王氏可以在城市中与某甲恋爱、同居,却无法获得家族的认可;广肇中学的两位学生能够让友谊顺利发展为恋爱,却无法顺利地通向婚姻的殿堂。

宗族观念在历经千年后,仍然可以在现代都市、现代化大生产中发挥效力,取得辉煌的战绩。对于这一点,政府也是心知肚明,市政府的《参加新生活集团结婚须知》中明确规定:"经社会局核准之参加者,应于结婚前五日内由主婚人带同介绍人、结婚人亲来社会局,在结婚证书上盖印。"①正式的典礼举行时,也订有主婚人参加,并没有对传统的父母允命婚姻提出质疑。至于素来被民间看重的"媒妁之言",政府更是深以为然,虽然承认婚姻应由当事人"自行订定",但是对于推动男女自由婚恋的婚姻介绍所却被严行取缔。理由是:将婚姻"绍介之责"付之"途人","等人道于驵侩(注:经纪人)",与我国国情"凿枘(注:形容格格不入)"②;"本市社交素称公开,实无设立婚姻介绍所之必要";而且,办理不善,"反滋流弊"③,有倡导不良风俗之嫌疑④。这也再次证明,政府的婚俗改革只是针对传统婚仪的奢靡、烦琐,并没有对传统的婚姻观念、婚姻模式造成重大破坏。

(二)至高无上的孝亲情感

宗法观念的另一重要表现为:在人们心目中,尊祖孝亲情感拥有至高无上的地位。"孝"是一切道德规范的核心和母体,"百善孝为先"成为社会公认的准则。南京政府成立后,十分重视利用中国传统的孝亲情感用于政治统治,戴季陶认为:"民族主义的基础,就是在孝慈的道德,民权主义的基础,就是在信义的道德,民生主义的基础,就是在仁爱和平的道德。"⑤将孙中山先生的三民主义与中国固有的"忠孝仁爱礼义和平"八德相结合,重新解释三民主义,使之成为国民党的意识形态。八德中,又以"孝"最为国民党重视,蒋介石指出:"'忠孝仁爱礼义和平'八德为吾中华立国固有之精神与道德,而孝道尤为总理遗教所特重",因此,中国立国之道当"以

---

① 上海市政府秘书处编印:《上海市市政法规汇编》第8集,第19页。
② 《查禁婚姻介绍所》,载《申报》1931年4月24日。
③ 《取缔婚姻介绍所》,载《申报》1934年7月26日。
④ 《查禁婚姻介绍所》,载《申报》1931年4月24日。
⑤ 戴季陶:《国民党的独立是中国独立的基础》,载中国人民大学党史系编印:《戴季陶主义资料选编》,1982年,第25页。

孝为本"①。对在世的长辈,要以顺从、孝敬为基本原则,做寿之风风行;对已故的祖宗、先辈要隆重祭奠,厚葬久丧。

1. 做寿之风盛行

做寿一方面是表达对长辈的孝敬,另一方面也是人类本能的表现。人作为自然界中的一种生物,有生即有死,对死的恐惧和利用各种手段抗拒死亡,是人类的本能。"人类不能不在死亡的阴影之下去生活,凡与生活很亲而且享受圆满生活的人,更不能不怕生活的尽头。于是同死打了照面的人,乃设法寻求生命底期许,死与永生,那就是不死的欲求,像现在一样,永远都是人类预言里最动听闻的题目"②。做寿的习俗出现并盛行,就是祈寿心理的表现。每到父母66岁寿辰,上海地区的习俗是由女儿买一刀肉(约一斤左右),把肉切成66块,让父亲或母亲一餐吃完。意为乱刀已砍在肉上,可逢凶化吉③。

南京国民政府时期,做寿之风愈演愈烈。"大则动糜巨万,小亦盈千累百"④,劳民伤财,毫无裨益,引起政府和社会的广泛注意,要求革除做寿、庆寿的声浪不断。1928年12月,上海市政府拟具《庆寿及宴会馈赠办法》,规定:男女年满六十岁始得庆寿;参加庆礼以家属亲属为限;行鞠躬礼;礼毕举行茶会;禁止迷信等⑤。涉及做寿年龄、参加人员、庆典礼仪、款客办法、馈赠标准等各方面。由于办法并没有制定相关的处罚条例,不具很强的操作性。1929年9月,市政府颁布《上海特别市财政局征收筵席捐规则》,对市区内以酒菜为营业者每次筵席价值满三元即征收百分之五的筵席捐⑥。1934年9月,行政院制定并通令各省市遵照《公务人员革除婚丧寿宴浪费规程》,这项规程明确规定以公务人员为主要执行对象,另有处罚办法。但

---

① 中央陆军军官学校特别训练班编印:《庆祝校长五秩寿辰特刊》,1936年,第7—8页。
② [苏]马林诺夫斯基:《巫术科学宗教与神话》,李安宅译,中国民间文艺出版社1986年版,第29—30页。
③ 上海民间文艺家协会编:《中国民间文化·人生礼俗研究》第七集,学林出版社1992年版,第81—83页。
④ 《上海特别市政府训令第2383号》,载《上海特别市市政府市政公报》第16期(1928年11月),第13页。
⑤ 《伪社会局、本会等关于颁发各项条例、办法及修正人民团体组织法的训令和意见的函》,上海市档案馆藏,卷宗号:Q114-1-10。
⑥ 《上海特别市财政局征收筵席捐规则》,载《上海特别市市政府市政公报》第31期(1929年9月20日)。

税收调控和无关痛痒的"告诫""惩戒"①根本无法阻止人们庆寿、做寿的热情。新生活运动期间,上海市新生活运动促进会再次拟定《新生活运动改革礼俗之规定》,将称寿年龄降为五十岁,筵席价值提高为八元②。客观上放宽了对做寿的限制。

实际上,做寿习俗丝毫不受政府政令的影响,且"尤以军政绅商各界为甚"③,连政府的首脑人物也不能免俗。蒋介石的五十寿辰庆祝即是一个典型例证。1936年10月31日为蒋介石五十寿辰,从1935年起,全国各地各界即积极筹备各种祝寿活动。1935年初,由上海孔教青年会首创,联合绍兴七县旅沪同乡会、上海市市民提倡国货会、中华全国道路建设协会及上海市各业同业公会等,共25个团体共同发起建立蒋介石纪念堂,并组织"各界建立蒋委员长纪念堂筹备委员会"具体负责筹建④。后来,因蒋介石的要求"中止进行"的电文而将结存的捐款923.60元移赈水灾⑤。

这次活动的夭折并没有阻挡各界祝寿的热情,另一项将"孝"与"民族主义"结合的活动取得了成功。1936年3月,中国航空协会决议在上海市筹募捐款100万元购机十架,编为一队,定名为中正队,作为祝寿礼⑥。各地的购机祝寿活动纷纷展开,献机总数达60余架。10月24日,上海市举行了隆重的飞机命名典礼,要求各机关、团体、学校一律参加,有15万名市民前往参观。到了寿辰当日,上海上空架机施放烟幕,组成"寿"字和英文"蒋"字(Chiang),合成"寿蒋"。南京市的庆寿典礼在南京明故宫飞机场举行,其场面更为壮观。由何应钦、孔祥熙等九人组成主席团,吴铁城致词。典礼举行时,30余架飞机在空中排成"中正"二字,并散发传单,再列队飞成"五"字,表示五十寿辰,最后由三架飞机作空中飞行表演。有230余个机关团体、20万民众参加⑦。各地的庆寿活动也热闹非凡,公私团体致贺电,报纸增刊、

---

① 《公务人员革除婚丧寿宴浪费规程》,载《银行周报》第18卷第38号(1934年10月)。
② 《上海市社会局等关于推行新生活运动及各项问题的通知训令》,上海市档案馆藏,卷宗号:Q117-23-16。
③ 《革除做寿之恶习》,载《申报》1925年12月4日。
④ 《上海各界建立蒋介石纪念堂筹备委员会组织大纲草案》,上海市档案馆藏,卷宗号:Q117-1-25。
⑤ 《绍兴六县旅沪同乡会关于有关单位发起建立蒋介石纪念堂、铜像和为蒋介石五十寿辰捐献飞机问题的宣言、简章函》,上海市档案馆藏,卷宗号:Q117-5-77;《建立蒋委员长纪念堂筹备会昨宣告结束》,载《申报》1935年10月13日。
⑥ 《募款购机祝寿各界踊跃捐助》,载《申报》1936年3月15日。
⑦ 中央陆军军官学校特别训练班编印:《庆祝校长五秩寿辰特刊》,1936年,第146—155页。

专载蒋介石言论,飞机散发祝寿标语传单,另有提灯大会、焰火、礼炮、演剧、悬旗、张灯结彩等活动不一而足。政府将此次祝寿活动与领袖崇拜、国防运动、民族情感联系在一起,以强大的舆论攻势和行政系统推行募款活动①,以丰富多彩、形式多样的娱乐活动吸引民众的眼球。从捐机数和民众反应来看,效果良好。但这次"成功"的捐机祝寿活动恰恰违背了政府的革除做寿的主张,借庆寿聚宴痛饮的大有人在,"家家扶得醉人归"②的景象正是对政府力求节约的莫大嘲讽。

2. 丧葬改革步履维艰

尊祖敬宗的情感也使丧葬改革步履维艰。丧礼主要包括殓、奠、殡、葬四个步骤和仪式。在上海,以入殓、祭奠为革新目标的殡仪馆和追悼会小有成效;出殡仪式仍讲究排场、风头,"大出丧"难以清除;改革葬俗的公墓制和火葬制推行不畅,进展缓慢③。究其原因,仍可以从传统的社会心理中得到一些启示。

其一,殡仪馆的设置符合传统丧葬仪式的特点,推行较为顺利。丧葬仪式亦是一种生命转折(life-crisis)仪式,在这种仪式中,死者从行将死去的那一阶段开始,即进入阈限(liminal)性中,别人不知怎样与之相处,仪式性的回避就是一种解决方法④。同时,对于死者灵魂的恐惧也让生者对于殡殓有诸多忌讳。殡仪馆的出现将入殓这一事宜纳入特定场所进行,可以消除生者对于亡灵的种种恐惧,是一种仪式性的回避;对于公共卫生防疫也不无裨益。民国时期,沪上已经出现许多规模较大、符合现代城市公共卫生需要的殡仪馆,并采用最先进的尸体防腐技术。在殡仪馆中进行殡殓,成为丧家的首选。1931年7月23日,宋美龄的母亲宋太夫人在青岛病逝,万国殡仪馆派员前往青岛对宋太夫人进行殡殓。29日,宋子文扶柩回沪,在炎热的夏季,仍能保持"遗容如生"⑤。1934年11月12日,市公安局长文鸿恩病逝后,即由中国殡仪馆负责处理殡殓事宜,同月被暗杀的史量才则由万国殡仪馆予以殡殓。殡仪馆从初出现时的取价昂贵,到30年代中期开办日多,收费减低,逐渐

---

① 以上海市为例,捐款分普通捐款及特别祝寿礼券两种,连小学生也有捐款任务,市教育局通令全市各小学学生每人捐助糖果费一角,用作购机之需。《小学生发起捐机祝寿》,载《申报》1936年3月18日。
② 中央陆军军官学校特别训练班编印:《庆祝校长五秩寿辰特刊》,1936年,第155页。
③ 见第三章第四节。
④ 参见[美]罗伯特·F.墨菲:《文化与社会人类学引论》,王卓君、吕迺基译,商务印书馆1991年版,第229—233页。
⑤《宋太夫人灵柩昨晨抵沪》,载《申报》1931年7月30日。

从贵族化走向大众化。1934年夏，上海持续高温，气候酷热，中暑、染病死亡者众多，殡仪馆"几有应接不暇之势"①。

其二，出殡礼仪上，"大出丧"暗合传统民俗心理，依旧风行。中国传统心理以爱好场面著称，尤其是居于上海的人们更酷爱场面，沪谚云："身上绸披披，家里没有夜饭米"，毫无夸张之嫌。庄严的葬仪是中国人所难以想象的，中国式的葬仪"宛如婚娶，应该热闹，应该阔绰，可是怎样也没有理由说它必须庄严"，以至于人们难以分辨绵长的仪仗是送葬还是婚娶，"如非最后看见了棺材或者是花轿"②。丧事应该热闹，且与场面攸关，自然"非举行大出丧不足以显其阔绰、示其威风"③。由上海人称"瘪三"之流，蓬头垢面，头戴红缨帽，身穿绣花袍，肩旗打伞，加上和尚、道士、各种军乐、孝子贤孙，出殡十足成了一场热闹、幽默的演剧，缺少娱乐的民众也视其为盛事，甚至远道而来，专程观看。1931年4月24日，沪上闻人黄楚九出殡，因债务问题无法举行大出丧，但设花圈及军乐队，报刊评价"极形简单"④，即使这样，仍然"沿途观者如堵"⑤。至于公务人员，即使没有大出丧的名头，但其场面也丝毫不逊色。仍以上海市公安局长文鸿恩的丧礼为例，其病逝后在天通庵路广东医院停柩达四个月，1935年4月14日举行出殡，先在灵堂内举行家奠公祭，再行出殡，"由公安局警察队长二十人着制服，佩短刀，戴白手套，扶异灵榇出灵堂登柩车，公安局骑巡队前导，次为公安局军乐队、警察大队、一中队、警备司令部乐队、保卫团一中队、保安队一中队、宪兵一排殿后，次即全体执绋人员，再次为双马挽遗像车、灵榇车，末为家族。沿途由公安局各管分局所派长警放步哨，警卫森严"⑥。

其三，公墓制和火葬制度与中国传统社会心理相左，推行不利。公墓制源于西方，其中积淀着浓厚的基督教文化，教徒信奉唯一的神——耶稣，死后灵魂升入天国，尸体一般无需运回家乡，葬入公共墓地。儒家文化有着强烈的血缘、地缘归属感，墓地一般以家族、宗族为单位进行区分，客死异乡的一般都要葬回家乡，选择风水宝地安葬。公墓制将不同血缘、地缘的人葬于一处，穴位完全由价格决定，实际

---

① 《炎夏盛暑中上海殡殓馆殡殓忙碌》，载《申报》1934年6月30日。
② 林语堂：《吾国与吾民》，陕西师范大学出版社2002年版，第54页。
③ 郁慕侠：《上海鳞爪》，上海书店出版社1998年版，第180—181页。
④ 《黄楚九柩今日移厝》，载《申报》1931年4月24日。
⑤ 《黄楚九移厝记》，载《申报》1931年4月28日。
⑥ 《故市公安局长文鸿恩昨举殡》，载《申报》1934年4月15日。

上模糊了人的传统的、先赋性的角色和身份,代之以现代的、非先赋性的身份和地位,这是注重等级分层、宗族血缘的传统心理所不能接受的。因此,上海虽设有多处公墓,且"取费尚廉",但"葬者尚少"①,扶柩回籍安葬仍是多数旅沪人士的主要选择。

对于以孝为本、尊祖敬宗的中国人来说,从心理上无法接受先人经受烈火炙烤,火葬制度自然推行不利。丧葬作为一种生命仪式,象征一个人生命中一个阶段结束,而进入另一个阶段,死者从此岸世界消失,步入另一个生命世界,对尸体的保存成为土葬的突出特点。火葬与中国传统的土葬不同,它是将尸体火化后存入骨灰匣中,以决绝的方式消除人的肉身,在中国传统社会中,包括上海,虽有火葬习俗,但历来被视为陋俗加以禁止。因此,火葬一般为佛教徒采用的殡葬方式。

从历史的眼光看,传统的民俗文化中不仅蕴含着社会进步的无穷能量,更是维持、轨范社会秩序不得不考虑的重要因素。民间信仰和宗法观念伴随着华夏民族从野蛮走向文明,从传统步入现代,已经化为民族精神的重要一部分,并演变为人们的一种特定的思维模式,直到今天仍然发挥着一定的作用,如注重人伦,天人合一对于处理人与人、人与自然关系的重要意义;注重整体,强调国家、民族利益对于国家建设的促进作用,等等。现代民族国家从传统国家发展而来,与华夏民族精神、传统社会心理有着无法割舍的渊源,当现代化大潮扑面而来之时,对于"现代性"的追求是否应以与"传统"的彻底决裂为前提?答案自然是否定的。

20世纪二三十年代,现代意义上的政党在中国建立了现代意义的国家,面对世界大发展、列强步步逼近的压力,末世情感和图强精神相纠葛,"恐惧—焦虑—赶超"成为社会的一种普遍情绪。正如鲁迅所说:

现在许多人有大恐惧;我也有大恐惧。

许多人所怕的,是"中国人"这名目要消灭;我所怕的,是中国人要从"世界人"中挤出。

我以为"中国人"这名目,决不会消灭;只要人种还在,总是中国人。譬如埃及犹太人,无论他们还有"国粹"没有,现在总叫他埃及犹太人,未尝改了称

---

① 屠诗聘:《上海市大观》(下),中国图书杂志发行公司1943年版,第95页。

呼。可见保存名目，全不必劳力费心。

但是想在现今的世界上，协同生长，挣一地位，即须有相当的进步的智识，道德，品格，思想，才能够站得住脚：这事极须劳力费心。而"国粹"多的国民，尤为劳力费心，因为他的"粹"太多。粹太多，便太特别。太特别，便难与种种人协同生长，挣得地位。

有人说："我们要特别生长；不然，何以为中国人！"于是乎要从"世界人"中挤出。

于是乎中国人失了世界，却暂时仍要在这世界上住！——这便是我的大恐惧。①

无论是鲁迅所说的"协同生长，挣一地位"，还是南京国民政府所强调的"民族复兴"，当时社会的有识之士已经纷纷意识到学习现代科学知识、培育现代进步思想的必要性，打破旧世界，重塑文明新生活成为各阶层对新的社会中心体的客观要求。南京国民政府无论从国家内在现代性诉求出发，还是从确立政权合法性、满足社会各阶层对政权有效性的期望考虑，都应该改革旧俗，引领现代生活方式。因此，国民党从建立统治之日起，就明确表达建立新世界的决心与意念。然而，当这种决心被片面理解时，原为一体的"传统"与"现代"即被国家意识强行截断（即使国民党吸取传统的"八德"，也是为了将其用于三民主义的改造，为国家意识的构建、推行服务），"新"与"旧"、"现代"与"传统"被人为地两分化。传统的民间信仰、宗法观念长期留存，与之相连的岁时俗信、婚丧礼俗在漫长的历史时间里，仍保持传承的活力，这正是以现代性为标识的政府变革民俗的重点所在。国家意识很快将其贴上"旧"的标签，行政强力全方位介入，改革的力度越大，遭遇到的阻力也越大，其历程也更为曲折。本书选取破除迷信、推行革命纪念日及集团结婚、丧葬礼俗的改革作为重点考察对象，也正基于此。

作为公共权威机构，政府的首要利益即为权威的构建与维系。为实现这一目标，任何社会变革都被纳入维持社会稳定和推动社会进步的过程中，民俗变革也概

---

① 《鲁迅全集》第1卷，人民文学出版社1981年版，第307页。

莫能外。南京国民政府十年,无论是前期的涤荡旧俗、铸模新俗,还是后期的系统化变俗运动,都以变俗变政为行动旨归。在国家权力和民间反应双重作用力下,变俗变政取得了一定的效果。变俗历程以人为本,贯穿科学精神,直接促进了国家现代性的增长和社会的文明进步。

然而,这一点离既定的俗改目标尚有距离,以俗变政任重而道远。究其根源,从共时性来看,被异化的"摩登"已然成为上海都市的象征,并成为引发地方张力的线索,中央变俗措施在地方被成功消解或转化。从历时性分析,民俗的传承性成为政府强力介入民俗时不得不考虑的重要因素。长期留存的民间信仰和影响深远的宗法观念既是现代化进程中的一项资源,亦是变俗变政中巨大的阻碍。一体同源的传统与现代,被国家意识强行分割,产生的阻力远非身在其中的执政者可以预料。以秩序重建、维护统治为出发点的民俗变革换来的却是国家权威的损伤和合法性资源的流失。

结　　语

　　从南京国民政府建立到抗日战争全面爆发，国民党统治经历了十年时间。十年，在历史长河中不过沧海一粟；然而，对于一个国家来说，十年，亦足以积聚力量，发愤图强，以洗刷耻辱，即所谓"十年生聚，十年教训"①。因此，自国民党统治建立之初，各项政治、经济、社会改革即被纳入整个现代民族国家的建设体系之中，并贯穿始终，民俗变革概莫能外。

　　民俗是影响社会全体的文化模式，具有丰富的内涵和广泛的外延。民俗产生的调节和规范作用是任何社会控制手段都望尘莫及的，"每一种管理的制度都向风俗的绝对统治表示敬意"②。因此，为政亦需随俗，"变政必先变俗"③。民俗变革被提高到政治变革先导的位置。那么，以上海一地为研究对象，从政府变革民俗的视角出发，考察南京国民政府权威构建和维系的效果，正是笔者设定的课题。

　　本书从社会控制角度出发，立足于国家和社会两种视野，考察1927—1937年间上海民俗变迁的历程，探寻中央政府、地方政府和民众的相互关系，并对变俗变政的效果和制约因素进行评价和分析。笔者发现，变俗变政的关键问题就是以权威构建和维系为导向的秩序与进步。变俗变政的实质就是要维持社会秩序、推动社会进步，夯实政府执政的合法性基础。秩序与进步的偕同与纠葛正是民俗变革成败的决定性因素。

　　上海因开埠通商而兴，是近代中国最为现代化的城市。城市化使上海成为"国际都市""移民都市"和"现代都市"，在这一进程中孕育出的上海都市民俗兼具普遍

---

①《左传·哀公元年》中云："越十年生聚，而十年教训，二十年之外，吴其为沼乎！"
② ［美］E. A. 罗斯：《社会控制》，秦志勇、毛永政译，华夏出版社1989年版，第146页。
③ 杨永泰：《革命先革心，变政先变俗——本年六月十三日在收复县区地方善后讲习会讲演》，载《新生活运动促进总会会刊》第1期(1934年8月)。

与特殊意义。从类型上看,上海民俗是中国都市民俗的突出代表;从演变历程上看,上海民俗又是农耕社会民俗与城市社会民俗冲突、交汇、融合的典型例证,具体表现为中西交汇、南北兼容、新旧杂陈。这正是政府权力运作的独特场域。"政由俗革"是传统也是现实,近代以来,这一理念得到充分的认知和发挥,政府将变俗视为解决社会问题、推动文明进步、维护政府权威的先决要素。从南京临时政府到北洋政府,"俗为政先"成为政府执政的普遍法则,无论是革命党人的大刀阔斧、革故鼎新;还是北洋军阀的既继承法统、又倡行复古,都是为了以民俗变革维护政治统治。国民党人要重建一个现代民族国家,面临秩序重建和社会进步的双重重任,变俗变政,更是政府的不二选择。

从1927年到1937年,上海民俗变革的十年,既是在政府与民众冲突与沟通中推动社会进步的十年,亦是在中央与地方矛盾与调和中维持地方秩序的十年。1927年到1934年新生活运动之前,上海在中央政府的统一部署下,开始全面破旧立新,地方利益成为政策具体执行中首要的考虑因素。因此,旧俗的涤荡充满波折,地方政府为平衡国家与民众的关系而采取的妥协措施,实际上对政府权威造成无法挽救的损伤。新俗的铸模陷入困境,娴熟的政治社会化手法虽然对新俗的形成不无裨益,但任何一种新俗的铸就都需要一个长期的过程,秩序重建的历程艰难而曲折,国民党人尚需不断努力。1934年2月启动的新生活运动是政府改变策略的一次积极尝试,系统化的"化民成俗"比旋起旋落的"破旧立新",似乎是更适合变革民俗这种隐形社会控制手段的方式。政府首先动用各种行政资源创建了一个自上而下、网络式的变俗系统。社会动员方面,采用强制性社会动员模式,以组织化动员方式为主、市场化动员方式为辅,引导社会力量参与民俗变革;社会整合方面,以政治整合力引导、规范社会整合力,在双轨制制度环境下,学习、效仿租界,调适旧俗,推广新俗。然而,合法性资源不足是政府行动的致命弱点,社会动员和社会整合的效能大打折扣,仍然无法实现权力向权威的转化。

可见,上海十年的民俗变革并没有完全实现变俗以变政的政治统治目标。一方面,在租界的引领、刺激、示范下,市政府付出的努力有目共睹,国家现代性的增长、社会趋向文明进步即是十年努力的回报;另一方面,任何变革从实施到民众认同、趋从、参与、推动,都需要一个过程,变革的努力方向、具体措施也在国家与社会的互动中不断得以修正,逐渐成熟,民俗变革由于其"民"性与"俗"性更需要政府长期的努力和民众广泛的支持。同时,对于一场社会改革来说,十年的时间足以检验其成败得失。

然而,对于民俗变革来说,十年毕竟是太短了。秩序重建的困境、合法性资源的缺失,都是国民党人无法回避的事实。究其根源,从共时性角度来看,地方的特殊性是中央政策在实际操作中发生变化的关键;从历时性角度来看,历史的传承性是民俗变革这一社会变革困难重重的根本。归结为一点,在秩序与进步的考量中,秩序排在了首位,成为决定政党执政的关键。

由是观之,我们可以得出这样的启示:

一、移风易俗是政府不可推卸的历史责任

移风易俗、化民成俗,是一个古老而又常新的话题。民俗具有两重性,包括良俗和陋俗,良风美俗需要提倡,恶俗旧染需要革除。因此,"美教化,移风俗"①是为民牧者的职责所在。20世纪二三十年代,南京国民政府以政治权力介入民俗事项,既是现代民族国家的必然选择,也是时代赋予的历史责任。时至今日,这一命题仍然是任何国家和政府无法忽视的。然而,行政力量是否真的能够改变民俗? 毋庸置疑,在某些情况下,行政力量的介入有助于陋俗的革除和良俗的推广;但是民俗毕竟是一种根深蒂固的文化模式,政治权力的过度干涉或不当运作,有时不仅不会改变民俗,反而会对民俗演变发生消极影响。因此,移风易俗意味着政府应随俗而移,随俗而易。

二、辨俗应立足于民俗的"民"性,以"民"为本,以"民"为主

民俗的主体是"民",即全体之民众。在社会生活和政治统治中,"民"都占据显著位置。因此,民俗变革与其他社会变革最大的不同是民俗的"民"性,在民俗变革中必须时刻以"民"为主。在任何时代,政府都不具备文化、生活裁判的权威,风俗良陋不是以是否符合国家意识为判别标准,而应该由实际的社会生活和长时段的

---

① 《诗经·周南·关雎序》。

历史经验来认定。人为的强制认定良陋之分,只会引起民众的反感,变俗措施也难以推行。

三、易俗应基于民俗的"俗"性,随俗而动,因势利导

民俗并非都有良陋之分,更多的情况下,"俗"只是民的行为的程式化,无所谓美与恶。因此,变俗措施的制定只能基于民俗的"俗"性,随俗而动。政府可在充分认知和能动把握民俗发展的自身规律的前提下,对于未来民俗进行超前预测,对现在的民俗发展趋向进行必要的超前控制和导向,尽量使之成为它现在应该成为的样子。任何与实际相差甚远的措施,即使制定出,也不具备可操作性,结果只能是具体实施中的变通和妥协。在变俗措施的具体推行过程中,"随俗而变""因势利导"是最有效的态度和方式。无论是旧俗的涤荡,还是新俗的铸模,行政力量强制干预,虽然在短时间内能取得一定的效果,令民众不能不为之,不敢不为之;但结果只能是显性的屈从与隐形的抵制,难以从根本上实现民俗变革的目标。

四、移风易俗应正确处理传统与现代两者的关系

按照美国社会学家希尔斯的观点,"传统"的涵义应该指世代相传的东西,即从过去传衍至今的东西①。因此,从历史的长时段来看,传统民俗与现代生活之间并没有不可逾越的鸿沟,都是在历史长河中不断流淌的连续体。传统不是一个凝固的概念,在连接和传衍中它会发生变异,会不断被赋予新的内容,会吸收和融合异质文化②,其中往往蕴含着走向现代的重要质素和巨大能量。对现代的追求并不是以与传统的决裂为前提和代价的。

在构建现代民族国家过程中,国民党人对"现代"的误读导致了对传统的曲解。人为的界定什么是"旧"、什么是"新",先验的将破坏传统设定为走向现代的必经之路,民俗变革的历程充满暴力与冲突。实际上,划分传统与现代、新与旧的"人"亦

---

① 参见[美]E.希尔斯:《论传统》,傅铿、吕乐译,上海人民出版社1991年版。
② 《百年中国:文化传统的流失与重建——刘梦溪教授在北京大学、南京大学、华东师范大学的讲演》,载《文汇报》2005年12月4日。

是生于斯、长于斯,传统中的因素已经作为基因携带在"人"的细胞中,传统与现代在他们身上都有斑驳的投影,成为一种集体无意识,由此导致的结果是国家意识的绝对化与实际行动的妥协,损伤的只能是国家利益和政府权威,对传统一味的解构并不能换来现代性的持续增长。在社会文明进步、世界趋于大同的今天,"因噎废食"和"沉湎复古"都不是现代国家和现代人应有的对待民俗的姿态。审慎对待传统民俗,辩证地对待民族性与世界性,使西为中用,古为今用,新旧并存,传统与现代偕同生长,或许,这才是移风易俗的一条有效路径。

此外,在上海特殊的制度环境下,租界当局也进行了各种剔除陋俗、倡行良俗的努力。虽然笔者在行文中也有涉及,但限于种种原因,未列专章论述,也是本书的一个遗憾,只能留待今后的研究中去进行。

图 表 目 录

图1-1　上海工人家庭年支出分类统计图(1929—1930年) …………… 35
图1-2　农家借债原因及家数比较图(1930年) ……………………… 36
图1-3　农家借债原因及家数百分比图(1930年) …………………… 36
图1-4　上海华洋两界公用事业出现时间比较图 ……………………… 45
图3-1　上海市新生活运动促进会组织系统图(1934.4—1934.7) …… 141
图3-2　上海市新生活运动促进会青年服务团系统图 ………………… 149
图3-3　集团结婚参加人数比较图 ……………………………………… 178
表0-1　英美学者对民俗的定义表 ……………………………………… 10
表1-1　上海华、租两界公用事业出现时间比较表 …………………… 45
表1-2　南京临时政府及沪军都督府政令简表 ………………………… 52
表1-3　北洋政府时期国家法定纪念日简表 …………………………… 61
表1-4　北洋政府时期褒扬条例简表 …………………………………… 69
表2-1　上海市改革民俗法规简表(1927.7—1934.2) ………………… 77
表2-2　上海市财政局年度报告表(1927—1930年) ………………… 80
表2-3　卜筮星相调查统计表(1931年) ……………………………… 96
表2-4　南京国民政府革命纪念日简表 ………………………………… 114
表3-1　上海市新生活运动促进会常务理监事人员构成情况表 ……… 142
表3-2　上海市新生活运动促进会主要人员职务概况表(1934.4—1934.7)
　　　　……………………………………………………………………… 142
表3-3　上海市新生活运动促进会指导员及历任干事一览表(1934.7—
　　　　1937.3) ………………………………………………………… 146
表3-4　上海市新生活运动促进会青年服务团服务要点表 …………… 151

表 3-5　1928—1946 年上海市政府举办卫生运动一览表……………………158
表 3-6　1935—1937 年上海市政府社会局举办集团结婚典礼概况表………168
表 3-7　1945—1948 年上海市社会局、民政局主办集团结婚概况表 ………171
表 3-8　上海市集团结婚部分收支简表(1935—1948 年)………………………172
表 3-9　集团结婚参加者年龄统计表……………………………………………176
表 3-10　工部局所设各公墓统计表(1937 年) …………………………………189
表 3-11　上海特别市卫生局调查丙舍表(1927 年 11 月)………………………192
表 3-12　上海市注册公墓一览表(1935 年) ……………………………………199
表 3-13　上海市主要追悼、公祭活动一览表(1925—1946 年)………………206
表 4-1　市立公共体育场运动人数统计表(1933.7—1936.6)…………………210

附　　录

表1　上海传统节令简表

月份	日期(阳历)	节日名称	主要活动内容及习俗
一月	一日	元旦(年初一)	佞佛者争到寺庙"烧头香",祈求平安。放爆竹启户,焚香燃烛,拜天地、斋灶神、祀祖先,次拜父母兄弟,衣冠出门贺戚友,谓之"拜年"。尊长赐银钱,谓之"押岁"。是日主疏食,禁扫除,不汲水,不乞火,不动针剪,停市息工
	三日	大年	谓之大年,俗谓初三大如年,朝上一切如元旦,敬祀"井泉童子"。新婚者同至岳家拜年,曰"贺年",可是不宿夜,当天回到夫家,俗语"正月不空房"
	五日	财神诞	初四日夜,经商者祀财神,悬店号灯于门前,用活鲤鱼,曰"元宝鱼"。送神时燃爆竹,谓之接财神。初五日设席请客,谓之财神酒。自此开市营业,伙友不合意者辞退之
	十五日	元宵节(上元节)	接灶神,作灯市,闹元宵,佞佛者至庙烧香。女子邀紫姑问吉凶,入夜结伴踏月,走三桥,云行过三桥者一岁吉庆

续 表

月份	日期(阳历)	节日名称	主要活动内容及习俗
二月	二十日	棉花生日①	喜晴忌阴,谚云:"雨打正月廿,棉花不满担。"
	十二日	花神诞(花朝、百花生日)	以红绸或红纸条粘花树上,谓之赏红
	十九日	观音诞辰	妇女皆诣大寺及云台殿进香
三月	春分后十五天	清明节	前一日为"寒食节",这天不动烟火,吃冷食。清明日祭祖、扫墓。清明日又是每年的第一个鬼节,沪城风俗,晚间不许小孩外出;床上悬挂《易经》、《宪书》、桃木剑,用以辟邪。邑庙迎神赛会
	二十三日	天后诞	粤、闽客商及海舶皆演剧伸敬
	二十八日	东岳帝诞辰 杨彝老诞辰 城隍夫人诞	演剧、迎神赛会 诣祠焚香,共迎其像至墓上,结棚演戏 悬灯结彩,妇女进香
四月	—	立夏	称人(用秤称人的体重,可卜一年身体安康),吃"麦蚕糖"
	八日	浴佛节	释迦牟尼生日,各寺作"浴佛会"
	十四日	吕祖诞	致祭
五月	五日	端午节(天中节)	吃粽子、饮雄黄酒,悬挂菖蒲、艾叶、大蒜头,以避瘟解毒,黄浦江中赛龙舟
	十三日	关帝诞	以竹为弓矢,以纸为靶,挂于神座,为小儿解将军剪,易养易长

---

① 上海各地对"棉花生日"的说法并不一致,有些地方认为是正月二十日,如嘉定;有些地方认为是七月二十日,旧时金山、上海等县即有"雨打七月念,棉花弗上店"的农谚,见姚裕廉、范炳垣编:(民国)《重辑张堰志·卷一》,戎济方标点,上海社会科学院出版社 2005 年版;吕舜祥等编:(民国)《嘉定疁东志·卷六》,郭子建标点,上海社会科学院出版社 2004 年版,第 118 页;上海市文物保管委员会编:《上海农谚》,第 180 页;葛元熙、黄式权、池志澂:《沪游杂记·淞南梦影录·沪游梦影》,郑祖安、胡珠生标点,上海古籍出版社 1989 年版,第 15 页。

续　表

月份	日期(阳历)	节日名称	主要活动内容及习俗
六月	六日	天祝节	城隍庙"晒袍会",食面饼,晒书籍、衣服
	十九日	观音成道日	妇女往大寺及云台殿进香
	二十三日	火神诞	大东门内街市店铺皆悬灯结彩
	二十四日	雷神诞	往云台殿进香,道士设醮,游街市,焚纸龙
七月	七日	乞巧节	晚上陈瓜果作乞巧会,妇女以凤仙花汁染指甲,向月下穿针
	十五日	中元节	沪俗以此日为中元鬼节,举行盂兰盆会,放水陆莲花,家祭用素食祭祖先,城隍举行"三巡会"
	三十日	地藏王生日(地藏开眼)	点地香
八月	三日	灶神诞	具香腊、素馐,或用糕果以祀
	十五日	中秋节	吃月饼、赏月,妇女夜游,谓之"踏月"。整洁庭院,供设香烛,曰"点天香"
	十八日	刘猛将诞辰 潮生日	祭猛将神 海堰观潮
九月	九日	重阳节	蒸重阳糕粽,以五色纸旗供神佛、祀先,对菊赏新酒或遨游寺阁曰"登高"。趋时的妇女佩戴茱萸囊,或者鬓边插戴茱萸,以"避祸"
	十九日	观音涅槃日	进香
十月	一日	十月朝(下元鬼节)	祀先,祭扫新坟,开炉做饼献于家祠,城隍出巡
十一月	—	冬至节	"冬至大于年",冬至前一夜,叫"冬除夕",做花糕粉团祀先,亲朋冠带相贺,名"分冬酒"
十二月	八日	腊八日	释迦牟尼成道日,各寺煮腊八粥馈赠施主

续 表

月份	日期(阳历)	节日名称	主要活动内容及习俗
十二月	二十四日	送灶	以供品送灶君,争买饴糖,俗称"廿四糖"
	二十五日	玉皇诞辰	竟日持斋,食赤豆饭
	三十日	除夕	各店肆收取帐目,祀祖先,易门神,贴福禄等字。吃团圆饭,守岁,夜半接灶

注:表中所有日期均按照农历

资料来源:丁世良编:《中国地方志民俗资料汇编·华东卷》,北京图书馆出版社1991年版;吕舜祥等编:(民国)《嘉定疁东志·卷六》,郭子建标点,上海社会科学院出版社2004年版;杨大璋纂:(民国)《望仙桥乡志续稿·风土志》五,许丽莉标点,上海社会科学院出版社2004年版;王德乾辑:(民国)《真如志·卷八》,穆俦标点,上海社会科学院出版社2004年版;上海通编:《上海研究资料续集》,上海书店出版社1992年版;顾启良主编:《上海老城厢风情录》,上海远东出版社1992年版

表2 上海市淫祠邪祀调查表
(1930年7月29日)

祠庙名称	所在地址	建立时间	产基大小	庙产	管理人	人民信仰如何	废除办法
太平庵	外马路	—	—	租屋	隆祥	专设坛打醮放焰口等业,迷信者甚重	租屋经市政府核准,年底闭歇
观音庵	油车码头	—	—	—	慧修	同上	—
百子观音堂	薛家丘	—	—	—	果三	同上	—
公侯大帝	石鞋	—	—	—	顾连生	借神符治病,迷信者活动异常	—
安澜道院	安澜里	—	—	—	俞录	同上	—
陈大仙庙	普育东路	民国十八年五月	—	—	连德	无知妇女,信仰为多	—

续　表

祠庙名称	所在地址	建立时间	产基大小	庙产	管理人	人民信仰如何	废除办法
土地庙	钧玉弄	民国十六年九月	—	房屋一幢	顾复生	同上	—
土地庙	草鞋湾	民国十七年三月	—	—	吴仁贵	同上	—
观音庵	筷子弄	民国十七年二月	—	—	道云	同上	—
安乐禅寺	斜徐路26号	民国十三年	—	—	达行	愚民信仰颇众	—
纯阳大仙洞	张家弄九号	民国十七年	—	房屋自造	徐阿宁	同上	—
药王祠	半淞园路高阳里二号	民国十七年	—	—	张王氏	同上	—
徐大仙祠	制造局里866号	民国十八年五月	—	—	沈郭氏	同上	—
观音堂	日晖东路115号	民国十五年十二月	—	—	时雨	同上	—
吕纯阳大仙祠	车站路	民国十六年八月	—	—	张周氏	愚民信仰颇众	—
张仙祠	沙家街28号	民国十七年七月	—	—	季连生	同上	—
观音祠	半淞园路久安里二号	民国十一年十月	—	—	王乔氏	同上	—
三大仙祠	半淞园路548号	民国十七年九月	—	—	何云三	同上	—

续　表

祠庙名称	所在地址	建立时间	产基大小	庙　产	管理人	人民信仰如何	废除办法
送子庵	半淞园街548号	民国十七年五月	—	—	莲住	同上	—
财神殿	西栅栏外	民国十三年	五分半	房屋自造	白陈氏	同上	—
玉皇大帝祠	江边码头	民国十四年	—	—	张垣半	同上	—
太平娘娘祠	斜徐路双庆里4号	民国十八年十一月	—	—	王香明	同上	—
永宁禅寺	唐家湾路64号	民国十四年	—	—	海明	同上	—
养性汞庐	林阴路188号	光绪二十二年	—	房屋自造	吴宝	同上	—
王大公主神坛	大吉路24号	民国十六年	—	—	董云龙	同上	—
九姑神坛	学宫街31号	民国十四年	租房一间	—	殷兴义	平常	—
张大仙	中华路357号	民国七年	同上	—	朱李氏	同上	—
李大仙	少年路九号	民国十四年	同上	—	耿学安	同上	—
五圣堂	倪家宅	光绪年间	三分	—	倪林桂	无智愚民，非常信仰	—
五圣堂	小金巷	光绪年间	同上	—	金张钱	同上	—
五圣堂	陈家宅	光绪年间	同上	—	马生和	同上	—
五圣堂	黄家宅	嘉庆年间	同上	—	黄阿松	同上	—

续表

祠庙名称	所在地址	建立时间	产基大小	庙产	管理人	人民信仰如何	废除办法
胡仙神院	大统路永祥里	设立十一年	祖屋设庙	并屋产权	宗顾氏	信仰甚多	—
道德神院	共和路和兴里	设立九年	同上	并屋产权	方江氏	同上	—
华佗神院	□镇路永盛里	设立十五年	同上	并屋产权	张田氏	同上	—
神仙堂	宝昌路115号	设立十一年	平房一间	—	姚俊卿私人管理	乡民信仰	—
金老爷	宝源路104号	设立四年	同上	—	孙阿姚管理	同上	—
大仙堂	横浜路175弄2号	设立十五年	五分	—	林金大私人管理	同上	—
黄仙观	虬江路顺兴里	光绪三十三年	同上	—	道士梁信友	除广东少数妇女信仰外，其他无人	—
老黄大仙庙	虬江路	光绪元年	租三间	—	道士曹永田	同上	—
观音堂	长春路	民国五年三月	租房一间	—	尼姑法大	各界人等信仰甚众	—
土地堂	邢家宅路	民国十年四月	同上	—	看庙人李中华	无人信仰	—
玉佛庵	邢家宅路	民国十四年四月	租房一间	—	和尚朗耀	无人信仰	—
香林禅寺	邢家宅路247弄	民国十三年	同上	—	和尚昌华	少数妇女信仰	—

续　表

祠庙名称	所在地址	建立时间	产基大小	庙　产	管理人	人民信仰如何	废除办法
三官堂	周家宅	民国十三年	二分	—	公共管理	部分人信仰	—
三官爷	杨家宅	民国十四年	二分五厘	—	公共管理	同上	—
南海大仙	江湾杨家宅	设立十五年	租屋一间	—	俞海山	因藉符治病，乡民多信仰	—
中天老爷	江湾大马桥	设立六年	同上	—	姜阿毛	同上	—
南海佛像	江湾寺	设立九年	同上	—	顾陆氏	同上	—
开路先锋祠	北新泾北弄	民国十年	同上	—	李唐氏	信仰者约在百分之一	—

资料来源：中国第二历史档案馆编：《中华民国史档案资料汇编》第五辑第一编文化（一），江苏古籍出版社 1991 年版，第 510—513 页。

破除迷信办法
（1928 年 9 月 1 日上海市政府核准）

一、由教育局公安局依左列办法派员调查市内各种迷信事项及其所在地点作一有统计的报告；

二、定一相当星期为调查迷信事项工作周；

三、调查目的如下：

　　甲　巫觋（仙坛樟柳神关亡看香头）

　　乙　卜筮星相

　　丙　圆光

　　丁　包摇大会

　　戊　扶乩

己　堪舆

　　庚　打醮

　　辛　淫祀

　　壬　迎神赛会

　　癸　其他

四、调查时注意点

　　甲　名称

　　乙　地点

　　丙　布置概况

　　丁　营业种类

　　戊　所需费用

　　己　操术之生活状况

　　庚　信仰者以何种市民为多

　　辛　为害社会之程度

　　壬　能存在社会之原因

　　癸　其他

五、调查完竣后开一审查会将调查表提出讨论分别先后缓急次第查禁；

六、查禁之次第约举如下：

　　甲　妄发药方草菅人命；

　　乙　妖言惑众诈骗钱财者；

　　丙　提倡迷信引人为恶者；

七、凡相沿已久迹涉迷信而流弊尚少者暂不查禁，用宣传方法向民众说明真理，使归于天然淘汰；

八、凡应行查禁者由教育局函请公安局协助执行；

九、其与各局有关系者会同各局一致进行；

十、其在租界者商情各该当局同时取缔；

十一、举行破除迷信运动大会养成市民正确观念；

十二、分别撰拟破除各项迷信之浅显文字广事宣传；

十三、请各影戏院每次放映破除迷信标语；

十四、筹商操术者失业后之善后办法。

资料来源：上海市政府秘书处编印：《上海特别市市政法规汇编》第2集，1929年，第434—436页

废除卜筮星相巫觋堪舆办法
（1928年9月22日内政部公布）

一、各地方卜筮星相巫觋堪舆及其他以传布迷信为营业者应由各省市政府督饬公安局于奉文后三个月内强制改营他项正当职业；

二、各市县政府应责成公安局于公告此项办法时召集本地卜筮星相巫觋堪舆各业人等剀切解说迷信之弊害，促其觉悟，如期改业；

三、限期届满尚无正当职业者应收入地方设立之工场限期改习一业，其未设有工厂之地方得令其负担相当工作，其确系老弱残废者应收入地方救济院或另筹相当办法；

四、限期届满如仍有违抗命令继续营业者应由公安局勒令改业；

五、各市县政府应督饬各公安局随时劝导人民破除迷信并将妄信卜筮星相巫觋堪舆等之弊害及人类前途幸福全靠自己努力之理由编制浅近图说及歌词布告等类，遍散民众剀切劝导，以期由城市渐及于乡里，家喻户晓，根本禁除；

六、各地方书局书店出版或贩卖关于卜筮星相巫觋堪舆等类及其他传播迷信之书籍应一律禁止；

七、凡各地方丧葬婚嫁及患病之家一概不得雇用卜筮星相巫觋堪舆人等祈禳占卜，违则由公安局制止之。

资料来源：内政部总务司第二科编：《内政法规汇编·礼俗类》，1940年，第59页

推行国历新年办法
（1930年12月3日修正）

（一）呈请市政府布告者

  一、祭祖、年饭、春宴均改于国历年终年首行之；

  二、规定一月五日为开市日，饬令商会通告周知；

  三、准许各界于一月十五日举行闹元宵、打年锣鼓，在街市游行各灯贩及纸扎店准于国历新年出售花灯；

  四、再申布告遵照行政院第3987号训令于年终结账（保留）；

五、自一月一日至四日为新年休假期,其原有习惯假期不止此数者得比照移于国历年终年首行之(如漆业封缸粮食业开市之类)严禁废历年首年终袭用春节或其他名义休业,违者由警所勒令开业并责成商会同业公会先期通告;

六、凡戏馆封箱及游戏场酒食馆停业修理俱准于国历年终行之,但至新年均应开业以便公众娱乐,并由警所传谕;

七、年终双薪及年度分红亦均改于国历照行;

八、全市铺户应将废历年终大扫除习惯移于国历十二月十五日举行。

(由社会公安两局拟具布告呈府核定公布)

(二) 呈请市政府核示者

1. 年节家庭仪式　除夕为祖先纪念,集家庭长幼以香花供养悬列祖先像于中堂,纪念礼仪如下:

   ① 肃立;② 向祖先行礼;③ 家长献花;④ 报告(说明纪念意义使知一年来经历所得及指示祖先遗像并述其遗训逸事足为训诫者);⑤ 行辞岁礼(卑幼向家长鞠躬);⑥ 合家欢宴。

2. 元旦庆祝礼仪式

   ① 肃立;② 向国民党党旗、中华民国国旗及总理遗像行礼;③ 向祖先行礼;④ 家长训话(说明新年庆祝意义,务使知新年开始努力学问事业并劝勉家属);⑤ 行贺年礼(卑幼向家长尊属行贺年礼);⑥ 赐恩物(家长赏赐卑幼财礼十五文具);⑦ 欢宴;⑧ 余兴(交社会、公安、教育三局尽力提倡)。

(三) 函请市政府秘书处核办者

将推行国历新年办法简要印成大小如传单式印四十万张交由公安局各区所挨户分发,分发之日期为十二月初以期家喻户晓,得有预备。

(四) 请公安局执行者

一、农历年底年首厉行取缔事项由区所先期通告有关系各业,并限期执行之。

二、会同租界捕房搜绝废历历本,广劝民间购买本市所编印之历书。

(照办)

(五) 请市党部办理者

一、通知各报馆不准于废历新年登载贺年广告;

二、布告各界民众春联名称改为新联,只许在国历新年换贴联句,由市宣传部编撰公布；

三、由民调会先事知照排印工会暨派报工会在废历年首年终均不得停工；

四、督率所属各区分部竭力向民众作推行国历新年之宣传，如露天演讲，并印贴标语散发劝导之白话浅显文字、图画等；

五、各工会如袒庇或不热心作推行国历新年工作者，由民训会处分之，其处分办法由民训会制定布告之。

（协助办理）

（六）请市党部社会局会同核办者

会衔布告各工厂工友如于废历年终年首修休假，其主动出于资方者，店伙工友之薪工按日加倍发给，出于工伙者，亦按日加倍扣薪。

（由社会局与党部商办）

（七）请教育局执行者

一、通令各学校向学生及其家属将推行国历新年办法早日宣传；

二、预禁教职员及学生于二月十日起至二月底止，非有疾病及重要事故不得请假，违则惩戒；

三、选派干员于废历年初向各学校严密调查。

（交教育局办）

（八）请邮电局核办者

一、函请电报局在国历发贺年电特别予以便利，并停发废历贺年电；

二、函请邮政局停寄废历贺年信片。

（由本府秘书处函请照办）

（九）请新闻业办理者

一、将推行国历新年之文告新闻尽量披露；

二、关于推行国历新年、废除旧历之意义由各记者著为文字、图书，广事宣传；

三、各报于废历年终年首不得停刊。

（由本府秘书处接洽办理）

（十）关于党政机关者

除各就执掌执行上列各项事务外，凡党政人员，以身作则，违则分别从其纪律加以惩戒。

资料来源:《上海市政府指令第8138号为据该局呈报推行国历新年办法经市政会议决录案令仰知照由》,载《上海市政公报》第75期(1930年12月20日)

上海市新生活运动促进会章程
(1934年10月24日第三次修正)

第一条　本会定名为上海新生活运动促进会;

第二条　本会以提倡明礼仪、知廉耻、负责任、守纪律、重清洁、守时间,以期复兴中华民族为宗旨;

第三条　本会设干事九八人,依照总会所颁之组织大纲,由下列各机关、各法团推选之:

（一）市政府;（二）市党部;（三）社会局;（四）教育局;（五）公安局;（六）军界;（七）学界;（八）工界;（九）商界。

第四条　各干事得组织干事会,互推常务干事三人,主持日常事务;

第五条　干事会设书记一人及调查、设计、推行三股,书记及各股股长均由干事兼任之;

第六条　本会得设办事员若干人,受办事会之命,办理会中一切事务;

第七条　本会设设计委员会,由干事会聘请专家组织之;

第八条　本会设在学校机关、工厂、商店及各乡区等处,组织服务团体办法另定之;

第九条　本会干事会议每月举行一次,由常务干事召集之,遇必要时得召集临时会议;

第十条　本会经费由市政府拨给之;

第十一条　本章程尚有未尽事宜得由干事会随时修改之;

第十二条　本章程由干事会通过后呈报南昌总会及上海市政府登记备案。

资料来源:《上海市社会局等关于推行新生活运动及各项问题的通知训令》,上海市档案馆,卷宗号:Q117-23-16

上海市各机关实行三化生活办法
(1935年9月24日上海市新生活运动促进会第九次干事会议通过)

一、各机关实行三化生活由上海市新生活运动促进会(以下简称"本会")根据新运总会所颁生活军事化、生产化、艺术化初步推行方案制定要点分期颁发实行；

上项要点各机关务须转饬每公务人员置于案头妥为保存。
二、三化生活方案每期要点实行时，其督促及考核办法规定如次：

（甲）由各机关主管长官平日随时查察同事间互相劝导；

（乙）由本会印制报告表交各机关长官指定职员一人按期报填；

（丙）由本会随时派员前往查察事前概不预知。
三、各机关人员须知实行三化生活直接有裨切身利益间接改造政界风气，故须认真实行努力不懈；
四、本会派员查察不定期举行之其成绩于每期实行终止时公布，并报告总会；
五、各机关对于本会所颁要点如有意见可由各机关长官指定职员一人汇集，随时用书面向本会陈述，惟已公布者仍照旧实行；
六、本办法如有未尽善处得随时修正之；
七、本办法经本会施行。

资料来源：上海市新生活运动促进会编印：《上海市新运辑要·会务报告》，1937年，第157—158页

上海市新生活集团结婚办法
（1935年1月26日核准，第274次市政会议议决）

一、申请登记

（一）凡本市市民举行结婚礼得申请参加集团结婚礼。

（二）规定每月第一星期三为集团结婚日，在市政府大礼堂举行，由市长及社会局长证婚；

（三）参加者应缴费用二十元；

（四）参加者应先向社会局申请核准，申请书可向社会局索取，概不取费；

（五）社会局将核准登记之结婚人于婚前公布之，如有对于结婚人之结合认为非法者，应于结婚五日前呈报社会局核办；

（六）核准登记之申请人由社会局发给登记证，届期凭证参加；

（七）呈准参加者应依照参加新生活集团结婚须知各项办理，所有时间及手续均应绝对遵守；

(八) 结婚证书由市政府印备发给。

二、结婚仪式

(一) 奏乐；

(二) 来宾入席；

(三) 证婚人入席；

(四) 主婚人入席；

(五) 结婚人入席；

(六) 行集团结婚礼,结婚人各向对立行三鞠躬礼；

(七) 证婚人引发结婚证书,结婚人依次具领,仍退入原位；

(八) 证婚人发给纪念品；

(九) 礼成。

参加新生活集团结婚须知
(1935年1月26日核准,第274次市政会议议决)

一、参加者须带最近全身四寸照片各二张,二寸半身照片各一张,携带图章亲来社会局填具申请书,并随缴结婚费用二十元；

二、经社会局核准之参加者应于结婚前五日内由主婚人带同介绍人、结婚人亲来社会局,在结婚证书上盖印；

三、结婚时新郎须穿常礼服(蓝袍黑褂)；

四、结婚时间规定为下午三时,结婚人应于二时三十分以前到达市政府；

五、不用傧相,但新娘如用轻纱,可酌带提纱儿童,但至多不得过二人；

六、礼堂内不准散撒花纸等物。

资料来源:上海特别市市政府秘书处编印:《上海特别市市政法规汇编》第8集,第17—19页

上海特别市取缔丙舍规则
(1928年12月27日公布,1929年6月20日修正)

一、凡在本市区内公私房屋专充寄存尸棺之用者均称丙舍,应一律遵守本规则；

二、凡建筑或翻修丙舍,应先报由特别市政府卫生局查明核准,再向工务局请领工程执照,方得兴工；

三、凡请设丙舍地点有左列情形之一者不准建筑：

  （一）二里之内有工厂学校及公共场所者；

  （二）二里以内有五十户聚居之市房或住宅者；

  （三）有碍将来商业上或市政上之发展者；

  （四）经指定不准建筑丙舍者。

四、已设丙舍地点如有上项情形之一者得由工务、卫生两局分别缓急酌定期限会令停收尸棺，择地迁让，但至多不逾五年；

五、丙舍寄存尸棺应遵照卫生部取缔停柩暂行章程办理，寄存年限依照部颁停柩暂行章程第二条第二项之规定，暂定为至多不得过一年，以便尸主迁运；

六、丙舍寄存尸棺应编号立簿载明下列各款：

  （一）寄存年月；

  （二）家属住址；

  （三）寄存年限；

  （四）是否收费及收费标准。

七、已逾期限无主领回之尸棺应由丙舍筹定基金，设置墓地，代为立碑埋葬；

八、丙舍四周应筑围墙，至低不得在二丈以下，墙内应围种树木；

九、丙舍得由卫生局派员随时视察；

十、该丙舍所有人或主管人违背本规则之规定者，得由卫生局酌量惩罚，并强制执行之；

十一、本规则如有未尽事宜，得随时修正之；

十二、本规则自特别市政府公布之日施行。

  资料来源：上海特别市市政府秘书处编印：《上海特别市市政法规汇编》第2集，第380页

上海市管理私立公墓规则

（1930年11月20日公布施行，1931年4月22日修正核准）

第一条 凡在本市设立公墓除遵照公墓条例之规定外，并应遵照本规则办理；

第二条 私立公墓于筹备时应先将勘定地点详图连同详细计划由经营者呈经卫生局核准后，再向工务局请领建筑执照，着手兴工；

第三条 私立公墓领得建筑执照后应即呈请卫生局注册给照，本规则未公布前已

设立之公墓应于本规则公布后两个月内一律补呈注册；

第四条　私立公墓每墓占地长不得逾五公尺,宽不得逾三公尺,围垣高不得逾一公尺,每穴深度至少以棺盖低于该处地面半公尺以上为准；

第五条　私立公墓每一墓位之低价最高不得超过一百元；

第六条　私立公墓应设免费穴不得少于收费墓穴数二十分之一,此项免费墓穴应受卫生局之监督,未经卫生局核准之棺柩并不得葬入；

第七条　私立公墓得代用户经办运柩、筑穴、砌墓、立碑等事,但事先应订明标准价目,事后不得要求增加；

前项各事如用户愿自雇工办理,经营人不得强求代办,但与该公墓所定建筑形式确有妨碍者不在此限。

第八条　私立公墓附设之暂行停柩待葬之房屋至多不得过三间,每间停柩不得过五具,每具停放不得过三十天,倘超过规定间数及具数每间或每具罚金五十元,仍令将超出间数拆改,具数掩埋；

第九条　私立公墓应筹定维持费用之基金,并须专设看管坟墓打扫公墓,培植花草等事之工人；

第十条　私立公墓之经营者应将墓穴编列号数,并将新葬者之姓名、籍贯、性别、年龄、职业、死因及葬入年月日按月开单,呈报卫生局备查,并于每年年终造具总册呈报；

第十一条　私立公墓应受卫生局之监督,并随时遵照指示,将攸关卫生事项切实改善；

第十二条　私立公墓违背公墓条例或本规则,由卫生局按其情节轻重碎玉经营者或负责管理人施以告诫,或科以一百元以下之罚金,如屡违定章,并得吊销执照,勒令停办；

第十三条　本规则自公布之日施行。

资料来源：上海特别市市政府秘书处编印：《上海特别市市政法规汇编》第4集,第281—282页

参 考 资 料

【档案、年鉴、方志】

档案

上海市档案馆藏,卷宗号：Q1-5-569
上海市档案馆藏,卷宗号：Q1-5-571
上海市档案馆藏,卷宗号：Q1-5-572
上海市档案馆藏,卷宗号：Q1-5-584
上海市档案馆藏,卷宗号：Q1-5-587
上海市档案馆藏,卷宗号：Q1-12-1511
上海市档案馆藏,卷宗号：Q1-12-1656
上海市档案馆藏,卷宗号：Q114-1-10
上海市档案馆藏,卷宗号：Q117-1-25
上海市档案馆藏,卷宗号：Q117-4-41
上海市档案馆藏,卷宗号：Q117-5-77
上海市档案馆藏,卷宗号：Q117-19-31
上海市档案馆藏,卷宗号：Q117-23-16
上海市档案馆藏,卷宗号：Q117-28-16
上海市档案馆藏,卷宗号：Q118-5-26
上海市档案馆藏,卷宗号：Q118-9-2
上海市档案馆藏,卷宗号：Q119-5-63
上海市档案馆藏,卷宗号：Q119-5-68

上海市档案馆藏,卷宗号:Q123-1-220

上海市档案馆藏,卷宗号:Q123-1-456

上海市档案馆藏,卷宗号:Q165-3-7

上海市档案馆藏,卷宗号:Q165-3-11

上海市档案馆藏,卷宗号:Q192-17-331

上海市档案馆藏,卷宗号:Q215-1-19

上海市档案馆藏,卷宗号:Q215-1-23

上海市档案馆藏,卷宗号:Q215-1-6065

上海市档案馆藏,卷宗号:Q215-1-71

上海市档案馆藏,卷宗号:Q235-1-338

上海市档案馆藏,卷宗号:Q235-1-360

上海市档案馆藏,卷宗号:Q432-1-96

上海市档案馆藏,卷宗号:Q6-10-415

上海市档案馆藏,卷宗号:Q6-10-416

上海市档案馆藏,卷宗号:Q6-10-417

上海市档案馆藏,卷宗号:Q6-10-420

上海市档案馆藏,卷宗号:Q6-10-423

上海市档案馆藏,卷宗号:Q6-10-424

上海市档案馆藏,卷宗号:Q6-10-426

上海市档案馆藏,卷宗号:Q6-10-428

上海市档案馆藏,卷宗号:Q6-16-364

上海市档案馆藏,卷宗号:Q6-16-385

上海市档案馆藏,卷宗号:Q6-18-156

年鉴

《内政年鉴·礼俗篇》第四卷,商务印书馆1936年版。

《内政年鉴·民政篇》,商务印书馆1936年版。

中国工商服务社印行:《京沪宝鉴》1949年版。

上海市通志馆年鉴委员会编:《上海市年鉴(1935年)》,中华书局1935年版。

上海市通志馆年鉴委员会编:《上海市年鉴(1936年)》,中华书局1936年版。
上海市通志馆年鉴委员会编:《上海市年鉴(1937年)》,中华书局1937年版。

方志

胡朴安:《中华全国风俗志》,河北人民出版社1986年版。
《上海卫生志》编纂委员会编:《上海卫生志》,上海社会科学院出版社1998年版。
《上海妇女志》编纂委员会编:《上海妇女志》,上海社会科学院出版社2000年版。
《上海民政志》编纂委员会编:《上海民政志》,上海社会科学院出版社2000年版。
《上海公用事业志》编纂委员会编:《上海公用事业志》,上海社会科学院出版社2000年版。
《上海租界志》编纂委员会编:《上海租界志》,上海社会科学院出版社2001年版。
《上海青年志》编纂委员会编:《上海青年志》,上海社会科学院出版社2002年版。
童世高编纂:(民国)《钱门塘乡志》,许洪新、梅森标点,上海社会科学院出版社2004年版。
王德乾辑:(民国)《真如志》,穆俦标点,上海社会科学院出版社2004年版。
吕舜祥等编:(民国)《嘉定疁东志·卷六》,郭子建标点,上海社会科学院出版社2004年版。

【资料汇编】

陈铎等编:《日用百科全书》,商务印书馆1919年版。
立法院编译处编印:《中华民国法规汇编·杂件》第12辑,1934年版。
上海市政府秘书处编印:《上海市市政法规汇编》第1—8集,1935年版。
内政部总务司第二科编:《内政法规汇编·礼俗类》,1940年版。
《故旧感忆录》,载沈云龙主编:《近代中国史料丛刊》第28辑,文海出版社1966年版。
黄郛:《欧战之教训与中国之将来》,载沈云龙主编《近代中国史料丛刊》第28辑,文海出版社1968年版。
《新生活运动史料》,载《革命文献》第68辑,商务印书馆1975年版。

何仲箫编:《陈英士先生纪念全集》,载沈云龙主编:《近代中国史料丛刊》,文海出版社 1977 年版。

上海通志馆编:《上海通志馆期刊》,载沈云龙主编:《近代中国史料丛刊续辑》第 39 辑,文海出版社 1977 年版。

上海社会科学院历史研究所编:《辛亥革命在上海史料选辑》,上海人民出版社 1981 年版。

中国人民大学党史系编印:《戴季陶主义资料选编》1982 年版。

中国社会科学院近代史研究所中华民国史研究室编:《中华民国史资料丛稿》第 13 辑,中华书局 1984 年版。

黄苇等编:《近代上海地区方志经济史料选辑》,上海人民出版社 1984 年版。

徐雪筠等译编:《上海近代社会经济发展概况(1882—1931)》,上海社会科学院出版社 1985 年版。

上海市政府秘书处:《上海市政概要》(1934 年),载沈云龙主编:《近代中国史料丛刊三编》第 42 辑,文海出版社 1988 年版。

新生活运动促进总会编:《民国二十三年新生活运动总报告》,载沈云龙主编:《近代中国史料丛刊三编》第 53 辑,文海出版社 1989 年版。

新生活运动促进总会编印:《民国二十四年全国新生活运动》,载沈云龙主编:《近代中国史料丛刊三编》第 53 辑,文海出版社 1989 年版。

丁世良编:《中国地方志民俗资料汇编·华东卷》,北京图书馆出版社 1991 年版。

中国第二历史档案馆编:《中华民国史档案资料汇编》第二辑,江苏古籍出版社 1991 年版。

中国第二历史档案馆编:《中华民国史档案资料汇编》第三辑(文化),江苏古籍出版社 1991 年版。

中国第二历史档案馆编:《中华民国史档案资料汇编》第五辑第二编政治(五),江苏古籍出版社 1991 年版。

中国第二历史档案馆编:《中华民国史档案资料汇编》第五辑第一编文化(一),江苏古籍出版社 1991 年版。

上海通社编:《上海研究资料》,上海书店出版社 1992 年版。

任建树主编:《现代上海大事记》,上海辞书出版社 1996 年版。

蔡鸿源编：《民国法规集成》，黄山书社1999年版。
《20世纪上海文史资料文库》(7)，上海书店出版社1999年版。
李文海主编：《民国时期社会调查丛编·文教事业卷》，福建教育出版社2004年版。

【时人著述】

陈铎等编：《日用百科全书》，商务印书馆1919年版。
马应彪主编：《先施公司二十五周年纪念册(1900—1924年)》，先施公司1924年版。
《孔教十年大事》第1卷，太原宗圣会1924年版。
《总理逝世二周年纪念大会纪念册》1927年版。
陆丹林编：《市政全书》，中华全国道路建设协会印，道路月刊社发行1928年版。
工商部中华国货展览会编辑股编印：《工商部中华国货展览会实录》第1编，1929年版。
中国国民党中央执行委员会宣传部印：《卫生运动宣传纲要》，1929年版。
杨西孟：《上海工人生活程度的一个研究》，北平英文导报社1930年版。
黄一德：《纪念日的日记》，上海儿童书局总店1931年版。
上海信托股份有限公司编辑部编：《上海风土杂记》，上海信托股份有限公司1932年版。
徐国桢：《上海生活》，世界书局1933年版。
中国旅行社编：《上海导游》，国光印书局1934年版。
上海市政府社会局编：《上海市工人生活程度》，中华书局1934年版。
上海《晨报》社编印：《新生活专刊》1934年版。
新生活运动促进总会编印：《新生活运动》1934年版。
唐学咏：《新生活与礼乐》，正中书局1934年版。
柳培潜：《大上海指南》，中华书局1936年版。
上海市政府秘书处编印：《上海市市政报告》(1932年7月—1935年6月)，1936年版。
中央陆军军官学校特别训练班编印：《庆祝校长五秩寿辰特刊》，1936年版。
上海市新生活运动促进会编印：《上海市新运辑要》，1937年版。

朱公振编著：《本国纪念日史》，世界书局印行 1939 年版。
新生活运动促进总会编印：《新运十年》第三卷，1944 年版。
屠诗聘：《上海市大观》，中国图书杂志公司 1948 年版。
姚公鹤：《上海闲话》，上海古籍出版社 1989 年版。
胡祥翰、李维清、曹晟：《上海小志·上海乡土志·夷患备尝记》，吴健熙、施扣柱标点，上海古籍出版社 1989 年版。
葛元煦、黄式权、池志澂：《沪游杂记·淞南梦影录·沪游梦影》，郑祖安、胡珠生标点，上海古籍出版社 1989 年版。
胡祖德：《沪谚外编》，上海古籍出版社 1989 年版。
茅盾主编：《中国的一日·上海市》，《民国丛书》第三编第 92 辑，上海书店出版社 1989 年版。
郁慕侠：《上海鳞爪》，上海书店出版社 1998 年版。
上海泰东图书局印行：《老上海》，出版时间不详。

【报刊】

《东方杂志》
《大公报》
《独立评论》
《教育与民众》
《民立报》
《农商公报》
《女声》
《女子生活》
《人言》
《上海公共租界工部局年报》1937 年
《上海青年》
《上海市公共租界工部局公报》
《上海市政府公报》

《社会月刊》
《申报》
《申报月刊》
《生活周刊》
《时报》
《文汇报》
《文学周报》
《新青年》
《新人周刊》
《新生活运动促进总会会刊》
《新运导报》
《益世报》
《银行周报》
《浙江青年》
《中央日报》

【论著】

经典著作
《荀子·乐论》
《汉书·艺文志》
《风俗通义》
《尚书·毕命》
《汉书·薛宣传》
《后汉书·礼仪志》
《礼记·学记》
《墨子·节葬下》
《日知录·火葬》
《左传·哀公元年》

《诗经·周南·关雎序》

《毛泽东选集》第一卷,人民出版社,1966年版。

广东省社会科学院历史研究室编:《孙中山全集》,中华书局1981年版。

《鲁迅全集》第1卷,第4卷,第6卷,人民文学出版社1981年版。

《马克思恩格斯选集》第1卷,人民出版社1972年版。

《马克思恩格斯全集》第2卷,人民出版社1974年版。

《马克思恩格斯全集》第7卷,人民出版社1974年版。

《马克思恩格斯全集》第42卷,人民出版社1979年版。

国外著作

[美] 霍塞:《出卖上海滩》,上海书店出版社1962年版。

[美] 凡勃伦:《有闲阶级论》,蔡受白译,商务印书馆1964年版。

[法] 梅朋、傅立德:《上海法租界史》,倪静兰译,上海译文出版社1983年版。

[荷] A. F. G. 汉肯著:《控制论与社会》,黎鸣译,商务印书馆1984年版。

[苏] 马林诺夫斯基:《巫术科学宗教与神话》,李安宅译,中国民间文艺出版社1986年版。

[美] R. E. 帕克等:《城市社会学》,宋俊岭、吴建华、王登斌译,华夏出版社1987年版。

[以] S. N. 艾森斯塔德:《现代化:抗拒与变迁》,张旅平等译,中国人民大学出版社1988年版。

[英] R. R. 马雷特:《心理学与民俗学》,张颖凡等译,山东人民出版社1988年版。

[美] 安东尼·奥罗姆:《政治社会学》,张华青、孙嘉明等译,上海人民出版社1989年版。

[美] 塞缪尔·亨廷顿:《变化社会中的政治秩序》,王华等译,生活·读书·新知三联书店1989年版。

[美] 安东尼·M. 奥勒姆:《政治社会学导论——对政治实体的社会剖析》,董云虎、李云龙译,浙江人民出版社1989年版。

[美] E. A. 罗斯:《社会控制》,秦志勇、毛永政译,华夏出版社1989年版。

[美] E. 希尔斯:《论传统》,傅铿、吕乐译,上海人民出版社1991年版。

［英］J. H. 布鲁范德：《美国民俗学》，李扬译，汕头大学出版社1993年版。

［美］罗伯特·F. 墨菲：《文化与社会人类学引论》，王卓君、吕廼基译，商务印书馆1994年版。

［美］费正清、费维恺编：《剑桥中华民国史》下卷，中国社会科学出版社1994年版。

［美］西摩·马丁·李普赛特：《政治人——政治的社会基础》，张绍宗译，上海人民出版社1997年版。

［德］马克斯·韦伯：《经济与社会》（上册），林荣远译，商务印书馆1997年版。

［美］露丝·本尼迪克特：《文化模式》，王炜等译，生活·读书·新知三联书店1998年版。

［美］明恩溥：《中国乡村生活》，午晴、唐军译，时事出版社1998年版。

［美］何天爵：《真正的中国佬》，鞠方安译，光明日报出版社1998年版。

［英］安东尼·吉登斯：《民族—国家与暴力》，胡宗泽、赵力涛、王铭铭译，生活·读书·新知三联书店1998年版。

［美］戴维·波普诺：《社会学》（第十版），李强等译，中国人民大学出版社1999年版。

［美］保罗·康纳顿：《社会如何记忆》，纳日碧力戈译，上海人民出版社2000年版。

［德］尤尔根·哈贝马斯：《重建历史唯物主义》，郭官义译，社会科学文献出版社2000年版。

［美］李欧梵：《上海摩登——一种新都市文化在中国》，毛尖译，北京大学出版社2001年版。

［法］莫里斯·哈布瓦赫：《论集体记忆》，毕然、郭金华译，上海人民出版社2002年版。

［法］让·马克·夸克：《合法性与政治》，佟心平译，中央编译出版社2002年版。

［日］小浜正子：《近代上海的公共性与国家》，葛涛译，上海古籍出版社2003年版。

［法］安克强：《1927—1937年的上海——市政权、地方性和现代化》，张培德、辛文锋、肖庆璋译，上海古籍出版社2004年版。

［法］埃哈里·费埃德伯格：《权力与规则：组织行动的动力》，张月译，上海人民出版社2005年版。

［法］爱弥尔·涂尔干：《宗教生活的基本形式》，渠东、汲喆译，上海人民出版社

2006年版。

国内著作

汤志钧编：《章太炎政论选集》下册,中华书局1977年版。

邹依仁：《旧上海人口变迁的研究》,上海人民出版社1980年版。

徐公肃、丘瑾璋：《上海公共租界制度》,上海人民出版社1980年版。

北京市社会科学研究所城市研究室选编：《国外城市科学文选》,宋俊岭、陈占祥译,贵州人民出版社1984年版。

徐雪筠等译编：《上海近代社会经济发展概况(1882—1931)》,上海社会科学院出版社1985年版。

杨文渊等：《上海公路运输史(近代部分)》第1册,上海社会科学院出版社1988年版。

邓子琴：《中国风俗史》,巴蜀书社1988年版。

《十二大以来重要文献选编》(下),人民出版社1988年版。

唐振常主编：《上海史》,上海人民出版社1989年版。

张仲礼主编：《近代上海城市研究》,上海人民出版社1990年版。

章伯锋、李宗一主编：《北洋军阀(1912—1928)》第二卷,武汉出版社1990年版。

施宣圆：《上海700年》,上海人民出版社1991年版。

乐正：《近代上海人社会心态(1860—1910)》,上海人民出版社1991年版。

费成康：《中国租界史》,上海社会科学院出版社1991年版。

严昌洪：《西俗东渐记——中国近代社会风俗的演变》,湖南出版社1991年版。

上海民间文艺家协会编：《中国民间文化·上海民俗研究》第三集,学林出版社1991年版。

上海民间文艺家协会编：《中国民间文化·人生礼俗研究》第七集,学林出版社1992年版。

严昌洪：《中国近代社会风俗史》,浙江人民出版社1992年版。

张静如、刘志强主编：《北洋军阀统治时期中国社会之变迁》,中国人民大学出版社1992年版。

向明生编著：《殡葬习俗与指南》,上海文化出版社1992年版。

张挺、江小蕙编:《周作人早年佚简笺注》,四川文艺出版社1992年版。

汪熙、魏斐德主编:《中国现代化问题——一个多方位的历史探索》,复旦大学出版社1994年版。

高丙中:《民俗文化与民俗生活》,中国社会科学出版社1994年版。

李少兵:《民国时期的西式风俗文化》,北京师范大学出版社1994年版。

王沪宁:《政治的逻辑——马克思主义政治学原理》,上海人民出版社1994年版。

许纪霖、陈达凯主编:《中国现代化史(1840—1949)》第1卷,生活·读书·新知三联书店1995年版。

李剑农:《中国近百年政治史》,商务印书馆1995年版。

顾炳权编:《上海洋场竹枝词》,上海书店出版社1996年版。

钟敬文:《民俗文化学:梗概与兴起》,中华书局1996年版。

张紫晨编:《民俗学讲演集》,书目文献出版社1996年版。

王铭铭:《村落视野中的文化与权力——闽台三村五论》,生活·读书·新知三联书店1997年版。

王铭铭、潘忠党主编:《象征与社会——中国民间文化的探讨》,天津人民出版社1997年版。

费孝通:《乡土中国·生育制度》,北京大学出版社1998年版。

汪晖、陈燕谷主编:《文化与公共性》,生活·读书·新知三联书店1998年版。

徐新吾、黄汉民:《上海近代工业史》,上海社会科学院出版社1998年版。

王夫之:《殡葬文化学——死亡文化的全方位解读》下册,中国社会科学出版社1998年版。

蔡丰明:《上海近代社会风俗论集》,中国三峡出版社1998年版。

熊月之主编:《上海通史》,上海人民出版社1999年版。

施宣圆主编:《上海700年》,上海人民出版社2000年版。

曾业英主编:《五十年来的中国近代史研究》,上海书店出版社2000年版。

林家有:《孙中山与近代中国的觉醒》,中山大学出版社2000年版。

郭于华主编:《仪式与社会变迁》,社会科学文献出版社2000年版。

陈丹燕:《上海的金枝玉叶》,作家出版社2000年版。

王跃年、孙青:《百年风俗流变:1900—2000》,江苏美术出版社2000年版。

包亚明主编：《后现代性与地理学的政治》，上海教育出版社 2001 年版。

司马云杰：《文化社会学》，中国社会科学出版社 2001 年版。

仲富兰：《图说中国百年社会生活变迁：1840—1949》，学林出版社 2001 年版。

蔡丰明：《上海都市民俗》，学林出版社 2001 年版。

薛君度、刘志琴：《近代中国社会生活与观念变迁》，中国社会科学出版社 2001 年版。

林语堂：《吾国与吾民》，陕西师范大学出版社 2002 年版。

李长莉：《晚清上海社会的变迁——生活与伦理的近代化》，天津人民出版社 2002 年版。

赵世瑜：《狂欢与日常——明清以来的庙会与民间社会》，生活·读书·新知三联书店 2002 年版。

萧放：《岁时——中国传统民众的时间生活》，中华书局 2002 年版。

郭绪印：《老上海的同乡团体》，文汇出版社 2003 年版。

陶立璠：《民俗学》，学苑出版社 2003 年版。

郑振满、陈春声：《民间信仰与社会空间》，福建人民出版社 2003 年版。

孙秋云主编：《文化人类学教程》，民族出版社 2004 年版。

张忠民：《近代上海城市发展与城市综合竞争力》，上海社会科学院出版社 2005 年版。

萨孟武：《水浒传与中国社会》，北京出版社 2005 年版。

周星主编：《民俗学的历史、理论与方法》，商务印书馆 2006 年版。

范荧：《上海民间信仰研究》，上海人民出版社 2006 年版。

刘晓峰：《东亚的时间——岁时文化的比较研究》，中华书局 2007 年版。

钟敬文主编：《中国民俗史》，人民出版社 2008 年版。

熊月之：《异质文化交织下的上海都市生活》，上海辞书出版社 2008 年版。

忻平：《从上海发现历史——现代化进程中的上海人及其社会生活 1927—1937（修订版）》，上海大学出版社 2009 年版。

陈蕴茜：《崇拜与记忆——孙中山符号的建构与传播》，南京大学出版社 2009 年版。

仲富兰：《上海民俗——民俗文化视野下的上海日常生活》，文汇出版社 2009 年版。

李恭忠：《中山陵：一个现代政治符号的诞生》，社会科学文献出版社 2009 年版。

陈蕴茜：《纪念空间与辛亥革命百年记忆》，华中师范大学出版社 2011 年版。
忻平主编：《城市化与近代上海社会生活》，广西师范大学出版社 2011 年版。
杨兴梅：《身体之争：近代中国反缠足的历程》，社会科学文献出版社 2012 年版。
上海研究中心、上海地方志办公室编：《上海研究论丛》第 9 辑。
蔡丰明、程洁、毕旭玲：《上海城市民俗史》，上海文艺出版社 2020 年版。

【论文】

忻平：《近代上海变异民俗文化初探》，载《华东师范大学学报》1993 年第 2 期。
涂文学：《泛滥成灾的民国赌潮》，载《民国春秋》1994 年第 2 期。
李凯鸿：《"集团结婚"的由来》，载《民国春秋》1994 年第 3 期。
谢世诚等：《民国时期公墓制的创建与演变》，载《民国档案》1995 年第 2 期。
伍野春等：《民国时期的集团结婚》，载《民国档案》1996 年第 2 期。
陆茂清：《近代中国第一次集体婚礼》，载《文史精华》1996 年第 3 期。
洪认清：《民国时期的劝禁缠足运动》，载《民国春秋》1996 年第 6 期。
涂文学：《近代中国社会控制系统与赌博之禁》，载《社会学研究》1997 年第 4 期。
《第一次四明公所血案档案史料选编》，载《档案与史学》1997 年第 1 期。
严昌洪：《民国时期丧葬礼俗的变革与演变》，载《近代史研究》1998 年第 5 期。
杨兴梅：《南京国民政府禁止妇女缠足的努力及其成效》，载《历史研究》1998 年第 3 期。
张学继：《民国时期的国葬制度》，载《民国春秋》1998 年第 2 期。
《量才流通图书馆互助会史料》，载《档案与史学》1998 年第 4 期。
东山尹：《韩复榘与山东的"新生活运动"》，载《文史精华》1999 年第 4 期。
杨兴梅：《小脚美丑与男权女权》，载《读书》1999 年第 10 期。
行龙：《近代中国城市化特征》，载《清史研究》1999 年第 4 期。
彭南生：《近代农民离村与城市社会问题》，载《史学月刊》1999 年第 6 期。
杨兴梅：《观念与社会：女子小脚的美丑与近代中国的两个世界》，载《近代史研究》2000 年第 4 期。
杨兴梅：《从劝导到禁罚：清季四川反缠足努力述略》，载《历史研究》2000 年第

6 期。

方川：《中国城市民俗研究述论》，载《民俗研究》2000 年第 4 期。

伍野春、阮荣：《民国时期的移风易俗》，载《民俗研究》2000 年第 2 期。

郑永廷：《论现代社会的社会动员》，载《中山大学学报》2000 年第 2 期。

敖文蔚：《清末民初社会行政管理的重大改革》，载《江汉论坛》2000 年第 6 期。

董国礼：《民国初年社会风俗演变的社会学阐释》，载《民俗研究》2000 年第 2 期。

郑祖安：《上海曾有"上海节"》，载《档案与史学》2001 年第 1 期。

郑祖安：《"山东路公墓"的变迁》，载《档案与史学》2001 年第 6 期。

杨寿堪、李建会：《现代科学主义与人本主义哲学的基本特征及其走向》，载《学术月刊》2001 年第 11 期。

杨兴梅：《民国初年四川的反缠足活动(1912—1917)——以官方措施为主的考察》，载《社会科学研究》2002 年第 6 期。

严昌洪：《20 世纪 30 年代国民政府风俗调查与改良活动述论》，载《华中师范大学学报》2002 年第 6 期。

左玉河：《评民初历法上的"二元社会"》，载《近代史研究》2002 年第 3 期。

万建中：《民国的风俗变革与变革风俗》，载《西北民族研究》2002 年第 2 期。

万建中：《民俗的力量与政府权力》，载《北京行政学院学报》2003 年第 5 期。

郑祖安：《1941 年：一位上海青年的闲暇娱乐生活》，载《档案与史学》2003 年第 5 期。

廖扬丽：《论法理型政府权威的一般理论》，载《齐齐哈尔大学学报》2003 年第 9 期。

任学丽：《简论近代中国民众卫生教育》，载《西南交通大学学报》2003 年第 5 期。

吴忠民：《重新发现社会动员》，载《理论前沿》2003 年第 21 期。

苏全有、景东升：《近十年来的中国近代风俗史研究综述》，载《安阳大学学报》2004 年第 2 期。

张爱红：《五年来中国近代风俗史研究综述》，载《南华大学学报》2004 年第 2 期。

夏蓉：《新生活运动与取缔妇女奇装异服》，载《社会科学研究》2004 年第 6 期。

方川：《20 年来城市民俗研究的开拓、精进与前瞻》，载《淮南师范学院学报》2005 年第 1 期。

杨兴梅：《被"忽视"的历史：近代缠足女性对于放足的服饰困惑与选择》，载《社会科学研究》2005年第2期。

左玉河：《从"改正朔"到"废旧历"——阳历及其节日在民国时期的演变》，载《民间文化论坛》2005年第2期。

陈蕴茜：《时间、仪式维度中的"总理纪念周"》，载《开放时代》2005年第4期。

徐彬：《论政治动员》，载《中共福建省委党校学报》2005年第1期。

周星：《关于时间的民俗与文化》，载《西北民族研究》2005年第2期。

朱玉明：《城市形象浅论》，载《济南日报》2005年11月14日。

陈蕴茜：《空间重组与孙中山崇拜——以民国时期中山公园为中心的考察》，载《史林》2006年第1期。

陈蕴茜：《合法性与"孙中山"政治象征符号的建构》，载《江海学刊》2006年第2期。

陈蕴茜：《植树节与孙中山崇拜》，载《南京大学学报》2006年第5期。

李学智：《政治节日与节日政治——民国北京政府时期的国庆活动》，载《南京大学学报》2006年第5期。

李恭忠：《"党葬"孙中山：现代中国的仪式与政治》，载《清华大学学报（哲学社会科学版）》2006年第3期。

刘力：《政令与民俗——以民国年间废除阴历为中心的考察》，载《西南大学学报》（社会科学版）2006年第6期。

袁家菊：《民国时期四川新生活运动与妇女奇装异服》，载《文史杂志》2006年第2期。

刘力、李禹阶：《官派与民俗：民国年间废除阴历运动》，载《宁夏社会科学》2009年第1期。

杨辉：《近三十年国内关于移风易俗问题的研究综述》，载《辽宁行政学院学报》2009年第10期。

熊月之：《上海的开埠地文化及其民俗流变——仲富兰教授在华东师范大学的讲演》，载《文汇报》2009年7月25日第6版。

王欣东：《外来文化对中国都市传统民俗的影响及其原因》，载《广西民族大学学报（哲学社会科学版）》2009年第6期。

仲富兰：《论上海开埠地文化内涵及其民俗流变——在上海"世博论坛"的主旨演讲》，载《艺术百家》2010年第2期。

黄景春：《上海接财神习俗的历史与现状研究》，载《民俗研究》2010年第3期。

湛晓白：《民国岁时节令中的政治与民俗——以陈果夫所著〈中华民国生活历〉为中心》，载《民俗研究》2012年第3期。

乌丙安等：《都市民俗学研究的意义、内容及方法探讨》，载《民间文化论坛》2014年第4期。

萧放、董德英：《中国近十年岁时节日研究综述》，载《民俗研究》2014年第2期。

程鹏：《都市民俗学与民俗学的现代化指向》，载《民间文化论坛》2014年第4期。

忻平、赵凤欣：《革命化的春节：政治视野下的政治习俗变革》，载《中共党史研究》2014年第8期。

沈宏格：《社会变迁视角下的民国丧葬礼俗变革》，载《江西社会科学》2015年第10期。

魏文静：《近代江南迎神赛会的商业化运作探究》，载《社会科学辑刊》2015年第5期。

谢忠强：《报纸与都市民俗鼎革——以在民国上海改历进程中的助推作用为中心》，载《民族艺术》2015年第6期。

王鑫、黄美龄：《中国人的风俗观与移风易俗实践——"民间文化青年论坛2014年会"会议综述》，载《民间文化论坛》2014年第5期。

刘垚、沈东：《回顾与反思：中国都市民俗学研究述评》，载《民间文化论坛》2015年第6期。

白蔚：《从束胸到文胸——近现代女性身体观念的变革》，载《社会科学论坛》2017年第10期。

邢莉、刘丰禄：《城市民俗的中国渊源与城市民俗学的兴起》，载《云南师范大学学报》（哲学社会科学版）2018年第1期。

杨诗羽：《建国七十年来学术界关于移风易俗问题的研究综述》，载《理论观察》2019年第9期。

刘晓春、刘梦颖：《民俗学如何重申"民众的立场"？——"'〈民俗〉周刊创刊九十周年纪念'学术研讨会"综述》，载《文化遗产》2019年第1期。

【博硕士学位论文】

王元琪:《近代中国妇女放足运动述论》,硕士学位论文,西北大学历史系,2001年。

温波:《南昌市新生活运动研究(1934—1935)》,博士学位论文,复旦大学历史系,2003年。

楼嘉军:《〈上海城市娱乐研究〉(1930—1939)》,博士学位论文,华东师范大学历史系,2004年。

贾爱清:《太平天国时期的民俗变革》,硕士学位论文,内蒙古大学,2004年。

丘国盛:《现代化与中国大城市外来人口管理研究——以上海市为例(1840—2000)》,博士后研究工作报告,华东师范大学历史系,2005年。

孙国雁:《清末新政与移风易俗》,硕士学位论文,东北师范大学,2006年。

经莉莉:《民国集团结婚探微》,硕士学位论文,安徽师范大学,2006年。

姚舞艳:《民国时期江浙沪地区的婚俗状况研究(1912—1949)》,硕士学位论文,扬州大学,2008年。

刘迎曦:《都市民俗学视野下的上海月份牌研究——以民国至抗战全面爆发前夕为例》,博士学位论文,华东师范大学,2009年。

梁雯雯:《近代南京岁时节日民俗变迁研究》,硕士学位论文,南京师范大学,2010年。

夏海平:《蒋经国在赣南推行移风易俗活动的研究》,硕士学位论文,江西师范大学,2012年。

徐佳仪:《上海三十年代都市新民俗研究》,硕士学位论文,上海师范大学,2012年。

任笑:《民国"双历法结构"形成研究》,硕士学位论文,河南大学,2012年。

李彬彬:《近代上海华人公墓研究》,博士学位论文,中国社会科学院研究生院,2012年。

黄国斌:《移风易俗:南京国民政府文化导向研究(1927—1937)》,硕士学位论文,江西师范大学,2014年。

王琳:《上海万国公墓变迁研究(1909—1949)》,硕士学位论文,华东师范大学,2014年。

王欣:《移风易俗中的政府作用——以民国时期上海集团结婚为例》,硕士学位论文,上海师范大学,2014年。

廉潇:《政治在民间祭祀巡游活动中的作用研究》,硕士学位论文,重庆大学,2015年。

邓阳阳:《国共两党民俗变革比较研究——以国民党的新生活运动与建国前后共产党的移风易俗为例》,硕士学位论文,山东大学,2015年。

徐笑运:《近代上海都市商业习俗研究——以上海竹枝词为考察中心》,硕士学位论文,安徽师范大学,2016年。

张凯月:《晚清至民国初期都市岁时节日生活变迁研究——以〈申报〉为考察中心(1895—1919)》,硕士学位论文,南京师范大学,2018年。

吕齐心:《"孤岛时期"〈申报〉副刊中的上海民俗研究》,硕士学位论文,上海师范大学,2018年。

霍靖杰:《民国时期上海月份牌中的娱乐民俗研究》,硕士学位论文,上海师范大学,2019年。

后 记

《变俗与变政——上海民俗变革研究(1927—1937)》是由笔者的博士论文修改而成的。

与"民国史""上海史"不断推陈出新的繁荣景象不同,"民俗史"长久以来被视为形而下的一种科学,与"田野""社会""传统"休戚相关。人们很难把民俗史与"新""都市"联系起来。从历史学、政治学的角度,将民俗史研究置入国际化、现代化的上海,会产生什么样奇妙的化学反应?这是笔者以此为选题的初衷之一。

在上海学习工作生活十多年,在上海经历"再社会化",上海这座城市的魔力始终如一。它是国际都市,是中国的,也是世界的;它是移民都市,是上海本地人的,也是来自五湖四海的我们的;它是现代都市,是"摩登",是"时尚"。然而,在如此现代化的上海,我们还是可以发现传统的自在传承。上海都市民俗不刻意追新,亦不刻意媚古,它中西交汇、南北兼容、新旧杂陈、多姿多彩、兼容并包。在这样的场域中,政治权力与民俗事项的碰撞耐人寻味。这是本书选题的另一初衷与切入视角。

笔者自2007年博士研究生毕业后,转眼已过去了十多年。本书几经修改,仍有不足与缺憾。时至今日,终于可以出版,也了却了笔者多年以来的心愿。

在此笔者要衷心感谢恩师忻平教授。2004年,笔者有幸拜入先生门下。多年来先生给笔者的教诲与鼓励,让笔者铭感于心,永志不忘。治学时,先生学识渊博,思路敏锐,要求严格;生活中,先生关爱弟子,待人宽厚,语重心长。先生之风,山高水长,虽不能至,心向往之。感谢苏智良教授、熊月之教授、仲富兰教授、陈勤建教授对文章的热情指导。诸位先生渊博的学识、严谨的学风与对晚学后进的宽容与鼓励,令笔者一直心存感恩之情。

感谢笔者的硕士研究生导师唐仁郭教授,感谢林自强老师、李梁老师、余洋老师的慨然相助。感谢田成刚师兄和杨丽萍师姐,他们的理解和支持,令笔者鼓起勇气,坚持下去,完成此书。

感谢《华东师范大学学报》《厦门大学学报》《华中师范大学学报》《贵州社会科学》《郑州大学学报》《辽宁大学学报》等期刊的编辑老师们,经过各位老师的悉心指点,书中部分章节经修改后已刊出。

衷心地感谢上海大学的丰箫老师和吴静老师为了本书的出版所给予的支持和帮助,上海大学出版社的编辑老师字斟句酌的校对、编辑,令笔者感动不已。

感谢徐迎松、介凤、春汛、刘雅君、李晨等诸位好友的关爱与鼓励。他们的默默陪伴与无私帮助,让笔者倍感温暖。本书即将出版,期待他们和笔者一起分享喜悦。

最后,感谢家人多年来对笔者的支持和培养。在父亲去世后,母亲独自一人把笔者和妹妹抚养长大,母亲所承受的磨难和艰辛令常人难以想象。我们姐妹求学、进取,一路走来,和母亲多年来的教导和默默支持是分不开的。笔者对母亲的感激之情无以言表,只有更加努力报之一二,也借此告慰父亲的在天之灵。感谢笔者的爱人林峰先生,他的温和、睿智、宽容,令笔者可以自在地为学、习文。感谢笔者的两个可爱小宝贝,他们的笑容是笔者最好的前行动力。

此书终于告一段落,其中难免有不少遗憾,只能留待日后去弥补、修正。新的人生之路启行,前路虽漫漫,但有师长、有好友、有亲人,有你们一如既往的关爱,这份情谊将会温暖未来的每个日子!

艾 萍

2022年秋于上海